alman proletaryasının önderi

ERNST THAELMANN

Günter Hortzchansky - Walter Wimmer

EVRENSEL BASIM YAYIN

Ernst Thaelmann / G. Hortzchansky-W. Wimmer
Çevirenler: İ. Ulusoy - Y. Dalyan
Birinci Baskı: Eylül 1994, Ceylan Matbaacılık Ltd. Şti.
Evrensel Basım Yayın - 34

ISBN 975-7837-35-0

EVRENSEL BASIM YAYIN
Piyerloti Cad. 41-B/9 Çemberlitaş-İST.
Tel: (0212) 517 82 37 - 638 29 34
Fax: 516 27 53

alman proletaryasının önderi

ERNST THAELMANN

Günter Hortzchansky - Walter Wimmer

Çevirenler: İ. Ulusoy - Y. Dalyan

EVRENSEL BASIM YAYIN

İÇİNDEKİLER

ZAFER MUTLAKA BİZİM OLACAK (1933-1944)

ÖNSÖZ

Ernst Thaelmann yoldaşın yaşamı ve yapıtları, Alman işçi sınıfının devrimci kitlesel mücadelesinin yükseldiği bir döneme rastlar. Yoldaş Thaelmann bu kavganın içinde yetişti, sonra da onun ürünü ve onun önderi oldu.

Daha 17 yaşındayken, o zamanlar hâlâ devrimci olan SPD'ye katıldı. Fakat daha başlarda bu partinin giderek yozlaşması ve burjuvalaşmasına karşı çıktı. Rosa Luxemburg ve Karl Liebknecht ile birlikte, SPD'nin ve sendika önderlerinin gittikçe güçlenen Alman emperyalizmine bağlı hale getirilmesine karşı mücadele etti.

Yoldaş Thaelmann sıradan bir taşıma işçisiydi. O, sınıfının sorunlarını ve ihtiyaçlarını iyi tanıyordu. Açlık, yoksulluk, işsizlik vb.'nin ne demek olduğunu çok iyi biliyordu. O da, diğer sınıf kardeşleri gibi, baskısız, sömürüsüz, savaşsız ve kitlesel sefaletin olmadığı bir toplum için yanıp tutuşuyordu. O, içinde çalışan insanların kendilerinin işçi sınıfı tarafından yönetildiği ve bizzat kendi ellerinde olan, devrimci partileri aracılığıyla devleti, ekonomiyi kendi ihtiyaç ve çıkarlarına göre yönettiği bir toplum için çalışıp çabalıyordu. Bütün kiniyle burjuva devlete karşı, kapitalizme ve emperyalizme karşı savaştı. Onun hedefi sosyalizm ve komünizme doğru giden uzun yoldaki proletarya diktatörlüğüydü.

Yoldaş Thaelmann demirden bir iradeyle, sadece pratikte değil, teorik olarak da çok çalıştı. Sıradan bir işçi olarak, M-L bilimi kendine mal etti. Ölü bir kitap bilgisi öğrenmedi, aksine, Almanya'daki devrimci mücadele için net sonuçlar çıkardı her zaman. Öyle ki, KPD'yi milyonlarca taraftarı olan bir parti haline getirebilen bir strateji ve taktik geliştirdi.

1. Dünya Savaşı'nda Alman sosyal demokrasisi açıktan Alman emperyalizmini destekleyip savaş kredilerini onayladığında, yoldaş Thaelmann SPD ile ilişkilerini kesti ve önce USPD'ye üye oldu. 1918 Devrimi'nde aktif mücadele etti. O günlerde Hamburg İşçi ve Asker Konseyi'nin üyesi olarak barikatlarda savaştı.

KPD'nin kurulmasından sonra yoldaş Thaelmann, USPD içinde KPD ile birleşmeyi savundu. SPD'ye yönelen USPD'nin oportünist önderlerine karşı, yoğun mücadeleler sonunda USPD çoğunluğunun KPD ile birleşmesini başarıyla gerçekleştirdi. Böylece 1920 yılında yoldaş Thaelmann, KPD MK'ya seçildi. Fakat ne var ki, KPD içinde de oportünizme karşı ısrarla mücadele etmek gerekiyordu. Gerek "sol" gerekse sağ sapmalara karşı Almanya'da 1920'li yılların başında sınıf mücadelesinin keskinleşmesi ve devrimci durumun giderek olgunlaşması nedeniyle KPD yönetimi iflas etti ve halka ve işçi sınıfına ihanet etti. Kapitalist sisteme karşı devrimci bir ayaklanma sürdüreceği yerde SPD ile uzlaşma aradı.

1923 yılında bizzat Ernst Thealmann yoldaş tarafından yönetilen Hamburg Ayaklanması, birkaç KPD önderinin hain rolünü apaçık ortaya çıkardı. Kitlelerin sefaletinden, tüm Almanya'da devrimci bir hareket doğdu. KPD MK, nihayet silahlı ayaklanma hazırlığı için talimat verdi. Fakat ne var ki, bu karar, Brandler ve Talheimer'in çevresinde yer alan sağcı KPD önderlerince sabote edildi. Hamburg'da KPD ve yoldaş Thaelmann, işçileri mücadeleye çağırdı. Kısa sürede İşçi ve Askerler Konseyi, iktidarı ele geçirdi. Fakat dönek KPD önderleri bu ayaklanmanın tüm Almanya'ya yayılmasını önledikleri için, Hamburglu işçilerin ayaklanması başarısızlıkla sonuçlandı. Daha sonra SPD ve burjuvazi amansızca devrimcileri tutuklayıp katlettiği için, bu ihanet, binlerce işçinin yaşamına mal oldu. Ayaklanmadan sonra KPD içindeki devrimci güçler sağcı önderlerin ihanetine karşı seferber oldular. KPD Bolşevik bir parti olmanın mücadelesini verdi. Yoldaş Thaelmann bu mücadelede en önde yer alıyordu. 1924 yılında başkan yardımcısı, 1925 yılında ise KPD başkanı oldu. Yoldaş Thaelmann, her zaman net ve devrimci bir programı savundu. Bu nedenle onun önderliğindeki KPD, burjuva düzenine karşı tek inandırıcı seçenek olarak kitlesel bir işçi partisine dönüştü. Örneğin, Hitler faşizminden önceki son seçimlerde, KPD tam 6 milyon oy aldı. Bu da, işçi sınıfı içindeki büyük etkinliğin açık göstergesidir. Yoldaş Thaelmann, her zaman sınıf mücadelesine aktif katılmanın zorunlu olduğunu vurguladı. O, devrimci bir temelde işçi sınıfının birliği için savaştı. Her türlü uzlaşmacılığı her zaman reddetti. Almanya'da faşizmin iktidarı ele geçirme tehditleri gündemde olduğunda, Ernst Thaelmann yoldaş önderliğindeki KPD, SPD'ye birleşik cephe önerdi. Fakat SPD bunu reddetti. Hatta faşistler iktidarı gasp edip Alman emperyalizmi işçi sınıfına karşı yoğun bir teröre giriştiğinde bile, SPD yöneticileri, KPD'nin 1933 yılında ve sonraki önerilerini her defasında reddettiler. Hatta tam tersine, 23.3.1933 tarihinde, Meclis'in açılış gününde SPD, Hitler Hükümeti'ne işbirliği bile önerdi. Gasp edilen faşist iktidar gittikçe güçlenen Alman emperyalizminin hem içerideki devrimci işçi sınıfına ve onun partisi KPD'ye, hem de dışarı da emperyalist rakiplere karşı mücadelede bir araçtı. Alman emperyalizmi böylece KPD yönetimindeki sosyalist devrim tehdidini önlemek istiyordu. Korkunç bir zorbalıkla saldırıya geçti. Kısa süre içinde binlerce KPD üyesi tutuklandı. 3.3.1933 günü yoldaş Thaelmann da tutuklandı. 14.3.1933 günü ise, KPD resmen yasaklandı.

Thaelmann yoldaşın tutuklanmasına karşı uluslararası geniş bir protesto fırtınası yükseldi. Proletarya enternasyonalizmi için, halkların ulusal kurtuluş savaşları ve diğer ülkelerin işçilerinin mücadelesi ile her zaman büyük dayanışmada bulunmuş olan yoldaş Thaelmann, şimdi tüm dünya emekçilerinin dayanışmasını yaşıyordu. Alman emperyalizmi elbette haklı olarak yoldaş Thaelman ve onun önderliğindeki KPD içinde en tehlikeli düşmanlarının olduğunu biliyordu. Yoldaş Thaelmann mahkemesiz zindana kapatıldı, sonradan Buchenwald Toplama Kampı'na gönderildi. 2. Dünya Savaşı'nda Nazilerin yenilgisi kesinleşmek üzereyken, faşistler, 18 Ağustos 1944 tarihinde, Alman işçi sınıfının seçkin ve büyük önderinden yoksun bırakmak için katlettiler. Çünkü ondan, önceden olduğu gibi şimdi de çok korkuyorlardı.

Yoldaş Thaelmann, yaşamının sonuna dek boyun eğmeyen bir savaşçı ve ateşli bir enternasyonalistti. Katledilmesinden kısa bir süre önce kendisini gözetleyen SS görevlilerinden birisine aynen şunları söylemişti: "Stalin, Hitler'in boynunu koparacak!"

Yoldaş Thaelmann net devrimci tutumuyla bugüne kadar her Alman komünist için örnek oldu. Yoldaş Thaelmann'ın oportünizme ve kendi saflarındaki döneklere karşı sürekli mücadele etmesindeki uzak görüşlülüğü bugün daha açık olarak anlaşılıyor.

Bununla o, komünist bir partinin gelişmesinde ortaya çıkan temel bir soruna el atıp yolu gösterdi: Bir komünist partiyi kariyeristlerin ve post kavgası veren oportünistlerin toplanma yerine dönüştüren herkese karşı amansız bir kin ve uzlaşmaz bir mücadele, yoldaş Thaelmann'ın ne kadar haklı olduğunu, Sovyetler'deki ve diğer eski sosyalist ülkelerdeki yozlaşma ortaya koydu. Onun oportünizme ve revizyonizme karşı savaşı, hayati önemde bir zorunluluktu. İşte bugün de, KPD yaşamak ve gelişmek için, onun bu örnek tavrına uygun olarak mücadelesini sürdürmek zorundadır. Oportünizme ve revizyonizme karşı böyle kararlı bir mücadele olmadan bir komünist partisi başarıyla devrimi gerçekleştiremez ve sosyalizmi de inşa edemez.

Geçtiğimiz yıllarda yaşanılan deneyimler, tam tersine şunu göstermiştir; oportünist ve dönek unsurlara karşı yeterince mücadele edilmezse ve şayet onlar etkinlik kazanırlarsa, bu unsurlar, emekçi insanların büyük başarılarına ve zaferlerini yok edecekler ve dağıtacaklardır.

Yoldaş Thaelmann'ın devrimci işçiler ve komünist partiler için büyük önemini, sermaye, onun anısında yok etmeye çalışıyor. Ernst Thaelmann'ın katili bugüne dek elini kolunu sallayarak yaşıyor. Yoldaş Thaelmann'ın yakınları sürekli uğraşıp bu katili mahkemeye çıkarmaya çalışmalarına karşın, burjuva sınıf hukuku, bunu engellemek ve katili serbest bırakmak için her zaman bir yolunu bulmayı başardı. Bununla da onlar, nasıl Hitler faşizminin arkasında yer aldıklarını ve onun komünistlere karşı giriştikleri katliamları nasıl onaylıyor olduklarını bir kez daha gösterdiler.

KPD'nin büyük önderi yoldaş Thaelmann'ın yaşamının ve eserinin Türkiye'deki okuyuculara tanıtılması, Alman komünistleri için büyük bir sevinçtir. Türkiye'deki işçi sınıfı açlık ve sefalete, faşizme ve baskıya karşı zor bir mücadele yürütüyor. Tüm bu kavgalar içinde -Sovyetler ve önceden sosyalist olan diğer ülkelerdeki yozlaşmaya karşı- işçilerin özgürlüğe, haklılığa, iş, ekmek ve özgürlüğe ve tüm bunlarla birlikte SOSYALİZME özlemleri yer almaktadır.

İşte emperyalizm ve kapitalizm, çalışan insanların bu özlemlerini ve ihtiyaçlarını karşılayacak durumda olmadığı için, Thaelmann yoldaşın uğruna yaşamını verdiği düşünce ve idealleri yok olmadı ve yok edilemeyecektir de. Devrimciler, sosyalizmin gelişmesindeki hata ve eksikliklerden öğrenecekler ve ikinci bir hamlede sosyalist toplumu başarıyla kuracaklardır.

Thaelmann yoldaşın mücadelesinin, özellikle oportünizme ve revizyonizme karşı verdiği mücadelesinin bu durumda bizlere büyük yardımı olacaktır.

DİETHARD MÜLLER
(KPD BAŞKANI)

BİR İŞÇİ DEVRİMCİ SOSYAL DEMOKRAT OLUYOR (1886-1917)

Ana-baba ocağı ve çocukluk

Ernst Thaelmann, 16 Nisan 1886'da Hamburg'da doğdu. Doğumundan kısa süre sonra ailesi bir lokanta açtı. Daha sonra da bir manav dükkanı açtılar. Ardından, ek olarak küçük çapta kömür ticaretine başlayarak nakliyatını da üstlendiler. Thaelmann'ın ailesinin bütün çabası; kendilerine mütevazi, bağımsız ve güvenceli bir gelecek hazırlamaktı. Ernst öğrenciyken bile, ailesinin işlerine yardımcı olmak zorundaydı. İyi bir öğrenci olan Ernst'e, okul ödevlerini yapmaya ve oynamaya fazla bir zaman kalmıyordu.

Thaelmann'ın annesi Maria-Magdelena, çok dindardı. Ernst Thaelmann, daha sonra faşist zindanda yazdığı kısa hayat hikayesinde babası Johannes'dan "bütün burjuva ve askeri derneklere üyeydi" diye söz edecek ve şunu ekleyecekti: "Aslında ailemin verdiği eğitim, üzerimde antisosyalist bir etki bırakmalıydı."[1] Yıllar sonra enflasyonun baskısı ve oğlunun etkisiyle baba Johannes, Alman Komünist Partisi (KPD)'ne üye oldu.

Böylece genç Ernst Thaelmann'ın dünya görüşü, "tecrübe, deneyim ve halkın güncel hayatının gerçekleriyle"[2]gelişti ve pekişti. O, çevresini dikkatlice gözlemliyordu. Alman İmparatorluğu'nun ikinci büyük kenti, aynı zamanda Avrupa Kıtası'nın en büyük limanı, endüstri ve ticaret merkezi olan Hamburg'da, kapitalist sömürü toplumunun sınıf çelişkileri çok açık bir şekilde göze çarpıyordu. Ailesinin ticarethanesindeki işi, Ernst Thaelmann'ın sonradan anımsadığı gibi, "her türlü insanı tanımasına" neden olmuştu. "...manava gelen müşterilerin alışveriş biçiminden, halkın yaşamının sosyal farklılıklarını ayırt ediyordum. İşçi kadınlarında sefalet, yoksulluk, bazılarının çocuklarında açlık ve çok az şeyler alabilmeleri; varlıklı müşterilerin ise daha fazla alışveriş yapmaları vs. Okulda da benzer gerçekler... Bu acıklı durum, özellikle fakir insanların dükkandaki alışveriş biçimleri, beni çok etkiledi."(3)

Kitapların, genç çocuk üzerinde büyük etkisi vardı. Özellikle Alman tarihine ilişkin kitaplar, halkın yaşantısı ve bağımsızlık savaşçılarıyla ilgili anlatılar; Andreas Hofer, Vikingler ve Hansalılar, Störtebekers'in hayatı üzerine anlatılar ilgisini çekiyordu. Ernst Thaelmann'ın üzerinde Goethe'nin eserlerinin, Kleists ve Schiller'in önemli etkisi olmuştu. Öğrencilik yıllarının sonunda fırsat buldukça, Alman edebiyatı klasiklerinin öğrenciler için oynandığı temsillere gidiyordu. Onu en çok saran, Schiller'in özgürlük draması "Wilhelm Tell"di.

Hayat hikayesinde Ernst Thaelmann, "çocukluğumdan beri kendimi yetiştirmek ve geliştirmek için büyük çaba harcadım... Küçümsenmeyecek Alman dram edebiyatçıları ve şairleri, Alman tarihi, çocukluğumun zorlu okul yılları ve insan yaşantısındaki olayları kavrayış tarzım, benim ustalarım olmuştu."(4)

Ernst Thaelmann'ın çocukluk yılları, emperyalizmin kesin olarak pekiştiği bir döneme rastlamıştı. Almanya, hızlı bir endüstri atılımı yaptı ve kendi emperyalist egemenlik çıkarları doğrultusunda dünyayı zor yoluyla yeniden paylaşmak amacıyla daha güçlü ve hızlı bir şekilde silahlanmaya başladı. Sınıf çelişkileri olağanüstü keskinleşti; hakim emperyalist gruplar arasındaki çelişkiler de. Bu dönemin sosyal ve politik olayları, Ernst Thaelmann'ı çok etkilemişti. Özellikle üçü hafızasına iyice yerleşmişti: "10 yaşındaydım, Hamburg'da 1896 yılında liman işçilerinin grevi patlak verdi; bir yıl sonra Fransa'da Dreyfus Mahkemeleri başladı, 1899-1902 yılları arasına Buren Savaşı denk düştü. Bu büyük olaylar bende muhteşem, neredeyse tutkulu bir ilgi uyandırdı. Çocukluğumda, ancak küçük çapta yaşadığım dünyadaki haksızlığa, burada, büyük ve canlı örneklerle tanık oldum."[5]

Yedi yıllık ilkokul öğreniminden sonra, Ernst Thaelmann, liseye alındı. Burada ek bir öğretim yılında yedinci sınıfın en iyi öğrencileri eğitiliyordu. Onun isteği, bir el sanatı öğrenmek veya öğretmen olmaktı. Ailesi ise, bunun sözünü bile duymak istemiyordu. Onlara göre, oğulları kendi işlerinde çalışmalıydı.

35 yıl sonra, faşist zindanlarda yazdığı notlara göre, 1900 yılının paskalya tatiline rastlayan mezuniyet döneminde, Thaelmann'ı derinden etkileyen bir olay oldu. Kendi çabası ile sosyal demokratların düzenlediği bir toplantıya katıldı. Büyük kırmızı afişler, okulu bitiren gençleri bu eğlenceye davet etmişti.

Ernst Thaelmann'ın hatırladığı gibi, konuşmacı, "kapitalizmi, işçi çocuklarının ve işçi ailelerinin ağır kaderini anlatmıştı. Önümüzdeki gençlik yıllarının anlamından bahsederek, kısaca siyasi duruma ve işçi gençliğin görevlerine ilişkin bir çerçeve çizmişti. 'Yaşamınızın daha ciddi bir dönemine giriyorsunuz. Tek başınıza birer hiçsiniz, birleşmiş ve bütünleşmiş olarak ise her şeysiniz! Özgürlüğün kızıl bayraklarını, sosyalizmin ışıldayan sancağını takip edin! Sosyalizmin kutsal görevi için, bu özgürlük bayrakları altında birleşin, gerçeğin ve adaletin savaşçıları ve neferleri olun!' "[6]

Toplantı salonunun kitap tezgahında, Ernst Thaelmann, ilk kez bir sosyalist broşüre sahip olmuştu: "Nasıl Sosyalizm Neferi Olabilirim?" Onu hemen okumuştu. Bir cep harçlığı için ağır çalıştığı ve hiçbir teşvik görmediği aile evinin küçük burjuva darlığını gittikçe çekemez oldu. İki yıl sonra ailesinin evinden ayrıldı. Bu adımı, daha sonra, "her şeyin onların istediği gibi gerçekleşmemesi çok iyi oldu. Bu sayede bugünkü ben oldum"[7] diye değerlendirmişti.

Arkadaşlarının güvenilir adamı

16 yaşındaki genç için, iş bulmak kolay değildi. 1900 yılında, kapi-

talist ekonomi, 1902'de hâlâ süren periyodik krizlerinden birine yakalanmıştı. O, düşük ücret ve acımasız çalışma koşullarıyla meşhur limanlardaki işyerlerinde ve depolarda, çoğunlukla hamal, yarı aç yarı tok olarak çalıştı. "Burada, daha Marx ve Engels'i okumadan, kapitalist sömürü sistemi ve metodları hakkında, detaylı ilk dersi almıştım."(8)

Bu deneyimler, eşitlik anlayışı, sosyal ve politik gelişmeleri keskin kavrayışı, örgütlü işçilerle ilişkileri, Ernst Thaelmann'ın, geleceği için belirleyici adımı atmasına sebep oldu. 15 Mayıs 1903 tarihinde 17 yaşındayken Sosyal Demokrat Parti'ye üye oldu; o parti ki; August Bebel ve Wilhelm Liebknecht önderliğinde, Marksizmin, proletarya enternasyonalizminin ve kararlı sınıf mücadelesinin bayrağı altında güçlenmiş ve etki alanını genişletmişti. 1 Şubat 1904'te sendikaya üye oldu.

Ernst Thaelmann, düzenli olarak yalnız parti ve sendikanın toplantılarına değil, miting ve protesto gösterilerine de katıldı. Nerede çalıştıysa, -hamal, amele, gemi kömürcüsü ya da yük arabacısı, çoğunlukla da çamaşırhanlerde- her yerde arkadaşlarının çıkarlarını kararlı bir şekilde savundu. Daha 1906'da genç sendikacı, siyasi polisin dikkatini çekmiş ve polis, hakkında "Ernst Thaelmann" dosyası açmıştı. Hakkındaki ilk kayıt, 10 Eylül 1906'da, sendikanın mobilya nakliye işçileri şubesi toplantısında, enerjik bir şekilde, iş süresinin kısaltılması ve ücretlerin yükseltilmesini savunmasını ve sendika komisyonunun işverenlerle pazarlığındaki tutarsız tutumlarını eleştirmesini anlatıyor. Dört gün sonra, talepleri kabul ettirmek için gerekirse greve gidilebileceğini savundu. 24 Eylül'de, arkadaşlarından, başlamış olan grevin işçi talepleri kabul edilinceye kadar devam ettirilmesini istedi. Grev, başarıyla sonuçlandı.

Bu dönemde reformizm, sendikalarda iyice egemen olmuştu. Birçok sendika yöneticisi, Marx'ın sınıf mücadelesi öğretisini, proletarya diktatörlüğünü reddediyor, siyasi tarafsızlığı propaganda ediyor ve işverenlerle barışçıl uzlaşmalara yöneliyorlardı. Fakat, bunları yaparken sendika üyelerinin tepkileriyle karşılaşıyorlardı.

Genç taşıma işçilerinin durumu özellikle kötüydü. Ernst Thaelmann, onların durumunu kendi yaşantısından biliyordu. Aralarında çok az sendikalı vardı; ücretleri yaşlı olanlardan daha düşüktü. Ernst Thaelmann, burada yerine getirilmesi gereken bir görevin farkına vardı: "İşçi gençlik için ne yapılabilir; işçi gençlik, haklarını en iyi şekilde nasıl savunup geliştirebilir, emekçilerin mücadelesinde nasıl belirleyici bir faktör durumuna gelebilir, gibi sorular önüme çıktı."[(9)] Thaelmann, sendika görevlilerine, destek vermeleri için ricada bulundu. Fakat yardım görmedi.

Ona özgü kararlılık, istek ve zorlukları yenme kabiliyetiyle bu işi kendi eline aldı. İki genç yoldaşı ile birlikte bir toplantı düzenledi. Salon kirası için para toplayıp, Hamburg liman bölgesinde çalışan işçi gençliğe yönelik bir bildiri hazırladılar.

Toplantı beklenmedik bir şekilde başarılı oldu. 650 ila 700 arasında genç katılmıştı. "Çalışmamız meyvelerini vermişti. 200 kişi sendikaya üye oldu, bunun dışında parti gençlik örgütüne de katılanlar oldu. Bütün yeni üyeler artık listelerde yer alıyorlardı ve hepsi evlerinde ziyaret edildi ve semtlerine göre ayrıldı ve büyük bir kısmı aktif savaşçılar olarak eğitildi. Altı ay içinde, birlik içindeki örgütlü gençlerin sayısı 300'den yaklaşık olarak 1600-1800'e çıktı. Bir sonraki genel kurulun çoğunluğunu gençler oluşturuyordu. Yaşlılar, bu sürpriz durum karşısında şaşırmışlardı ve yarı sevinçliydiler."[(10)]

Ernst Thaelmann, mesleki çalışmasının yanı sıra parti ve sendika için de yorulmak bilmez bir çalışma yürütüyordu. Nitekim, Welscher Çamaşırhanesi'nde sevk memuru olarak çalıştığı dönemde, tüm işçileri sendikalı yapmıştı. Thaelmann, kararlı bir şekilde iş arkadaşlarının sosyal sorunlarıyla olduğu gibi, işsizlerin de sorunlarıyla ilgilendi. Aynı zamanda reformistlere karşı, giderek kesinleşen bir tavır takındı. Örneğin, onların, 1 Mayıs kutlamalarını, 1 Mayıs'tan sonra gelen pazar gününe ertelemelerine ve böylece işçilerin mücadele gününü, bugünle ilgisi olmayan bir halk şenliğine dönüştürme girişimlerine karşı durdu, yanı sıra, sendika içi demokrasinin yaşaması için mücadele etti. Adı, sendika içinde ve Hamburg sosyal demokrasisi içinde giderek daha çok tanınıyordu. Gönüllü olarak birçok görevler üstlendi: Örneğin, 1909 yılında, 23 yaşındayken, sendikanın, arabacılık dalı ikinci başkanı, 1914 yılında da Hamburg birinci başkanı oldu. Bağlı bulunduğu sendikanın genel kurulu, onu, 1911, 1912 ve 1914 yıllarında, Alman Taşıma İşçileri Birliği Hamburg 1. Bölgesi yerel yönetim kurulu üyeliğine seçti. 1912 yılındaki Birlik Kongresi'nde de delegeydi. Burada, "örgütümüz bir mücadele örgütü değil, gittikçe bir destekleme örgütüne dönüştü"(11) diyerek eleştiride bulundu ve sendikaların mücadeleci karakterini korumalarını istedi.

Thaelmann, bir partilinin sendika içerisinde nasıl çalışılması gerektiğini ve orada parti politikasının nasıl temsil edilmesi gerektiğini örnek bir tutumla ortaya koydu. 16 Kasım 1911 yılında, taşıma işçilerinin bir toplantısında; sendikalara karşı, olağanüstü yasaları çıkarmayacak bir Millet Meclisi'nin seçilmesi için girişimde bulundu ve sosyal demokratların sendikal çalışmaları nedeniyle, ağır hapis cezalarına çarptırılmasını protesto etti.

Ernst Thaelmann, Sosyal Demokrat Parti içinde de giderek dikkatleri üzerine çekiyordu. Aşağı yukarı 1908'den beri, bir birim örgütünün yöneticisi durumundaydı; ardından bir bölge örgütünün yönetici organında yer aldı ve sonra da, herkese açık toplantıların ve parti toplantılarının daimi konuşmacısı oldu. "Üzerime aldığım tüm görevleri gönüllü olarak yerine getiriyordum ve bunlar hemen hemen tüm zamanımı alıyordu; öyle ki istisnalar dışında her akşam yollarda oluyor ya da politik uğraş içinde bulunuyordum."(12)

Nadiren boş olan akşamlarını ve pazar günlerini, Rosa Koch ile geçiriyordu. Onu, birlikte çalıştıkları bir çamaşırhanede tanımıştı. Rosa, Holstein kasabası yakınlarındaki küçük bir köy ayakkabıcısının kızıydı. İki genç, Hamburg yöresinde gezintiye çıkar ya da dans etmeye giderlerdi. Ernst Thaelmann sayesinde Rosa da politik çalışmalara katılmaya başladı: "Ancak, çalıştığım yer olan, Hamburg 'Frauenlob Çamaşırhanesi'nde Ernst Thaelmann ile karşılaştıktan sonra gözlerim açılmaya başladı. Çalışanlarımızın grevi başarıyla sonuçlandı ve ücretler artırıldı. Bu olayı, 1 Mayıs'ta kutladık."(13)

Alman sosyal demokrasisi, bu yıllarda, çok güçlü bir örgüttü ve 700.000'in üzerinde üyesi vardı. 1907 yılındaki Millet Meclisi seçimlerinde 3,3 milyon seçmen onlar için oy kullanmıştı. Parti, Hamburg'da 33.000 üyeye sahipti ve seçimde 112.892 oy almıştı ve bir önceki seçimlerde olduğu gibi üç seçim bölgesinin hepsinde de kazanmışlardı. Fakat partide oportünizm zemin bulmuştu. O, tabiatı gereği işçi sınıfı içindeki burjuva politikası ve ideolojisiydi ve emperyalizme karşı kararlı sınıf mücadelesinden vazgeçmek demektir. Temel düşüncesi, V. I. Lenin'in de yazdığı gibi,"...burjuvazi ile onun karşıtları arasında ittifak ya da yakınlaşmadır."(14) Partinin açıkça sağ oportünizm tarafından giderek bölünmeye itilmesi, Merkezciler tarafından desteklendi. Merkezciler, "Partinin Birliği" parolası altında, sağcılarla kararlı devrimci güçler arasındaki çelişkileri gizlediler. Bir yandan Marksizmi sözde sahiplenmeleriyle, tutumlarında ise oportünizme teslim oluşlarıyla ikisini birleştirmeye çalıştılar.

Alman sosyal demokratları içindeki solcular, oportünist akımlara karşı uzlaşmaz bir biçimde karşı koydular. Onlar, emperyalizme, militarizme ve savaşa karşı; Alman halkının barışçı ve mutlu geleceği için kararlılıkla savaştılar. Onlar, partinin içindeki en ileri Marksist güçlerdi. Hamburg sosyal demokratları içinde de, ve ayrıca eyalet örgütünün yönetim kurullarında, seçim bölgesi örgütlerinde ve özellikle partinin alt örgütlerinde birçok devrimci unsur vardı.

Hamburg sosyal demokratları, Marksist yazılar yayınladılar. Örneğin, Hamburg parti örgütünün verdiği görev sonucunda Rosa Luxemburg, "Kitle Grevi, Parti ve Sendikalar" başlıklı yazıyı yazdı. Bu yazı, tüm kentte cok sayıda basılarak üyelere giderleri karşılığında dağıtıldı. Aynı şekilde, 1907-1908 yıllarında dizi olarak, Karl Marx, Friedrich Engels, August Bebel, Karl Kautsky, Franz Mehring ve diğerlerinin çeşitli eserleri yayınlandı. Ekonomik, tarihsel ve güncel siyasal konulara ilişkin yapılan parti eğitim toplantılarında ve akşam seminerlerinde, Ernst Thaelmann, Marksizmin temel sorunlarına aşina olmaya başladı.

O, emperyalizme ve militarizme karşı mücadelenin başarılı olabilmesinin, ancak parti içindeki sağ güçlerin etkinliğinin kırılması, sosyal demokrasinin bütün kararlılığıyla işçi ve diğer emekçilerin çıkarlarını savunmasına bağlı olduğunu kavradı. Bu, özellikle 1913 yılında Alman emperyalizminin savaş hazırlıklarını son haddine vardırmasıyla açıkça görüldü. Aynı yılın mart ayında, başbakanın, Millet Meclisi'nde sunduğu bir tasarıya göre, gelecek iki yıl içinde kara kuvvetleri önemli ölçüde artırılacaktı. Egemen güçler, bu işe, büyük bir kurnazlıkla giriştiler. Bu silahlanmayı karşılayacak mali kaynaklar, bir defaya mahsus olmak üzere, olağanüstü bir savunma ödentisi ve mülkiyet vergisiyle sağlanacaktı; ordu ile ilgili tasarı ve silahlanmanın finansmanı ayrı ayrı oylamaya sunulacaktı. Sosyal demokratların meclis grubunun çoğunluğu, ek silahlanma tasarısına red, ama bunun giderlerinin karşılanmasıyla ilgili tasarıya kabul oyu vermeyi kararlaştırdı; bunun sebebi olarak da tasarının mülkiyet sahibi çevreleri daha fazla yük altına sokacağını gösterdi. Sol kanat ise, bunu, "bu sisteme tek adam ve tek kuruş yok!" Marksist temel ilkesini ihlal ettiği için, sert bir şekilde eleştirdiler. 1913 yılı Eylül ayında, Jena'da yapılan Sosyal Demokratların Parti Kongresi'nde, Rosa Luxemburg, meclis grubunun bu tutumunun, ileride bir savaş durumunda, savaş masraflarının da aynı biçimde sosyal demokratlar tarafından onaylanmasına yol açacağına işaret etti.

Eilbeck bölgesindeki parti üyelerinin bir toplantısında, Thaelmann, meclis grubunun bu kararını eleştirdi. Bir başka toplantıda ise, ordunun büyütülmesi için gerekli giderlerin, zaten emekçi halkın sırtına yükleneceğini açıkça ortaya koydu. Yine bir başka toplantıda, Alman Yapı İşçileri Birliği Başkanı da olan, baş oportünist August Winnig, Jena Parti Kongresi'ni anlatırken, giderlerle ilgili tasarının orada kabul edilişini savununca; Thaelmann, şiddetle karşı çıkarak, Rosa Luxemburg tarafından Meclis'te dile getirilen, azınlığın vergi konusundaki düşüncelerini savundu. Bu düşünceler, militarizmi, "hakim sınıfların en güçlü iktidar aracı" olarak niteliyor ve buna karşı, "sonuna kadar mücadele etmek gerektiği"(15) şeklindeydi. İster doğrudan ister dolaylı olarak militarizmin güçlenmesine hizmet eden bütün yasa ve vergi tasarıları, reddedilmelidir. Thaelmann, bu toplantıda, aynı şekilde, 30 Eylül 1913 tarihli "Hamburger Echo" adlı yayının da aktardığı gibi "Rosa Luxemburg'un kitle grevine ilişkin görüşlerini ayrıntılı olarak" savundu. Rosa Luxemburg, Jena Parti Kongresi'nde diğer sosyal demokratlarla birlikte şu öneriyi getirmişlerdi: "Gericiliğin saldırılarına yanıt ve başarılı kitlesel eylemlerin önkoşulu olarak partinin her alanda kararlı, tutarlı ve hücuma dayanan bir taktik izlemesi gerekmektedir. Sadece böyle, mücadelenin ağırlık noktasını kitle eylemleri olarak saptayan bir taktik; örgütlü saflardaki mücadele enerjisini ve idealleri canlı tutmaya, örgütsüz unsurları da can alıcı anlarda sürüklemeye, sendikal ve siyasal örgütlere her an kazanmaya yeteneklidir."(16)

Birinci Dünya Savaşı'nın öngününde Ernst Thaelmann, 28 yaşındaydı. Hamburg'da tanınan ve sınıf kardeşleri tarafından saygı duyulan sorumlu birisiydi. Hamburglu proleterin, en önemli karakteristik özelliği şuydu: Sınıfına olan sağlam bağlılık; sınıfının sıkıntı ve ihtiyaçları, umut ve istekleri hakkında yaşayarak edindiği bilgi, emekçilerin sosyal ve politik çıkarları için yorulmak bilmez ve özverili çalışma. Alman emperyalizminin ve militarizminin amansız bir karşıtı olarak, parti içindeki oportünist unsurlara karşı koydu. Bu oportünist unsurlar ki, sosyal demokrasinin sosyalist ilkelerini terk etmişler ve işçi sınıfının, can düşmanına karşı yürüttüğü kararlı mücadeleden vazgeçmişlerdi. O, Alman sosyal demokrasisi içindeki sol kanadın, proleter taraftarlarından biriydi.

Emperyalist savaşa karşı

1914 İlkbaharı'nda, emperyalist güçler arasındaki çelişkiler keskinleşti. Alman tekelci beyleri, geniş toprak sahipleri ve militaristler, uzun vadede, Avrupa'da büyük bir sömürge imparatorluğu kurmak ve Avrupa egemenliği için, bir savaş hazırladılar. 1914 Haziranı'nda, müttefikleri Avusturya'nın veliahtının öldürülmesini, savaşın bahanesi yaptılar.

Fransa, İngiltere ve Rusya'nın hakim sınıfları ve müttefikleri sadece Alman emperyalizminin genişlemesini engellemeye çalışmakla yetinmediler; savaş sayesinde kendi egemenlik ve etki alanlarını genişletmek için işe koyuldular.

Ernst Thaelmann, tehdit edici hale gelen savaşın, sadece, büyük burjuvazinin çıkarlarına hizmet edeceğini ve bunun emekçiler için açlık, sefalet ve ölüm demek olduğunu biliyordu. Uluslararası Sosyalistler Kongresi'nin kararları uyarınca, kendisiyle aynı düşüncelerde olan parti üyeleriyle birlikte, gericilik tarafından alevlendirilen şovenist kışkırtmaya karşı çıktı. 1914 Haziran sonu ve Temmuz ayı içinde gerçekleşen parti ve sendika toplantılarında savaş tehlikesini ve savaşa karşı işçilerin tepki biçimlerini görüşmek üzere girişimde bulundu. Diğer kentlerde olduğu gibi, Hamburg'da da savaş kışkırtıcıları tarafından tahrik edilen ayaktakımı, sokaklara döküldü ve işçilerle karşılıklı çatışmalar başladı. Ernst Thaelmann da, kendisini bir grup üniversite öğrencisiyle boğuşmanın içinde buldu. Hamburg sosyal demokratlarının düzenlediği 19 toplantıdan birisine, 28 Temmuz günü, Ernst Thaelmann da katıldı. Toplantılara binlerle katılan işçiler, savaşa karşı olduklarını ilan ettiler; bu toplantılardan, savaşa karşı mücadelenin nasıl yürütüleceğine dair can alıcı sorunun çözümü için yanıt beklediler. Ne var ki hayal kırıklığına uğratıldılar. Çünkü konuşmacılar kendilerini, genellikle, gelmekte olan savaş tehlikesini ve bir savaşın emekçiler için doğuracağı sonuçları anlatmakla sınırladılar. Hiçbir bağlayıcı yanı olmayan, işçilerin barış isteklerini daha güçlü bir şekilde dile getirmekten öteye gitmeyen anlamsız kararların alınmasından sonra, hepsi evlerine gönderildiler.

1 Ağustos 1914 tarihinde Alman Kaiser (İmparatorluk-Çev.) Hükümeti, seferberlik emri çıkardı ve Rusya'ya savaş ilan etti; bunu, 3

Ağustos günü Fransa'ya karşı savaş ilanı takip etti. Alman birlikleri, 4 Ağustos günü tarafsız olan Belçika'ya saldırdılar; bunun üzerine İngiltere, Almanya'ya savaş ilan etti. Emperyalist dünya savaşı başlamıştı.

Halkın çıkarlarının, sosyal demokrat üyelerin çoğunluğunun isteğinin tam tersine, sosyal demokrasinin ve sendikaların sağcı önderleri, gittikçe, savaş politikasına doğru yalpalayıp durdular. 4 Ağustos'ta sosyal demokratların meclis grubu, savaş kredilerini onayladı. Bu, "anavatanın savunulması" ve "hizipçiliğe izin vermeme" parolası altında, açıkça burjuvazinin safında yer almak ve diğer yandan, II. Enternasyonal'in emperyalist savaşa karşı aldığı kararlardan dönmek demekti. İşçi çıkarlarının terk edilmesiyle, işçi hareketi bölündü.

Ernst Thaelmann, parti önderliğinin bu tutumu nedeniyle, derin sarsıntı geçirdi. Sağcı önderlerle birlikte davranmanın artık olanaksız olduğunu anlamaya başladı. Daha sonraları o günler hakkında şunları yazdı: "4 Ağustos 1914, arkasında Almanya'nın emperyalist gelişiminin, yeni bir işçi aristokrasisinin oluşumunun ve Alman sosyal demokratlarının burjuvalaşma sürecinin gizlendiği maskeyi bir vuruşla yırtıp parçaladı. 4 Ağustos, sınıf bilinçli sosyalist işçi kitleleri için korkunç bir darbe ve acı dolu bir hayal kırıklığıydı. Uğruna savaştıkları ve inandıkları parti ve Sosyalist Enternasyonal artık yoktu. Proleter sınıf savaşının kızıl bayrağı kirlenmiş ve ihanete uğramış olarak yere düşmüştü."(17)

Hemen hemen bütün sosyal demokrat partilerin sağcı önderlikleri, benzer şekilde davrandılar. Emperyalist savaşa karşı, onu iç savaşa dönüştürme hedefiyle tutarlı bir mücadele yürüten tek parti oldu, Bolşeviklerin Partisi, Lenin'in Partisi. Diğer ülkelerde sosyal demokratların en iyi unsurları arasından, emperyalist savaşa ve sağcı sosyal demokrat önderlere karşı muhalefet gelişmeye başladı. Almanya'da solcular, halkların katledilmesine karşı mücadele ederek ilerliyorlardı. En belirgin güç, Karl Liebknecht, Rosa Luxsemburg, Leo Jogiches, Franz Mehring ve Clara Zetkin etrafındaki grup oldu. Karl Liebknecht'in, 2 Aralık 1914 tarihindeki Millet Meclisi'nde, savaş kredilerinin oylanması sırasında cesurca haykırdığı "HAYIR!" sözü, çok önemli bir sinyal verdi.

Emperyalist devlet iktidarı ve hatta sağcı sosyal demokrat önderler, savaşın enternasyonalist karşıtlarının şiarlarının, hatta varlıklarının duyulmaması için, ellerinden gelen her şeyi yaptılar. Buna rağmen, Almanya'nın her yerinde, solcuların geliştirdiği tutumun etkisiyle, kararlı işçiler, şovenist kışkırtmaya karşı koydular. Hamburg'da düzenlenen güvenilir kişilerin ve konuşmacılar komisyonunun toplantılarında, Ernst Thaelmann, diğer sol sosyal demokratlarla birlikte, savaşın, partinin ve sendikaların sağcı önderlerince desteklenmesine karşı çıktı.

Daha sonraları, KPD yöneticisi olarak, tekrar tekrar savaşın başındaki tavrına geri döndü: "Ben daha o zamanlar, partinin savaş kredilerini onaylamakla partinin, enternasyonal kongrelerin aldığı kararlardan vazgeçtiğini açıklamıştım."[18] Birinci Dünya Savaşı'nın onuncu yıldönümü nedeniyle Hamburg'da yaptığı bir konuşmada, "Bugün Hamburg işçilerinin önünde konuştuğu aynı salonda, 1914 Ağustos ve Eylül aylarında yapılan Hamburg SPD görevliler toplantısında, parti yönetiminin savaş politikasına, ve 'Hamburger Echo'nun savaş hayranı yazı üslubuna karşı nasıl tavır alındığını"[19] hatırlattı. 1914 Sonbaharı'nda, Ernst Thaelmann, Alman Taşıma İşçileri Birliği'nin bir yerel yönetim toplantısında, birliğin yayın organında yer alan, Alman birliklerinin askeri başarılarının kutlanmasına ve Belçika'nın ele geçirilen bölgelerinin her zaman Almanların elinde kalmasını arzu eden ifadelere, şiddetle karşı çıktı. Thaelmann'ın, genel toplantıda, sağcı sendika önderlerinin uğursuz rolüne dair tartışma açmaya çalışması, toplantı yönetimi tarafından engellendi. O, artık kapalı kapılar ardındaki görüşmelerle hiçbir şeyin elde edilemeyeceğini görmek zorunda kalınca; yakın yoldaşlarına, işçileri savaşa karşı mücadeleye kazanmak için, "tabana", yani, alt parti birimlerine, fabrikalara gitmek gerektiğini söyledi. Fakat, bu, olağanüstü güçleşmiş durumdaydı; çünkü sınıf bilinçli birçok işçi ve partili, askere alınıyor ve parti toplantıları da sık sık yasaklanıyordu. Ernst Thaelmann, 1915 yılı Ocak ayı başında, askere çağrıldı. Askere gitmeden birkaç saat önce Rosa Koch ile evlendi.

Kısa bir eğitimden sonra, Ernst Thaelmann, topçu olarak Batı Cephesi'ne gönderildi ve savaşı bütün korkunçluğuyla etinde hissederek yaşadı. Defalarca yaralandı. Ordu içinde, savaşa karşı yürüttüğü ajitasyon çalışmalarını sürdürdü; işgal edilen bölgelerde, halka karşı yapılan zulme ve zoraki uygulamalara karşı çıktı. Dava arkadaşları, ona, içinde sol sosyal demokratların da düşüncelerini dile getirebildikleri "Bremen-Halk Gazetesi"nin kimi sayıları ve de Karl Liebknecht ve Rosa Luxemburg çevresindeki güçlerin daha sağlam kenetlendikleri Spartaküs grubunun çıkardığı bildirilerin örnekleri de yer alan muhalif yayınlar gönderiyorlardı. Savaş karşıtı olarak tanınan işçi önderine, uzun süre dinlenme izini verilmedi; birçok kez hücre hapsiyle cezalandırıldı.

Yakından tanığı olduğu savaş vahşeti, onun, ikinci temel tecrübesi oldu. Bu, emperyalizme ve militarizme karşı kinini artırdığı gibi, savaşa ve onu çıkaranlara karşı, varolan bütün güçlerle mücadele edilmesi gerektiği inancını da artırdı. Barışa ilişkin inancını, daha sonraki yazılarında şöyle ifade etti: "Bu savaşa katılan bizler; dehşeti yaşadık, cinayetleri ve vahşeti tanıdık ve bu yüzden ... düşüncesizce bir damla kan feda etmemek gibi bir sorumluluğumuz var."[20]

Thaelmann, ağır yaralandıktan sonra izine gönderilmek zorunda kalındığında, siyasi arkadaşlarıyla bir araya geldi. Hamburg'daki bir yasadışı toplantıda, sadece kitlelerin savaşa son verebileceğini söyledi. Tersanelerde ve savaş sanayisiyle ilgili fabrikalarda, fazla mesailere, yetersiz beslenme koşullarına karşı eylemler organize edilmesini kışkırttı.

1917 Temmuzu'nda çıktığı bir sonraki izni sırasında, savaşın ağır sonuçlarını; her şeyden önce kadınların, çocukların ve yaşlı insanların sefaletini, işçilerin yoğunlaşan sömürüsünü gördü ve artan savaş yorgunluğunu hissetti. Aynı zamanda, Alman işçi hareketinin değişen durumuna yeniden vakıf oldu. Ocak 1917'de Sosyal Demokrat Parti Komisyonu'nun sağcı çoğunluğu, savaş politikasını reddeden tüm örgütleri partiden ihraç etti ve böylece sosyal demokrasi, örgütsel olarak da bölünmüş oldu. Nisan ayında, merkezci önderler, Almanya Bağımsız Sosyal Demokrat Partisi (USPD)'ni kurdular. Düsseldorf, Halle, Leipzig ve diğer birkaç bölgede siyasi olarak örgütlenmiş işçilerin büyük kesimi ve diğer bazı bölgelerde de büyüklü küçüklü gruplar USPD'ye katıldı; fakat çoğunluk, eski partinin yanında yer aldı. Spartaküs grubu, —siyasal-ideolojik bağımsızlığını koruyarak— USPD'ye katıldı. Bu, bu grubun yönetici konumundaki temsilcilerinin, oportünizmin her çeşidiyle kararlıca ayrışıp, bağımsız ve gerçek devrimci bir proletarya partisi yaratmanın zorunluluğunu henüz kavrayamadıklarını gösteriyordu.

USPD içinde sınıf bilinçli işçilerin ve emperyalist savaşa kararlılıkla karşı çıkanların yanı sıra; savaşı reddeden, fakat parlamenterizmin yarattığı yanılsamaya kanan sosyal demokratlar da yer aldı. Yine aynı şekilde, burjuva-pasifist görüşte olanların temsilcileri de vardı. Bu partinin yönetimi sağcı merkezcilerin elindeydi. Onlar, gerçi Alman emperyalizminin fetih politikasını reddediyorlardı; ama Spartaküs grubunun tersine, emekçi kitleleri emperyalizme ve savaşa karşı devrimci eylemlere çağırmıyorlardı. Sadece parlamenter mücadeleye yöneliyorlardı ve böylece de, muhalif işçilerin daha kararlı devrimci tavır almaya geçişini güçleştiriyorlardı.

Hamburg'da siyasal olarak örgütlenmiş işçilerin ezici çoğunluğu sosyal demokratların içinde kaldı. Fakat Ernst Thaelmann'ın siyasi arkadaşlarının çoğunluğu, USPD'ye katıldılar. O da, askerliğinden dolayı partiye resmen üye olamamasına ve siyasal toplantılara katılamamasına rağmen; kendisini bu partinin üyesi gibi hissediyordu. Hamburg'da birçok kez USPD'nin kurucularından biri olan Jacob Rieper ile buluştu. Thaelmann, Hamburglu radikal solcularla da dostça ilişkilerde bulundu. Bunlar küçük, fakat çok aktif bir gruptular ve Spartaküs grubundan farklı olarak, USPD'ye katılmamışlardı. O, radikal solcuların savunduğu sekter görüşlere ve her şeyden önce onların sendikaları reddeden anlayışlarına katılmıyordu.

KPD'nin merkezi olan Berlin'deki Karl Liebknecht binası.

KPD'YE GİDEN YOL (1917-1920)

Devrimin ateşinde

1917 yılındaki birçok gelişme, keskinleşen sınıf çelişkilerine ve yaklaşan siyasal bir krize işaret ediyordu. Çarlık rejimini yıkan Rusya'daki Şubat Devrimi, ülkede ve cephede birçok tartışmanın odak noktasını oluşturuyordu. Thaelmann'ın not defterindeki siyasal çalkantılarla ilgili kayıtlar giderek çoğalıyordu. Eylül sonunda Ernst Thaelmann, ağır hastalandı. Haftalarca cephedeki seyyar hastanede kaldıktan sonra, 20 Ekim'de Bayreuth'daki bir askeri hastaneye götürüldü. Orada Rusya'daki yeni devrimi; geçici hükümetin işçiler, köylüler ve askerler tarafından yıkıldığını, ilk önce, elbette ki tahrifler ve eksikliklerle dolu burjuva ve sosyal demokrat basından duydu. Ama o, hemen, bütün kalbiyle Rusya'daki sınıf kardeşlerinin yanında yer aldı.

Rusya işçileri ve köylüleri, Bolşevik Parti'nin önderliğinde sömürücü sınıfların egemenliğine son verip siyasal iktidarı ele geçirdiklerinde, dünyada yeni bir tarihsel çağı, kapitalizmin yenilgisi ve sosyalizmin zaferi çağını başlatıyorlardı. Kızıl Ekim, Marksizm-Leninizm öğretisinin doğruluğunu ve yeni tipteki partinin, işçi sınıfı ve onun müttefiklerinin önderi olarak, devrimdeki ve sosyalist inşadaki tarihsel rolünü pratik olarak kanıtladı. Böylece, bu devrimin temel dersleri, proletaryanın kurtuluş mücadelesinde genel doğrular haline geldi. Rusya'daki devrim; sömürücülerin dünyanın her yanındaki egemenliklerini sarstı, bütün kıtalardaki ezilenlerin ve sömürülenlerin mücadelesine muazzam bir güç kattı. Bu devrim, halklara, kanlı emperyalist savaştan çıkış yolunu gösterdi.

"7 Kasım 1917, insanlık tarihindeki en büyük dönüm noktasının başlangıcıdır. Rusya işçilerinin, köylülerinin ve askerlerinin; toprak sahipleriyle onların müttefikleri kapitalistlere karşı kesin zaferleri, yeryüzünün çehresini değiştirdi. Bugün, dünyada hiçbir önemli politik şekillenme yoktur ki, Sovyetler Birliği'ni varlığından etkilenmesin. Sınıf savaşları tarihinde yeni bir çağ başladı."(1) Ernst Thaelmann, bu sözlerle, 1925 yılında kendi kişisel gelişimi ve sınıfının savaşımı için belirleyici bir anlama sahip olan Büyük Sosyalist Ekim Devrimi'nin önemini belirtiyordu.

Ekim Devrimi, Alman proletaryasının mücadelesini de hızlandırdı. Egemen sınıfların savaş politikası ve askeri yenilginin yaklaştığının belirtilerinin kendisini daha açık hissettirmesi nedeniyle, emperyalist sistemin en zayıf halkası haline gelen Almanya'da, sınıf savaşı giderek keskinleşiyordu. Yaralı oluşu ve hastalığı nedeniyle, 1918 yılının Ocak-Şubat ve Haziran-Temmuz aylarında izinli olan Ernest Thaelmann, bunu belirgin bir şekilde hissediyordu. O, Hamburg'da mücadele yoldaşlarıyla ilişkilerini daha da sıklaştırıp, muhalif yazıları özenle okuyordu.

Temmuzdan ekime kadar Alman Batı Cephesi'ndeki savaşın vahşetini bir kez daha yaşadı. 8 Ağustos'ta müttefik birlikleri güçlü bir hücümla Alman hatlarını yardılar. Ernst Thaelmann defterine şunları not aldı: "Bugünkünden daha korkunç bir şey yaşamadım." — "Bizde çok büyük kayıp var."(2) Bütün bu olanlar, onun üzerinde derin etkiler yarattı. Uzun yıllar sonraki tutsaklık notlarında "Dünya savaşı cephesinin" onu biçimlendirdiğini ve yine bu savaşın, onun işçiler ve diğer emekçiler için verdiği mücadelesinde "sosyalist düşüncesini oldukça etkilediğini ve daha sonraki faaliyeti için çelikleştirdiğini"[3] belirtiyordu.

Kasım başlarında, ülkesindeki devrimci kalkışmalar ve bunların zorlaması sonucunda Alman hükümetinin yaptığı, Ernst Thaelmann'ın birliğini de kapsayan "ateşkes önerisi" haberleri yayıldı. Askeri birlikler dağılmaya başladı. 7 Kasım'da, o, not takvimine "Ateşkes önerisi duyuruldu. Cephede büyük sevinç var."[4] diye yazdı. Onbinlerce asker gibi, o da kendi başına savaşı bırakıp, 9 Kasım'da memleketinin yoluna düştü. 11 Kasım 1918 günü, öğleden önce, Hamburg'a ulaştıktan sonra, hızla, karısının 1917 Mayısı'nda taşındığı, Eppendorf semti, Siemssen Caddesi'ndeki 4 numaralı evinin yolunu tuttu.

Ernst Thaelmann'ın birliğini terk ettiği gün, 3 Kasım'da Kiel'li bahriyelilerin başlattıkları ve kısa sürede bütün Almanya'yı saran devrim, başkente de ulaştı. Bütün ülkede işçi ve asker konseyleri kuruldu. Monarşi ve imparatorluk hükümeti düşürüldü. Berlin sarayının burçlarında kızıl bayrak dalgalanıyordu. 9 Kasımda, Karl Liebknecht, buradan "işçi ve köylülerin hükümetini kurmak ve barışın, mutluluğun ve özgürlüğün düzenini, yani proletaryanın yeni bir devlet düzenini yaratmak için"[5] kitleleri, güçlerini birleştirmeye çağırıyordu. Alman halkının çoğunluğu, mevcut durumun değişmesini istiyordu. Monarşinin, askeriyenin ve savaşın emperyalist yağmacılarının halk arasında dayanakları kalmamıştı. Uzun süren oportünist etki nedeniyle, niteliği ve yolu üzerine kafaları tam açık olmasa da, işçilerin çoğunluğu sosyalizmden yanaydı. Alman solcuları ve onların başında devrimci kalkışmanın en kararlı hazırlayıcılarından ve sonra 11 Kasım'da Spartaküs Birliği olarak birleşen Spartaküs grubu, devrimi, sosyalist bir devrime dönüştürmeye çalışıyordı.

Ama karşıdevrim sessiz durmuyordu. Egemen sınıfların baskı araçları neredeyse işlemez hale geldiği, ileri temsilcileri itibardan düştükleri ve ordu dağıldığı için, büyük burjuvazi, sırtını, SPD'nin sağcı önderlerine ve sendikalara yaslıyordu. Bunlar da, ellerinden gelen tüm çabayı göstererek kitlelerin en önünde yer almaya ve böylece devrimi küçük burjuvazinin reformist kanallarına akıtmaya çalışıyorlardı. SPD ve USPD'den üçer temsilci, demagojik bir şekilde "Halk Temsilcileri Konseyi" olarak adlandırılan, sosyalist bir program uygulayacağını ileri süren, pratikte ise devrimci güçlere karşı, tekelci sermaye ve imparatorluk generalleriyle anlaşma halinde olan bir hükümet kurdular.

Hamburg'da daha 6 Kasım günü, İşçi ve Asker Konseyi, iktidarı ele geçirmişti. Fakat, burada da, Almanya'nın hemen bütün diğer bölgelerindeki belirtiler kendisini gösteriyordu. Kararlı devrimcilerin etkisi, büyük bir örgütlenme aygıtına ve basına sahip olan sağcı ve merkezci güçlere karşı durmaya yeterli değildi. Buna bir de -hemen bütün konseylerde olduğu gibi- burada yüzbinleri temsil eden işçi temsilcileri ile, en fazla onbinleri temsil eden ve sosyal bakımdan çok çeşitlilik gösteren bir bileşime sahip olan askerler arasında eşitlik vardı. Böylece kısıtlı reformlar ve burjuva parlamentarist cumhuriyet yanlısı oportünist güçlerin etkisi ağırlıktaydı. Hamburg Konseyi, karşıdevrim karşısında giderek daha çok geri çekilmeye başladı.

Ernst Thaelmann, memleketi olan şehrin durumunu hızla kavradı. Ender olarak evde bulunuyordu. Yaşamını, babasının dükkanında yardım ederek, ya da Hamburg şehir parkında gündelik işçi olarak çalışarak kazanıyordu. Hiç durmaksızın politik çalışma yürütüyordu. Artık resmi olarak da USPD'ye girdi. Partisinin, sendika, gençlik ve askerlerin toplantılarına katılıyordu, karşıdevrime karşı gösterilere katılıyor, bildiriler dağıtıyor ve toplantılarda seminerler veriyordu. Emperyalistlerin ve militaristlerin egemenliklerine son verilmesini ve devrimin kararlı bir şekilde ileriye götürülmesini talep ediyor, sağ kanat sosyal demokrat önderlerin karşıdevrimci etkinliklerine tepki gösteriyor ve USPD'nin sağcı önderlerinin belirsiz ve kaypak politikalarına karşı çıkıyordu. Thaelmann, bir toplantı raporunda belirtildiği gibi "en önemli sanayi işletmelerinin toplumsallaştırılmasını" talep ediyordu. "Büyük sanayicilerin faaliyeti, bu insanlar için belirleyici olanın kâr olduğunu göstermektedir". "Sağcı sosyalistlerin savaş günahlarını" ve onların 4 Ağustos 1914 politikasını haklı gösterme çabalarını, uzlaşmaz bir tutumla mahkum ediyordu. O, Berlin'deki USPD önderliğince, üyeler arasında yaratılan kafa karışıklığını protesto ediyor ve partide "enternasyonal sınıf savaşı ilkelerinin"(6) yükseltilmesini talep ediyordu.

Aralık 1918 sonunda, Alman işçi hareketinin en kararlı güçleri, Karl Liebknecht ve Rosa Luxemburg önderliğinde, oportünizmle bağlarını kesin ve artık örgütsel olarak da koparak, Almanya Komünist Partisi (KPD)'ni kurdular. KPD ile, Alman işçi sınıfı, proletarya diktatörlüğünün oluşturulmasını ve sosyalizmin inşasını koşulsuz savunan, proleter enternasyonalizminin sağlam zeminine dayanan ve ilk sosyalist devlet ve Lenin'in partisi ile mücadele birliği içinde olacağını çekinmeden açıklayan devrimci bir partiye kavuştu. KPD'nin kurulması, oportünizm tarafından bölünen Alman işçi hareketinin birliğinin, ona yaraşır tek temelde, emperyalizme karşı ve sosyalizmin kurulması için kararlı mücadele temelinde yeniden oluşturulmasının önkoşulu anlamına da geliyordu.

Ernst Thaelmann, USPD'de örgütlü başka işçiler gibi, KPD şahsında ortak düşmana karşı bir mücadele yoldaşı görüyordu. Ama henüz, KPD ile birlikte proletaryanın zafere ulaşmak için gereksinme duyduğu yeni tipteki partinin gelişmekte olduğunu kavrayamıyorlardı. O dönemde KPD-Hamburg örgütündeki süregelen güçlü sekter eğilimler, bu kavrayışa varmalarını zorlaştırıyordu.

Thaelmann tamamen, Rusya'daki Sovyet iktidarının yanındaydı. 1918 sonu / 1919 başlarında yapılan bir toplantıda, USPD-Hamburg'un sağ kanat yöneticilerinden biri, Sovyet Rusya'nın yakında çökeceği kehanetinde bulundu. Rudolf Lindau, o zamanlar KPD-Hamburg üyesi, olayı şöyle anımsıyor: "Ernst Thaelmann, bu karşıdevrimci kehanetlere karşı, tartışma sırasında yaptığı ateşli bir konuşma ile verdiği yanıtta, Alman işçi sınıfı ile Alman halkının geleceğinin Sovyet Rusya'nın kaderiyle kopmaz bir şekilde birbirine bağlı olduğunu nedenleriyle birlikte anlattı. 'Kim sosyalizmin Sovyet Rusya'daki zaferine inanmıyorsa, o, Alman işçi sınıfının devrimci gücüne de inanmıyordur ve Alman işçisinin düşmanıdır.' "(7)

USPD temsilcilerinin 1918 sonlarında dışlandıkları "Halk Temsilcileri Konseyi", 1919 Ocak sonu/Şubat başında, Bremen'e karşı, karşıdevrimci birlikler harekete geçirdi. Orada devrimci işçiler, Ocak 1919 ortalarında, Konsey iktidarını kurmuşlardı. Hamburg işçileri, Bremen'li devrimcilerin desteklenmesini talep ettiler. Komünistlerin verdiği önerge üzerine, Hamburg İşçi ve Asker Konseyi büyük bir çoğunlukla, Hamburg'lu işçilerin silahlandırılarak Bremen Konsey Cumhuriyeti'ne askeri yardımda bulunulması kararını aldı. Ancak sağ kanat sosyal demokrat yöneticiler ile onların etkisinde bulunan Asker Konseyi bu kararı sabote ettiler. Bunun üzerine Hamburg'lu işçiler kendi başlarına, polis binalarından ve kışlalardan silahlandılar. Ernst Thaelmann, buna, önderlik düzeyinde katıldı. Yaklaşık 3000 silahlı Hamburg işçisinin Bremen'e ulaşma girişimi, gerici güçler tarafından tezgahlanan bir demiryolu işçileri grevi nedeniyle başarısızlığa uğradı. Ernst Thaelmann, partisinin toplantılarında, Bremen Konsey Cumhuriyeti'ne karşı girişimin perde arkasındaki gerçekleri ortaya seriyor ve bir dayanışma eylemini engellemeye yönelik çabaları mahkum ediyordu.

Ernst Thaelmann, USPD'li Bavyera Başbakanı Kurt Eisner'in öldürülmesini protesto etmek için 26 Şubat'ta Hamburg'da düzenlenen kitlesel mitingde, USPD ve KPD'nin konuşmacılarındandı. Miting, karşıdevrimin artan cinayet terörüne karşı mücadeleyi simgeliyordu. Toplananlar, proletaryanın davası uğruna şehit düşen Karl Liebknecht, Rosa Luxemburg ve Kurt Eisner'i andılar.

USPD içerisindeki diğer solcular gibi, Ernst Thaelmann da, Konseylerin güçlendirilmesinden yana tavır koyuyordu. USPD'nin Mart 1919'da Berlin'de yapılan Olağanüstü Kongresi'nde solcu delegelerce getirilen, "USPD, İşçi Konseyleri'ni politik ve ekonomik iktidarı kendi ellerine alma çabalarında kendilerini destekler" içerikli karar tasarısının sözcülüğünü yaptı. Parti Kongresi'nin değerlendirildiği bir üye toplantısında, Kongre'nin, bütün sorunlara karşı yeterince kararlı bir yaklaşım göstermemesini eleştirdi. Bunu yaparken, esas olarak açıkça, Konsey sisteminin anayasa kapsamına alınmasını talep eden ve Konseylerin burjuva devlete tabi kılınması anlamına gelen "Programatik Açıklama"daki oportünist saptama üzerinde duruyordu. "Hamburger Volks-Zeitung"un (Hamburg Halk Gazetesi -çev.) yazdığı gibi, Ernst Thaelmann, bütün iktidarın İşçi Konseyleri'nin eline geçmesi gerektiğini savundu ve açıklamalarını, USPD'nin "sadece sola yönelebileceği"(8) ifadesiyle bitirdi. Ernst Thaelmann, mart ayında memleketi olan şehrin parlamentosuna, Hamburg Eyalet Meclisi'ne seçildi.

Thaelmann, 5 Nisan'daki bir toplantıda "Macaristan'daki Devrim ve Biz?" konusunda konuştu. Macaristan'daki devrimci olayları anlattı - işçiler, orada, Mart 1919'da, Konseyler Cumhuriyeti'ni kurmuşlardı -, proletarya "güçlü bir hamle ile, o zamana kadarki burjuva–demokratik devrimini alaşağı ederek kendi kaderini kendi eline almıştı." Buna karşılık Prusya Almanyası'nda ise, Junkerlik ve kapitalizm eyerine sıkı sıkıya kurulmuş oturuyor. "Sözümona Almanya Cumhuriyeti"nde ise, "sosyalizmden eser bile" kalmadı. İnsanlığın tek kurtuluşu sosyalizmdedir. "Bugün için yapılması gereken, gündelik işin ortadan kaldırılmasıdır." Rusya ve Macaristan proletaryasının devrimci önderleri, bütün dünya proletaryasına örnek oluşturarak ilerlediler. Hamburg'da da tek tek önderler, devrimci hareketin karşısında yer almamalıdırlar. Ve sözünü şöyle bağladı: "Şimdi sosyal demokrasinin bataklığı olan bir zamanların kalesini, yeniden ele geçirelim."(9)

11 Mayıs 1919'da yapılan bir üyeler toplantısı, Ernst Thaelmann'ı, USPD Hamburg Bölge Grubu 1. onursal başkanlığa seçti. Böylece, buradaki sağcı güçlere anlamlı bir yenilgi tattırılmıştı. Ernst Thaelmann'ın, KPD'nin 10. Kuruluş Yıldönümü vesilesiyle yazdıkları, Hamburg için de geçirliydi: USPD içerisinde "sınıflara ay-

rışma süreci başlamıştı; bir yandan Kautsky, Dittmann, Crispien ve Hilferding gibi korkak ve sefil merkezci önderler, diğer yanda ise proleter devriminin Partisi ve Komünist Enternasyonal'e akın eden işçiler"[(10)] vardı.

Ortak düşmana karşı ortak mücadele

Mayıs 1919'da, Alman işçi sınıfının büyük devrimci şahlanışı, Bavyera Konseyler Cumhuriyeti'nin kanlı bir şekilde dağıtılması sonucu acı bir yenilgiyle sona erdi. Gerçi antiemperyalist halk devrimi monarşiyi silip süpürmüştü, önemli demokratik ve sosyal haklar elde edilmişti; ama SPD, USPD ve sendikaların oportünist liderlerinin yardımlarıyla tekelci sermaye, sınıf egemenliğini korumasını başarmıştı. Kurucu Ulusal Meclis'in toplandığı şehrin adıyla anılan Weimar Cumhuriyeti'nde tekelci burjuvazi, diktatörlüğünü bundan böyle parlamenterliğin yaldızlı süsüyle sürdürecekti. Bu sıralarda, Reich Hükümeti, "Weimar Koalisyonu" diye bilinen SPD, Deutsche Demokratische Partei (Alman Demokrat Partisi-çev.), ve Zentrum (Merkez-çev.) temsilcilerinden oluşuyordu.

Ernst Thaelmann, USPD'nin Hamburg Bölge Grubu Başkanı olarak, artık daha büyük bir siyasal sorumluluk taşıyordu ve bu, daha çok zaman isteyen bir görevdi. 21 Mayıs 1919'da, Hamburg Çalışma Dairesi'nde memur olarak işe alındı. Burada işsizlerin kötü durumları hakkında edindiği gözlemlerinden, politik faaliyeti, emperyalizme ve militarizme karşı mücadele ve emekçilerin çıkarları için yararlandı.

Hamburg'da KPD ve USPD üyeleri ve partisiz insanlar, birçok eylemde, karşıdevrimin giderek artan saldırılarına karşı omuz omuza kavga ediyordu. 6 Haziran 1919 günü, onbinlerce Hamburglu işçi, Münihli komünistlerin önderi Eugen Leviné'nin öldürülmesini protesto mitinginde, KPD temsilcilerinin yanı sıra Ernst Thaelmann da, konuşmacılar arasındaydı.

Miting bitiminde, belediye sarayına doğru muhteşem bir yürüyüş yapıldı. Protestocular, heyecanla, Eugen Leviné'nin anısına, belediye sarayı bayrağının yarıya indirilmesini istediler. USPD'li eyalet meclisi üyelerince de, belediye sarayından kızıl bayrak dalgalandırıldı. Bayrak sökülüp aşağıya indirildiğine, Ernst Thaelmann ve arkadaşları, kızıl bayrağı yeniden sarayın balkonuna asmak için harekete geçtiler. Bu arada, muhafazakar bir meclis üyesi, bayrağı Ernst Thaelmann'ın elinden almaya çalıştı. "Elbetteki bu bay, birkaç el darbesiyle bir köşeye itildi ve kızıl bayrak belediye sarayının balkonunda dalgalanmayı sürdürdü."(11) diye anlatıyordu "Hamburger Volks-Zeitung"un haberi.

Ernst Thaelmann, 12 Haziran'da, Rosa Luxemburg'un Berlin-Friedrichsfelde'de toprağa verildiği gün, USPD gazetesinde; "coşkulu bir devrimci savaşçının anısına" yürüyüş çağrısı yaptı. Hamburg'da 20.000 kişi, mitingin yapılacağı alana akarak, Ernst Thaelmann'ın da aralarında olduğu KPD ile USPD temsilcilerinin konuşmalarını dinlediler. Kalabalık hükümetin çekilmesini ve karşıdevrimci çetelerin dağıtılmasını isteyen bir kararı kabul etti. Mitingin akabinde, büyük bir yürüyüş kolu sendika binasına doğru hareke-te geçti. Thaelmann'ın önerisi üzerine, sendika binasına Rosa Luxemburg'un anısına kızıl bayrak çekildi.

1919 ortalarında Alman kamuoyunu, barış anlaşması üzerine yapılan görüşmeler meşgul ediyordu. Mayıs ayı başında, Paris yakınlarındaki Versailles'da, Alman temsilcilerine barış şartları bildirilmişti; 28 Haziran'da anlaşmayı imzaladılar. Alman işçi hareketi, bu konuda tavır almak zorundaydı. Versailles Antlaşması, galip emperyalist ülkelerin, Almanya'yı rakip olarak etkisizleştirme ve Alman halkını soyma amacında olduklarını gösteriyordu. Bazı bölgelerden geri çekilinecekti; ülkenin bir bölümü yabancı birliklerce işgal edildi, egemenliği kısıtlandı, silahlanma önemli ölçüde sınırlandırıldı. Kesin oranları henüz saptanmamış olan devasa savaş tazminatları ödenmek zorundaydı. Ancak, Versailles Antlaşması, Alman emperyalizminin iktidarının temellerine dokunmuyordu; ülke içindeki devrimcileri ezmeleri ve Rusya'daki Sovyet iktidarına karşı siper olarak kullanabileceği askeri ve ekonomik araçlar bırakıyordu. Bu, yeni bir savaşın tohumlarını da içinde barındıran, emperyalist bir barış anlaşmasıydı.

Burjuva partileri -ağırlıklı olarak sağ kanatta yer alanlar- Antlaşma'ya karşı milliyetçi bir kışkırtma kampanyasını başlattılar. Onlar, dikkatleri iç politik durumdan, emekçi kitlelerin, tekelci burjuvazi ve büyük toprak sahipleri tarafından ezilmeleri ve sömürülmelerinden uzaklaştırmak için bu anlaşmanın ağır maddelerini kullanmaya çalıştıkları gibi; uzun vadede Alman büyük sermayesinin dünyayı zorla ele geçirme çabalarına hizmet etmek için, intikamcı duyguları kışkırttılar. SPD'nin sağcı önderleri de, bu milliyetçi koroya katıldılar. Buna karşın, KPD ve USPD'nin sol güçleri, Versailles Antlaşması'nı emperyalist ve karşıdevrimci nitelendirerek, egemen sınıfın, savaşın yükünü ve savaş tazminatlarını emekçilerin sırtına yıkacağına işaret ettiler. Hazırlıklarına Thaelmann'ın da katıldığı tıklım tıklım dolu, on bir toplantıda, Hamburg USPD örgütü, Versailles Antlaşması'na tavır aldı. Toplantılarda alınan kararlar şu sözlerle bitiyordu: "Biliyoruz ki, bütün ülkelerin proleterlerinin birleşik gücü, emperyalizmi alt edecek ve bugünün haksızlıklarının yaralarını saracaktır."(12) Bu tutum; Almanya'da emperyalizmin egemenliğini yıkarak ve diğer ülkelerin devrimci proletaryasının birleşik mücadelesini yaratarak, ve de Versailles Antlaşması'nı kesin bir şekilde mahkum eden Sovyet Rusya ile sıkı bir birlik içerisinde emperyalist barış diktasını alt etmeyi savunan KPD'ninkine benziyordu.

Ernst Thaelmann, sendikadaki çalışmasına da canla başla devam ediyordu. Haziran 1919'da, Alman Nakliye İşçileri Derneği'nin 10. Kongresi'ne katıldı. Dernek yönetiminin savaş sırasındaki sınıf işbirliği politikasını eleştirdi. Şimdi, sendikaların "yine sınıf mücadelesi ruhuyla" donatılmaları gerekliydi. Ernst Thaelmann, USPD'nin kesinlikle "sendikalarda bölünme yaratmak istemediğini" (13) vurguluyordu. Dernek Kongresi'ni değerlendirmek üzere Hamburg'da yapılan toplantılarda, USPD üyelerinden oluşan muhalefet adına konuşarak, özellikle şunu vurguluyordu: "Sendikalar, ancak, sınıf mücadelesine yeniden yönelmeleri halinde, işçiler arasında saygınlıklarını yeniden kazanacaklardır."[14]

Ernst Thaelmann Hamburg Parlamentosu'nda, belediye işçilerinin ücretlerinin düşürülmesine ve ev kiralarının dayanılmaz halde yükselmesine karşı tavır aldı. Elektrik, banyo olanakları, sıcak su ve merkezi kalorifer sistemi gibi modern ev yapısının kazanımları, sadece küçük, zengin bir azınlığın hizmetine sunulmamalıydı. Aynı şekilde, okul sisteminin iyileştirilmesini ve doğum evlerinin açılmasını talep ediyordu. Thaelmann'ın parlamentoda yaptığı bütün konuşmalar, emekçilere olan derin bağlılığını gösteriyordu. Önerileri, çekilen sefaleti dindirmeye yönelikti. Hiçbir zaman, halkın durumunun, ancak sosyalizmde köklü ve olumlu olarak değişebileceğinden şüphe duymadı.

Ernst Thaelmann parlamentodaki çalışmalarını, kitleler içerisindeki faaliyetle sıkıca birleştirdi. Örneğin, işsizlerin bir toplantısında, Hamburg Belediye Meclisi'nde işsizlik yardımının kısıtlanmasına nasıl karşı çıktığını anlattı. Belirttiği gibi, işsizler için hiç kaynak ayrılmazken, toplum polisi için büyük oranda paraların verilmesi onaylanıyordu. Burjuva devletinin ordusu ve polisi için ayrılan kaynakların, işsizlerin sefaletinin dindirilmesinde kullanılması gerektiğini söyledi.

Sınıfla olan yakın bağları, çalışan insanların sorunlarını ve umutlarını yakından bilmesi, Thaelmann'ın, savaşların ve yoksulluğun kaynaklarının yok edilmesi için kapitalizmin yıkılması gerektiği inancını pekiştiriyordu. İnançlı bir proleter enternasyonalisti olarak, bunun, uluslararası proletaryanın ortak çabalarını gerektirdiğinin bilincindeydi. Bu yüzden, kendisini, USPD içerisindeki diğer sol güçler gibi, devrimci proletaryanın enternasyonal birliği ile dayanışma içerisinde hissediyor ve III. Enternasyonal'i benimsiyordu. Komünist Enternasyonal (Komintern, KE) Mart 1919'da, V. I. Lenin'in önderliğinde oluşturulmuştu. Devrimci dünya proletaryasına, enternasyonal sınıf mücadelesinin deneyimlerini, özellikle de genel geçerliliğe sahip olan Büyük Sosyalist Ekim Devrimi'nin ve Bolşevik Partisi'nin derslerini aktarıyordu. Genç komünist partilere, Leninizmi kavramalarında, ve emperyalizme karşı mücadelede etkili bir strateji ve taktik geliştirmelerinde yardımcı oluyordu. Almanya Komünist Partisi (KPD) de Komünist Enernasyonal'e bağlıydı.

Komünist Enternasyonal Yürütme Komitesi (KEYK) Bürosu, 18 Haziran 1919'da dünya proletaryasına, Sovyet Rusya ve Macaristan Konseyler Cumhuriyeti'ne emperyalist güçlerin silahlı müdahalelerine karşı eylem yapma çağrısında bulundu. KPD ve USPD de bu eylemi destekleme çağrısı yaptılar. Ernst Thaelmann, 18 ve 19 Temmuz tarihli "Hamburger Volks-Zeitung"da, Hamburg işçilerini 21 Temmuz'da yapılacak olan protesto, grev ve mitinglerine katılmaya; ve böylece, politik iktidarın ele geçirilmesi için, enternasyonal dayanışma için, dünya devrimi için ve halkların sosyalist kurtuluşu için, bütün ülkelerin proleterlerinin ortak mücadelesine hazır olunduğunu ilan etmeye çağırdı. "Ülkemizde ve tüm dünyada barış, özgürlük ve mutluluk; insanın insan tarafından her türlü sömürülmesine son verilmesi; eşitlik ve dayanışma içerisinde yaşayan bir toplumun inşa edilmesi, işte sosyalizmin amacı budur."(15) 21 Temmuz'da işçiler, Hamburg'un bütün büyük işletmelerinde, saat 12.00'da üretimi durdurdular. Akşam yapılan toplantılarda, Versailles'ın "güç ve zorbalık barışını" protesto eden ve "Sosyalist Rusya ve Macaristan'a karşı saldırıların durdurulmasını"(16) isteyen bir karar kabul edildi. Ernst Thaelmann, Itzehoe'deki Belediye Meydanı'nda ve akşam toplantılarından birinde bu çerçevede konuştu.

Komünist Enternasyonal'e katılma

1919 Yazı'ndan bu yana, USPD içinde, Komünist Enternasyonal'e mi yoksa oportünist II. Enternasyonal'e mi katılmak gerektiği konusunda şiddetli tartışmalar yaşanıyordu. USPD'nin solcuların etkisinde olan gazetelerinde, sık sık, Komünist Enternasyonal'e katılınması doğrultusunda yazılar çıkıyordu. Ernst Thaelmann'ın devrimci bakış açısı, onun, -USPD Merkez Komitesi'ndeki Wilhelm Koenen ve Walter Stoecker; ve de Martha Arendsee, Paul Böttcher, Ernst Däumig, Franz Dahlem, Alfred Oelßner, Hermann Remmele ve ilçelerdeki daha birçok yönetici gibi- Komintern'e katılmak konusunda kararlı bir çaba sarf etmesini gerektiriyordu. III. Enternasyonal'den yana olmak, onun için, Sovyetler Birliği'ni tanımak ile çok yakından ilintiliydi. Ekim sonunda yapılan bir sendika toplantısında, "Rusya gibi, sosyalizmde yol almış ülkelerle birleşmek gerekir"(17) diyerek bu düşüncesini açıkladı.

Enternasyonal'e ilişkin tavır konusundaki tartışma, ekim ayı sonunda Hamburg'da, geçici olarak sonuçlandı. 31 Ekim günü, Ernst Thaelmann başkanlığında toplanan bir USPD üye toplantısı, onun ve başka yöneticilerin katılmayı savunmaları üzerine, büyük bir çoğunlukla Komünist Enternasyonal'e, "uluslararası sermayeye karşı mücadeleyi başlatan ve bunu kararlılıkla sürdüren, mevcut tek enternasyonal örgüt"(18) olarak katılma kararını aldı. Toplantıya katılanlar, Alman işçi sınıfının, Sovyet Rusya'nın zorlu savaşımını desteklemesi gerektiğini belirterek, onunla dayanışmalarının nedenini açıkladılar. Üyeler toplantısı ayrıca, yaklaşan parti kongresinin, KPD ile birleşmeyi görüşmesini talep etti.

1919 yılında Almanya'da, kapitalist ekonomi kriz içindeydi. Sanayi üretimi düşmüş, hayat pahalılığı birdenbire artmıştı. Bu, proleter aileler için olduğu gibi, Ernst Thaelmann'ın ailesi için de açlık ve soğuk demekti. Bu dönemde, 6 Kasım günü, Ernst Thaelmann'ın kızı İrma doğdu. Anne ve babanın sevinçleri büyüktü; ama sorunları da büyüyordu. Rosa Thaelmann, o günleri şöyle anımsıyordu: "Sadece bir gaz ocağının yandığı soğuk mutfakta oturuyordum. Kat kat giyinmiştim ama yine de soğuktan titreyerek çocuğumu emziriyordum ... Ernst mutfakta dolaşıp duruyordu ve yumruklarını sıkıyordu. 'Böyle yaşamaya devam etmek mümkün değil, Rosa!' diyordu. 'Her şeyi değiştirmek gerek! Sen ve bizim İrma gibi, şimdi milyonlar soğuktan donuyor. Liman işçilerinin çoğu işsiz. Daha iyi bir yaşam için mücadele etmek gerek!'"(19)

Ernst Thaelmann, kızının doğumundan birkaç gün sonra, USPD'nin Leipzig Kongresi'ne katıldı. Burada, partideki sol kanadın etkinliğinin daha da arttığı gözleniyordu. Gerçi hâlâ, Komünist Enternasyonal'e derhal katılınması önerisi kabul ettirilememişti, fakat, II. Enternasyonal ile ilişkilerin kesilmesini ve Komünist Enternasyonal ile görüşmelere başlanmasını öngören bir uzlaşma kararı alındı. Bu, USPD sağ kanadı için bir yenilgi anlamına geliyordu. Solcular bu karardan, Komintern'e katılma mücadelelerinde yararlandılar.

Karşıdevrimin gittikçe artan saldırılarına karşı yürütülen ortak mücadele, ve USPD'nin sol kanadının taraftarlarıyla komünistler arasındaki ittifak daha da sağlamlaştı. 1919 Yazı'ndan beri gerici Alman tekelci sermayesi, büyük toprak sahipleri ve militaristlerin büyük çoğunluğu, burjuva-demokrat düzenin yıkılması ve Kasım Devrimi'nin kazanımlarının yok edilmesi için hazırlıklara giriştiler. Almanya'da askeri bir diktatörlük kurmak ve işçi sınıfının örgütlerini dağıtmak istiyorlardı. KPD ve USPD, gericiliğin gizli tertipleri için uyarıda bulundular.

Ernst Thaelmann, 22 Kasım'da "Hamburger Volks-Zeitung" gazetesinde darbe planlarını ortaya çıkaran bir çağrı yayınladı. Sadece militarizme ve karşıdevrime karşı değil, yazdan beri Hamburg'da hüküm süren sıkıyönetimin kaldırılması için de mücadele edilmeliydi. USPD tarafından 23 Kasım'da düzenlenen bir toplantıda, Ernst Thaelmann, "militarizme ve gericiliğe karşı" konulu bir konuşma yaptı. Bir başka komünist konuşmacı da, Thaelmann'ın görüşlerini tamamen destekledi. Toplantıya katılanlar, hükümetteki sosyal demokrat bakanların, Berlin'deki gericileri koruyup destekleyen tavırlarını bir kararla protesto ettiler; ve, saldırıya birlikte karşı çıkmaya ve proletaryanın özgürlüğü ve sosyalizm için mücadeleye atılmaya ant içtiler. Devrimci işçiler, siyasi tutukluların serbest bırakılmasını; basın, söz ve toplantı özgürlüğünün eksiksiz verilmesini; savaş mahkemelerinin ve sıkıyönetimin kaldırılmasını ve de ordunun silahsızlandırılmasını talep ettiler. Karar, dünya emperyalizmine karşı kahramanca kurtuluş savaşı veren Sovyet Rusya'nın özgürlük savaşçılarına "yürekten sempati selamları" iletiyor ve şöyle son buluyordu: "Kendimizi Rus proletaryasıyla bir görüyoruz, onun yenilgisi bizim yenilgimiz, onun zaferi bizim zaferimizdir!"(20) Bu sözler, ilk sosyalist devletin, uluslararası devrimci hareketin en güçlü kalesi ve onun savunulmasının da, tüm ülkelerin proletaryasının kendi öz çıkarları olduğu bilincini yansıtıyordu.

1920 yılı başında gericilik, yeni bir provokasyona girişti. 13 Ocak'ta onbinlerce kişi Berlin'de, meclis binası önünde, işçi temsilcilerinin haklarını daha fazla kısıtlayan yeni bir yasanın kabul edilmesini protesto ederken, sosyal demokrat Savunma Bakanı Gustav Noske, monarşist general Walther von Lüttwitz'e ateş emrini verdi. Kanlı katliam sonunda, 42 kişi öldü, 105 kişi yaralandı. Bütün Almanya'da olduğu gibi, Hamburg'da da işçiler bu katliamı şiddetle protesto ettiler. Ernst Thaelmann, 16 Ocak'ta liman bölgesinde bir konuşma yaptı. USPD'nin öteki toplantılarındaki diğer konuşmacılar gibi öncelikle, KPD'nin katledilen kurucuları Karl Liebknecht ve Rosa Luxemburg'u ve de gericiliğin diğer kurbanlarını andı. İşçi temsilcileri ile ilgili yasası "işçi haklarına saldırı" demekti ve "sadece işverenlerin çıkarlarına"(21) hizmet ediyordu. Toplantıya katılanlar yasayı reddettiler ve işyerlerinde işçiler için, söz ve denetim hakkı istediler. Ernst Thaelmann, Belediye Meclisi'nin 5 Mart 1920'de yapılan oturumunda, Konseyler fikrinin "tıpkı Rusya'da olduğu gibi",(22) Almanya'da da gerçekleşeceğine olan inancını dile getirdi.

1920 Martı'nda karşıdevrim, artık, açık diktatörlüğünün kurulması zamanının geldiğine inanıyordu. 13 Mart sabahının ilk saatlerinde karşıdevrimci birlikler Berlin'de harekete geçtiler ve herhangi bir çatışma olmaksızın hükümet merkezini işgal ettiler. Doğu Prusyalı büyük toprak sahiplerinin temsilcisi Wolfgang Kapp'ı şansölye, Lüttwitz'i de savunma bakanı yaparak bir hükümet ilan ettiler; Ulusal Meclis'in dağıtıldığını açıkladılar ve her türlü direnişi ölüm cezasıyla cezalandırılacaklarını duyurdular. Komplocular, ülkenin diğer yerlerinde de, genellikle ordunun desteğiyle saldırıya geçtiler. Darbecilerin arkasında Borsig, Mannesmann, Stinnes gibi en büyük tekelci burjuvalar ve Hugenberg gibi gerici politikacılar vardı. Sağcı sosyal demokrat Bauer yönetimindeki koalisyon hükümeti, Dresden'e ve oradan da Stuttgart'a kaçtı.

İşçi sınıfı bu darbeye, hep birlikte karşı koydu. Hamburg'da işçiler, Kapp Darbesi haberini alır almaz genel greve gittiler. Hamburg'da, SPD ve Alman Demokrat Partisi yönetimleri, işçileri, burjuva cumhuriyetine ve Bauer Hükümeti'ne sahip çıkmaya çağırırken; USPD'nin Wasserkante bölge örgütü, yaptığı grev çağrısında, darbenin ardında yatan nedenlere dikkat çekerek, "gericiliği alt ederek ve militarizmi parçalayarak sosyalizme doğru gelişmenin yolunun açılması"nın(23) gerekliliğine işaret etti. Ernst Thaelmann, bir parti toplantısında, aynı içerikte bir konuşma yaptı.

Kapp yandaşları, daha iki gün sonra, işçilerin, memurların ve çalışanların oluşturdukları birleşik grev cephesinin baskısı ve devrimci güçlerin, işçilerin bir bölümü arasında gerçekleştirdikleri silahlanma sonunda Hamburg'u terk etmek zorunda kaldılar. Sosyal demokrasinin ve sendikaların yönetimleri, kazanılan zaferi daha da pekiştirmek ve Almanya'nın diğer yerlerinde hâlâ darbecilere karşı savaşanları desteklemek yerine, vaktinden önce genel grevin bittiğini ilan ettiler. USPD'nin Hamburglu üyelerinin çoğunluğu, grevi sürdürmek istiyordu. Ernst Thaelmann da bunu savunuyordu.

Kapp, 17 Mart'ta çekilmek zorunda kaldı. İşçiler, Kasım Devrimi'nden bu yana, bu güçlü eylem birlikleriyle, eğer birlik olurlarsa, hiçbir zaman yenilgiye uğratılamayacaklarını bir kez daha kanıtladılar. İşçi sınıfı bu kararlı tutumuyla, diğer emekçilerin en geniş kesimlerini, orta tabakaları, aydınları ve burjuva demokrat çevreleri de mücadelenin içine çekmeyi başarabilmiş ve Kasım Devrimi'nin demokratik ve sosyal kazanımlarını savunarak açık bir askeri diktatörlüğü engelleyebilmişti.

Egemen sınıf, sağcı sosyal demokrat önderlerin desteğiyle genel grevi boğmaya, işçileri silahsızlandırmaya girişti. Hamburg'da işçilere dağıtılan silahların tekrar toplanmak istenmesi, işçiler arasında büyük bir öfkeye yol açtı. Hamburg'da USPD tarafından oluşturulan, Ernst Thaelmann'ın da yer aldığı bir eylem komitesi, tekrar genel grev çağrısı yaptı. Şubat sonunda kendilerini sol sekter güçlerden ayıran Hamburglu komünistler, bu çağrıyı desteklediler ve eğer Hamburg'da tekrar çatışmalara sahne olunursa, en ön saflarda yer alacaklarını açıkladılar. Birkaç tersanede, işçiler greve gitti. Fakat, sağ oportünistlerin karşı koyması nedeniyle bütünlüklü bir eylem gerçekleşmedi. 22 Mart günü, Hamburg'un her yerinde yeniden işe başlandı.

Genel grev günlerinde USPD Hamburg bölge örgütü içindeki derin ayrılıklar, iyice ortaya çıkmıştı. Burjuva "Neue Hamburger Zeitung" (Yeni Hamburg Gazetesi - Çev.), 16 Mart tarihli akşam baskısında konuya ilişkin, USPD içinde iki kanadın var olduğunu yazıyordu. Kanatlardan birisi, daha çok SPD'nin de istediği gibi düzenli bir gelişmeden yana; "diğer kanat ise, Reich ve Thaelmann'ın önderliği altında o kadar solda durmaktadır ki, ... hedefleri bakımından komünistlerden ve Spartaküsler'den ayırmak neredeyse imkansız"dır. Üyeler, sağcıları, Belediye Meclisi USPD grubundan çekilmeye zorladılar. Bölge yönetimine de -14 Mayıs 1920 günü Ernst Thaelmann yeniden başkanlığa seçildi- sağcı kanadın en sivrilmiş temsilcileri, yeniden seçilmedi.

USPD içindeki Komünist Enternasyonal'e katılmayla ilgili tartışmalar tekrar alevlendi. USPD'nin devrimci üyeleri ve yöneticileri, Komintern'e hemen üye olunması için ısrar ediyorlardı. Onların bu çabaları, Komünist Enternasyonal Yürütme Komitesi tarafından da desteklendi. KEYK, bir açık mektupla, USPD'nin sağcı önderlerinin yürüttüğü politikayı eleştirdi ve USPD'den bir heyeti, görüşmeler için davet etti. "Hamburger Volks-Zeitung", KEYK'in bu mektubunu, tam metin halinde yayınlayan ve böylece sağcı önderlerin sessizlik taktiğini bozan ilk USPD yayın organlarından biriydi.

Ernst Thaelmann, KPD ile birleşmenin, sadece en ileri güçleri tarafından değil, USPD üyelerinin büyük çoğunluğu tarafından gerçekleştirilmesini istiyordu. Bu anlamda, doğduğu kentin sınırlarının ötesine taşan bir faaliyet yürütüyordu. USPD Köln örgütünün sol kanadına mensup olan Gertrud Meyer, 1920 Mayısı'nda kocasıyla birlikte Hamburg'daki bir akraba ziyaretinden, Thaelmann ile buluşmak için yararlandığını hatırlar. Onlar, Thaelmann'a Köln USPD'deki sol güçleri, bir KPD örgütü olarak oluşturup oluşurmamaları gerektiğini danışırlar. Thaelmann çekirdek kadroyu, üyelerin çoğunluğundan soyutlamamak için, vaktinden önce davranmamaları gerektiğini söyler. Öncelikle büyük fabrikalardaki işçilerin kazanılmasına ısrarla dikkat çeker. Onları arkalarına aldıkları takdirde, diğerleri için endişe duymaya gerek yoktur. Ayrıca, Köln USPD organından kesinlikle emin olmalılardı, çünkü mücadeleye önderlik etmek ve kitleleri kazanmak için gazeteye ihtiyaç vardı. Sözlerine, geri adım atmamak, provokasyonlara gelmemek, bunun yerine, kararlı ve sabırlı bir çalışma yürütmek uyarısında bulunarak son verdi.

1920'nin ilkbaharında, Polonya'nın kapitalistleriyle gerici büyük toprak sahipleri, Fransız ve İngiliz emperyalizminin desteğini alarak, Sovyet Rusya'ya karşı yeni bir işgale giriştiklerinde, Almanya'da solcu USPD yöneticileri komünistlerle birlikte "Sovyet Rusya'dan Elini Çek!" hareketinin en başında yer aldılar. Ernst Thaelmann, USPD'nin Hamburg'daki bir toplantısında, Sovyet Rusya'nın dünya emperyalizmine karşı sürdürdüğü kavgada tarafsız kalınamayacağını açıkladı. Parola ancak şu olabilirdi: Sovyet Rusya'ya zaferi kazandırmak için Kızıl Ordu'nun desteklenmesi.

Polonyalı savaşçılar için, Hamburg üzerinden de -zararsız mal nakliyatı görüntüsü verilen- silah ve cephane naklediliyordu. Bir yoldaşı şöyle anlatıyordu: "Ernst Thaelmann işçi denetimlerini organize etti. Vapur vapur dolaşarak, yük ambarlarını bularak gemicilerle, liman işçileriyle ve demiryolu işçileriyle konuşarak, onların savaşan Sovyet kardeşleriyle proleter dayanışmada bulunmalarını sağlamaya çalıştı."[24] Bu faaliyet içinde de, komünistler ile devrimci USPD üyeleri arasındaki bağlılık daha da güçlendi. Onlar, bu faaliyetleriyle aynı zamanda USPD içinde, sol kanadın etkisini artırdılar. USPD Merkez Komitesi içindeki sağcılar, şimdi bu baskılar karşısında geri adım atmak ve Komünist Enternasyonal'in II. Kongresi'ne bir delegasyon gönderilmesini onaylamak zorunda kaldılar.

Bu Kongre, 19 Temmuz-7 Ağustos 1920 tarihleri arasında Petrograd ve Moskova'da toplandı. Kongre, V. I. Lenin'in belirleyici etkinliğinde, önemli kararlar aldı. Lenin, sendikalar ve kitle örgütleri içindeki faaliyetin, parlamentolardaki devrimci etkinliğin ve işçilerin günlük çıkarlarının sürekli ve kararlı savunulmasının, komünist partilerin temel görevi olduğunu ortaya koydu. Devrimde komünist partinin rolü üzerine temel ilkeler ve komünist partilerin Komintern'e kabul edilmesiyle ilgili ‘21 Koşul’, yeni tipteki bir partinin temel özelliklerini içeriyordu. Komintern'e alınma koşulları; tüm partilerden, diğer şeylerin yanı sıra, propaganda ve ajitasyonda komünist içeriğin kesin güvence altına alınmasını; proletarya diktatörlüğünün tanınması ve propagandasının yapılmasını; partinin demokratik merkeziyetçilik ilkesi temelinde inşa edilmesini; sağlam bir parti disiplininin yaratılmasını ve sistematik olarak işçiler ve diğer emekçiler arasında, kentte ve köyde faaliyet yürütülmesinin şart olduğunu açıklıyordu. Partiler, işçi sınıfının iktidarının kurulduğu her devleti ve sömürgelerdeki kurtuluş hareketlerini kayıtsız şartsız desteklemekle yükümlendirildiler. 21 Koşul, sağ oportünist unsurların dünya komünist hareketine sızmalarına karşı çekilen bir setti. Bu koşullar, USPD ve diğer ülkelerdeki benzer partiler içindeki devrimci güçlerin oportünist önderlerden ayrılmalarını teşvik etti ve uluslararası devrimci işçi hareketi içinde, Marksizm-Leninizm’in hakim olmasının aracı oldu. USPD'nin sol kanadından olan kongre delegeleri, bu katılma koşullarını onaylarken, sağ kanadından olanlar karşı çıktılar.

USPD sol kanadının KPD ile birleşmesi

Dünya Kongresi'nin ardından, USPD içinde, kararların tanınmasıyla, özellikle Komintern'e katılma koşullarıyla ilgili sert tartışmalar başladı. Sol kanat yöneticileri, kongre kararlarını açıklamak ve anlatmak için her fırsattan yararlandılar. Moskova'da kararlaştırılanlar, Ernst Thaelmann'ın benimsediği görüşlerle de uyum gösteriyordu. Yoldaşlarından biri, Thaelmann'ın, yönetim toplantılarında, parti ileri gelenlerinin görüşme ve danışma toplantılarında, üye toplantılarında Komintern'e katılınması için büyük coşkuyla çabalayışını şöyle anlatıyordu: "O, Almanya'da edinilen deneyimlere dayanarak reformistlerin ve merkezcilerin politikasının nasıl işçi sınıfının çıkarlarına karşı yöneldiğini gösterdi ve devrimci bir işçi partisini bekleyen görev ve yükümlülükleri açıkladı. Hatırladığım kadarıyla, Thaelmann gittiği her yerde, üyeler ve yöneticilerin çoğunluğunu, Lenin'in bu taleplerinin benimsenmesi için kazanabilmişti."(25)

9 Eylül 1920'de USPD Hamburg üye toplantısı, ezici bir çoğunlukla Komintern'in II. Kongre kararlarını tanıyan ve Sovyet Rusya ile enternasyonal bir dayanışmadan yana olan bir karar çıkardı. Yöneticilerin bir konferansı da, yine aynı şekilde Komünist Enternasyonal'in yanında yer aldı ve USPD sol kanadının önder konumundaki temsilcilerinin yaptığı bir çağrıyla görüş birliği içersinde, tüm parti üyelerinden yakında yapılacak olan Parti Kongresi'ne sadece, Komintern'e katılmayla ilgili 21 Koşul'u kayıtsız şartsız savunacak delegeler göndermelerini talep etti.

20 Eylül'de KPD tarafından, Hamburg sendika binasında herkese açık olarak düzenlenen bir toplantı, II. Dünya Kongresi'yle ilgili bilgi verdi ve özellikle üyeliğe alınma koşullarını ayrıntılarıyla açıkladı. Ernst Thaelmann, ortaya konan görüşleri onayladı ve, ancak tüm devrimci partilerin Komünist Enternasyonal'de bir araya gelmesiyle, dünya emperyalizmine karşı başarılı bir mücadele vermenin

mümkün olabileceğini vurguladı.

Ernst Thaelmann, USPD'nin, 12-17 Ekim 1920 tarihleri arasında Halle'de yapılan Olağanüstü Kongresi'ne katıldı. Tartışmalarla ilgili konuşmasında Merkez Komitesi'nin sağcı çoğunluğunun oportünist tavırlarına karşı çıktı. Diğer solcu delegelerle birlikte, Komünist Enternasyonal'e hemen katılınması ve böylece KPD ile birleşme doğrultusunda oyunu kullandı. Bu kararın, 156 oya karşı 237 oyla kabul edilmesi üzerine, kendilerini demokrasi havarisi sayan USPD içindeki sağcılar, çoğunluğun kararını tanımadılar. Kongre'yi terk ettiler, kendilerini, USPD olarak ilan ettiler ve böylece partiyi böldüler.

Halle'deki Kongre'de Ernst Thaelmann, USPD (Sol)'un Danışma Kurulu'na ve böylece ilk kez, merkezi bir göreve seçildi. Bütün gücüyle, USPD (Sol)'un hızla KPD ile birleşmesini gerçekleştirmek için çalıştı. Bu arada, bu iki partinin temsilcileri Hamburg'da sıkı bir işbirliği içerisinde çalıştılar. Emekçileri; Büyük Sosyalist Ekim Devrimi'nin 3. yıldönümü nedeniyle 7 Kasım'da görkemli bir gösteriyle, Hamburglu işçilerin şehit düşen sınıf yoldaşları için 1918'den 1920 yılına kadar inşa ettikleri anıtın bulunduğu Ohlsdorf Mezarlığı'na giderek Sovyet Rusya ile dayanışma içinde olduklarını ilan etmeye ve gericilik tarafından katledilenleri anmaya çağırdılar. Konuşmacılardan birisi Ernst Thaelmann'dı. 9 Kasım günü, Ernst Thaelmann ve bir KPD temsilcisi kalabalık bir toplantıda, Alman Kasım Devrimi'nin dersleri üzerine konuşma yaptı. KPD'nin kuzey, kuzeybatı ilçe örgütleri ile USPD'nin Wasserkante, Schleswig-Holstein ve Bremen örgütleri, 13 ve 14 Kasım'da ortak bir kongre düzenlediler.

Ernst Thaelmann, USPD'nin 3 Aralık günü Berlin'de düzenlenen ve doğrudan doğruya birleşme hazırlıklarına hizmet eden Olağanüstü Kongresi'ne de katıldı. Burada, Walter Stoecker, "Hamburg bölgesi, bize en kararlı şekilde katılanlardan biridir" ... diyerek " ... 'Hamburger Volks-Zeitung 'da tamamen bizim denetimimizdedir"(26) belirlemesini yaptı.

KPD ile USPD (Sol)'un birleşme süreci, 4 ve 7 Aralık 1920 tarihleri arasında Berlin'de yapılan ortak kongrede, Almanya Birleşik Komünist Partisi (VKPD)'nin kurulmasıyla sonuçlandı. Delegeler, her iki partinin birleştiğini ilan eden, "Alman proletaryasına ve enternasyonal proletaryaya açıklama"yı oybirliği ile kabul ettiler. Manifestoda mücadelenin hedefi olarak konseyler iktidarı belirlendi. Almanya Birleşik Komünist Partisi (VKPD), kitlelerin ihtiyaçlarını dindirmeyi hedefleyen her hareketi destekleyecekti. Manifesto şöyle sona eriyordu: "Almanya Birleşik Komünist Partisi, mücadele eden enternasyonal işçi sınıfının bir kolu olarak, onun çıkarlarını, mücadelesinin kutup yıldızı sayarak ve proleter dayanışmanın gittikçe artan kudretine duyduğu sarsılmaz bir güvenle ve kararlılıkla mücadeleye atılmaktadır. Almanya Birleşik Komünist Partisi, dayandığı temeli oluşturan Alman proleter kitlelerine duyduğu derin güvenle mücadeleye atılmaktadır ve onun seçkinleri olmak istemektedir."[(27)]

Delegeler, Ernst Thaelmann'ı, VKPD'nin Merkez Denetleme Kurulu'na seçtiler. Tek tek bölge örgütlerinin temsilcilerinden oluşan bu organın görevi, iki kongre arasında partiyi, siyasi ve örgütsel olarak yöneten Merkez Komitesi'ni denetlemek, onunla görüş alışverişinde bulunmak ve gerektiğinde Merkez Komitesi için ek seçimler organize etmekti.

USPD'nin proleter-devrimci çoğunluğunun KPD ile birleşmesi, Alman işçi hareketi için önemli bir başarıydı ve Leninist düşüncelerin benimsenmesinin, Alman proletaryasının devrimci öncüsü aracılığıyla ilerletilerek sürdürüleceğinin işaretini veriyordu. Komünist Enternasyonal'in, yani Marksizmin-Leninizm'in ilkeleri temelinde oluşan bu birlik, oportünizmin merkezci varyasyonları için ağır bir yenilgiydi ve Alman işçi hareketinin birliğinin, devrimci bir temelde yeniden oluşturulması için önemli bir adım demekti. VKPD artık, saflarında 300 bin üyeyi bir araya getiren ve Birlik Kongresi'nde, partinin işçi sınıfı kitleleriyle ve diğer emekçi kitlelerle bağını derinleştirmeye yönelen devrimci bir kitle partisiydi.

Birlik süreci Kongre'den sonra, bölge örgütlerinde genellikle sert tartışmalarla sürdürüldü. Hamburg'da karar verilmişti bile. Burada, 18 ve 19 Aralık'ta, VKPD Wasserkante bölgesinin ilk kongresi toplandı. 116 delege, 52 yerel örgütü temsil ediyordu. Ernst Thaelmann, Kongre bürosunda yer alan dört kişiden biriydi. Baş konuşmayı VKPD Merkez Komitesi üyesi Wilhelm Koenen yaptı. Thaelmann, sendika çalışması ve kırsal kesimde propaganda üzerine konuştu. Delegeler onu, bölge yönetim kuruluna seçtiler.

Gelişiminin seyri, doğru orantılı olarak Ernst Thaelmann'ı, Alman proletaryasının devrimci öncüsünün saflarına götürdü. Savaş öncesinin sosyal demokrasisi içinde ilk sınıf mücadelesi deneyimlerini topladı ve arkadaşlarının güvenini kazandı. Sınıf bilinçli bir önder olarak emperyalist savaşa ve sağ oportünistlerin savaş yanlısı politikalarına karşı çıktı. Kızgın sınıf mücadelesinin içinde, partinin sağ kanadıyla olan sert tartışmalarla ve Büyük Ekim Devrimi'nin de etkisiyle, Hamburg USPD'nin en üst düzeyine, deneyimli bir parti önderi halinde gelişerek geldi. Komünist Parti'ye üye olmakla birlikte, 34 yaşındaki bu insanın yaşamında yeni bir dönem başlıyordu.

Ernst Thaelmann Berlin'de bir parkta konuşuyor.

BİR KOMÜNİSTİN OLGUNLAŞMA YILLARI (1921-1923)

VKPD-Hamburg'un bir bölge örgütünün başında

Alman işçi sınıfının devrimci öncüsü, birleşme sayesinde önemli ölçüde güç kazandı. Ancak bu, devrimci birlik için mücadelenin henüz ilk adımıydı. Alman komünistleri, hâlâ oportünizmin etkisi altında olan işçi sınıfının çoğunluğunu, tekelci sermayeye karşı ortak mücadeleye kazanmak için; saflarını güçlendirmek, Leninizmi daha köklü benimsemek ve sınıf mücadelesinin strateji ve taktiklerini hazırlamak zorundaydı.

Ernst Thaelmann önceleri, özellikle Hamburg'da faaliyet yürütüyordu. Partinin en büyük örgütlerinden birisi olan ve 34 bin üyeye sahip Wasserkante bölgesine bağlı, 13 bin üyeli en büyük yerel grubu olan örgütün başkanıydı.

Hamburg emekçileri, Almanya'nın her yerinde olduğu gibi, işverenlerin saldırılarına uğruyordu. Kasım Devrimi'ndeki büyük kitle ayaklanmaları, sermayeyi önce daha dikkatli davranmaya zorlamıştı. Şimdi, devrimci hareketin durulmaya başladığı bir sırada büyük tekeller, işçilerin temel haklarına yoğun bir saldırıya geçtiler. Egemen sınıfın en gerici çevreleri, tarafından desteklenen militarist ve milliyetçi dernekler, faaliyetlerini artırdılar.

Almanya'nın tüm işçileri gibi Hamburg işçileri de, en ön saflarındaki komünistlerle birlikte buna karşı koydular. Aralık 1920'de, 7 bine yakın Hamburglu metal işçisi, ücret mücadelesi verirken, VKPD yerel örgütü, işverenleri işçilerin taleplerini kabul etmeye zorlamak için grev cephesini genişletmeyi önerdi. Fakat, bu öneriyi reddeden sağcı sendika önderlerinin uzlaşmacı tavrı nedeniyle grev, 1921 Martı'nda, sadece küçük bir ücret artışıyla sona erdi.

Hamburg komünistleri, 1920 sonu / 1921 başında, kiraların olağanüstü artışına karşı birçok toplantı düzenlediler. 5 Ocak'ta, 16-18 bin işçi, işsizlerin üretim sürecine katılmalarını, işverenler tarafından üretimleri durdurulan fabrikaların yeniden faaliyete geçirilmesini ve işsizlik yardımının artırılmasını talep etti. Gösteri yürüyüşleri polis tarafından dağıtıldı. Ernst Thaelmann, daha aynı gün Belediye Meclisi'nde polis terörüne karşı çıktı ve, konut sıkıntısı ile aşırı kira artışlarını teşhir etti. Aynı zamanda geçici işçilerin işten atılmalarına ve ulaşım araçlarına getirilen zamma karşı çıktı. Sosyal yardım uygulamasının, sakatları ve emeklileri de kapsamasını talep etti.

Hamburg komünistleri bu politikayla, VKPD Merkez Komitesi'nin hazırladığı ve 7 Ocak 1921'de yayınlanan "Açık Mektup"ta en belirgin ifadesini bulan Birleşik Cephe politikasını izliyordu. Parti bu mektupla, diğer işçi partilerine ve işçi örgütlerine, emekçilerin temel sosyal ve demokratik haklarının güvenceye alınması için ortak mücadele etme önerisini sundu. VKPD bu şekilde, sermayenin saldırılarını püskürtebilecek bir Birleşik Cephe yaratmaya çalışıyordu. Acil sosyal ve demokratik talepler için ortak mücadele içerisinde, işçiler, kendi tecrübelerine dayanarak, oportünist sınıf işbirliğinin politikasının işe yaramazlığının farkına vararak şu kanıyı edinebildiler: Emperyalist egemenlik, işçilerin ve diğer emekçi sınıf ve tabakaların mücadeleci Birleşik Cephesi tarafından yarıldığında, ancak o zaman, yoksulluğun ve kitlelere uygulanan zulmün nedenleri ortadan kalkacaktır.

Ernst Thaelmann'ın yönettiği parti örgütü, bağımsız sendikalarda örgütlenmiş işçilerin bir toplantıda ortaya koydukları taleplerine, "Açık Mektup"takiler ile örtüştüğü sürece sahip çıkmaya hazır olduğunu Almanya Genel Sendikalar Birliği (ADGB)'nin bölge yönetimine bildirdi. Fakat sendika yönetimi buna yanıt vermedi.

Ernst Thaelmann ve VKPD'nin Hamburg'daki diğer yöneticileri, Belediye Meclisi'nde ve toplantılarda, galip emperyalist güçlerin savaş tazminatı taleplerine karşı da tavır aldılar. Bunlar (emp. güçler-çev.), 1921 Ocak ayında Almanya'nın, 42 yıllık taksitlerle 226 milyar Altın Mark tutan, devasa bir ödeme yapması gerektiğine karar vermişlerdi. 2 Ocak'ta Thaelmann'ın Belediye Meclisi'nde sunduğu VKPD'nin bir açıklaması, bunu, "emperyalizmin kapitalist sömürü sisteminin doğal bir sonucu olarak"[1] nitelendiriyordu. Emekçilerin artan sıkıntısından ve beyaz terör tehlikesinden kurtuluşun çaresinin; Alman burjuvazisinin silahsızlandırılması, proletaryanın kendi savunma örgütlerini kurması, Alman sanayisi ile burjuva hükümetine karşı kararlı mücadele ve de Sovyet Rusya ile ittifak olduğunu gösteriyordu. O ve bazı VKPD temsilcileri, bu çerçevede Heiligengeist Meydanı'nda, bir kitle gösterisinde de konuştular. Gösteriye katılanlar "bir daha asla kendilerinin milliyetçi bir savaşa sürüklenmelerine izin vermeyeceklerine, tersine, proleter devrimi ileriye götüreceklerine"[2] and içtiler.

"Açık Mektup"ta ifade edilen öneriler, Hamburglu komünistlerin 1921 Şubatı'nda yapılacak Belediye Meclisi seçimleri için yürütülen ajitasyonun da merkezindeydi. Seçim sonuçları, VKPD'nin, Hamburg'un işçi semtlerindeki emekçilerin çıkarlarını tutarlı bir biçimde savunarak etkisini artırdığını gösterdi; bunun yanı sıra da daha nelerin yapılması gerektiğini ortaya koydu. 59.179 oy aldı. Ernst Thaelmann yeniden Belediye Meclisi'ne seçildi ve VKPD grubu temsilciliğini üstlendi. VKPD, seçimden hemen sonra, SPD ve USPD temsilcilerinden oluşabilecek bir eyalet hükümetini, SPD seçim vaatlerini yerine getirdiği ve "Açık Mektup"ta konulan biçimiyle asgari talepler için tavır aldığı takdirde destekleyeceğini açıkladı. SPD ise bu öneriyi reddetti ve senatoyu, burjuva Alman Demokrat Partisi ile birlikte oluşturdu.

22 Şubat'tan 24 Şubat 1921'e kadar VKPD Merkez Denetleme Kurulu toplandı. Merkez Denetleme Kurulu'nun çoğunluğu gibi Ernst Thaelmann da, parti başkanı Paul Levi'nin tutumuna karşı tavır aldı. O (P.Levi-çev.), İtalyan Komünist Partisi'nin kuruluşunda aldığı tutum nedeniyle KEYK'e saldırmış; merkezci güçleri desteklemiş; KEYK'i, Batı Avrupa sorunlarını anlamamakla suçlarken, Komintern'in 21 Koşul'una karşı polemik yürütmüştü. Ernst Thaelmann 27 yoldaşı ile birlikte, bu oportünist davranışa karşı oy kullandı. Paul Levi ve Merkez Komitesi'nin başka üyeleri, bu çoğunluk kararını, yetkilerini terk etme vesilesi yaptıklarında Thaelmann, onların parti disiplinine uymayan bu tutumlarını eleştirdi. Bir parti üyesinin görevi, alınmış kararlara uygun faaliyet yürütmektir; ama asla, bir karar hoşuna gitmediğinde yetkilerini terk etmek değildir. Proleter disipline ve demokratik merkeziyetçiliğe olan bu inancı, Ernst Thaelmann'ın karekteristik bir özelliğiydi. O, Parti'nin, ancak bütünlük içerisinde ve kararlı bir şekilde ortaya çıktığı durumda ve parti kararlarının tüm komünistlerin tutumu için bağlayıcı hale geldiği takdirde, tarihsel görevinin hakkını verebileceğini biliyordu.

1921 başlarında egemen sınıf, bir povokasyon hazırladı. İşçi sınıfının öncüsünü, kitlelerden yalıtarak askeri çarpışmalara sokmak, onu kanlı bir şekilde bastırmak ve böylece, birleşme ve "Açık Mektup" politikası ile komünistlerin artan etkisini kırmak istiyordu. 1921 Mart ayında polis, VKPD'nin özellikle güçlü olduğu Halle-Merseburg semtine girdi ve silahlı çatışmalar için meydan okudu. Orta Almanya sanayi bölgesinin devrimci işçileri savunmaya geçtiler. Kahramanca çarpışmalarına rağmen, birkaç gün sonra askeri güçlere yenildiler. Birçok işçi, beyaz terör tarafından katledildi.

Bu karmaşık durum karşısında, VKPD önderliği gerekli olgunluğu gösteremedi. (Önderlikte-çev.) Devrimci güçlerin kuvvetini abartanlar ve maceracı bir "saldırı teorisi" geliştirenler ağırlık kazandı. Kendilerini, Orta Almanya işçilerinin savunulması çağrısıyla sınırlayacaklarına, partiyi, somut güç dengesinden bağımsız olarak, doğrudan hücumlara sokmak istediler.

VKPD'nin Hamburg örgütü, savaşan Orta Almanya işçilerinin desteklenmesi için dayanışma eylemleri gerçekleştirmeye karar verdi. Bu eylemlere, öncelikle tersane işçileri ve işsizler katılıyordu. Ernst Thaelmann, bu hareketin örgütçülerinden birisiydi. Grevler ve gösteriler yapıldı. Polisin vahşice saldırıları sonucunda on işçi öldürüldü, 50'den fazlası yaralandı. İşverenler 35 bin tersane işçisini işten attı, birçok VKPD üye ve yöneticisi tutuklandı. Ernst Thaelmann'ın İş ve İşçi Bulma Kurumu'ndaki işine son verildi. Bir süre işsiz kaldıktan sonra Hamburg Limanı'nda iş buldu. Hamburg Belediye Meclisi'nde, Hamburg işçilerinin eylemlerini cesaretle savundu: "Devasa askeri gücünüzle savunmasız işçileri bastırmayı başarsanız bile; birgün Alman proletaryası ... birleşip savaşacak ve o zaman, bugün bizim karşımızda olanlar, kitlelerin öfke ve hiddetiyle bir tarafa süpürüleceklerdir; ve zafer ... kuşkusuz bizim olacaktır."(3)

Mart çarpışmaları, Alman proletaryasının yenilgisiyle sonuçlandı. Koşullar, belirleyici çarpışmalar için yeterince olgun değildi. KPD önderliği, provokasyonu önleyici açık direktifler vermedi. Fakat komünistlerin fedakar çabası, gericiliğin, Alman proletaryasının öncüsünü yok etme hedefini yerle bir etti.

VKPD içinde, Orta Almanya çarpışmalarının sonuçları çerçevesinde tartışmalar doğdu. VKPD Merkez Komitesi'nin 1921 Nisanı'ndaki toplantısında, "saldırı teorisinin" benimsendiği ortaya çıktı. Ernst Thaelmann da benzer bir kararı onayladı. Birçok dürüst komünist gibi bunu, sağ oportünist eğilimlere karşı bir savaş ilanı olarak değerlendiriyordu. Thaelmann, mayıs ayı başında yapılan Merkez Kurul oturumuna da katıldı. Burada alınan kararlarda ve daha çok partinin pratik tutumunda "Açık Mektup" politikasına yeniden yönelmek çabası beliriyordu. Ernst Thaelmann bu oturumda Komintern'in III. Kongresi'ne katılacak delegasyona da seçildi.

İşçi sınıfının çoğunluğunu kazanmak için mücadele

18 Haziran 1921'de, Ernst Thaelmann Sovyet Rusya'ya gitti. Bu, onun uğruna mücadele ettiği davanın gerçekleştiği ülke ile ilk karşılaşmasıydı. Savaşın, iç savaşın ve işgalin zorlu yıllarından sonra, en ağır koşullar altında, Sovyet insanlarının, yeni, sosyalist toplumun inşasına koyulmaları, onu derinden etkiledi. Faşist zindanlarda dahi anımsadığı bu yolculuğu, bundan sonraki gelişiminde belirleyici etkisi olan bir olay olarak tanımlıyordu.

1921 Haziran / Temmuzu'nda toplanan Komintern'in III. Kongresi'nde Ernst Thaelmann, V. I. Lenin ve dünya komünist hareketinin diğer önderleri ile tanıştı. Dünyadaki sınıf mücadeleleri hakkında iletilen haberler ufkunu genişletti, enternasyonal tutumunu pekiştirdi. Her şeyden önce V. I. Lenin'in titiz analizleri, proleter mücadelenin sorunlarını daha derinlemesine kavramasına neden oldu.

Bu dönemde VKPD'de olduğu gibi, dünya komünist hareketinin diğer partilerinde de "sol" sekter anlayışlar etkinlik kazanmıştı. Lenin, bunlarla köklü bir hesaplaşma yürüttü, zararlarını gösterdi. Bunu yaparken, daima, küçük burjuva ultra sol sözcüleri ile onların karşısında zaman zaman yetersiz kalan, kafaları karıştırılan işçileri dikkatle birbirinden ayırıyordu. "Sol" tehlikeyi sert bir şekilde eleştirirken, sol eğilimli işçileri enternasyonal politikaya kazanma çabasını esas alıyordu.

Lenin, III. Dünya Kongresi öncesinde, Komünist Enternasyonal'in taktiği için belirleyici işaretleri vermişti:

"Komünist Enternasyonal, taktiğini aşağıdaki noktalar üzerine kurmalıdır: Kesintisiz ve sistematik olarak işçi sınıfının çoğunluğunu kazanmak için, öncelikle eski sendikalar içinde mücadele etmek. O zaman, gelişmeler ne şekil alırsa alsın mutlaka kazanacağız ... Bundan şu çıkar: 'Açık Mektup'un taktiği, her yer için bağlayıcı olmalıdır."(4)

Kongrede bu sorunlar şiddetli tartışmalara konu oldu...
leri, önemli oranda, sınıfların mevcut uluslararası gü...

nasıl değerlendirildiğine bağlıydı. Delegeler, savaş sonrası devrimci hareketin ilk devresinin bittiğini, burjuvazinin iktidarını sağlamlaştırdığı ve hem ekonomik hem de politik cepheden işçi sınıfına karşı saldırıya geçtiği sonucuna vardılar. "Komünist Parti'nin süren krizdeki ana görevı, proletaryanın şu anki savunma mücadelelerine önderlik etmek, onları genişletmek, güçlendirmek, birleştirmek ve -gelişmelerin gidişatına uygun- politik sonuçlara varacak mücadelelere yükseltmekti- ve öyle kalacaktır."(5) Orta Almanya işçilerinin kahramanca mücadelesi, ileriye doğru atılmış bir adım olarak değerlendirildi; ama VKPD önderliğinin hatalı tutumu da mahkum edildi. Lenin, bu yönelime karşı radikal saldırıları kararlı bir şekilde geri çevirdi. Bolşeviklerin, yalnızca "işçi sınıfının tartışılmaz çoğunluğunun yanlarında olmasından değil ..., aynı zamanda iktidarın alınmasının hemen ardından da ordunun yarısının ve birkaç hafta sonra da köylü kitlelerinin onda dokuzunun taraflarına geçtiği için de" kazandığını hatırlattı. "Zaferi kazanmak ve iktidarı muhafaza etmek için tek başına işçi sınıfının çoğunluğunun yetersiz olduğunu ..., ayrıca emekçi köylülüğün ve de sömürülenlerin çoğunluğuna ihtiyaç olduğunu"(6) önemle vurguladı.

Thaelmann da tartışmaya katıldı. Konuşmasına devrimci işçilerin mücadeleciliği, ama aynı zamanda solcu eğilimleri de yansıyordu. Fakat, her şeyden önce Kongre'nin kararlarını hayata geçirmede ve enternasyonal proletaryanın deneyimlerinden öğrenmedeki disiplini, azmi kendini gösteriyordu. Burada konuşan, sınıfa sağlam kök salmış, partinin işçi kitleleriyle sıkı sıkıya ilişkide olması gerektiğini kavramış bir komünistti.

Sonuç olarak oy birliği ile kabul edilen "Taktik Üzerine Tezler"de şöyle deniliyordu: "Bugün Komünist Enternasyonal'in en önemli sorunu; işçi sınıfı çoğunluğu üstündeki kesin etkiyi kazanmak, belirleyici kesimlerini mücadeleye katmaktır."(7) Kısmi hedefler için mücadele etmenin ve bu mücadele sırasında kitleleri proleter devrime yaklaştırmanın gerekliliği vurgulanıyordu. Batı Avrupa ve Amerika komünist partileri, "sendikalardaki etkilerini yoğunlaştırmak, işçi kitlelerine dayanan partiler üstünde baskıyı artırarak proletaryanın en doğal çıkarları için mücadelenin tutuşturulmasına çalışmakla yükümlendirildiler."[8]

Böylece, Lenin'in önemli orandaki etkisiyle, III. Dünya Kongresi, Birleşik Cephe politikasının temelini attı. Bununla, VKPD açısından da, Marksist-Leninist bir kitle politikasına yönelim dönüşümü başlatılmıştı. Thaelmann'ın gelişimi için, bu Kongre büyük önem taşıyordu. Geriye bakarak 1926'yı değerlendirdiğinde: "Tam da geçmişte muhalefette olan biz, bugün şunu tespit etmeliyiz: Lenin direksiyonu kırmasaydı; Komünist Enternasyonal koşulların gerçekten devrimci, Marksist analizine uygun tutum almasaydı; Komintern en geniş anlamda kitlelerden koparılacaktı. Kitlelere! şiarı ve Birleşik Cephe taktiği; değişen koşulların, iki devrim dalgası arasında Komünist Enternasyonal'in devrimi örgütleme görevini yerine getirmesi gerektiği gerçeğinin somut ifadesiydi."[9]

Ernst Thaelmann, Sovyet Rusya'dan dönüşünde katıldığı üye ve delege toplantılarında III. Dünya Kongresi'nin sonuçları hakkında bilgi verdi. Sovyet emekçilerinin sosyalist toplumu kurmak için nasıl çalıştıklarını anlattı.

Hamburg komünistleri dayanışmalarını, sadece toplantılarda ortaya koymakla kalmıyorlardı. 1921 Yazı'nda, kuraklık, Sovyetler'deki hasadı yok etmişti. Çarlık'tan kalma gericilik, savaş, iç savaş, işgal ve emperyalist abluka nedeniyle, ekonomik güçlükler daha da çok artmaktaydı. Hamburg parti örgütü, VKPD Merkez Komitesi'nin önerdiği gibi Sovyet Rusya'ya destek eylemleri düzenledi. İki ayda, Wasserkante bölgesinde 240 bin mark toplandı. Bu olumlu sonuca, öncelikle Hamburglu komünistlerin ve de özellikle Ernst Thaelmann'ın, Lenin'in ülkesi ile sıkı bağların kurulması için sürekli girişimlerde bulunmaları sayesinde ulaşıldı.

Ernst Thaelmann, VKPD Merkez Kurulu'nda olduğu gibi, Hamburg'da Komünist Enternasyonal'in III. Kongresi'ni değerlendirme toplantılarına da katılıyordu. İtalyan, İngiliz ve Çekoslovak işçilerinin kitle mücadelelerini ayrıntılı bir şekilde ele aldı ve bunlardan "Taktik Üzerine Tezler" ile görüş birliği içerisinde, komünist partinin sermaye ile emek arasındaki çatışmalara katılıp, işçilerin en ön saflarında yer alma gerekliliğini ortaya koydu. Özellikle Hamburg tersane işçileri ve Wasserkante bölgesi tarım işçileri arasında komünistlerin etkisi çoğalıyordu. Daha 1921'in Ağustos ayı başında, Merkez Kurul, yaptığı toplantıda, Hamburg'u örnek olarak göstermişti. KPD'nin 7. Kongresi de, Hamburg-KPD örgütünün yönetim organlarını örnek olarak gösterdi.

III. Dünya Kongresi'nin anlayışı çerçevesinde VKPD Hamburg yerel grubu, 18 Ağustos 1921'de diğer işçi parti ve örgütleri yönetimlerine; tefeciliğe ve pahalılığa karşı, daha yüksek ücret ve sosyal yardım için ortak eylemlilikler hakkında görüşmeyi yeniden önerdi. Bu öneriler de reddedildiğinde, işçilerin Birleşik Cephesini yaratmak için yeni yollara başvurdular. İşyeri ve fabrika temsilcileri toplantıları örgütlediler ve böylece SPD ve USPD'li işçileri de işveren saldırılarına karşı faaliyetlerine kattılar.

7. Kongre -bundan itibaren Parti yeniden KPD ismini aldı- 22 ile 26 Ağustos 1921 tarihleri arasında gerçekleştirildi. V. I. Lenin, Kongre'ye gönderdiği mektubunda, Almanya'daki duruma büyük bir anlayış göstererek KPD içindeki "solcu" hataların kaynaklarını analiz etti: Sınıf mücadelesinin olağanüstü keskinleşmesi, karşıdevrimin acımasız terörü ve her sınıf bilinçli işçide "oportünizme karşı inanılmaz derecede bir nefretin" uyanmasına neden olan SPD ve USPD'nin sağcı önderlerince bu terörün desteklenmesi. Ve "bu nefret -ezilen ve sömürülen kitlenin en iyilerinin, en asil, en yüce duygusu- insanları kör ediyor, soğukkanlı düşünme ve doğru bir strateji geliştirme olanağını ellerinden alıyordu." KPD için çıkarılacak en önemli sonucu Lenin şöyle özetliyordu: "Soğukkanlılığı ve sarsılmazlığı korumak; geçmişteki hataları sistematik bir şekilde düzeltmek; daima hem sendikaların bünyesindeki, hem de sendikalar dışın-

daki işçi kitlelerinin çoğunluğunu kazanma düşüncesinde olmak; sabırla, olayların her tür ve bütün dönüşümlerinde kitlelere gerçek anlamda önderlik etme yeteneğine sahip olan, güçlü ve akıllı bir komünist parti kurmak."(10)

Kongre'nin aldığı kararlar, KPD'nin, III. Dünya Kongresi'nin "Kitlelere!" şiarını benimseme uğraşında olduğunu yansıtıyordu. Ernst Thaelmann, tartışmada parti için "tüm ... sempati duyan ve de [onun] ... sağında duran kitlelerle temas" içinde olma gerekliliğini vurguluyordu. KPD bunun için, "proletaryanın, her mücadeleyi destekleyen öncüsü olarak ilerlemelidir."(11)

Gericiliğin saldırılarına karşı Birleşik Cephe

Ernst Thaelmann, Hamburg parti örgütünün başında, işçi sınıfının büyüyen sefaletine ve karşıdevrimin artan saldırılarına karşı mücadeleyi yönetiyordu. Yorulmak bilmeden emekçilerin çıkarlarını savunuyor, ısrarlı bir şekilde Birleşik Cephe için savaşıyordu. Ağustos 1921'de Merkez Komitesi'nin stratejisti Matthias Erzberger, aşırı sağcılar tarafından öldürüldüğünde, -MK kararlarına uygun olarak- KPD bölge örgütü, Hamburg SPD'sine, gericiliği birlikte protesto etmeyi önerdi. SPD'nin liderleri reddettiler; ancak işçilerin ortak hareket etme isteği o kadar güçlüydü ki, neredeyse tüm büyük fabrikalarda, gösteri yerine doğru ayrı kollardan yürüme kararı alındı. Yaklaşık 150 bin Hamburglu, aralarında Ernst Thaelmann'ın da bulunduğu konuşmacıları dinledi.

Ernst Thaelmann'ın yaşamı zorlu ve yorucuydu. Sadece KPD yerel örgütün başkanı değil, aynı zamanda bölge yönetiminin ve Merkez Kurul'un üyesi olduğu gibi Belediye Meclisi'nin komünist fraksiyonunun başkanıydı. Bunun dışında, sendika faaliyeti yürütüyordu. Tüm bunları, Hamburg Limanı'ndaki ağır nakliye işinin yanı sıra yerine getiriyordu. Hamburglu kadın komünist Luise Zenk (onu -çev.) şöyle anlatıyordu: "Fiziksel ve zihinsel gücü bitmez tükenmez gibiydi, ve kendine hemen hiç dinlenme hakkı tanımıyordu ... O zamanlar parti veya sendika örgütünün kapsamlı konferans ya da toplantıları, katılanların ücret kesintisine uğramamaları için genellikle cumartesi-pazar günleri düzenleniyordu. Ayrıca hafta sonlarında partinin ve sendikaların ufak tefek işleri ile meşguldük."(12)

Ernst Thaelmann'ın evinde sık sık sabah saatlerine kadar ışık yanıyordu. Bu gece saatlerinden parti literatürünü öğrenmek; Marksizm-Leninizm'in klasiklerini incelemek; raporlarını hazır hale getirmek; toplantı ve görüşmelere kendini hazırlamak için ve, mücadele donanımını geliştirmek için faydalanıyordu. Sınıfının meselesi için bu yorulmak bilmez faaliyeti Ernst Thaelmann'ı karakterize ediyordu. Tüm gücünü ona adıyordu. Kişisel çıkarların, burada yeri yoktu.

Belediye Meclisi'ndeki çalışması, politik faaliyetinin büyük bölümünü kapsıyordu. Kitleleri mücadeleye seferber etmek; kapitalist sömürü uygulamalarının ve senato politikasının burjuva sınıf özünü açığa çıkarmak; komünist politikaların ve dünya görüşünün propagandasını yapmak ve emekçilerin koşullarının düzelmesi için ısrarla çalışmak; parlamenter etkinliğin anlamını işte bunlarda görüyordu. Burjuva parlamentarizmi zemininde, mevcut koşulların köklü değişimlerinin mümkün olmadığını biliyordu. "Burjuva-kapitalist toplum düzeni kitleler üzerinde korkunç etkisini sürdürdüğü sürece, gerçek bir demokrasinin lafı bile edilemez"di.(13) Fakat, parlamentonun sunduğu tüm olanakları, halkın acısını dindirmek ve gericiliğin saldırılarını püskürtmek için kullanmaya çalışıyordu.

Thaelmann parlamentoda Hamburg'da olduğu gibi, bütün Almanya'daki gerici durumu teşhir ediyordu. "Burada demokrasi değil, aksine, burjuva diktatörlüğü hüküm sürüyor!"(14) Mücadele içerisinde olgunlaşmış bir işçinin duru ve güçlü anlatımıyla, zengin gerçeklere dayanarak, burjuva ve sağ sosyal demokrat milletvekillerinin yalan ve çarpıtmalarına şiddetle karşı duruyordu. Burjuva sınıf hukukunun pratiğini açığa çıkarıyor, militarist ve nasyonalist örgütlere karşı tedbir alınmasını ve politik tutuklular için af çıkarılmasını talep ediyordu. Thaelmann yoksullara indirimli gıda maddeleri ve kömür sağlanmasını, lüks lokantaların kapatılmasını ve düşkünlere yemek yiyebilecekleri ve ısınabilecekleri barınakların kurulmasını talep ediyordu.

Thaelmann, yorulmak bilmeden sendikaların güçlenmesine çalışıyordu. Yoldaşlarından, içlerinde güçlü bir çalışma yürütmelerini ve böylece onları sınıf mücadelesinin gerçek birer organı haline getirmelerini istiyordu. 17 Ocak 1922'de, kısa süre sonra yapılacak İşçi Temsilcileri Kurulu seçimleri üzerine, fabrika ve işyerlerindeki komünist önderlere hitap etti. Toplananlar, bir kararla Alman Genel Sendikalar Birliği (ADGB)'nin, 10 talebini de savunacaklarını bildirdiler. İşçilerin, işverenlerin saldırılarına giderek büyüyen karşı koyma arzuları karşısında, 1921 Kasımı'nda, ADGB'nin ve Genel Bağımsız Çalışanlar Birliği (AFA-Bund)'nin yönetim kurulları Reich Hükümeti'ne ve Millet Meclisi'ne, emekçilerin koşullarını düzeltecek ve kapitalist kârı kısacak önlemlerin sunulduğu 10 taleple çıktılar. Fakat, Hamburg'daki ve bütün ülkedeki komünistler bu taleplere sahip çıkarken, sosyal demokrat sendika yöneticileri önerilerini gerçekleştirmek için hiçbir şey yapmıyorlardı. Thaelmann endişeyle, reformist liderlerin burjuvaziyle işbirlikleri nedeniyle sendikaların, emekçilerin hayati çıkarlarını yeterince savunmadıklarını ve böylece üye kaybına yol açtıklarını görüyordu. Komünistlerin, tüm işçileri bağımsız sendikalara kazanmak için çalışmaları gerekiyordu.

Eylül 1922'de Berlin'de, Almanya Nakliye İşçileri Derneği'nin 11. Kurultayı'nda Ernst Thaelmann, devrimci bir sendikalar politikasını savunan muhalefetin, baş konuşmacılarındandı. Komünist sendikacıların 1922 Ekimi'nde Berlin'de yaptıkları Reich Konferansı'na katılan 71 sendikacıdan da biriydi. III. Dünya Kongresi'nin anlayışı doğrultusunda, reformistçe yönetilen sendikalardan kaçışın engellenmesini ısrarla istedi. "İşçileri aydınlatmamız ve sendikalara getirmemiz"(15) için tüm güçle çalışmak, partinin bir görevidir.

1922 Şubat ayı başlarında, demiryolu işçileri greve girdiklerinde, KPD, yanlarında yer aldı. Hamburg yerel örgütü, grevcileri örnek bir şekilde destekledi ve, işçiler, çalışanlar ve memurlar arasında büyük sempati kazandı. Grevden sonraki bir toplantıda Ernst Thaelmann, ilk defa bir memur grubunun, büyük bir iş mücadelesine girdiğinin altını çizer. Memurların buradan çıkaracakları ders; gerçekten bir şeyleri elde etmek isterlerse, işçi sınıfının tümünün desteğine ihtiyaçları oldukları ve KPD'nin gerçekleştirmeye çalıştığı Birleşik Cephe'nin onları da kapsaması gerektiğiydi.

Uluslararası sermayenin saldırılarının etkisiyle ve komünist partilerin ısrarlı savaşımı aracılığıyla, dünya proletaryasında ortak tutum alma isteği şiddetle artmıştı. RKP(B)-MK Politbürosu'nun inisiyatifiyle Aralık 1921'de KEYK "İşçilerin Birleşik Cephesi Üzerine İlkeler"i kabul etti. Burada Komintern'in, diğer enternasyonal işçi örgütleriyle, proletaryanın birleşik mücadelesi için anlaşmalar yapma hazırlığı güçlendiriliyordu. Üç enternasyonalin -Komintern, reformist II. Enternasyonal ve İkibuçukuncu Enternasyonal- temsilcilerinden oluşan Nisan 1922'deki toplantıda bir anlaşma sağlandı. Başka şeylerin yanı sıra, 20 Nisan'da, daha doğrusu 1 Mayıs'ta sekiz saatlik işgünü için; işsizliğe, sermayenin saldırılarına karşı çıkılması için; Rus Devrimi'nin tanınması için; açlık çeken Rusya'yla dayanışmak için; bütün ülkelerin Sovyet Rusya ile politik ve ekonomik ilişkilere girmesi ve proleter Birleşik Cephe'nin gerçekleştirilmesi için ortak eylemliliklerin yapılmasını öngörüyordu.

SPD yönetimi ortak gösteriler için çağrı yapmayı reddetti; kararı yerel parti örgütlerine bıraktı. SPD ve USPD, Hamburg'da da KPD ile ortak tutum almayı reddetti. Buna rağmen 20 Nisan'da Heiligengeist alanında yaklaşık 15 bin işçi gösteri yaptı. KPD'nin üç konuşmacısından biri olan Ernst Thaelmann, Hamburg'da, işçilerin birleşik eyleminin mutlak olduğu bir dönemde, sağ sosyal demokrat liderlerin antikomünist tutumuna karşı cephe aldı. Fakat, Birleşik Cephe her şeye rağmen gerçekleşecektir. Proletaryanın daimi köleleştirmeye uğramaması için gerçekleşmek zorundadır.

Ernst Thaelmann önderliğindeki komünistlerin, işçilerin çıkarları uğruna verdikleri mücadele, meyve vermeye başlamıştı. İşçi Temsilcileri Kurulları seçimlerinde KPD, İşçi Temsilcileri Kurulları sayısını, SPD hâlâ çoğunluğu korusa da, önemli ölçüde artırabildi. Fakat büyük tersane ve metal sanayii fabrikalarında 92 komünist, 53 SPD ve USPD üyesi ve 3 partisiz, İşçi Temsilcileri Kurulları'na seçildiler.

1922 ortasında tüm Almanya'da nasyonalist ve militarist terör örgütleri faaliyetlerini artırdılar. Hamburg'da, başka şeylerin yanı sıra komünist gazetenin binasına ve Ohlsdorf mezarlığındaki Devrim Anıtı'na saldırılar yapıldı. 17 Haziran'da saat 23.15'te Thaelmann'ın evinin penceresinin önünde bir el bombası patladı. Şans eseri Thaelmann henüz evine dönmemişti ve karısı ile kızı yan odada bulunuyordu.

Buna rağmen SPD ve USPD'nin yönetimlerine, gericiliğe karşı koymak için yapılan bütün çağrılar reddediliyordu. Alman Dışişleri Bakanı Walther Rathenau'nun, 24 Haziran 1922'de nasyonalist bir terör örgütü tarafından öldürülmesi üzerine, 26 Haziran'da yüzbinlerce Hamburglu, gericiliğe karşı bir gösteriyle karşılık verdi. 4 Temmuz için işçi partileri ve bağımsız sendikalar, karşıdevrime karşı, ortak çağrı için anlaşmışlardı. Gösterilere, yine yüzbinler katıldı.

Thaelmann, 7 Temmuz günü, Belediye Meclisi'nde emekçi halkın demokratik haklarının güvenceye alınması ve genişletilmesi için verilen önergeleri gerekçelendirdi. Proletaryanın birlikte hareket etmesinin, gericiliğe karşı mücadeleyi başarıyla yürütmenin tek garantisi olduğundan ve işçi sınıfının, burjuva parlamentarist cumhuriyeti sağdan gelen bütün saldırılara karşı savunması gerektiğinin kavranılmasından hareketle: "Şimdiden görülüyor ki, işçi sınıfı içerisinde bir Birleşik Cephe şekillenmektedir ve demokratik bir devlet biçiminden ... bugün yaşadığımızdan tamamen farklı bir şey anladığımız için bugünkü devlet biçimini yetersiz bulsak da; gericilik, işçilere karşı savaşında bize yetersiz gelen bu devlet biçimini yok etmeye kalkıştığında, tüm işçilerle gericiliğe karşı savaşmakla sorumlu ve zorunluyuz." açıklamasını yapmıştır. Demokrasi ve sosyalizm mücadelesi arasındaki ilişkiden yola çıkarak, gericiliğe ve onun arka adamlarına karşı kararlı bir çıkışla "bu demokratik devlet biçiminin sınırlarının dışına taşarak, ekonomik ve politik anlamda başarılar elde edeceğiz"(16) diye vurgulamıştır. KPD tutarlı tutumuyla 1924 yılında Hamburg'da saflarını güçlendirebildi, yeni üyeler kazanabildi ve Hamburger Volks-Zeitung'un abone sayısını çoğaltabildi.

1922'de hızla büyüyen, büyük sermaye tarafından bilinçli olarak tırmandırılan enflasyonla birlikte, işçilerin durumu gözle görülür bir şekilde kötüleşti. Bu yılın sonunda, reel ücret ortalaması 1913'e göre yüzde 30 ila 45 arasında düşüş göstermişti. Bu, 1919 yılından beri yaşanan en düşük düzeydi. Doktorlar, özellikle çocukların sağlık durumlarının kötüleştiğini, bebek ölümlerinin öncelikle süt fiyatlarının dizginsizce zamlanması nedeniyle çoğaldığını ve toplumun en yoksul kesimi için açlıktan ölümlerin yaşanma tehlikesinin bulunduğunu saptadılar.

20 Eylül günü Thaelmann, Belediye Meclisi'nde, emekçilerin en temel yaşam koşullarının güvenceye alınması için KPD-fraksiyonunun yaptığı önerileri temellendirdi. Sefaletin gerçek köklerini ortaya koydu, genel olarak da emperyalist dünya savaşını ve kapitalist toplum düzenini. "Ve burjuva cepheden yurtdışındaki sömürücülere işaret edildiği takdirde tek yanlı davranmış olunur; çünkü özellikle burada, Almanya'da, halkı, proletaryayı sömüren kişiler, banka ve ağır sanayi sahiplerinin arasındadırlar."(17) Resmi makamlar, kitlelerin sefaletini dindirmek adına herhangi bir şey yapmadıklarından dolayı o, Hamburg'da da işçilerden oluşan denetim kurullarının oluşturulmasını ve üretimin, İşçi Temsilcileri Kurulları yoluyla denetlenmesini talep etti. Ernst Thaelmann, parlamento kürsüsünü bu şekilde, KPD'nin inisiyatifindeki emekçi kitle örgütlerinin propagandasını yapmak için kullanıyordu.

Ernst Thaelmann, tartışmaya ilişkin konuşmasında öncelikle; iş saatlerinin uzatılmasını isteyen ve "halkın birliği"nin gerekliliğinden ve "bütün Almanların sıkıntısından" dem vuran, sağcı Deutschnationale Volkspartei (Alman Milliyetçi Halk Partisi-çev.) konuşmacısının sözlerini eleştirdi. O, sekiz saatlik işgününün kaldırılması teşebbüslerine şiddetle karşı çıktı. İşgününün uzatılması daha fazla işsizlik anlamına gelecekti. Bütün Almanların sıkıntı çektiği yalanını reddetti ve büyük sanayici ve işadamlarının enflasyondan nasıl kazandıklarını gözler önüne serdi. "Halkın birliği" üzerine demagojik gevezeliğin karşısına, sömürülen kitlelerin büyük sermayeye ve onun hükümetine karşı toplu savaş cephesi kurma talebini koydu.

Belediye Meclisi'nde 20 Aralık 1922'de devlet bütçesi görüşmelerini ise Ernst Thaelmann, yine, egemen sınıfın politikasını teşhir etmek ve KPD programını tanıtmak için kullandı. Burada, 1922'nin Kasım başından Aralık başına kadar Moskova'da toplanan Komintern'in IV. Dünya Kongresi'nde alınan kararlardan yola çıkıyordu. Kongre'de, Birleşik Cephe taktiği geliştirilerek, işçi hükümeti, -işçi partileri temsilcilerinden oluşan bir hükümet- henüz proletarya diktatörlüğünü savunmaya hazır olmayan emekçilerin de kazanılabileceği iktidara doğru, kabul edilebilir bir aşama olarak karakterize edilmişti. Ernst Thaelmann, KPD Merkez Kurul'unda bu Kongre'nin hazırlığı ve değerlendirilmesi üzerine yapılan tartışmaya katıldı. “Bugün”, diye açıklıyordu, kapitalizmin ekonomik ve politik haklarına saldırıları işçiler, "şimdilik ekonomik yapıda olan, fakat çabucak siyasileşebilen" ve "sonuçlarını henüz değerlendiremediğimiz" biçimler alabilecek olan ücret mücadeleleriyle karşılıyor.

Ve şöyle ekliyordu: "Siyasal iktidar mücadelesinin bugünden yarına gelişebilecek bir mücadele olmadığını; aksine, mücadelenin, bütün öngörülerin gösterdiği gibi aşamalı olarak yükseleceğini biliyoruz. Komünistler; bu mücadelenin tüm sorunlarında ve proletaryanın çıkarlarının savunulmasının söz konusu olduğu diğer şeylerde; iktidarın ele geçirilmesi gibi büyük zaferlerin bir çırpıda gerçekleşmeyeceğini gördükleri için, küçük başarılar da elde etmeye çalışılması gerektiği anlayışındadır. Bu bağlamda, işçilerin taleplerini ve isteklerini uygulayacak bir kuruma ihtiyacımız vardır; ve sadece, kitlelere dayanan ve proletaryanın savaşımında şekillenen bir işçi hükümeti bunu yapacak durumdadır. Proletarya ile sürekli ilişkide olan bu işçi hükümeti, proletaryanın çıkarına olanları hayata geçirebilecektir. O bir savaş aletidir ve proletaryanın yaşam koşullarının ve siyasal konumunun iyileştirilmesine hizmet eden taleplerini gerçekleştirebilecektir."(18)

Bu konuşmada, Ernst Thaelmann'ın strateji ve taktik üzerine hangi önemli görüşlere vardığı; aynı şekilde mücadelenin aşamalı hedeflerinin sekter reddedilişinden olduğu gibi, sağ oportünist bir işçi hükümeti ve de seçimlerle ulaşılmış var olanın -yeni burjuva devletinin- idaresi için parlamenter bir koalisyon anlayışından uzak olduğu, belli oluyordu.

Bir işçi hükümeti için

1923 yılı başında, Fransız ve Belçika birlikleri, sözümona yerine getirilmemiş savaş tazminatları için zorlayıcı tedbir olarak Ruhr Bölgesi'ni işgal etti. Alman tekeci burjuvazisinin kışkırtıcı politikalarıyla, bu işgal için adeta meydan okunmuştu. Avrupa hegemonyası için mücadele, Alman işçi sınıfının soyulmasından pay almak için, Alman halkının sırtında yürütüldü. Bu savaş, Almanya'da enflasyonun hızlı bir tırmanışına ve halkın durumunun olağanüstü kötüleşmesine yol açtı. Nasyonal sosyalist tahrik ve pasif direniş çağrısıyla Alman egemen sınıfı, kitleleri, Fransız emperyalizmiyle olan kavgasına katmaya çalışıyordu. O zamanlar esas meselenin ne olduğunu Ernst Thaelmann sonraları kısa ve vurucu bir makalede niteledi: "Yani, Ruhr Savaşı'nın şovenistleri için söz konusu olan onur ve ulus değildi, söz konusu olan kâr, olabilecek en büyük pay, Rhein ve Ruhr proletaryasının yağmalanmasındaki en yüksek kazanç yüzdesiydi; dükkandı, kârdı söz konusu olan!"(19)

SPD yönetimi, Ruhr Savaşı'nda kendi "burjuvazisinin" yanındaydı, Kasım Devrimi'nden sonra Almanya'daki en gerici hükümetin, Cuno kabinesinin politikasını destekliyordu: "SPD, Alman proletaryasının can düşmanlarıyla 'sınıf işbirliğini', en acımasız iç savaşın, ânın emri olduğu bir zamanda güçlendirerek yaptılar."[20] diye yazıyordu Ernst Thaelmann.

KPD yüzlerce toplantısında ve basınında, işçi sınıfını, Alman ve Fransız emperyalizmine karşı mücadeleye çağırıyordu. 16 Ocak 1923'te gerçekleşen böyle bir toplantıda Ernst Thaelmann, Ruhr Savaşı'nın gerçek niteliğini gözler önüne seriyor ve sınıf işbirliği politikasını teşhir ediyordu. Alman işçi sınıfı, "sivri ucunu işverenlere doğrultan bir hükümet elde etmek" zorundadır: İşçi hükümetini. "Fakat bu elde edilecekse, mücadele sırasında, milliyetçi olanın karşısında proleter Birleşik Cephe kurulmalıdır."[21]

Yoldaşlarıyla birlikte Ernst Thaelmann, çalıştığı yer olan Kubatz Söküm Tersanesi'nde, şovenist faaliyete karşı durdu. Bu; işyeri işçilerinin, ADGB'nin ve işçi temsilcilerinin bir kararına göre, Ruhr Savaşı'nın desteklenmesine hizmet edecek "Ruhr Yardımı" için para toplamayı reddetmelerini sağladılar. Tüm personel, ocak ayı sonunda bir yazıyla "bağımsız sendikaların yönetici organlarının azılı işçi düşmanı derneklerle birlikte faaliyet yürütmesini" protesto etti. "...Burjuvaziyle birleşik cephe değil, aksine, en acımasız sınıf mücadelesi her iş yerine, her şehirde, her kasabada ânın emridir."[22] Birçok işçinin kaba nasyonalist kışkırtmaya henüz yenik düştüğü bir dönemde alınan bu açık tavır, Thaelmann ve mücadele arkadaşlarının etkili çalışmasına tanıklık eder.

Birkaç gün sonra Hamburg parti örgütü başkanı nakliye işçisi Ernst Thaelmann, yeni koşullarda yürütülecek politikayı görüşen KPD'nin 8. Kongresi'ne katıldı. Ernst Thaelmann, Clara Zetkin'in mücadeleyi Alman ve Fransız emperyalizmine karşı yürütmenin zorunluluğunu temellendiren görüşüne tamamiyle katılıyordu. Ruhr İşgali'ni protesto eden tek ülke olan Sovyetler Birliği'ne sempati bildirimini başka delegeler ile birlikte onayladı. Kongre, "ulusal sorunun bugün, işçi sınıfının meselesi olduğuna dair büyük dersi"[23] için Sovyet Rusya'ya teşekkür etti.

Almanya'da tek politik güç olarak KPD, Alman tekelci sermayesinin halk düşmanı politikasına karşı bir alternatif sundu. Fakat genç partide, Kongre'de yapılan tartışmaların da gösterdiği gibi, mücadelenin biçimleri, metotları ve yakın hedefleri hakkında henüz farklı görüşler mevcuttu. Bu durum, özellikle Birleşik Cephe ve işçi hükümeti üzerine yapılan tartışmalarda belli oluyordu. Bu sorunlarda KPD, az ve çoğunlukla olumsuz deneyimlere sahipti; çünkü çağrıları sağ sosyal demokratlarca sürekli olarak yeniden reddedilmişti. SPD yönetiminin yürüttüğü sınıf işbirliği politikası, doğru yanıtların bulunmasını daha da zorlaştırıyordu. Göründüğü kadarıyla Kongre'de esas olarak iki grup karşı karşıyaydı: Çoğunluk ve, özellikle Berlin-Brandenburg, Wasserkante, Hessen-Frankfurt ve Lausitz parti örgütlerinden oluşan güçlü muhalif bir azınlık. Tartışmaların Kongre öncesinde ve sırasında işaret ettiği ve sonraki gelişmelerin açıkça gösterdiği gibi, esas karşıtlıklar yine bu gruplaşma içerisindeydi.

Wilhelm Koenen, Walter Stoecker, Clara Zetkin ve başka delegeler önlerindeki yakın hedef olarak devrimci kitle politikası, proleter Birleşik Cephe ve bir işçi hükümetini savundular. Heinrich Brandler ve August Thalheimer ise, parlamenter olanakları abarttılar ve devlet sorununda sağ oportünist görüşleri temsil ettiler. Muhalefet, her şeyden önce Birleşik Cephe'yi ivedi olarak kitle mücadelesinde oluşturmanın zorunluluğunu öne çıkarıyordu. Çoğunluğun temsilcilerinin oportünist olarak değerlendirilebilecek anlatım biçimlerine şiddetle karşı çıktı. Fakat muhalefette devrimci sabırsızlık eğilimleri ve "sol" sivrilmeler de kendini gösteriyordu. Ruth Fischer ve Arcady Maslow çevresindeki ultra sol, Birleşik Cephe karşıtıydılar. Onlar, işçi sınıfının gücüne olan güvensizliklerini; görünürde devrimci söylemlerle gizliyor ve tek tek sorunlar arasında yalpalayan muhalif parti üyeleri ile çıplak maceracılığa varan kendi düşünceleri arasında görüş birliği varmış gibi bir görüntü yaratmaya çalışıyorlardı. Fakat ultra solcular, bir yandan ustalıkla devrimci işçilerin haklı taleplerini kavradıklarından, çoğunluğun temsilcilerinin belirsiz ya da yanlış açıklamalarını eleştirdiklerinden, bir yandan da anlayışlarını parti kongresinde açıkça ortaya koymamalarından konumlarının içyüzünü anlamak zordu.

Ernst Thaelmann, Birleşik Cephe ve işçi hükümeti sorunları üzerine yapılan tartışmaya iki kez müdahale etti. Kitle hareketi ve işçi hükümeti arasındaki bağıntıya ilişkin temel soruna karşı tutumu, o zamanlar çok az kişinin sahip olduğu bir netliğe işaret ediyordu. Thaelmann, oportünist eğilimlere karşı duruyordu, ve aynı zamanda anlayışı, ultra solcuların maceracı tutumundan belirgin bir şekilde ayrılıyordu. Sadece, KPD'nin önderliği altındaki enerjik sınıf mücadelesi içerisinde birleşmiş işçi sınıfının eylemleriyle, tekelci sermayenin yenilebileceği ve bir işçi hükümetinin kurulabileceğinden yola çıkıyordu: "Proleter Birleşik Cephe yolunda işçi hükümeti, bir iktidar aracı haline gelebilir, geçici bir amaç olabilir; ama işçilere, işçi hükümetine girişmeden, hangi önkoşulların zorunlu olduğunu kavratmak gerekir. İşçi hükümetine girişmek, benim için, en azından burjuvazinin iktidarını paramparça edilebilir olan bir başlangıç noktasında olunması gerektiği... proletaryanın, bu işçi hükümetini koruma ve destekleme durumunda olması gerektiği anlamına geliyor. Bir işçi hükümetinin, proletarya mücadelesine devam etmezse, belki yasal yollarla korunabileceğini sanan varsa, o, burjuvazinin milletvekili koltuklarında oturan işçileri en uygun fırsatta cehenneme yollayacağını görecektir."(24)

Ernst Thaelmann bu açıdan, faaliyetini Hamburg'da proletaryanın mücadele eden Birleşik Cephesi için yürütüyordu. O, Kubatz Söküm Tersanesi işçilerinin, beş arkadaşlarının işten atılmasına karşı üç ay süren grev mücadelesinde grev komitesinde yer alıyordu. Gücünü, Parti Kongresi kararları çerçevesinde, işçi ve memurları, birleşik antiemperyalist mücadele doğrultusunda harekete geçirmek için yoğunlaştırıyordu. Özellikle işçi temsilcileri kurulları ve sendikalara yöneliyordu; çünkü ancak onların yardımıyla proletaryanın çekirdeği, fabrika ve tersanelerin personeli kazanılabildi.

Faaliyet ve görevliler toplantılarında Ernst Thaelmann, Ruhr Savaşı'na ve partinin görevlerine ilişkin konuşmalar yapıyordu. 9 Mart günü Hamburg işçi temsilcileri kurulları genel toplantısında, Fransız hükümetinin Fransa Komünist Partisi'ne aldığı zorba tutum karşısında, Alman ve Fransız emperyalizmine karşı mücadelenin daha da yükseltilmesini talep etti. Hamburg dışında da, Berlin ve Ruhr Bölgesi'nde gerçekleştirilen kitle toplantılarında, işçileri Alman ve Fransız tekelci sermayesine karşı seferber etti.

Ernst Thaelmann Ruhr Bölgesi'nde olduğu sırada, Hamburg Limanı'na, Sovyetler Birliği emekçilerinin, burada açlık çeken ve mücadele eden sınıf kardeşleri için topladıkları tahıllarla yüklü bir gemi yanaştı. Thaelmann, Ruhr Bölgesi'nden edindiği izlenimi Hamburg işçilerine anlattı: "Orada, sınıf kardeşlerimize karşı açlık ve keyfi muamele hüküm sürüyor." Sovyetlerin dayanışma için gönderdiklerinden, minnettarlıkla söz etti. Hamburg işçileri tahılın Ruhr maden işçilerine çabuk ulaşması için elinden gelen her şeyi yapacaktır. Tahılın trene yükleme masraflarını üstlendiler ve tahıl yüklü ikinci bir Sovyet gemisinin hızla boşaltılmasını sağladılar. 5 Nisan günü Hamburg sendika binasında yapılan bir kitle toplantısında Ernst Thaelmann, Sovyet emekçilerine özverili yardımları için teşekkür etti.

6-8 Nisan tarihleri arasında Thaelmann, KPD Merkez Komitesi'nin, parti muhalefetinin ağırlıklı etkiye sahip olduğu yerel örgütleri anlaşmak üzere toplantıya çağırdığı bir konferansa katıldı. Düşünce ayrılıklarının, Ernst Thaelmann'ın da istediği gibi, parti bütünlüğünü zedelemeye izin vermeyecek tartışmalarla sonuca bağlanmasına karar verildi. Bu konferans, parti içi karşıtlıkları hafifletti ve, partinin sosyal ve ulusal kurtuluş mücadelesine konsantre olmasına yardımcı oldu. KEYK'in, KPD içindeki farklı görüşlerin temsilcileriye Mayıs 1923'te Moskova'da yaptığı bir toplantı, aynı yönde etkili oldu. Ernst Thaelmann orada, Moskova emekçilerinin etkileyici Mayıs gösterisine de katıldı ve onlara hitap etti. Toplantı, ultra solcuların temel tezlerini mahkum etti; fakat aynı zamanda Merkez Komitesi'nin sağ hatalarını da eleştirdi. KPD, yoksul ve orta köylüler ve küçük burjuvazi ve aydın tabakalar arasında etkili olmak için sistematik çalışma yürütmesi ve Alman halkının ulusal çıkarlarının en kararlı savunucusu olarak konumunu güçlendirmesi için uyarıldı.

16 ve 17 Mayıs'ta Merkez Kurul toplandı. Moskova'da alınmış kararları onayladı ve Merkez Komitesi'ne dört yeni üye seçti. Birisi, artık Parti'nin mücadelesinin çok çeşitli sorunlarıyla daha yakından tanıştırılan; görev ve sorumlulukları daha da artan Ernst Thaelmann idi. Aşağı yukarı bu dönemde, fabrikadaki işini de, tüm gücünü parti çalışmasına verebilmesi için bıraktı. İlk olarak "Hamburger Volkszeitung" (Hamburg Halk Gazetesi - çev.)da paketlemeci ve sevk görevlisi olarak çalıştırıldı. 31 Ağustos ile 3 Ekim 1923 tarihleri arasında, artık bu organın redaksiyon kurulunda yer aldı. Politbüro, onu çeşitli işlerle görevlendirdi; böylece başkalarıyla birlikte, birleşik cephe politikasının propagandasıyla ve özellikle işçi hükümeti şiarıyla ilgili toplanan bilgi ve tecrübeler üzerine bir rapor hazırladı. Merkez Komitesi'nin 4 Temmuz'daki toplantısında, faşist tehlikenin küçümsenme eğilimine karşı uyarıda bulundu. 1923'te Nazi partisi ve başka nasyonalist, aşırı sağcı örgütler, faaliyetlerini artırdılar ve kamçılanmış şovenist kışkırtmayla çoğalan bir etki kazandılar. Politbüro, Thaelmann'ı bir antifaşist gün için gerekli hazırlıkların tartışıldığı bir toplantıya çağırdı.

Senato, Hamburg'da, 29 Temmuz için öngörülen antifaşist gösteriyi yasakladı. KPD bölge komitesi, Hamburger Volkszeitung'da bunu protesto etti: "Gün geçtikçe küstahlaşan faşistler yoluyla işçiler üzerindeki tehdide karşı bütün ülkede ve Hamburg'da da, antifaşist gün, bir karşı güç oluşturacaktı. Mücadeleye kararlı milyonlarca işçinin yürüyüşü, faşistlere, faşist bir diktatörlük kurma denemesinin proletaryanın örgütlü gücü karşısında bozguna uğrayacağını göstermelidir." Ve faşizmin sınıfsal konumu açığa çıkarıldı: "Burjuvazinin yönetici ve belirleyici çevreleri; ağır sanayi, yüksek finans burjuvazisi, büyük toprak sahipleri, faşizmin ardında duran teşvikçiler ve esas hareket ettirici güçlerdir."[25]

9 ve 10 Ağustos'ta Hamburg tersane işçileri, sürekli işten atmalara ve devalüasyona karşı greve gittiler. Hamburger Volkszeitung, 11 Ağustos'ta işçileri, bir işçi senatosu ve Reich işçi ve köylü hükümeti için mücadele etmeye çağırdı. Bu, Berlin işçilerinin Cuno Hükümeti'ne karşı genel greve girdiği gündü. Hamburg'da ise ancak liman ve tersane işçilerinin greve katılmaları sağlanabildi. Sıkıyönetim ilan edildi, polis, KPD parti bürosunu işgal etti, Hamburger Volkszeitung'a el konuldu. Polis, gösterici işçilere ateş açtı, dördünü öldürdü ve 13 göstericiyi yaraladı.

KPD önderliğindeki Alman proletaryasının güçlü mücadelesi, Cuno Kabinesi'ni düşürdü. Başbakan Stresemann altındaki Koalisyon hükümetine dört sosyal demokrat katıldı ve böylece, şimdilik, proletaryanın hücumunun zapt edilmesinin olanakları yaratılmış oldu. Fakat bu hükümet, sınıf karşıtlıklarının olağanüstü gerginleşmesinin nedenlerinin üstesinden gelebilecek durumda değildi.

Hamburg Ayaklanması

Ernst Thaelmann'ın açıkladığı gibi, Cuno Hükümeti'nin devrilmesinden sonra "iç savaş kıvılcımı Almanya'da çaktı."[(26)] Emekçilerin durumu gün be gün daha dayanılmaz hale geliyordu. Enflasyon, ekonomiyi bir felakete doğru sürüklüyordu. Bir Goldmark'ı (altınmark - çev.) ağustosta ortalama 1 milyon, eylülde 23,5 milyon, ekimde 6 milyar, kasımda 522 milyar kağıtmarkına karşılık geliyordu. Devalüasyon, öylesine hızlı ilerliyordu ki, işçiler, çalışanlar, memurlar, emekli ve yardıma muhtaçlar en hayati besin maddelerini satın alamıyorlardı. Süt, yağ ve et neredeyse elde edilemez olmuştu; ekmek ve patates de kıttı. Junkerler ve büyük toprak sahipleri, ürünlerini kağıt para karşılığında vermeyi reddediyorlardı. Toptancı ve perakendeciler malları istifliyorlardı. Halk kitlelerinin açlık ve sefaleti, son savaş yıllarından beri görülmedik derecede artmıştı. "Açlık hortlağı, Almanya'yı kasıp kavuruyordu. Burjuvazinin hükümetleri parçalanmayla yüz yüzeydi."[(27)] Bu koşullara karşı öfke büyüyordu. Açlık nedeniyle kargaşalıklar çıkıyordu. Proletaryanın geniş kesimleri, küçük köylülük ve şehirli orta tabakalar da kurulu düzenin değiştirilmesini istiyordu. SPD'de, sınıf işbirliğine karşı muhalefet büyüyordu. Egemen sınıflar, çıkarlarına uygun bir çıkış yolu arıyorlardı. Tekelci sermayenin, büyük toprak sahiplerinin ve ordunun en gerici temsilcileri, faşist hareketi destekliyordu. Özellikle Rheinland (Rhein Eyaleti -çev.), büyük burjuva çevrelerce desteklenen ayrılıkçılar daha aktif hale geldi. Stresemann Hükümeti; Ruhr Bölgesi'nin işgalinden itibaren, devrimci güçlerle mücadelesinde tüm gücüyle yoğunlaşabilmek için, Fransız işgalinden beri uygulayageldiği "pasif direnişi"ne ara verdi. Ruhr Savaşı'ndaki kapütilasyonun hemen ardından Reich başkanı Ebert, 26 Eylül 1923'te sıkıyönetim ilan etti ve Reich Savunma Bakanı'nı zora dayalı müdahaleyi uygulamakla görevlendirdi.

Eylülde KPD'nin başka yönetici temsilcileri ile birlikte Ernst Thaelmann, KEYK'in Almanya'daki durumunu görüşmek amacıyla Moskova'da düzenlediği bir toplantıya katıldı. Almanya'nın önünde, iktidar mücadelesinin durduğu görüşünde birleşildi. Fakat katılımcılar, ona hazır olup olmama durumunu farklı farklı değerlendiriyorlardı. Ernst Thaelmann, parti başkanı Heinrich Brandler'i güçler dengesini fazla iyimser olarak değerlendirmekle suçlayanlar arasındaydı. Henüz işçilerin Birleşik Cephesi, Almanya'nın her yerinde Saksonya ve Thüringen'deki gibi gelişmemiştir. Proletaryanın bölükleri henüz silahlı eylemler için yeterince hazırlanamamış ve yeterince silahlanamamıştır.

Görüşme, Almanya'da gelecek haftalarda belirleyici çarpışmaların yaşanacağı sonucuna vardı. KEYK, uluslararası proletaryayı, Almanya'nın önündeki devrimi desteklemeye çağırdı. 1 Ekim'de KEYK ve KPD temsilcileri, komünistlerin Saksonya ve Thüringen eyalet meclislerine; eğer sosyal demokratlar başında bulundukları bu eyaletleri, -faşistlerin gittikçe güçlendikleri- Baverya'ya karşı koruma ve silahlı işçi birlikleri kurma güvencesi verirlerse, girmelerini kararlaştırdı.

Almanya'da 1923 Sonbaharı'nda güçlü bir devrimci durumun oluştuğu gözlemi, doğruydu. Genel olarak ise, bu durumun olgunluğu abartıldı ve özellikle Lenin'in kitleleri ara savaşlarla iktidar savaşına götürme anlayışı göz ardı edildi. Bunun yerine parti başkanı, ara eylemlerle güçlerin bölünmesine izin vermemek gerektiğini ve tüm gücü nihai savaşa bırakmak gerektiğini açıklıyordu.

KPD'nin yönetici temsilcileri, 10 Ekim'de Saksonya Eyalet Hükümeti'ne, 16 Ekim'de de Thüringen Eyalet Hükümeti'ne girdiler. Komünistlerden ve sol sosyal demokratlardan oluşan işçi hükümetlerinin oluşması, Almanya işçileri üzerinde harekete geçirici bir etki yarattı. Komünist bakanlar, işçilerin silahlanması ve emekçilerin durumunun düzeltilmesi doğrultusunda önlemlerin hazırlanması için çabalıyorlardı. Sol sosyal demokratların tutumu ise, tutarsızdı. Brandler'in burjuva hukukundan yararlanma üzerine yanılsamalı görüşleri, komünistlerin faaliyetini sekteye uğratıyordu. Böylece kitlelerin sıkıntılarını hızla gidermek için hemen hiçbir şey yapılamadı, bu eyaletlerde polisin ve hukukun devrimci işçilere saldırılarının engellenmesi dahi başarılamadı. İşçi hükümetlerine, harekete geçmek için çok az zaman kalıyordu; çünkü gericilik hızlı hareket ediyordu. Reich Hükümeti, Reich Ordusu'nun Orta Almanya'yı işgal etmesine ve anayasal olarak oluşturulmuş Saksonya Hükümeti'ne karşı kanlı bir darbeye girişmek için hummalı bir şekilde hazırlanıyordu.

Ernst Thaelmann hemen, partiyi, alınan kararlar doğrultusunda silahlı mücadeleye hazırlamak için Moskova'dan Hamburg'a döndü. ADGB bölge komitesiyle ve sosyal demokrasinin temsilcileriyle 14 Ekim'de yaptığı görüşmede, Ernst Thaelmann ve diğer KPD temsilcileri sosyal demokrat yöneticilere; bir gün önce millet meclisinde SPD'nin oylarıyla karara bağlanan sıkıyönetim yasasının kaldırılmasını savunmaları; sekiz saatlik iş gücünün savunulması, askeri diktatörlüğün kurulmasına ve olağanüstü halin uygulanmasına karşı durmaları ve de genel grev hazırlıklarının yapılması için tutum geliştirmeleri çağrısında bulundular. Fakat sağ kanat sosyal demokratlar, bunu reddettiler.

Hansestadt (Hansestadt: Eski Hansa'yı oluşturan kentlerin her biri. Hamburg da bunlardan biridir -çev.) komünistleri, buna rağmen sosyal demokratlarla irtibatı kesmiyor ve mücadele cephesini genişletmeye çalışıyorlardı. Aynı zamanda, silahlı ayaklanmaya hazırlanıyorlardı. 16 Ekim'de, bir hafta öncesinde yasaklanan ve illegal yayınlanan Hamburger Volkszeitung, işçileri, Reich Hükümeti, beklendiği üzere silahlı güçlerle işçi hükümetine saldırıda bulunduğu takdirde, Saksonyalı sınıf kardeşlerinin yardımına koşmaya çağırıyordu.

Durum, Hamburg'da da gerginleşiyordu; açlıktan doğan kargaşalıklar, grevler ve gösteriler yapılıyordu. KPD'nin 21 Ekim günü Hamburg'da düzenlediği Wasserkante bölgesi tersane işçileri konferansında Ernst Thaelmann ve başka KPD yöneticilerinin, -Merkez Komitesi'nin ara eylemlere girmeme direktiflerine uygun olarak- işçilerin, genel grevi hemen ilan etmelerine engel olmak için tüm güçlerini ortaya koymalarını gerektirdi. Ernst Thaelmann, bu konferansta aynı zamanda bir kitle gösterisini mutlak surette engellemek isteyen sosyal demokrat sendika yöneticilerine de karşı koydu. Sonuçta, çoğunluk, Reich Ordusu Saksonya'ya girdiği anda, genel grevi ilan etme kararını aldı.

Ordunun girişi hemen beklendiğinden, -21 Ekim'de gerçekleşti- KPD yönetimi 20 Ekim'de; aslında öngördügü gibi 9 Kasım'da değil, daha Saksonya Hükümeti'nin fabrika işçi temsilcileri kurulları, sendikalar ve denetim komiteleriyle Chemnitz'de 21 Ekim 1923'te yapılacak konferansta Alman işçi sınıfının genel grevini ilan ettirmeye karar verdi. Bu genel grev, işçi ve köylü hükümeti için silahlı çarpışmalara yol açacaktı. Silahlı çarpışmaların, Saksonya'da ve Halle/Merseburg ve de destek olarak Wasserkante ve Mecklenburg bölgelerinde başlatılması amaçlanıyordu. Bir direktifle, bir Merkez Komitesi temsilcisi Hamburg'a gönderildi.

Ernst Thaelmann'ın yönetiminde, Hamburg parti örgütünün sorumluları, hemen bir işçi evinde toplanarak bu kararı tartıştılar. Merkez Komitesi'nin direktifi doğrultusunda harekete geçmeyi ve böylece bütün Almanya proletaryası için sinyali vermeyi kararlaştırdılar. 22 Ekim'de Hamburg'daki grev cephesi, sağ kanat sosyal demokrat yöneticilerin yatıştırma çabalarına rağmen genişliyordu. Tersane, liman ve şantiyelerde genel grev talebi yükseliyordu.

22 Ekim akşamı, Ernst Thaelmann'ın başkanlığında KPD genel Kuzeybatı bölgesi yönetimi ile -Bremen, Hamburg ve Hannover KPD bölgeleri için ortak bir yönetim organı- ayaklanmanın askeri yöneticileri toplanarak ayaklanma planını onayladılar. Çoğunluk, Thaelmann'ın etkisiyle, Merkez Komitesi'nin direktifi doğrultusunda ertesi sabah ayaklanmayı başlatmaya karar verdi. Saat 05.00'da hücuma geçilecekti. Silahlanma tamamiyle yetersiz olduğundan, plan, öncelikle polis karakollarına beklenmedik bir saldırıyla silah edinmeyi ve düşman desteğinin gelmesini engelleyebilmek için en önemli ulaşım bağlantılarını kesmeyi öngörüyordu. Bundan sonra, işçiler şehir merkezine doğru ilerleyecek ve stratejik noktaları işgal edecekti.

Ayaklanma başladıktan 30 dakika sonra, 17 polis karakolu işgal edilmiş ve yaklaşık 170 tüfek ele geçirilmişti. Hamburg'un kuzey ve güney banliyölerinde ayaklanan işçiler, halkın yardımıyla barikatlar kuruyorlardı. En başarılı çarpışma, bir işçi banliyösü olan Barmbeck'te gerçekleşiyordu. Hamburger Volkszeitung ayaklanmanın birinci yıldönümünde bunu şöyle anlatıyordu:

"Sayısız barikat yerden bitercesine kuruluyordu. Herkes proleter savunma mevzilerinin yapımına yardım ediyordu ... Sempatizan küçük burjuvalar, gıda ve sigara dağıtıyordu; proleter kadınlar, çarpışmalar sırasında koyu çorba ve kahve pişiriyor; kuryeler geliyor ve cephanelik getiriyorlardı. Bu proleter dayanışma ve kahramanlık görüntüleri, hiç kimsenin hafızasından silinmeyecektir. Barmbeck'te herkes düşmanın çok üstün bir silah gücüne sahip olduğunun bilincinde olmasına rağmen, savaşın tek bir aşamasında bile cesaretsizlik gösterilmedi. Proleter öfke ve coşku birleştiğinde, öyle bir silah doğar ki, sermayenin paralı askerleri onun benzerine asla sahip olamazlar."[28]

Ayaklanmanın politik önderi, Ernst Thaelmann'dı. Hamburg işçileriyle yakınlığı, cesareti, organizasyon yeteneği, kesin ve net karar alma becerisi burada etkili oldu. Polisin ayaklanma merkezlerini çembere almasına rağmen ayaklanmacılarla bağlantıyı koruyor, onlara önerilerde bulunuyor ve moral veriyordu. Çoğunlukla bisikletle yollardaydı; gri rüzgarlık, işçi tulumu, konçlu çizme ve bildik mavi denizci kasketiyle.

Birçok işçi savaşmaya hazırdı; ama silah eksikliği çekiliyordu. Böylece aşağı yukarı 300 silahlı işçi, panzerler, uçaklar, makineli tüfekler ile donatılmış yirmi kat büyüklükteki askeri bir güçle karşı karşıyaydı. Ancak, işçiler haklı bir dava uğruna savaşmanın bilinciyle gerçek anlamda bir kahramanlık örneği gösterdiler. Halkın desteği çabuk manevra yapmalarına yardımcı oluyordu. Sık sık birkaç silahlı kişi, koca polis bölüklerini oyalıyordu.

Ayaklanmacılar kısa sürede, yalnız olduklarını görmek zorunda kaldılar. 20 Ekim'deki karara karşın parti başkanı Heinrich Brandler, Chemnitz Konferansı'nda savaş sinyalini vermedi. Ayaklanmanın ikinci akşamında, Merkez Komitesi temsilcisi Fritz Heckert ayaklanma yönetimiyle bağlantı kurabildiğinde, çarpışmaları durdurma kararı alındı. Direnerek, ama düzenli ve büyük kayıplar verilmeden, ayaklanmacılar kendilerini düşmandan uzaklaştırdılar.

1923 Sonbaharı'nda, SPD'nin sağ kanat yöneticileri, bir kez daha Alman emperyalizmini, iktidar tehlikeye düşmüş durumdayken desteklediler. Ağustosta, büyük koalisyonun yeni bir Reich Hükümeti'ni oluşturmasına katıldılar ve işçilerin birleşik mücadelesini engellemek için, her şeyi yaptılar; bakanlar olarak, işçi örgütlerine karşı yasaklamalarla harekete geçtiler; burjuva devletin temsilcileri olarak, devrimci işçileri zorla ezmeye yardım ettiler. Sosyal demokrat Reich Başbakanı, Saksonya Eyalet Hükümeti'ni ekim sonunda istifaya zorladı, Saksonya için bir Reich komiseri atadı ve bakanlıkları işgal eden Reich silahlı kuvvetlerini örtbas etti. Ayaklanmacı Hamburg işçilerinin zorla bastırılmasına katılanlara şükranlarını sundu.

KPD henüz, SPD yöneticilerinin tavrına rağmen, işçi sınıfını, güçlü Alman tekelci burjuvazisine karşı zafere götürecek kadar deneyimli değildi. Fakat, Alman işçi sınıfının çarpışmaları sonuçsuz kalmadı. Birçok devrimci, sert sınıf çatışmalarında olgunlaşmış, parti tecrübe kazanmıştı. Ernst Thaelmann sürekli olarak, özellikle 1923 yılının derslerine başvuruyordu. Bu dersler, ileride Almanya proletaryasının önderi olma gelişimi için büyük önem taşıyordu ve bunlardan, partinin politikası için önemli sonuçlar çıkardı.

"Proleter devrim" diyordu 1925 yılında "kanlı bir yenilgiden daha fazla şeye dayanmıştır. Asla bu nedenle yok olmadı. Yolunda daha güçlü, daha onurlu, daha kararlı ilerlemeye devam etti. Paris Komünü bastırıldı. 1905 Rus Devrimi çarın darağaçlarında, zindanlarında, Sibirya'da sonuçlandı. Her şeye rağmen yeniden uyandı! Hamburg da ölmedi, aksine, Hamburg yenilmezdir...

Proletaryanın ayaklanmaları, sadece doğrudan doğruya olumlu sonuçlarıyla değil, özellikle bütün işçi sınıfının belleğine kazınan büyük dersleriyle, devrimin ilerleyen zaferinin aşamalarıdır."[29]

V. I. Lenin, Komünist Enternasyonal'in III. Kongresi'nde konuşuyor.
Ernst Thaelmann 3. sırada sütunun önünde

GÜÇLÜ, DİSİPLİNLİ BİR PARTİ İÇİN (1923-1925)

1923 yılı mücadelelerinden alınan dersler

Polisin her yerde, ileri gelen komünistleri kovuşturmasına rağmen, Ernst Thaelmann, Hamburg Ayaklanması'ndan sonra da, şehirde kalmaya devam etti. Öncelikli endişesi, parti faaliyetlerinin sürdürülmesine ve de arananlar ile tutuklananların güvence altına alınmasına yönelikti.

Fakat, Ernst Thaelmann'ı her şeyden önce düşündüren şey, şimdi partinin nasıl hareket etmesi gerektiği, işçilerin Ekim yenilgisinden sonra, nelerin gerçekleşmesi gerektiğiydi. Buna bir cevap bulmak kolay değildi. Egemen sınıf, iktidardaki yerini sağlamlaştırmaya çalışıyordu. 8 Kasım'da, Reich Başkanı Friedrich Ebert, Ordu Kumandanı General von Seeckt'e yürütme kuvvetini devretti. 15 Kasım'da, Rentenmark'ın piyasaya sürülmesiyle birlikte, para, tekrar istikrar kazanmaya başladı. 23 Kasım'da KPD yasaklandı. 8 Aralık'ta Millet Meclisi, SPD fraksiyonunun oylarıyla, kasım ayı sonunda kurulan, merkez politikacısı Wilhelm Marx başkanlığındaki ve artık SPD'nin yer almadığı hükümet için, bir yetki yasası çıkarılmasına karar verdi. Tazminat sorununda, ABD emperyalizminin önemli katkıları sonucu, yeni bir düzenleme başlatılmak üzereydi. Öte yandan, grev hareketi 1924 yılı ortalarına kadar sürdü, ve egemen sınıfın aldırışsız tutumu, çoğu işçi arasında öfke uyandırmaktaydı. Grevler, hâlâ birçok fabrikada sürüyordu. Yüzbinler, sağcı önderlerin politikasından hayal kırıklığına uğramış olarak, sendikaları terk ediyordu. SPD'nin etkisi de giderek azalmaktaydı.

KPD içinde, durumun değerlendirilmesi ve seçilecek yol konusunda şiddetli tartışmalar başladı. Ernst Thaelmann, 3 Kasım'da, Merkez Komitesi'nin, parti bölge sekreterleri ve redaktörleri ile yaptığı bir toplantısına katıldı. Komünistlerin kovuşturulması nedeniyle, altı kişiden oluşan daha dar bir yönetimin oluşturulması kararlaştırıldı. Merkez Komitesi'nin danışmanlığını yaptığı bu yönetimde Ernst Thaelmann da yer alıyordu.

Tüm tartışmalarda, Ernst Thaelmann'ın, sorunların çözümüne yapıcı bir şekilde yaklaşma çabası göze çarpmaktaydı. Yeni, devrimci sendikalar kurma gayretlerine karşı çıkıyor, ve var olan sendikalarda belirleyici bir etkinlik kazanmanın, komünistlerin görevi olmaya devam ettiğini vurguluyordu. Ultra solcuların iktidar mücadelesinin derhal başlatılmasına ilişkin maceracı düşüncelerine karşı çıktığı gibi; partinin, örgütlenme sorununa ilişkin kararlarına uymayacağını açıklayan Ruth Fischer'in disiplinsizliğine de karşı çıktı. Fakat, ultra solcuların sözcüsünün politik samimiyetine hâlâ inanmaktaydı. Merkez Komitesi'ndeki büyük çoğunluk gibi, o da, Brandler ve Thalheimer'in oportünist politikasını mahkum ediyordu. KPD yönetimi henüz, koşullardaki değişikliği kavrayamamıştı. Çoğunluk, gelecekte belirleyici sınıf çatışmalarının yaşanacağı düşüncesindeydi. KEYK'te de, aynı anlayış hakimdi.

Görünüşteki gerçekler, Almanya'da ve diğer kapitalist ülkelerde emperyalist egemenliğin istikrar kazanmaya başladığının fark edilmesinin önünde engel oluşturuyordu. Buna, KPD içindeki düşünce farklılıklarının çözümünü fazlasıyla zorlaştıran illegalite koşulları da ekleniyordu. KPD'nin çoğu yöneticisi ve birçok üyesi hakkında tutuklama kararı vardı; binden fazla komünist ve devrimci işçi zindana atılmıştı. Böylece, ortak bir bakış açısı elde edilemiyordu.

Ernst Thaelmann'ın da dahil olduğu KPD'nin bir delegasyonu, Ocak 1924'te KEYK'in ve Bulgaristan ve Polonya Komünist partilerinin temsilcileri ile bir görüşme yaptı. Bu ülkelerde de, 1923 Sonbaharı'nda silahlı sınıf çatışmaları yaşanmıştı. Fakat Moskova'daki bu görüşmelerde de, henüz, tüm sorulara yanıt bulunamamıştı. Eski KPD yönetiminin sağ oportünist hataları mahkum edildi ve parti, Birleşik Cephe politikasını sürdürmekle ve sendikalarda çalışmakla görevlendirildi. Fakat, Komintern Başkanı G. J. Zinovyev'in de paylaştığı ve Birleşik Cephe politikasını da daraltan sol sekter eğilimler göze çarpıyordu. Mücadelenin diğer perspektifleri hakkında henüz tam bir açıklık getirilememişti.

V.I. Lenin, 21 Ocak 1924'te öldüğünde, Ernst Thaelmann, hâlâ Sovyetler Birliği'nde bulunuyordu. Onun ölümü, tüm ilerici insanları sarstı. Sovyet işçilerine yazdığı mektupta dediği gibi: "Büyük önderimizin" ölüm haberi Thaelmann'ı derinden etkiledi, "Lenin öldü, ancak onun devrimci ruhu hepimizin içinde yaşamaya devam ediyor"(1). 23 Ocak'ı 24 Ocak'a bağlayan gece, 0.00 ve 0.30 saatleri arasında Thaelmann, Lenin'in tabutu başında saygı nöbeti tuttu.

Moskova dönüşünden sonra Ernst Thaelmann, sık sık yolculuklardaydı; parti bölge kongrelerine, parti yönetimi toplantılarına katıldı. 19 Şubat'ta Merkez Komitesi, onu parti başkan yardımcılığına seçti; parti başkanı Hermann Remmele oldu. KPD'yi yasaklayan karar, 1 Mart 1924'te kaldırılmasına rağmen, Ernst Thaelmann, hakkında hâlâ bir tutuklama kararı bulunmasından dolayı, halk önüne çıkamıyordu. Bu aylarda Ernst Thaelmann, Teddy takma adını kullanıyordu. Ve kısa sürede yoldaşları, ona şefkatle "bizim Teddy" demeye başladılar.

Ernst Thaelmann, Nisan 1924'te Offenbach ve Frankfurt (Main)'ta illegal koşullarda gerçekleşen 9. Parti Kongresi'nde, partinin görevleri üzerine bir rapor sundu. Bu, partisinin en yüksek organı önünde sunduğu ilk önemli rapordu. Ernst Thaelmann, ilk ve belirleyici görev olarak proletaryanın çoğunluğunu kazanmanın önemi üzerinde durdu, ve iktidar mücadelesi hazırlıkları yanında somut sosyal ve demokratik kısmi talepler için mücadelenin yürütülmesini istedi. Fabrika hücrelerini, partinin örgütsel yapılanışının temeli haline getirmenin, sendikalar içinde ve örgütsüz kitleler arasında güçlendirilmiş bir faaliyet yürütmenin, kadınlar ve gençliğe daha fazla önem vermenin zorunlu olduğunu açıkladı. Şöyle özetledi: "Proletarya diktatörlüğü için mücadele hazırlıklarının yapılması, KPD'nin ilk ve en önemli görevidir; parti, her türlü durumda açık yüzünü, sağlam programını kitlelere göstermelidir. Bununla beraber, partinin taktiği esnek ve dinamik olmalıdır."[(2)]

Thaelmann'ın raporu, parti tarafından çözülmesi gereken, önemli görevleri ele alıyordu. Parti yönetimi içinde; en iyi, ileriye yönelik düşünceleri geliştirenin kendisi olduğu, giderek belirginleşmeye başlıyordu. Bu Kongre'de, sağ oportünist etkinliğin kırılması başarıldı. Ernst Thaelmann, parti başkanı oldu. Ancak bu, o dönemde öncelikle bir temsil göreviydi. Merkez Komitesi'nin görüşmelerine başkanlık ediyor ve partiyi dışarıya karşı temsil ediyordu. Fakat şimdilik, Ruth Fischer çevresindeki ultra solcular henüz çoğunluğa sahiptiler. Devrimci söylemlerin ardına gizlenerek, sağ hataların haklı eleştirisinden faydalanarak, partinin kitlelerle ilişkisine zarar veren, ve partiyi, Komünist Enternasyonal ile zıt konuma düşüren sekter bir politika yürütüyorlardı.

Bu çizgi karşında, parti yönetimi içindeki proleter-devrimci güçler duruyordu. Ottomar Geschke, Wilhelm Florin, Wilhelm Pieck, Hugo Eberlein, Fritz Heckert ve Ernst Schneller gibi değerli, ileri gelen partililer, Ernst Thaelmann'ın etrafında toplandılar.

Parti Kongresi, Millet Meclisi seçimi için KPD'nin listesini de kararlaştırdı. Ernst Thaelmann başkan adayıydı. 4 Mayıs 1924'te Millet Meclisi'ne seçildi. Seçimden bir ay sonra, 4 Haziran 1924'te, Alman Millet Meclisi'nde ilk uzun konuşmasını yaptı. Gericilik, komünist milletvekillerin dokunulmazlıklarının kaldırılmasını talep etmişti. Thaelmann, komünistlerin, emekçi Alman halkının çıkarlarını savundukları için, gözetim altında bulundurulduklarını kanıtladı. Kendine özgü coşkusuyla, KPD'nin mücadele ilkelerini ortaya koydu: "Programımızdan, zorba tedbirlere, gerici hukuka, burjuva partilerin ve sosyal demokrasinin bize karşı aldığı tutuma rağmen asla taviz vermeyeceğiz. Tüm düşmanlara karşı mücadele edeceğiz, ilerleyeceğiz; ama asla geriye doğru değil...

Hedefimizi hiçbir zaman inkar etmeyeceğiz. Önümüzdeki hedef, politik iktidarın elde edilmesidir ve bu bağlamda, devrimin organizasyonunu önümüze somut görev olarak koyuyoruz. Her fırsatta, mücadelenin her koşulunda, politik sorunları görüşürken burjuva parlamentosunda dahi ... köylülerin, işçilerin ve orta tabakaların geniş yığınlarını devrim için kazanmaya çalışacağımızı gizlemiyoruz. Sınıf mücadelesi zeminine dayanan bir parti, hedef ve taktiklerini asla inkar etmemelidir. Burjuvazinin aleti olarak burjuva-kapitalist devlet, halkın çoğunluğuna karşı, proletaryaya karşı, bir baskı aygıtından başka bir şey değildir, ve genelde de her zaman böyle olmuştur; ve kim burjuva-kapitalist devlette sınıf mücadelesinden kaçınılabileceğini düşünüyorsa, o, yanılmaktadır."(3)

KPD'nin, ulus çıkarlarına karşı bir politika yürüttüğü iftirasını, Ernst Thaelmann, karşı saldırıyla, ulusal sorunda sınıfların gerçek niteliğini ortaya koyarak yanıtladı: "Buraya çıkmaya ve dert yanmaya cesaret eden ve ulusal onurdan bahsedenler, genellikle, Alman halkının çoğunluğunun bugün çaresiz ve aç olmasına neden olan suçta payları olan burjuvazinin temsilcileridir ... Ruhr ve Rhein sorununda, vatan hainlerinin, proletarya saflarında değil, tersine, tekelci sermaye saflarında olduklarını gösterdik. Bütün Ruhr ve Rhein bölgesi işgali boyunca, kârlarını daha çok artırmak söz konusu olduğunda, gerçekten vatana ihanet edenlerin, bunların (büyük burjuva Alman Halk Partisi'nin, vb.) saflarından çıktığı kendini gösterdi." Ulusal sorunlar, ancak "enternasyonal sınıf mücadelesi ile"(4) çözülebilir diyordu Thaelmann.

Ernst Thaelmann, Haziran / Temmuz 1924'te, Komünist Enternasyonal'in Moskova'daki V. Kongresi'ne katıldı. Artan uluslararası saygınlığı, Kongre'nin başkanlığına seçilmesiyle belirgin bir ifade kazandı. Kongre'de, IV. Dünya Kongresi'nden bu yana sınıf mücadelelerinden edinilen tecrübelerin genelleştirilmesine, sınıfların uluslararası güç dengelerinin yeni durumunun saptanmasına ve bunlardan, dünya komünist hareketi için dersler çıkarılmasına çalışılıyordu. Ernst Thaelmann, 23 Haziran'da yaptığı konuşmasında, KPD'nin 1923 yılında izlediği politikayı ayrıntılı olarak analiz etti ve Brandler-Thalheimer yönetiminin oportünist hatalarını sert bir şekilde eleştirdi. Konuşması, KPD'nin 1923'te, henüz, işçi sınıfını zafere götürecek olgunlukta olmadığına dair önemli bir kavrayışı yansıtıyordu. Buradan, ve Lenin'in partisinin enternasyonal devrimci proletaryanın öncüsü olarak rolünü daha da derinden kavrayarak, KPD'nin önünde duran görevleri saptadı. "Sağlam, disiplinli, merkezileşmiş bir komünist partisinin yaratılması" ve "Rus işçi ve köylülerin, 1917'de Rusya'da gerçekleştirdiklerini, Almanya'da gerçekleştirmek"[(5)] için Bolşeviklerin deneyimlerini öğrenmenin belirleyici olduğunu söyledi.

Bununla, Ernst Thaelmann, kilit sorunu saptamıştı. Ve aynı şekilde Kongre'nin; komünist partilerin Bolşevikleştirilmesi, yani gerçek Marksist-Leninist mücadele partileri haline getirilmesi ve "Rus Bolşevizminde enternasyonal değere sahip"[(6)] her şeyin benimsenmesine ilişkin kesin talebini de destekliyordu. Böyle bir partinin en önemli özellikleri şöyle sıralanmaktaydı: Parti, işçilerle yakın ilişkide olan, onların sıkıntı ve beklentilerini dile getiren gerçek bir kitle partisi olmalıdır; manevra yapma yeteneğine sahip olmalı, taktiği dogmatik, sekter olmamalıdır; yapısı gereği devrimci olmalı, proletaryanın zafer mücadelesini ilerletmek için her durumda azami enerji gösterebilen, gruplaşmaya izin vermeyen merkezileşmiş bir parti olmalıdır. Kongre, temel bir görev olarak partilerin önüne, Marksizm-Leninizm'in her türlü tahrifine karşı mücadele etmeyi ve onu, bütünlüğü içersinde propaganda etmeyi koydu. Kongre, komünist partilerin fabrika hücreleri temelinde örgütlenme yapısını vazgeçilemez olarak niteliyor ve sendikaların ele geçirilmesinin kitleleri kazanmak için en önemli önkoşul olduğunu formüle ediyordu.

Kongre, bununla, komünist dünya hareketinin mücadelesine önemli yönelimler sunuyordu. Ernst Thaelmann'ın bu Kongre'deki tutumu, enternasyonal devrimci ruhtaydı; fakat delegelerin çoğunluğu gibi o da, "sol" eğilimlerden arınmış değildi. Buna rağmen, politik alanda olduğu gibi, parlamenter mücadele alanında da Birleşik Cephe'nin, ultra sol tarafından kesin reddedilişine karşı kararlı biçimde tavır aldı. Ernst Thaelmann'ın kararlı proleter bakış açısı, oportünizme karşı ilkeli mücadelesi, KEYK adaylığına ve onun başkanlık kuruluna seçilmesiyle değerlendirildi. Artık o, dünya komünist hareketinin önderlerinden biri haline gelmişti.

Thaelmann, Dünya Kongresi'nin hemen ardından, KEYK başkanlık kurulunun temsilcisi olarak Kızıl Sendikalar Enternasyonali'nin III. Kongresi'ne katıldı. Açılış konuşmasında, sendikalarda Leninist tarzda çalışmanın gerekliliğini vurguladı. Leninizme olan sarsılmaz inancı, sözlerine yansıyordu: "Işığında mücadele etmemiz gereken metotlar, Batı Avrupa ve tüm dünyanın işçi kitlelerine açık ve net olarak, proletaryanın çoğunluğunu kazanmanın ve proleter devrimin zaferinin yolunu gösteren, Lenin'in öğretileridir."(7) Bu sözlerden, Thaelmann'ın, Marksist-Leninist teoriyi köklü bir şekilde benimsemeden, partinin tarihsel sorumluluğunu yerine getiremeyeceği bilinci ortaya çıkıyordu. Thaelmann'ın gelişmiş teorik olgunluğu, onun sınıf mücadelesinin ihtiyaçlarına ilişkin keskin gözlemine, yaptığı durum analizlerine ve bunlardan vardığı sonuçlara yansıyordu.

Sınıf bilinçli işçilerin adayı

Ernst Thaelmann, Millet Meclisi'nin, Hamburg Eyalet Mahkemesi'nin onun milletvekili olarak dokunulmazlığının kaldırılması başvurusunu reddettiğini, daha Moskova'dayken öğrendi. Nihayet yeniden aleni olarak hareket edebilecekti. Komintern'in çağrısıyla gerçekleşen savaş karşıtı haftanın açılış konuşmalarını, 30 Temmuz 1924'te Hamburg sendika binasında, o ve Fransız yazar ve komünist Henri Barbusse yaptı. İkisi de, ülkelerinin devrimci proleterlerinin, yeni savaş hazırlıklarına karşı mücadele edeceklerini —eğer engel olunamazsa da— onu, Karl Liebknecht ve Rus proletaryasının ruhuyla, proleter bir kurtuluş savaşına çevireceklerini açıkladılar.

Ernst Thaelmann, Millet Meclisi'nde, Dawes Planı'nın görüşüldüğü sırada, büyük burjuvazinin halk düşmanı dış politikasını eleştirdi. Amerikan mali sermayesinin temsilcisi, Charles Gates Dawes başkanlığındaki bir eksper heyeti tarafından hazırlanan bu plan, Almanya'nın, Versailles Antlaşması'na göre, galip emperyalist güçlere, ödemesi gereken tazminatın yeniden düzenlenmesini öngörüyordu. Almanya'nın, her sene, önceleri bir, sonraları ise iki buçuk milyar Goldmark ödemesi gerekiyordu. Böylece, büyük yabancı krediler, Alman ekonomisini canlandıracak ve böylece devasa tazminatları kaynak sağlayacak şartları yaratacaktı. Bunun için devlet bütçesi, Reichbank ve Reich demiryolları, yabancıların denetimine verildi. Ernst Thaelmann, 28 Ağustos'ta, kendi sınıf çıkarları uğruna ulusal çıkarları teslim eden ve, yabancı tekellerle Alman proletaryasının ortaklaşa sömürülmesi üzerine anlaşan hükümetin, ve onun emperyalist işbirlikçilerinin tutumunu teşhir ediyordu. Hiçbir hükümetin ve hiçbir millet meclisinin, Almanya'nın emekçi kitlelerini, uluslararası mali sermayeye satma hakkı yoktur diyordu.

Ernst Thaelmann, yabancı kredilerle beklenen ekonomik atılımın emekçilere yarar sağlayacağı yanılsamasına kapılınmaması uyarısında bulundu. "Amerika'dan gelen amca, buraya, Alman halkına yardım etmeye değil, aksine, Alman halkını soymaya, kâr elde etmeye geliyor". Ayrıca, Alman işadamları "böylece kaybolan kâr payını, işçi tüketicileri daha fazla sömürerek geri kazanmak"(8) için her şeyi yapacaktır. Faturayı Alman halkı değil, tersine, büyük sermaye sahipleri, savaş galipleri ödemelidir. Thaelmann, dış politik sorunların sınıf sorunları olduğunu, Dawes Planı'nın sadece, Alman işçilerini sömürmek, yağmalamak için bir araç olmadığını, ayrıca, işçi hareketine karşı politik bir mücadele aracı olduğunu açıkladı. Kredilerden beklenilen, Alman tekelci sermayesinin çabuk güçlenmesine yardımcı olması ve böylece Almanya ve Batı Avrupa'daki devrime karşı bir dalgakıran oluşturulmasıydı.

Thaelmann, Alman Hükümeti'nin batıya yönelmesine alternatif olarak Sovyetler Birliği'yle ittifak kurulmasını gösterdi. Sovyetler Birliği örneği, Alman işçilerine tek çıkar yolu göstermektedir. Bu yol "Alman işçi sınıfının ve emekçi kitlelerinin, aynı şekilde, egemen kapitalist sistemden kendini kurtarmak zorunda olduğu"dur.(9)

Millet Meclisi'nde ve meclis komisyonlarında yürüttüğü faaliyet, Ernst Thaelmann'ın çok sayıdaki görevlerinden sadece biriydi. Bir profesyonel devrimcinin yorucu yaşamını sürdürüyordu. Çok yönlü sorumlulukları, Merkez Komitesi Politbüro'su üyeliğinden kaynaklanıyordu. 17 Ağustos'ta düzenlenen Reich Sendikalar Konferansı'nın hazırlanmasına yardımcı oldu ve 7 Eylül 1924'te Hamburg'da yapılan Enternasyonal Gençlik Kongresi'ne katıldı. Birçok üye toplantısında Ernst Thaelmann, Parti ve Komintern'in kararlarını ayrıntılarıyla açıklıyordu. Wasserkante bölge örgütünün faaliyetine sürekli katıldı ve fırsat buldukça öteki bölgelere de gitti. Ernst Thaelmann, daima, parti üyeleri, yöneticileri ve işçilerle yakın diyaloğunu canlı tutuyordu. Sorunlarını takip ediyor, onların endişe ve dileklerini tanıyor, onlarla aynı dili konuşuyordu. Parti içindeki saygınlığı artmakaydı. Giderek daha fazla yönetici ona danışıyor ve desteğini arıyordu.

Millet Meclisi'nin 20 Ekim 1924'te feshedilişinden sonra, Ernst Thaelmann dahil, komünist milletvekillerinin çoğuna yeniden tutuklama kararı çıkarıldı. Yeniden illegaliteye geçmesi gerekiyordu. Kovuşturulmaların karşısında, KPD Merkez Komitesi, bazı üyelerinin geçici olarak Almanya'yı terk etmelerini kararlaştırdı. Partinin doğrudan yönetimi, tekrar, bir yönetim kuruluna devredildi. Bu kurul Ernst Thaelmann, Wilhelm Pieck, Arthur Rosenberg, Ernst Schneller ve KJVD (Almanya Komünist Gençlik Birliği-çev.) başkanı Conrad Blenkle'den oluşuyordu. Ernst Thaelmann, yönetim kurulundaki diğer yoldaşlarıyla birlikte, 7 Aralık 1924'te yapılacak Millet Meclisi seçimi için, seçim kampanyasını yönetiyordu. Aynı zamanda kendini gizli tutması ve ortalıkta görünmekten kaçınması gerekiyordu.

Ernst Thaelmann, tekrar Millet Meclisi'ne seçildi. Ancak KPD, çok başarılı olduğu mayıs seçimlerine göre, yaklaşık bir milyon oy kaybetti. Tatmin etmeyen bu seçim sonucu, KPD'ye karşı yöneltilen terörden; ve özellikle, kapitalizmin göreli istikrar kazanmaya başlamasının, birçok işçinin, ekonomik konjonktürle birlikte kitlelerin hayat şartlarının temelde ve devamlı olarak iyileşeceği yanılsamasına kapılmalarına neden olmasından kaynaklanıyordu. Böylece oportünist anlayışlar daha fazla ilgi gördü. Ayrıca ultra solcuların sekter tutumu, KPD'nin kitleler arasındaki faaliyetini engellemişti.

KPD'nin Millet Meclisi fraksiyonu, Ernst Thaelmann'ı kendine başkan seçti. Fraksiyonun sekreteri olan Walter Stoecker, ona bu önemli görevde yardımcı oluyordu. Thaelmann, Weimar Cumhuriyeti'nin III. Millet Meclisi'nin ilk konuşmacısı olarak konuştu ve devrimci işçilerin adalet tarafından kovuşturulmasını protesto etti. Toplantının ertesi günü, ücret indirimi ve fazla mesai yerine ücret ve maaş artışları; işverenler tarafından kaldırılan 8 saatlik çalışma gününün tekrar uygulamaya sokulması; işsizlerinin üretim sürecine katılması; büyük kapitalistlerin sermayelerine el konulması, Sovyetler Birliği ile bir korunma ve direnme anlaşmasının yapılması ve politik tutukluların serbest bırakılması taleplerinde bulundu.

Ernst Thaelmann, Millet Meclisi'ne tekrar seçilmesinden sonra yine açık faaliyet yürütebiliyordu. Ocak ve Şubat 1925'te birkaç parti bölge örgütünü ziyaret etti. 1 Şubat'ta, Kızıl Cephe Savaşçıları Birliği (RFB)'nin Birinci Reich Konferansı'na katıldı. RFB, KPD Merkez Komitesi'nin bir kararı üzerine, 1924 yılının ikinci yarısında kuruldu. Reich Konferansı sırasında Birlik, yaklaşık 15 bin üyeye sahipti. Kuruluşu, Alman emperyalizminin tekrar güçlenmesiyle birlikte ortaya çıkan ve büyüyen, intikamcı ve militarist çevrelerin faaliyetine bir cevaptı. Alman militaristleri, Çelik Miğfer (Stahlhelm)'in, Kyffhäuser Birliği'nin ve başka savaşçı derneklerin yardımıyla, emekçileri ideolojik olarak bir intikam savaşına hazırlamaya; işçi hareketini alay geçitleriyle ürkütmeye; ona karşı terör eylemlerinde bulunmaya uğraşıyorlardı. Ernst Thaelmann, Reich Kongresi'nde, RFB'nin başkanlığına seçildi. Birliğin dikkatlerini, intikam kışkırtmalarının karşısına, proleter enternasyonalizminin propagandasını -özellikle Sovyetler Birliği'ne olan yakın bağlılığın ve savaşa ilişkin proleter bakış açısını- koymaya ve de proleter savunma hazırlığının geliştirilmesine yöneltti. Thaelmann'ın asıl amacı, RFB'yi proleter bir kitle örgütüne; KPD'yi işçi sınıfına bağlayan ve mali sermayeye, militarizme ve emperyalist savaşa karşı kararlı mücadele eden bir halkaya çevirmekti. Birlik, özellikle, hâlâ düşman sınıfın dolaysız etkisi altında bulunan işçiler arasında aydınlatıcı bir faaliyet yürütmeliydi. RFB'nin görevi olarak şunu belirliyordu: "Sağcı birliklerin sayıca çok proleter taraftarlarına, yeni savaşlarda burjuvazinin kurbanlıkları olarak rollerini ... anlatmak ve onları proleter sınıf mücadelesine geri kazanmaya çalışmak."[10]

RFB, Ernst Thaelmann'ın önderliği altında, kısa zamanda proletaryanın güçlü bir mücadele örgütü oldu. Burada ona, Birliğin 2. Başkanı Willy Leow, Etkar André, Hans Jendretzky, Ernst Schneller, Albert Schreiner, Fritz Selbmann ve başka mücadelede sınanmış, inisiyatifli ve tecrübeli yoldaşlar yardım ediyordu. Daha 1 Nisan 1925'te, RFB'nin mahalli gruplarının sayısı, ocak ayına göre ikiye katlanmıştı. Birlik şimdi, 40.450 üyeye sahipti. Bunların 18.850'si partisizdi; ve Eylül 1925'te üye sayısı, 45.418'i partisiz olmak üzere 75.150'ye erişti.

Ernst Thaelmann, çalışmalarının önemli kısmını parti yönetiminde yapmaktaydı. Politbüro başkanı Ruth Fischer'in ve diğer ultra solcuların önderlik üzerinde hâlâ belirleyici etkileri vardı. Fakat Thaelmann'ın parti içindeki ağırlığı giderek artıyordu. KPD önderliği içinde küçük burjuva sekter güçlerin adım adım geriletilmesinde, onun payı büyüktü.

Ernst Thaelmann bu mücadele içerisinde gelişerek, partinin politik lideri haline geldi. Burada, Leninist partinin deneyimlerinden yola çıkıyordu ve KPD içinde Leninizmi kabul ettirmek için çalışıyordu. Lenin'in birinci ölüm yıldönümünde, Berlin Spor Sarayı'nda, Leninizmin ne anlama geldiğini açıkladı: "Lenin'in eseri devrimdir. Leninizm, dünya devrimidir. Bugün sadece kapitalist ülkelerin değil, tersine, sömürge ülkelerin işçileri de, köylülük de, Leninizmin Marksizmden filizlenmiş canlı pratik olduğunu kavramaktadırlar."(11) 1925'in Ocak ayında yapılan Merkez Kurul toplantısında yoldaşlarından, Lenin'in eserlerini incelemelerini, Leninizmin teori ve pratiğinin bilgisini ayrıntılı olarak edinmelerini istedi ve Leninizmin öğrenilmesi için komisyonların oluşturulmasına ilişkin Merkez'in aldığı kararı açıkladı. Kendi Marksist-Leninist bilgisini genişletmek için, her boş dakikasını değerlendirirdi, uykusunu kısarak buna zaman ayırırdı. İleride kızı, onun, gecelerini Marx, Engels ve Lenin'in eserlerini incelemekle geçirdiğini anlatacaktı.

KPD, daha Mart 1925'te yeni bir seçim mücadelesine girmek zorundaydı. Şubat ayında ölen Reich Başkanı sosyal demokrat Friedrich Ebert'in halefi seçilecekti. Gericiliğin, devletin baş koltuğuna kendi çevrelerinden bir adayı oturtmak için her yola başvuracağı açıkça ortadaydı. SPD yönetiminin çoğunluğu kendi aralarından bir aday çıkarmayıp, bir burjuva poitikacısını, "cumhuriyetçi birlik adayı" olarak destekemeyi amaçlıyordu. Ancak KPD Merkez Komitesi'nin, 3 Mart 1925'te Ernst Thaelmann'ı aday olarak ilan etmesi üzerine SPD, işçi sınıfının ezilmesinde ve emperyalist egemenliğin geliştirilmesinde önemli pay sahibi olan Prusya Başbakanı Otto Braun'u aday gösterdi.

Seçim mücadelesinde KPD'nin hedefi Reich başkanlık koltuğu değildi. Bu, güç dengesi göz önüne alındığında yanılsamalı bir hedef olurdu. Thaelmann çalışmasını, işçileri ve bütün emekçileri, kendi çıkarları için mücadeleye seferber etmeye, seçim kampanyasını kitlelerin acil sosyal ve demokratik taleplerinin savunulmasıyla birleştirmeye yöneltti. İlk büyük seçim gezilerinde çalışmalarını da bu doğrultuda yürüttü.

Ernst Thaelmann, 13 Mart'tan 25 Mart'a kadar yirmi beş şehirde konuşmalar yaptı. KPD'nin tutumlarını açıkıyor ve "bugüne kadar süregelen, emekçi halkın büyük kitlesinin sömürülmesi, ve haklarından yoksun bırakılması sistemini, banka, fabrika ve büyük toprak sahiplerinden oluşan küçük bir kliğin çıkarına"(12) korumak konusunda -özelde tüm farklılıklarına rağmen- hemfikir olan diğer adayların amaçlarını gözler önüne seriyordu. Emekçileri, gericiliğe karşı oy pusulası ile mücadele etmenin yeterli olacağı yanılsamasına kapılınmaması üzere uyardı. İşçileri, bir işçi cumhuriyeti için mücadele etmeye çağırdı; işçilerin iradesinin belirleyici olacağı bir cumhuriyet. KPD'nin başkan adayı, köylülere, çalışanlara, memurlara, kol veya kafa emeğiyle ekmeğini kazanan herkese seslendi ve onlara, kendi hak ve çıkarlarını, komünistler dışında hiç kimsenin gerçekten temsil etmediğini açıkladı.

Ernst Thaelmann, konuşma yaptığı her yerde dinleyicilerinin sempatisini kazanıyordu. Karşılarında bir işçinin; kendi dillerini konuşan, sorunlarını, endişelerini ve ümitlerini çok iyi bilen ve kendi meselelerine sahip çıkan bir insanın durduğunu fark ediyorlardı. Thaelmann, cilalı diliyle dinleyicilerini etkileyen türden bir konuşmacı değildi. Etkisi, kişiliğinin yarattığı etkiden, konuşmalarının gerçekçiliğinden ve yaşamla iç içeliğinden kaynaklanıyordu. "Thaelmann'ın sözleri", diye yazıyordu bir işçi muhabiri, "kaba çalınıyor kulağa, ve bazen o güç Hamburglu proleter dilinin üzerinde takılıp tökezliyor; ama o kadar da içtenliği ve devrimci kararlılığı ortaya koyuyor. Bu adamın, elinde ayaklanma bayrağı, barikata çıkacağına inanılır. Onun önderliğinde mücadele etmek; 1923'te Hamburg'da olduğu gibi, ne müthiş bir güven duygusu ve zafer inancı olmalı bu!"(13) Devletin gözetim organlarının temsilcileri dahi şunu itiraf etmek zorunda kalıyordu: "Thaelmann, olağanüstü enerjiye, keskin bir zeka ile kıvrak bir kurnazlığın bileşimine sahip bir adam özelliklerini gösteriyor ... Dinleyicilerini güçlü bir telkin altına alıyor."(14)

29 Mart'ta Ernst Thaelmann'a 1.871.815 seçmen oy verdi. Otto Braun, 7,8 milyon, merkez adayı Wilhelm Marx 3,8 milyon ve sağ burjuva partilerinin adayı Karl Jarres 10,4 milyon oy aldılar. 2,8 milyon seçmen ise, diğer üç burjuva aday için oylarını kullandı. Hiçbir aday mutlak çoğunluğu alamadığı için, basit çoğunluğun yeterli sayılacağı ikinci bir seçim turunun yapılması zorunlu hale geldi. KPD, ikinci seçim turu için taktiğini belirlemek gibi zor bir görevle karşı karşıyaydı. Bütün sağ partilerin ortak bir aday çıkarmakta anlaşacakları, SPD'nin ise, Wilhelm Marx'ın lehine, kendi adına aday çıkarmaktan vazgeçeceğini görmek mümkündü. Milliyetçi ve monarşist çevrelerinden beklenen ortak tavıra karşı koymak için, KPD içinde, kendi adayından vazgeçilmesi ve eğer temel demokratik talepleri savunmaya hazır olduğuna dair güvence verirse, SPD'den ya da sendikalardan bir adayın desteklenebileceği önerisi tartışılıyordu. KEYK Prezidiyumu, Ernst Thaelmann'ın da desteklediği bu düşünceyi selamladı.

Ancak KPD heyeti, Moskova görüşmelerinden döndüğünde, SPD, gerici merkez politikacısı Wilhelm Marx'ın adaylığını desteklemeye karar vermişti bile. KPD, ona oy verilmesi için çağrıda bulunamazdı. KPD, SPD ve burjuva demokrat güçlerin ortak bir aday çıkarma yolu kapanmıştı. En gerici partiler, eski mareşal Paul von Hindenburg'u adayları olarak çıkardı. KPD bu koşullar atında Ernst Thaelmann'ın adaylığını korumak zorundaydı.

Ernst Thaelmann, yeniden, Reich'ın birçok bölgesini gezdi ve 10 şehirde konuşmalar yaptı. Bu miting gezileri büyük bir fiziki zorlanmayı getirdi. Binlerce insan önünde serbest ve -o zamanlar- mikrofonsuz konuşmak, sesini sonuna kadar devreye sokmasını gerektiriyordu. Miting önceleri ve sonralarında kalan süreyi Ernst Thaelmann, parti yöneticileriyle sorunları tartışmak için değerlendiriyordu. Geceleri ise, trenle yolculuk ediyordu. Yolculukları sırasında, mektup ve kuryeler yoluyla Politbüro'ya seçim mücadelesinin yürütülmesine ilişkin önerilerini sunuyordu. Çağrı ve makaleler kaleme alıyordu. Bunlar, ateşlenmesi, güçten düşmesi ve sesinin kısılmasına; seçim kampanyasına iki gün ara vermek zorunda kalmasına neden oldu.

Birkaç hafta içinde yüzbinlerce işçi Ernst Thaelmann ile tanıştı. Onlardan biri olduğunu ve mücadelelerine büyük bir kararlılıkla sahip çıktığını gördüler. Ernst Thaelmann bu dönemde kitleler arasında, KPD önderliği içindeki, en popüler ve saygı duyulan kişilik haline geldi. 26 Nisan 1925'te ona, 1.931.131 seçmen oy verdi; ilk turdan 60 bin oy daha fazla. Reich başkanlığına, baş gerici Paul von Hindenburg seçildi.

Thaelmann, birinci seçim turunda, KPD'ye güvenlerini bildiren seçmen sayısının, bir yıl önce aralık ayında yapılan Millet Meclisi seçiminden 800 bin daha az olduğu gerçeğini, son derece eleştirel bir gözle değerlendirdi. Kitleleri sorumlu tutan ultra solcuların aksine; o, parti faaliyetlerindeki eksiklik ve hataları ortaya çıkarmaya çalıştı. O ve diğer önder kadrolar, meselenin, KPD'nin çizgisini bütünüyle yeniden gözden geçirilmesiyle ilişkili olduğunu giderek daha açık olarak kavrıyorlardı. Leninist "Kitlelere!" şiarını benimsedi ve özellikle fabrikalar ve sendikalar içinde yürütülen kitle faaliyetinin, ultra solcular tarafından hafife alınmasını eleştirdi.

Ernst Thaelmann, komünist partinin, işçi sınıfının ve emekçi halkın bir parçası olduğu, halkın mutluluğunun, (partinin-çev.) tutumunun ana ekseni olması gerektiği bilincinden hareket ediyordu. Partinin, kitlelerin isteklerini, ihtiyaçlarını ve düşüncelerini tam anlamıyla bilmek için onlarla sıkı bağlara ihtiyacı vardır. Parti ancak buradan hareketle, emekçilerin günlük taleplerine sahip çıkabilir; onlara bu günlük, acil talepleri ile proleter özgürlük mücadelesi arasındaki ilişkiyi kavratabilir; ve var olan topumsal koşulların devrimci tarzda değiştirilmesi mücadelesine sevk edebilir. Parti ancak bu şekilde, sınıfın devrimci öncüsü rölüne layık olabilir. Nisan 1925'te Ernst

Thaelmann, "Rote Fahne" (Kızıl Bayrak-çev.) dergisi için yazdığı bir makalede, bu anlayışı, şu kesin ve etkili sözlerle özetledi: "Kitlelere! Bunun anlamı şu olmalıdır: Onları sabırla ve ısrarla aydınlatmalıyız; kitlelerin, tüm sıkıntılarının sözcüsü ve tüm günlük taleplerinin öncüsü olmalıyız; onlara günlük çözüm yollarını göstermeli ve bununla bağlantılı olarak nihai çözüm yolunu göstermeliyiz; günlük sıkıntılarındaki büyük bağlantıları gözler önüne sermeyi, 'küçük' günlük mücadeleyi, büyük ulusal ve enternasyonal iktidar mücadelesiyle iç içeliği içinde yürütmeyi bilmeliyiz. Bu, fabrika ve sendikada en yılmaz, fedakar, enerjik işçi dostları olmamızı ve faaliyetimizi, fabrika hücreleri ve sendika fraksiyonları üzerinden bütünlüklü olarak örgütlememizi gerektirir."[15]

Thaelmann MK'sının kuruluşu

Ernst Thaelmann, o yorucu seçim mücadelesinin ardından, dinlenmek amacıyla, Hamburg'da ailesinin yanında birkaç gün geçirdi. Böylesi fırsatlar, 1923'ün sonundan bu yana giderek seyrekleşmişti. Zamanını her zamanki gibi, ailesiyle birikte, şehir civarına gezilerle, Elbe Nehri üzerinde vapur gezintileri ve kendini özellikle evindeymiş gibi hissettiği limanda dolaşarak değerlendiriyordu. Hamburg'a duyduğu derin bağlılık, ailesini Berlin'e getirmemesinin de nedeniydi. Neden Berlin'e taşınmadıklarını soran kızına şu yanıtı verdi: "Liman işçileri Hamburg'da. Onlar bizim sevgili arkadaşlarımız ve bu arkadaşlarımız olmadan yaşamak istemiyoruz. Çalışırken sizi düşündüğümde seviniyorum; ve o zaman Hamburg'u, limanı ve benimle birlikte yiğitçe mücadele eden o sevgili yoldaşlarımı da düşünüyorum. Bu yüzden Hamburg'da kalmak istiyoruz."[16]

Partinin çizgisi üzerine tartışmalar, kısa süre içinde Ernst Thaelmann'ın tüm zamanını almaya başladı. Ultra solcuların yürüttüğü sekter politkanın, partinin kitlelerle olan bağlarını zayıflattığı gittikçe daha çok açığa çıkıyordu. Ernst Thaelmann ve parti önderliği içindeki diğer Marksist-Leninistler bu tehlikeli tutuma karşı çıktılar.

Bunu yaparken, Ernst Thaelmann'ı KPD'nin en açık Leninist tutuma sahip olan ve işçi sınıfıyla bağları en yakın olan önderi olarak değerlendiren KEYK'in desteğine sahiptiler.

Kapitalizmin göreli istikrara kavuşmasını inkar eden; ve Merkez Komitesi'ni, Nisan 1925'te bir açık mektupla SPD ve ADGB yönetimlerine seslendiği ve acil demokratik ve sosyal talepler için ortak hareket etmeyi önerdiği için eleştiren; aşırı ultra solcu güçlerin saldırılarına diğer önderlerle birlikte karşı koydu. Ernst Thaelmann, bunlar karşısında, partinin temel ilkelerini koruyarak izlediği politikayı yeni koşullara uygun hale getirmenin zorunluluğunu vurguladı. Mesele, her şeyden önce, hâlâ SPD'nin etkisi altında olan işçilerin çoğunluğunu kucaklamak, onları oportünist etkiden kurtarmak ve onlara, sadece KPD'nin işçi sınıfının çıkarlarını tutarlı bir şekilde temsil ettiğini göstermektir. Kitleleri, tekelci kapitalistlere, militaristlere ve monarşistlere karşı günlük talepleri için mücadeleye kazanmak, mesele buydu.

KPD Merkez Kurulu'nun 9 ve 10 Mayıs 1925'te yaptığı toplantıda, Ernst Thaelmann ve mücadele yoldaşları, açık sınıf çatışmaları döneminin şimdilik kapandığını, tekelci sermayenin ekonomik ve politik konumunu sağlamlaştırabildiği görüşünü benimsetebildiler. Ve bu nedenle parti, kısmi talepler için verilen mücadeleye daha fazla önem vermeli, işçilerin Birleşik Cephesi'nin kurulması için mücadele etmeli ve burjuva-demokrat kazanımları gerici emperyalist çevrelere karşı sahiplenmelidir. Thaelmann, partinin birçok alanında, etkili bir antiemperyalist politika geliştirmek üzerine yürütülen tartışmaları ileri götürmeye yardımcı oldu.

Ernst Thaelmann, giderek artan bir yoğunlukta 10. Kongre'ye hazırlanıyordu. KPD, "en geniş kitlelerin seferber edilmesi ve proletarya ile küçük burjuva tabakalar arasında bir sınıf ittifakı kurulmaya başlanması için" uygun "manivelalar"[(17)] bulmalıdır. Philipp Dengel, Hugo Eberlein, Wilhelm Florin, Ottomar Geschke, Fritz Heckert, Wilhelm Pieck, Hermann Remmele ve başkaları da bu hedef doğrultusunda çalışıyordu. Buna karşın ultra solcular, sadece sekter bir politika yürükmekle kalmıyorlar, üstelik Léninizme saldırıyor, Komintern'e karşı güvensizlik aşılamaya çalışıyor ve parti içi demokrasiyi zedeliyorlardı. Niyetleri, Ernst Thaelmann'a 10. Kongre'de sadece temsili bir açılış konuşması görevi vermekti. Fakat Ernst Thaelmann, partinin sendikal faaliyete ilişkin politikaların gündeme alınmasını ve konuşmacı olarak kendisinin görevlendirilmesini sağladı.

12 Temmuz 1925'te, Ernst Thaelmann Prusya Eyalet Meclisi'nin genel toplantı salonunda KPD'nin 10. Kongresi'nin açılışını yaptı. 16 Temmuz'da yaptığı konuşma, 10. Kongre'nin zirvesi oldu. Kongre'nin ele alması gereken en ciddi sorun olarak: "Kitleleri nasıl ve hangi temelde ve ne tür örgütlenme şekilleriyle proleter devrime kazanabiliriz?" sorusunu tespit etti. Ve yanıtladı: "Sendikalar sorunu, parti faaliyetinin tüm görev alanlarına katılması gereken en önemli politik sorundur ... Devrimin örgütlenme süreci ne kadar uzarsa, mücadele yöntemleri ne kadar zorlaşırsa, kitlelerde proletarya diktatörlüğünün zaferine olan inanç ve onun kudretinin bilinci o kadar güçlü bir şekilde uyandırılmalıdır. Bunun için her şeyden önce, sendika üyelerini, en acil ekonomik görevlerden, politik mücadelenin görevlerine kadar, mücadelenin yürütülmesiyle, devrime kazanmak zorunludur. Bu nedenlç komünist partinin Bolşevikleştirilmesi için sendikal çalışmayı, partinin politik faaliyetinin merkezine koymak gereğinin teorik ve pratik anlayışına ihtiyaç vardır."

Burada, KPD'nin kitleler üstündeki etkisini yeniden artırmak, sekterizmi geriletmek ve parti politikasına bir dönüm noktası getirmek için, ele alınması gereken göreve ilişkin Ernst Thaelmann'ın kesin ve açık bakışı kendini gösteriyordu. KPD'nin, işçi sınıfının ve tüm emekçi kitlelerin şimdi ve gelecekteki çıkarlarını temsil eden tek parti olarak, tarihsel görevinin ancak kitlelerle kurulan yakın bağlarla gerçekleşebileceğinden yola çıkıyordu. Sendikalarda; içinde proletaryanın belirleyici bölümünün örgütlendiği en önemli kitle örgütünü görüyordu. Sendikalar, işçi sınıfının ertelenemez hedefleri için mücadeleyi yürütmekle görevlidirler. Ernst Thaelmann, işçilerin öncelikle bildiri ve sloganlardan değil, tersine, sınıf mücadelesi içerisinde kendi deneyimlerinden öğrendiğini biliyordu. Komünistler, işçilerin daha yüksek ücret, daha kısa çalışma süresi, daha iyi çalışma koşulları taleplerine ısrarlı ve tutarlı bir şekilde sahip çıkarak işçileri, kapitalist düzene karşı mücadeleye sevk ediyor, KPD'nin işçilerin çıkarlarının temsilcisi olduğunu pratikte kanıtlıyordu.

"Sendikalarda", diye açıklıyordu Thaelmann, yaklaşık 4,2 milyon işçi örgütlü "kazanmaya çalıştığımız Alman ortalama işçisi, Alman sanayi proletaryasının çekirdek grubudur ki, onsuz komünist öncü olarak bizler zafer kazanamayız." Fakat parti, hâlâ sendikalarda örgütlü milyonlardan yalıtılmış durumda, hâlâ sosyal demokrat önderler buralarda belirleyici etkinliğe sahipler. Onun sabırlı ve ısrarlı (küçük) faaliyet talebi bu durumun yalın analizine dayanıyordu. Fakat varılacak sonuç buna değerdi: "Önümüzdeki dönemde kaçınılmaz olarak yaşanacak ücret ve iş mücadelelerinde... partisiz sendikalı kitlelere önderlik edebilirsek, o zaman kapitalist istikrar süreci tümden sarsılacaktır." Bütün komünistlerin önüne "bu zorlu mücadelede, her bir proleter beyni kazanmak için mücadele etmek" ve işçileri "çeşitli çarpışma ve mücadeleler üzerinden taşıyarak asıl mücadeleye kadar... proletarya diktatörlüğü için" kazanmaya yardım etmek görevini koydu.

"Böylece sendikalar sorunu, tüm politik sorunların düğüm noktası haline gelecektir" diye vurguluyordu Thaelmann. "Parti-sınıf ilişkisi onun tarafından belirlenir, ve de partimizin Alman işçi sınıfı ile ilişkisi." Bu yüzden parti, gücünün yüzde 75'ini sendikal faaliyete ayırmalıdır. Konuşmasını bitirirken bir kez daha komünistleri hangi görevlerin beklediğine işaret eder: "Fabrikalarda ve sendikalarda proleter kitleleri devrimin örgütlenmesi görevine katmak için yılmaz, ısrarlı bir (küçük) faaliyet; fabrikalarda, sendikalarda ve burjuvaziye saldırı; ve Alman işçi sınıfının nihai zaferi için güçleri kuvvetlendiren ve devrimci araçları hazırlayan tüm diğer kitle örgütlerinde örgütsel bir zemin yaratmak."(18)

Thaelmann ve mücadele yoldaşları, sendikal faaliyete ilişkin kararda olduğu gibi, 10. Kongre'de başarılar elde edilebildiler. Parti yaşamını Leninist ruhta oluşturmanın önkoşullarını belirleyen bir tüzük kabul edildi. İki kongre arasında partinin en yüksek organı olarak Merkez Komitesi oluşturuldu.

Fakat ultra solcular, özellikle politikalarındaki ikili tutumları nedeniyle, hâlâ parti yönetiminde baskındı —pratikte kendileri tarafından sabote edilen, Marksist-Leninist bir politikanın söylemde, yüksek sesle benimsenişi. Ultra solcular Marksizm-Leninizm karşısına, özü itibariyle küçük burjuva olan "Batı Avrupa Komünizmi" anlayışını koyuyorlardı ve onu, Komintern'in diğer seksiyonlarına kabul ettirmeye çalışıyorlardı. Anlayışlarının kaç para ettiğini, KPD'nin sendikalarda giderek yok olmakta olan etkinliği, oy kaybı ve de üye sayısının düşüşü gösteriyordu.

KPD, ultra solcuların politikası nedeniyle öyle bir noktaya ulaştı ki, şu söylenmelidir: Ya hata ve zaaflar aşılacak ya da parti yok olacak. Ernst Thaelmann, Ağustos 1925'te Moskova'da, KEYK'in Almanya sorununun çözümü için toplandığı görüşmede, görüşünü böyle ifade etti. Parti içi faaliyetinin en önemli görevleri olarak; her yoldaşı ultra sol sekterliğinin zararı üzerine ikna etmeyi, partide kolektif bir yönetim yaratmayı, tüm güçleri parti faaliyetine çekmeyi ve üyeler ile önderleri sistematik olarak eğitmeyi gösterdi. Komintern'e ve RKP(B)'ye bütün saldırılarla acımasızca mücadele edecekti; çünkü bu saldırılar KPD'yi Alman emperyalizmine karşı mücadelede zayıflatıyor, ihtiyacı olduğu enternasyonal dayanağı yok ediyordu.

14 Ağustos'ta görüşmeye ara verildi, ve Thaelmann'ın önerisi üzerine bir açık mektupta, varılan sonuçlar ve parti önderliğinde kişi değişikliklerine ilişkin öneriler, Komintern ve KPD'nin kararlarının etkili bir şekilde uygulanmasını sağlamak amacıyla dile getirildi.

Komisyon, 20 Ağustos'ta yeniden toplandığında Ernst Thaelmann; Politbüro'ya Conrad Blenkle, Philipp Dengel, Ottomar Geschke, Fritz Heckert, Hermann Remmele, Wilhelm Schwan ve kendisinin seçilmesini önerdi. Fakat, Ruth Fischer ve Arcady Maslow da kalmalıydı ki, görevden alındıkları ve yerlerine sözümona sağcıların getirildiği yönündeki yaygaracı bir protestoyla, dikkatleri partinin gerçek görevlerinden saptırma olanağı ellerine verilmesin. Thaelmann, Dengel ve Schwan Politbüro'nun başkanlığını oluşturacaktı; Politbüro'nun politik sekreteri olarak Arthur Ewert'i öneriyordu; Örgütlenme Bürosu'na Hugo Eberlein, Arthur Golke, Wilhelm Pieck, Paul Schlecht, Ernst Schneller ve Werner Scholem'i; Örgütlenme sekreteri olarak Geschke ve Florin'i öneriyordu. Heckert sendikal alan sorumlusu ve Wilhelm Koenen yerel bölgeler sorumlusu olarak öngörülüyordu. Bu öneriler, oy birliğiyle kabul edildi. Ardından tüm katılımcılar açık mektubu onayladı.

Açık Mektup'ta, KPD'nin durumu ayrıntılarıyla analiz edildi ve ultra solcuların tutumları, sekterlikleri, Marksizm-Leninizm'den sapmaları ve proleter enternasyonalizmi teslim edişleri sert bir şekilde mahkum edildi. Bu belge, KPD'yi kitleleri kucaklamaya yöneltti, sosyal demokrat sınıf kardeşleriyle yeni bir ilişkinin kurulması, daha esnek bir Birleşik Cephe politikasının geliştirilmesi ve tüm gücü sendikal faaliyette yoğunlaştırılmasını zorunlu kılıyordu. Parti yaşamının Leninist normları KPD içinde kararlı bir şekilde uygulanacak ve parti faaliyetinin ağırlık noktası fabrikalara kaydırılacaktı. Fabrika hücreleri, parti yapısının temeli haline getirilmeliydi, demokratik merkeziyetçiliğin ilkeleri sistematik olarak uygulanmalıydı.

1 Eylül 1925'te KPD-MK'sı Açık Mektup'u onayladı ve yönetim organlarını Moskova'da önerilen bileşime uygun olarak seçti. Böylece partinin politik ve örgütsel yönetimi Ernst Thaelmann ve mücadele yoldaşlarına geçti.

Ernst Thaelmann, partinin başına geçmekle görevlendirildiğinde 39 yaşındaydı. İşçi sınıfıyla olan yakın bağları, belirleyici görevlere keskin bakışı, zengin mücadele deneyimleri, fedakarlığı, sağlam

Marksist-Leninist bakış açısı ve kararlı enternasyonalist tutumu, onun kısa zamanda KPD'nin önderi haline gelmesine neden oldu. Parti yönetiminde yanında, deneyimli Marksist-Leninist önderler bulunuyordu.

KPD içinde dayanıklı bir önder kolektifinin oluşması, kuruluşundan beri KPD'de Marksizm-Leninizm'in uygulanmasının belirleyici adımını oluşturdu. Böylece sol oportünist, küçük burjuva milliyetçi gruplaşma ilkesel olarak reddedildi. Bu andan itibaren, Marksizm-Leninizm'in ideolojik, teorik ve örgütsel ilkeleri her alanda ve sistematik olarak partide uygulandı.

KPD'nin 11. Kongresi, 1927.
Pankartta "Eylemimiz Leninist Ruhta Olsun" yazıyor.

PARTİNİN BAŞINDA
(1925-1927)

Kitlelerle yakın bağlar için

Ernst Thaelmann'ın yeni görevi ondan çok şey bekliyordu. Artık, tüm partinin ana sorumluluğunu taşıyordu. Ondan, partinin ve onunla bağlantılı olan kitle örgütlerinin yönetimi bekleniyordu. Fakat aynı zamanda, yeni tipteki partinin yapısı ve faaliyet biçimi hakkındaki görüşlerini, kitleleri emperyalizme karşı mücadeleye kazanma yönelimini yaşama geçirmek için daha iyi olanaklara sahipti.

Onu ve mücadele yoldaşlarını zorlu görevler bekliyordu. Parti yönetimini devraldıklarında, parti, oldukça zayıflamış bir durumdaydı. Ancak 114 bin üyesi vardı. Mayıs 1924'ten Nisan 1925'e kadar, 1,7 milyon seçmen kaybedilmişti. Fabrika ve sendikalarda da KPD, önceki yıllarda kazandığı mevzileri önemli oranda yitirmişti. Böylece ADGB'nin 1925 Yazı'nda yapılan Kongresinde 313 delegenin arasında sadece iki komünist yer alıyordu. Oysa, 1922 yazında 690 delegeden 90'ı KPD üyesiydi.

KPD'nin kitleler üzerindeki etkinliğinin bu denli gerilemesinin nedeni, kısmen, ultra solcuların sekter politikalarına dayanıyordu. Fakat değişen objektif durum da bu yönde etkili oldu. Çoğu kapitalist ülke gibi Almanya da, ekonomik bir canlanma yaşıyordu. Tekelci sermaye, yabancı tekel kredilerine ve büyük yatırımlara dayanarak üretim araçlarını modernize etti ve kapasitesini genişletti. Üretim, kısa sürede, savaş öncesi duruma erişti ve 1928'e kadar, 1923'e göre ikiye katlandı. Kapitalizmin bu dönemsel ve göreli istikrar döneminin esas yükü, işçi sınıfının sırtına yüklenmişti. Sekiz saatlik işgünü geniş ölçüde kaldırıldı ve kapitalist rasyonalizasyonla sömürü yoğunlaştırıldı. Aynı zamanda da, işçi sınıfı, önemli ücret artışları elde edebildi. Reel ücretler, 1924-25'te gözle görülür şekilde arttı. Emekçilerin yaşam koşullarında, savaş ve enflasyon yıllarının sefaletine göre yaşanan düzelmeyi, egemen sınıf, etkisini kalıcı kılmak ve yaymak için kullanıyordu. Bu koşullar altında, reformist yanılsamalar canlandı.

Alman emperyalizmine karşı başarılı bir mücadele yürütebilmek için Ernst Thaelmann, her şeyden önce partinin kendisini sağlamlaştırmasının zorunlu olduğunu gördü. Merkez Komitesi'nin 1 Eylül 1925'teki toplantısının hemen ardından, bölge sekreterleri ve redaktörlerle bir konferans yapıldı. Ernst Thaelmann, KPD'nin, Marksist-Leninist bir mücadele partisi olarak geliştirilmesini; kitlelerle bağlarının güçlendirilmesini ve de Komintern ve RKP(B)'yle olan ilişkilerinin sağlamlaştırılmasını istedi. KPD, sosyal demokrat ve partisiz işçileri kapitalizme karşı mücadeleye kazanmayı ve kitlelerin acil talepleri için olduğu gibi, işçi sınıfının tarihsel misyonunun gerçekleştirilmesi için de kararlı bir mücadele yürüttüğünü kanıtlayabilmeliydi. Sekter politika, sürdürüldüğü takdirde, partiyi kitlelerden tamamiyle koparacak ve tarihsel görevine layık olma yeteneğinden yoksun kılacaktır uyarısını yapıyordu. Thaelmann, Lenin'in partisinin deneyimlerine dikkat çekiyor ve özellikle Lenin'in " 'Sol Radikalizm' Komünizmin Çocukluk Hastalığı" eserinin, sol ve sağ oportünist anlayışların aşılmasına ilişkin önemini vurguluyordu. Açık Mektup'u bütün partide ayrıntılı olarak tartışmayı ve ardından bir Konferans yapmayı önerdi. Önderlerin büyük çoğunluğu, yeni parti yönetimini ve onun çizgisini destekledi.

Takip eden haftalarda Ernst Thaelmann, partinin yeni çizgisini hayata geçirmek için yorucu bir çalışma yürüttü. Enerjik ve ikna edici bir şekilde, özellikle Berlin Bölge Örgütü'nde hâlâ güçlü bir etkiye sahip olan ultra sol güçlerle mücadele etti. Her şeyden önce, fabrikalardaki parti üyelerini Açık Mektup'un politikasına kazanmaya çalıştı. Ernst Thaelmann, KPD içinde, bütün alanlardaki parti üye ve örgütlerinin inisiyatifini geliştirmek ve aynı zamanda parti faaliyetinin kolektif ve bütünlüklü bir yönetimini sağlamak için, demokratik merkeziyetçiliği yeniden ve tümüyle geçerli kılmaya çalışıyordu. Aynı şekilde, parti önderliğinin Leninist çalışma tarzını sağladı. Merkez Komitesi, düzenli olarak toplanıyordu. Politbüro, genel olarak haftada bir kez toplanıyordu. Merkezi parti örgütü daha atılgan ve etkili hale geldi. Ernst Thaelmann'ın yanı sıra, Philipp Dengel, Arthur Ewert, Leo Flieg, Wilhelm Florin, Ottomar Geschke ve Wilhelm Schwan'ın dahil olduğu Merkez Komitesi Sekretaryası, MK'nın ve Politbüro'nun görüşmelerini hazırlıyor, bölgelerle olan iletişimi sağlıyor, merkezi parti örgütünün faaliyetini yönetiyor ve MK ve Politbüro'nun kararlarının uygulanmasını denetliyordu. Böylece Politbüro'ya, en önemli sorunlarda yoğunlaşma olanağı yaratılıyordu. "Hamburger Volkszeitung"un o ana kadarki yazıişleri müdürü Paul Dietrich, Ernst Thaelmann'a kapsamlı görevlerinde yardımcı olmak üzere görevlendirildi.

Ernst Thaelmann, gençlik çalışmasına büyük bir önem verdi. Eylül 1925'te yazdığı bir makalede, KJVD'nin (Almanya Komünist Gençlik Birliği -çev.) üye sayısının ve de bağımsız sendikalarda örgütlü genç işçilerin sayısının; örgütlü olmayan ya da dini örgütler etrafında toplanan milyonlarca genç karşısında çok sınırlı olduğuna dikkat çekti. Parti çizgisinin özü, kitlelerin komünizm için kazanılmasından oluşmaktadır. Bu görev, "işçi sınıfının en fazla sömürülen, en fazla mücadele yeteneğine sahip olan, savaş öncesi dönemin oportünist geleneklerinden en az etkilenmiş olan tabakayı, proleter gençliği kazanmadan"[1] yerine getirilemez. Bu nedenle, gençlik çalışması hafife alınmamalıdır. KJVD, örgütlenmesini daha iyi biçimlendirmeli, ideolojik bir seviyeye sahip olmalı ve işçi gençliğin günlük mücadelesinde etkinliğini artırmalıdır.

Ernst Thaelmann, sosyal demokrasinin tutumu üzerine ilkesel düşüncelerini, ilk Alman işçi delegasyonunun Sovyetler Birliği'nden dönüşü vesilesiyle bir makalesinde dile getirdi. Burjuvaziye karşı mücadelenin zaferle sonuçlanması için, sosyal demokrat ve partisiz işçiler kazanılmalıydı. SPD üyelerinin çoğunluğunun işçi olmasına rağmen, bu partinin politikasının, sağ oportünist liderleri tarafından belirlenmesinden ve bu politikaların emperyalist egemenliğin korunmasına hizmet etmesinden yola çıkıyordu. Sovyetler Birliği gezisinin sonuçları, sosyal demokrat işçilerin kazanılabileceğini göstermişti. Bu arada KPD, "hiçbir sosyal demokrat işçiden, kolaylıkla partisine sırtını dönmesini ve komünist bir üyelik elde etmesini" talep etmemektedir. "Fakat, Sovyet Rusya'da Asya barbarlığının değil, tersine, muzaffer proletaryanın egemen olduğuna inanan herkesin, Almanya Komünist Partisi ile birlikte Alman işçi sınıfının Kızıl Birleşik Cephesinde, burjuvaziye karşı mücadele için birleşmesini talep ediyoruz."(2) KPD, faaliyetinin tamamını, ajitasyon ve şiarlarını bu hedef doğrultusunda çok daha iyi biçimlendirmelidir.

1925 Eylülü'nde, ADGB Kongresi'nin hemen öncesinde yapılan SPD'nin Heidelberg Kongresi, bu yolda yeni engeller yarattığında da. Ernst Thaelmann ve en yakın mücadele yoldaşları, Birleşik Cephe politikasının sürdürülmesini savundular. Sosyal demokratlarla daha iyi ilişkiler kurmak için inisiyatifler geliştirdiler. Buna bağlı olarak, SPD Berlin Örgütü'nün, 1925 Sonbaharı'nda yapılacak belediye seçimlerinde, burjuva partilere karşı mücadelede, tek bir işçi oyunu dahi kaybetmemek ve ortak hareket etmenin mümkün olduğunu göstermek için, iki partinin artık oylarını ortak bir listede toplama önerisini yapmasını sağladılar. Ancak, SPD bu öneriye yanıt vermedi. Ekim ayında Berlin'deki seçim sonucu, KPD'nin çekim gücünün arttığına işaret ediyordu. 347.381 oy alınmıştı; bu, Reich başkanı seçimlerinden 96.168 oy daha fazlaydı.

Partinin güçlenmesinde, Thaelmann'ın tarihsel sorunlara ilişkin kaleme aldığı birkaç makalesi önem taşıyordu. "Hamburg Ayaklanması'nın Dersleri" başlıklı makalesinde; objektif koşullarının ancak, "proletaryanın öncüsü" rolünü "tüm sanayi merkezlerindeki ve ülkenin bütün büyük şehirlerindeki işçi sınıfının tümünün örgütlenmesinde ve kucaklamasında" gören "çelikten, tamamiyle kenetlenmiş, bütünleşmiş, mutlak disipline sahip bir parti" kitlelere önderlik ettiğinde politik iktidar mücadelesi için değerlendirilebileceğini vurguluyordu. Partinin içinde bulunduğu değişim sürecini analiz etti. Değişim süreci, partiyi, içindeki sözde devrimci, radikal zihniyetten, sekterizmin kalıntılarından arındırıyor. "Sendika ve fabrikalardaki kitlelerle ve sosyal demokrat işçilerle daha sağlam, daha yakın bağlar kurmak için taktiğini değiştiriyor. Örgütsel temellerinin tümüyle dönüştürülmesine girişiyor. İşçi hareketi içinde büyük bir sol kanadın yaratılmasına çalışıyor."(3) 1905 Rus Devrimi ve Büyük Sosyalist Ekim Devrimi üzerine yazdığı makalelerde, bir komünist partisi için Lenin'in partisinin zaferle sonuçlanmış mücadelesinin genel geçer deneyimlerini öğrenmenin hayati bir öneme sahip olduğunu öne çıkarıyordu. Burada, Leninizmin önemini, partinin devrimdeki önder rolünden hareketle mutlak olarak vurguluyordu.

31 Ekim 1925'te Berlin'dc açılışını Ernst Thaelmann'ın yaptığı KPD'nin 1. Genel Konferansı, iki aydır yürütülen tartışmaların bilançosunu çıkardı. Kanıtlandığı üzere, sol sekterizmin zararları gösterilebilmiş ve devrimci kitle politikası ilkelerinin parti üyeleri tarafından özümsenmesi başarılabilmiştir. Thaelmann, bundan sonraki en önemli görevlerin, emperyalizme karşı mücadelede işçi sınıfının Birleşik Cephesini oluşturmak, sendikalar içindeki faaliyeti güçlendirmek ve fabrika hücrelerinin kurulmasını hızlandırmak olduğuna işaret etti. Partinin teorik seviyesini yükseltmek özellikle gereklidir, çünkü; "sağlıklı, açık, devrimci bir teori olmaksızın ciddi devrimci bir pratik"(4) yürütülemeyecektir.

Ernst Thaelmann, Philipp Dengel, Fritz Heckert, Arthur Ewert ve Conrad Blenkle'nin konuşmalarında ortaya koydukları bakış açısı, büyük bir çoğunluk tarafından onaylandı. Konferans, KPD'nin Marksist-Leninist bir zeminde durduğunu kanıtladı. Partinin bütün alanlardaki faaliyeti için düzenleyici bir program oluşturdu ve komünistlerin dikkatini işçileri ve diğer sömürülenleri acil talepleri uğruna mücadele içinde, burjuvaziye ve onun devletine karşı uzlaşmaz mücadeleye sevk etmekte yoğunlaştırdı. Ancak bu kesin hedef bakış açısıyla hareket edildiği zaman, kısmi politik ve sosyal kazanımlar için mücadele de başarıyla yürütülebilecektir. Konferans, başkalarının yanı sıra şu talepleri dile getirdi: Polisin askerileşmeden arındırılması, intikamcı ve monarşist derneklerin kapatılması, siyasi tutukluların serbest bırakılması, sekiz saatlik işgününün yeniden uygulanmaya sokulması. Bu taleplerin elde edilmesi ve tekelci burjuvazinin saldırılarının geri püskürtülmesi için, komünistlerden, sosyal demokratlardan ve sendika üyelerinden oluşan bir sol ittifak yaratılmalıdır.

Gericiliğe karşı Birleşik Cephe

Ekim 1925'te Locarno'da (İsviçre), Almanya, Fransa ve Büyük Britanya hükümetleri arasında; Almanya'nın batı komşularıyla olan sınırlarının dokunulmazlığını garantileyen; fakat doğu sınırlarını kapsamayan ve böylece Alman emperyalizminin yayılma dürtüsünü doğuya yönelten antlaşmalar üzerine pazarlık edildi. Alman emperyalizminin amacı, batılı emperyalist güçler arasındaki anlaşmazlıklarından faydalanarak, adım adım, tekrar büyük bir emperyalist güç seviyesine ulaşmaktı.

Kasım 1925'te Reich Meclisi'nde, Locarno anlaşmaları görüşülürken Ernst Thaelmann da söz aldı. Konuşması, uluslararası politikanın sorunlarını ne kadar iyi kavradığını ve sadece KPD'nin, gerçekçi, Alman halkının çıkarlarına uygun bir dış politika anlayışına sahip olduğunu gösterdi. Thaelmann, demagojik bir şekilde barışçı olduklarını iddia eden, diğer partilerin hükümet temsilcilerinin ve konuşmacılarının ikiyüzlülüklerinin foyasını ortaya çıkardı. Alman emperyalizminin bu anlaşmalarla asıl amaçladığı şey, daha ileriki sınır düzenlemeleri için önkoşullar yaratmaktı. Barışı gerçekten sağlayacak, sömürülen sınıf ve halkların sosyal ve ulusal bağımsızlıklarına hizmet edecek antlaşmaları komünistler, kayıtsız şartsız destekleyecektir. Batı sınırının güvence altına alınması sadece, "Alman burjuvazisinin, Fransa'ya saldırma gücüne sahip olmadığı şu anda; Alman burjuvazisinin, bu acı gerçeği, bu batı ittifakı biçiminde saptadığının göstergesidir... Batı ittifakı, Almanya ile Fransa arasındaki yeni bir savaşın ileriki bir zamana ertelenmesidir." Locarno politikasının özü "İngiltere'nin diplomatik araçlarla başlattığı saldırısını, Avrupa'da Almanya'nın katılmasıyla, Rus aleyhtarı bir blok haline getirmektir." Bunun karşılığında Alman burjuvazisine "Doğu sınırlarında bir düzenleme yapılması ümidi" verildi.

Ernst Thaelmann, Locarno politikasının karşısına alternatif olarak, işçi sınıfının "bağımsız Almanya" mücadelesini ve Sovyetler Birliği ile ittifakını koydu. İşçi sınıfının halka önderlik görevini ikna edici bir şekilde temellendirdi: "Sınıf ve uluslar tarihinde bir boşluk yoktur. Burjuvazi, Almanya'nın ulusal bağımsızlığına cisim vermeyi bıraktığı anda, bir başka güç, sınıf çıkarları dolaysıyla kendisini Almanya'nın ulusal bağımsızlığının temsilcisi olarak ilan ederek tarih sahnesine çıkar. Bu güç, Alman işçi sınıfıdır. Onun milliyetçilikle ortak hiçbir yanı yoktur... O, başka halklarla savaşmak ve onları boyunduruk altına almak istemez; çünkü o, bütün ülkelerin çalışan kitlelerinin etindendir, kanındandır...

Alman proletaryasının uğruna mücadele ettiği ve bayrağını biz komünistlerin yükselttiği ulusal bağımsızlık, bugün sizin sattığınız ve ihanet ettiğinizden farklıdır. Tam da bu yüzden, siz kapitalist ve Junkerler Alman halkına ihanet edip onu sattığınız için, gelecekteki bağımsız Almanya, sadece sosyalist bir işçi Almanyası olabilir." Kapitalist Almanya'nın gelecekten bekleyebileceği, ancak tefeci Amerikan kredileri ve emperyalist savaşlardır. Bu kapitalist Almanya yok olacaktır. "Biz ise, Sovyetler Birliği ile gönüllü ittifak içindeki bağımsız sosyalist Almanya için mücadele çağrısı yapıyoruz."(5)

Gericiliğin yeniden güçlenmesi, 1918 Kasımı'nda devrilen taçlı başlara, Kasım Devrimi sonucunda ellerinden alınan toprak ve mülkleri karşılığında daha yüksek tazminatlar talep etmeleri için cesaret verdi. Reich Hükümeti ve eyalet hükümetleri, 2.5 milyar markı bulan bu talepleri yerine getiriyordu. KPD Politbürosu, kasım ayında, prenslerin talanının nasıl önlenebileceğini tartıştı. Ernst Thaelmann, KPD'nin, prenslere tazminat ödenmesi yerine, onların tamamen mülksüzleştirilmesini ve prens servetlerinin sosyal amaçlar için kullanılmasını talep etmesine önayak oldu. Bütün işçiler için mantıklı bu hedef, tüm işçi sınıfının ortak eylemliliklerine yol açmak ve diğer emekçi tabakaları tekelci sermayeye karşı mücadeleye sevk etmek için uygun bir hareket noktası oluşturuyordu. Bununla ilgili bir yasa tasarısının Millet Meclisi'ne sunulmasını; tasarı Millet Meclisi tarafından kabul edilmediği takdirde ise, seçmenlerin yüzde 10'unun talebi ile referandum hakkını kullanma doğrultusundaki anayasal haktan yararlanılması önerisini getirdi.

KPD 25 Kasım 1925'te Millet Meclisi'ne buna uygun bir yasa tasarısı sundu. 2 Aralık'ta Ernst Thaelmann bir açık mektupla SPD'ye ve sendikalara seslendi ve onlara, bir halk oylaması için ortak bir çalışma yürütme çağrısı yaptı. SPD bu öneriyi reddetti; fakat KPD ortak eylemler için başka öneriler yapmayı ısrarla sürdürüyordu. "Prenslere tek kuruş yok! Açlık çeken halka iş ve ekmek!" sloganı altında birçok toplantı ve miting düzenledi. Ernst Thaelmann bu çok yönlü eylemleri yönetiyor, referandum için hareketin SPD ve sendikalarla birlikte ortak bir eylem olarak yürütülmesinde ısrar ediyordu. KPD'nin inisiyatifiyle, demokrat bilim adamı René Robert Kuczynski'nin başkanlığı altında, proleter ve burjuva-demokrat örgütlerin katıldığı bir "referandumun yapılması ve prenslerin tazminatsız mülksüzleştirilmesi komitesi" kuruldu.

SPD ve bağımsız sendikalarda örgütlü işçilerin çoğunluğu da, referanduma katılmayı savunuyordu. 19 Ocak 1926'da SPD yönetimi, "prenslerin tazminatsız mülksüzleştirilmesi"ne ilişkin halk hareketine katılmaya hazır olduğunu açıkladı. Ernst Thaelmann; KPD, SPD, ADGB ve Kuczynski Komitesi temsilcilerinin 22 ve 23 Ocak'ta yaptıkları toplantılara bizzat katıldı ve KPD ile SPD'nin bu harekette eşit haklarla faaliyet yürütmelerini sağladı. Ernst Thaelmann, René Kuczynski ve SPD Başkanı Otto Wels, "prenslerin mülksüzleştirilmesi"ne ilişkin bir yasa taslağını imzaladılar. Yasa tasarısı iki gün sonra Reich Başkanlığına verildi ve referandumun hızla hayata geçirilmesi istendi.

KPD, işçi sınıfının birleşik cephesi için ısrarlı mücadelesinde önemli bir ilerleme kaydetmişti. Bunda, parti başkanının büyük bir payı vardı. Şimdi, hareketi genişletmeye, buna köylüler ile kentli orta tabakaları da katmaya yönelmişti. KPD'nin Millet Meclisi ve eyalet meclislerindeki fraksiyonlarında köylü sekreterlikleri kuruldu. Tarım politikasıyla ilgili bir eylem programı ve emekçi köylüler ve tarım işçilerinin proletarya ile ortak mücadelesi için bir platform, 14 Şubat'ta "Yüzünüzü Köylülüğe Çevirin!" şiarı altında oluşturuldu. KPD; ancak şehir ve kırdaki tüm çalışanların ortak mücadelesinin, büyük sanayi, banka ve toprak sahiplerinin sömürüsüne bir son verebileceğini vurguladı. Emekçi köylüler için en acil yardım önlemleri 6 maddede formüle edilmişti. Düzenlenen "Tarım Haftası" boyunca çok sayıda komünist, tarım işçileri ve köylüler üzerine hazırlanan belgenin propagandasını yaptı. Özellikle Edwin Hoernle, Heinrich Rau ve Ernst Putz, KPD'nin tarım politikasının uygulanmasında büyük hizmetlerde bulundular.

Referandum için hazırlanan listelere 12,5 milyon seçmen kaydoldu. Bu sayı, referandumun yapılması için ulaşılması gereken sayının üç katıydı. Bu, birleşik cephe faaliyetinin büyük bir zaferiydi.

6 Mayıs 1926'da Millet Meclisi; KPD, SPD ve Alman Demokrat Partisi'nden bazı milletvekillerinin hazırladığı yasa taslağını reddetti. Böylece zorunlu hale gelen referandumun, 20 Haziran tarihinde

yapılması kararlaştırıldı. Başarılı bir sonuç için yaklaşık 20 milyon oy gerekliydi. Bu kadar çok seçmeni kazanmak neredeyse olanaksızdı. Demokratik güçlerin karşısında çok kuvvetli bir cephe duruyordu. Burjuva parti ve dernekleri referanduma karşı, fazlasıyla finanse edilen bir eylem komitesi oluşturdular. Kitleler üzerinde etki kurma araçlarının büyük kısmı gericiliğin elindeydi. Katolik piskoposlar, bir bildirilerinde, referanduma gidenlerin, tanrının emirlerine aykırı hareket edeceğini açıklıyorlardı. Reich Başkanı Hindenburg, yaygın dağıtılan bir mektupta prensleri destekliyordu. Referanduma katılımın dışarıdan herkesçe gözlenebilir olması durumunu, özellikle Doğu Elbe bölgesi büyük toprak sahipleri, seçmenleri tehditlerle sindirmek için kullandılar.

KPD, Kuczynski Komitesi ve sosyal demokrat örgütler çalışmalarına hız verdi. Bunun doruk noktalarından birisini, 23 ve 24 Mayıs'ta Berlin'de yapılan ve "prenslerin mülksüzleştirilmesi" mücadelesinin simgesi haline gelen RFB'nin 2. Reich toplantısı oluşturuyordu. 50 bin Kızıl Cephe Savaşçısı, Ernst Thaelmann'ın önderliğinde ve 300 bin Berlinli ile birlikte, başkent sokaklarında yürüdü. 1922 yılında Dışişleri Bakanı Walter Rathenau'nun öldürülüşünün protestosundan beri, Berlin sokaklarının gördüğü en büyük ve güçlü gösteriydi bu. Referandumdan önceki son iki hafta boyunca Thaelmann, birçok toplantıda KPD önderleri önünde ve kitle gösterilerinde konuşmalar yaptı ve işçilerin ortak hareketini savundu.

14.455.184 seçmen, yani bütün seçmenlerin yüzde 36,4'ü, gericiliğin tüm korkunç baskısına rağmen 20 Haziran'da, "prenslerin tazminatsız mülksüzleştirilmeleri" için oy verdi. Bu, KPD ve SPD'nin son Millet Meclisi seçimlerde elde ettikleri toplam oy sayısından, yaklaşık 4 milyon daha fazlaydı. "Prenslerin mülksüzleştirilmesi" hedefine ulaşılamadıysa da, bu, KPD inisiyatifindeki demokratik kitle hareketinin büyük bir başarısıydı. Birlikte ve kenetlenmiş olarak hareket ettiğinde, işçi sınıfının gücünün nasıl arttığı kendini açıkça göstermişti.

Ernst Thaelmann, esas başarının "tüm proletaryanın muazzam şekilde seferber edilmesi ve böylece, hedeflenen burjuva partileri içindeki ayrışma sürecinin ilerleyişi" olduğunu vurguladı. Özellikle KPD ve SPD arasındaki ilişkilerin değişimine dikkat çekti. "Sosyal demokrat ve komünist işçiler arasındaki duvarlar, henüz tamamiyle yıkılamamışsa da"(6) geniş bir gedik açılabildi. Şimdi, Almanya'nın çeşitli bölgelerinde, köylü çevreleri içinde ilişkiler kurmak mümkündür. Ortaya çıkan yeni bir olgu, her siyasal yönelimden sadece işçileri kapsayan değil, aynı zamanda yer yer burjuva tabakaları ve köylüleri de kapsayan birlik komitelerinin oluşturulmasıdır. Bu büyük halk hareketi, Thaelmann MK'sının çizgisini, Açık Mektup'un doğruluğunu ve ultra solun bunlara karşı saldırılarının dayanıksızlığını kanıtlıyordu.

Hamburg'da liman işçileri grevi

Ernst Thaelmann, daha "prenslerin tazminatsız mülksüzleştirilmeleri" kampanyası sırasında, partinin önündeki mücadele hattını göstermişti. Kapitalizmin göreli istikrar kazanmasının, uzunca bir süre için yeni bir devrimci kalkışmayı olanaksız kıldığı yönündeki kötümser anlayışa karşı çıkıyor; ancak, nihai mücadelenin hemen önünde durulduğu yanılsamasına kapılınmaması uyarısında da bulunuyordu. Şimdi mesele, proleter birleşik cepheyi güçlendirmeye devam etmek ve kitlelerin günlük talepleri için mücadeleyi yürütmekti. Özellikle, işsizleri kazanmak, fabrikaların kapatılmasına karşı ve işsizlik yardımının artırılması için mücadele etmek önemliydi.

Ernst Thaelmann aynı zamanda, partiyi emperyalizme karşı mücadeleye daha da iyi hazırlamak çabalarını sürdürüyordu. Zararlı faaliyetlerine devam eden ultra solcular partiden ihraç edildi. 25 ve 26 Ağustos 1926'da bölge sekreterleri ve redaktörler ile yapılan Konferans'ta Ernst Thaelmann, parti içi demokrasinin daha fazla yaygınlaştırılmasını, partinin bı [illegible] bütünlüğünü güçlendirilmesini talep etti. Bunlar, her komünistin bilinci ve fedakarlığı gibi, partinin emperyalizme karşı mücadelede de varlığını koruyabilmesinin önkoşullarıydı. KPD'nin propaganda ve eğitim sistemi geliştirildi. 1926'da parti üyeleri için temel teorik sorunlara ilişkin iki temel kurs düzenlendi. Konferans'ta Ernst Thaelmann, KPD'nin en iyi önder ve üyelerine Marksizm-Leninizm'i sistematik olarak öğrenmeleri olanağını yaratmak için bir parti okulu kurulacağını bildirdi.

1926 Eylülü sonunda, Hamburg'da çetin bir ücret mücadelesi başladı. Liman işçileri, 1 Ekim günü yüzde 20'lik bir ücret artışı ve haftada en azından beş işgünü için kesin bir ücret talebiyle greve gitmeyi ve böylece kendilerini, işverenlerin düşük ücretli işçileri daha da fazla sömürme girişimlerinden korumayı kararlaştırmıştı. 30 Eylül'de Reich Çalışma Bakanı, tüm işçi taleplerini reddeden bir hakem kararını geçerli olarak ilan etti. Hamburglu sendika önderleri, çalışma bakanının bu kararını, grevi yasadışı ilan etmek ve grevcilere parasal yardımı reddetmek için bahane etti. Liman işçilerinin sözcüleri ise grev kararını desteklediler ve komünistler ve sosyal demokratlardan oluşan yeni bir grev komitesi seçtiler. 1 Ekim'de liman işçileri bir bütün halinde greve çıktı.

Artık hiçbir şey Ernst Thaelmann'ı Berlin'de tutamazdı. İlk grev gününün akşamında, yıllarca birlikte çalıştığı arkadaşlarını desteklemek için Hamburg'a vardı. KPD'nin bölge yönetiminde, durum hakkında bilgi aldı; komünistlerin işyerlerindeki kitle faaliyetlerini, yaşama geçmiş birleşik cephelerini övdü; fakat liman işçilerinin eşlerinin grev komitesinde temsil edilmemelerini eleştirdi. Thaelmann, onları uyanık olmaları, düşmanın saldırıları karşısında hazırlıklı olmaları konusunda uyardı; grev nöbetlerini güçlendirmeyi ve diğer şehirlere, destek eylemleri örgütlenmesi için kuryelerin yollanmasını önerdi. Hamburger Volkszeitung'da yayınlanmak üzere bir makale dikte etti ve sonra birkaç yönetici ile birlikte, işçilerle konuşmak, onların morallerini gözlemlemek, grev nöbetlerini kontrol etmek ve grev komitesiyle görüşmek için limana gitti.

2 Ekim'in sabah saatlerinde liman işçileri, eşleri ve işsizler limana doğru, grev nöbetlerini güçlendirmek için yol aldıklarında Ernst Thaelmann da aralarındaydı. Bir makalede tüm işçileri, kapitalist rasyonalizasyonun sonuçlarına karşı liman işçilerinin kalkışmasını desteklemeye çağırdı. "Grev, Hamburg'un iktisadi sınırlarını çok aşan temel bir önem sahip. İnsani ücret mücadelesi, sekiz saatlik işgünü hakkının kazanılması, fazla mesai zulmünün kaldırılması, milyonlar işsizken, çalışma sisteminde ve üretim sürecinde sosyal politik hakların kazanılması —bunlar, sadece Hamburg liman işçilerinin değil, tüm Alman proletaryasının talepleridir. Ve Alman işçi sınıfının önündeki bütün mücadelelerinin gündemindedir."[(7)]

3 Ekim'de Ernst Thaelmann 5 bin işçi önünde dayanışma çağrısında bulundu ve KPD MK'sının grev kasasına 10 bin mark bağışladığını açıkladı. Grevcilere cesaret verdi; komünistler, sosyal demokratlar ve partisizlerin ortak hareket etmelerini destekledi; Hamburg parti örgütüne greve önderlik etmelerinde yardımcı oldu.

Hamburg Senatosu tarafından desteklenen işverenlerin birlik cephesi, Hamburg SPD'sinin ve sendika yönetimlerinin greve karşı düşmanca tutumu, liman işçilerini grevi bitirmeye zorladı. Ernst Thaelmann, bir makalede grevcilerin kararlılığı, disiplini ve yüksek sınıf bilinci yanında, tüm engellemelere karşı greve günlerce güçlü bir şekilde önderlik etmeyi başaran ve grev bitiminden sonra "sendikalardan kitlesel kopuşları" engelleyebilen komünistlerin tutumunu değerlendirdi. Komünistler bu grev mücadelesinde, "partinin, proleter sınıf mücadelesinin dışında herhangi 'politik' amaçları olmadığını, tersine, partinin stratejik ve taktik hedeflerinin tamamiyle ve kesinlikle proleter sınıf mücadelesinin çıkarlarıyla çakıştığını"[(8)] açıkça kanıtlamıştır.

1926 Sonbaharı'nda Merkez Komitesi yeni bir binaya taşındı. Berlin'de, Rosenthaler Caddesi 38'deki binanın odaları yetersiz gelmeye başlamıştı. Uzunca bir aramadan sonra Bülow Meydanı'nda –bugünkü Rosa Luxemburg Meydanı- bir bina tutuldu ve "Karl Liebknecht Binası" olarak, Ernst Thaelmann tarafından yönetilen KPD ve Merkez Komitesi'nin sembolü haline geldi.

"Her şey sonuna kadar Sovyetler Birliği için"

1926-1927'de uluslararası komünist hareket içerisinde, dünya devrim süreci perspektifi hakkında tartışmalar yaşandı. Sovyet iktidarı, içte kendini sağlamlaştırıyor, uluslararası otoritesi büyüyordu. Kapitalist dünyanın durumunu, göreli istikrar kazanması karakterize ediyordu. Ancak özellikle İngiliz maden işçilerinin grevi ve Çin Devrimi'nin şahlanışı bu istikrarın sınırlılığına işaret ediyordu. Fakat komünistlerin tümü, sınıflararası güç ilişkisinin diyalektiğini ve ondan çıkarılacak görevleri hemen kavrayamadı.

Sovyetler Birliği'nde de, parti ve devletin bundan sonraki çizgisi üzerine ilkesel tartışmalar çıktı. SBKP(B) MK'sının çoğunluğu ile birlikte genel sekreteri J.V. Stalin, sosyalizmin inşasının kapitalist kuşatma koşulları altında da mümkün ve zorunlu olduğu Leninist bakış açısıyla hareket ediyordu. L. D. Troçki ve G. J. Zinovyev'in önderliğindeki, aynı zamanda ultra sol, sekter söylemlerle ortaya çıkan oportünist fraksiyon, Sovyetler Birliği'nin sosyalizmi tek başına kuramayacağını iddia ediyor; MK'nın sosyalist sanayileşme çizgisine ve de tarım politikasına saldırıyor; ve parti içinde fraksiyon oluşturma hakkı talep ediyordu. Parti düşmanı sağ ve "sol" unsurlar, SBKP(B) içinde bir muhalefet blokunda toplandı. Bu blok, Komünist Enternasyonal'e de, maceracı, anti Marksist anlayışını kabul ettirmeye çalışıyordu. Bu tutum, ülkenin içinde ve dışında Sovyet iktidarının düşmanlarının onay ve desteğini kazandı.

Başka komünist partiler içinde "solcular", sözde devrimci güçler de muhalefet bloku ile dayanışma içerisindeydi. Dünya proleter devriminin bir kasırga hızıyla zafer kazanamayacağını, tersine, bunun için çetin ve şiddetli mücadelelerle dolu tarihsel bir döneme ihtiyaç olduğunu görmezden geliyorlardı. Her şeyden önce, SSCB'nin ekonomik, sosyal ve politik kazanımlarıyla, örnek olmanın gücüyle, kapitalist ülkelerdeki sınıf mücadelesi üzerinde yarattığı etkiyi inkar ediyorlardı.

Ernst Thaelmann 6 Ağustos 1926'da, KPD-MK'sı önünde Troçkist muhalefete karşı tutum aldı. Onların "genel parti içi demokrasi içerisinde, yan yana durabilecek bir yığın farklı anlayıştan oluşan parti anlayışları"na[9] kesinlikle karşı çıktı. KPD'nin deneyimleri, partinin devrimci birliği ve bütünlüğünün, emperyalizme karşı başarılı bir mücadele için vazgeçilemez önkoşul olduğunu, fraksiyonlara bölünmenin ise, partiyi ve sınıfı felce uğrattığını kanıtlamıştı. Parti başkanı, SBKP(B)'nin, ilk işçi-köylü devleti olarak ve sosyalizme geçişin öncüsü olarak sorumluluğunu vurguladı ve bununla, özellikle SBKP(B)-MK'sının Leninist çoğunluğunu desteklemek zorunluluğunu açıkladı. Birçok konuşma ve makalesinde Ernst Thaelmann, bu enternasyonalist bakış açısını savundu. KEYK'in Kasım-Aralık 1926'da Moskova'da yapılan genişletilmiş VII. toplantısında da, tartışmalara tavır aldı.

Komintern'in yönetim kurullarının görüşmeleri, Ernst Thaelmann için büyük önem taşıyan okullardı. Burada Alman partisinin mücadelesi için çok değerli öneriler alıyordu. Aynı zamanda Alman işçi hareketinin deneyimlerini aktarıyordu. Şimdi kendisi KEYK'in başkan yardımcılarından biri olarak, Komünist Enternasyonal'in önder temsilcilerindendi.

Sen Katayama, Vasil Kolarov, Pierre Sémard, Bohumir Smeral, Palmiro Togliatti ve Clara Zetkin gibi KE'nin önder temsilcileriyle birlikte Ernst Thaelmann anti Leninist muhalefete karşı mücadele etti. Sovyetler Birliği'nin dünyadaki ilk devrimci faktör, sosyalist dünya devriminin temeli ve ana gücü olduğundan yola çıkıyordu. Sovyetler Birliği'ndeki ücret artışlarına, sosyalist üretimdeki gelişmelere, proletarya ile köylülüğün büyük çoğunluğu arasındaki ittifakın güçlenişine işaret ediyordu. SSCB'nin gelişimi insanlığın geleceğini, dünya devrimci hareketinin perspektifini belirlemektedir. İlk sosyalist devlet, "devrimci hareket ve proleter sınıf mücadelesi üzerinde en büyük etkiye sahiptir."(10) Sovyet Devleti'nin güçlenmesi, proletaryanın, sonunda burjuvaziyi alt edeceği güvenini veriyordu. Kapitalist ülkeler proletaryası, Sovyetler ile dayanışmasıyla kendi zaferini hızlandırmaktaydı; çünkü Sovyetler Birliği emekçilerinin başarıları, dünyadaki güçler dengesini işçi sınıfının lehine değiştirmekteydi.

Thaelmann daima, Sovyetler Birliği ve uluslararası işçi sınıfının çıkarlarının bütünlüğünü vurguluyordu. Her komünist partinin en önemli görevi olarak, uluslararası sermayeye karşı Sovyetler Birliği'ni desteklemeyi görüyordu. "Tüm politikamız, her şeyimizle sonuna kadar Sovyetler Birliği'ne destek olmamız gerekliliği üzerine kurulmalıdır."(11) Thaelmann'ın ilkesi buydu. Sosyalist dönüştürmede Sovyet emekçilerinin yaratıcı çalışmalarını, dünyanın devrimci sürecinin ana faktörlerinden biri olarak değerlendiriyordu. Sovyetler Birliği'nin güç kazanması, emekçilerinin sosyalist başarıları; kapitalist istikrarlaşma ve Sovyet aleyhtarı propagandayı çürüten en güçlü kanıttı. Uluslararası sınıf mücadelesinde Sovyetler Birliği karşısındaki tutumu esas kriter olarak niteliyordu: "Uluslararası işçi hareketi için en belirleyici sorun, Sovyetler Birliği'ndeki proletarya diktatörlüğüne karşı alınan tutumdur. Zihniyetler burada ayrışır ve burada ayrışmak zorundadırlar! Sovyetler Birliği'ne karşı tutum, aynı zamanda Alman politikasının sorunlarına bakışta hangi safta olunduğunu da belirlemektedir; devrimin saflarında ya da karşıdevrimin saflarında ... Proleter devrimin zaferinden sonra, emperyalizme karşı mücadele ile Sovyetler Birliği'nin güvenliği mücadelesi birdir; çünkü, emperyalizmin bütün çabası, biricik proleter devletin devrilmesi üzerine yoğunlaşıyor."(12)

KEYK'in VII. genişletilmiş toplantısı sırasında, Kızıl Ordu'nun Eğitim ve Deneme Taburu Wystrel, Ernst Thaelmann'ı taburun onur eri olarak atadı ve tam teşekküllü bir kumandan üniforması verdi. Ernst Thaelmann, uzunca bir süreden beri taburla ilişki içerisindeydi. 1925'te, mensupları tarafından Moskova Sovyeti'nin onur üyesi seçilmişti. VII. Toplantı'nın bitiminden sonra Plenumun bir delegasyonunun başında taburu ziyaret etti. Ardından, başka Alman komünistleri ile birlikte Ukrayna Starokonstantinow'da, KPD'nin isim babalığını üstlendiği "Almanya Komünist Partisi Tümeni"nin yanında kaldı.

Sovyet emekçileriyle yakın ilişkiler, Ernst Thaelmann için belirleyici bir özellikti. Sovyetler ülkesinin işçileri, köylüleri ve askerleri de KPD'nin başkanına değer veriyor ve saygı duyuyorlardı. Ernst Thaelmann, Sovyetler Birliği'nde bulunduğu sıralarda, fabrikalarda, Kolhozlarda, birliklerde Sovyet insanlarıyla birlikte olmak için her fırsattan yararlanıyordu.

KPD'nin 11. Kongresi

Moskova dönüşünde, Ernst Thaelmann'ın faaliyetinin merkezinde 11. Kongre hazırlıkları bulunuyordu. Ana ropor ve karar taslakları üzerinde çalışıyordu. 13 Şubat 1927'de Ernst Thaelmann, Erz Dağları Vogtland bölge kongresinde konuştu. Beş gün sonra Berlin'de, emperyalist savaş tehlikesine karşı, Sovyetler Birliği ve Çin Devrimi'ni sahiplenmek için, Berlin-Brandenburg-Lausitz bölge kongresini başlatan büyük bir uluslararası kitle mitinginde konuşmacıydı. Bölge kongresinde yaptığı konuşmada, 11. Kongre için temel düşüncelerini ortaya koydu. Konuşmalarının "Rote Fahne"de yayınlanması, üyeleri KPD'nin en yüksek forumuna özenle hazırlanma olanağını veriyordu.

11. Kongre, 2 ile 7 Mart 1927 günleri arasında, Ruhr metropolü Essen'de toplandı. Bu, Ernst Thaelmann ve mücadele yoldaşları parti yönetimini devralmalarından sonra yapılan ilk Kongre'ydi. Geçen bir buçuk yıl süresince KPD kendini başarılı bir şekilde geliştirmişti. İç yapısı güçlenmiş ve "prenslerin tazminatsız mülksüzleştirilmesi" hareketi gibi önemli bir eylemde, grev ve dayanışma kam-

panyalarında artan mücadele gücünü ortaya koymuştu. Yaklaşık 10 bin yeni üye kazanılmıştı. KPD üyeleri, 2600 mahalle grubu ve sokak hücresinde ve 2100'ü aşan fabrika grubunda örgütlüydü. Alman işçi hareketinin tarihinde ilk kez, bu önemli Leninist örgütlenme ilkesi hayata geçmeye başlamıştı. Kitleler üzerinde büyüyen etkisini aynı zamanda, Eyalet Meclisi ve Belediye seçimlerinde KPD'ye verilen oy sayısının yükselişi ve komünistlerin, liberal sendikalar içerisindeki faaliyeti de yansıtıyordu. 1925'te ADGB'nin yerel komiteler üyelerinin yüzde 19'u KPD'liyken, şimdi bu oran yüzde 24'e çıkmıştı. Bütün bunlar, Ernst Thaelmann ve onun yönettiği önderlik kolektifinin ısrarla talep ettiği ve ilerlettiği; partinin güçlendirilmiş ideolojik faaliyetinin, üyelerin ve yöneticilerin yoğun Marksist-Lenininist eğitiminin bir sonucuydu. Bunlar, bütün başarılara rağmen, yine de, partiyi nicel olarak da güçlendirmek için ve işçi sınıfının ve diğer emekçilerin tekelci sermaye ve militarizme karşı büyük birleşik cephesini yaratmak için daha ne kadar çok şeyin yapılması gerektiğini de ortaya koydu. Almanya'da, sadece ekonomik iktidar noktalarına sahip olmakla ve baskı organlarıyla birlikte iyi örgütlenmiş devlet aracına sahip olmakla kalmayan; üstelik kitleleri ideolojik etki altına alma araçlarının tekeline de neredeyse tümüne sahip olan egemen sınıfın büyüyen gücü ve de yedi canlı oportünist etkiler karşında, çok büyük ve zor bir görevdi bu.

Thaelmann konuşmasında, "Politik Durum ve Partinin Görevleri" başlığı altında uluslararası durumu analiz etti. Emperyalist devletlerin kendi aralarındaki çatışmalardan olduğu gibi; bütün dünyanın ezilen halklarına karşı (Suriye, Endonezya, Nikaragua ve özellikle Çin'deki gibi) sürdürdükleri savaşlardan kaynaklanan büyük bir savaş tehlikesinin olduğunu saptıyordu. Emperyalist güçler, mücadelelerini her şeyden önce Sovyetler Birliği'ne yöneltiyorlardı. Alman burjuvazisi de saldırgan bir tavırla ortaya çıkmaktaydı. KPD'nin en önemli enternasyonal görevini, savaş tehlikesine karşı mücadele olarak belirledi. Bunu yaparken, özellikle, savaş için belirleyici niteliğe sahip olan sanayi dallarında daha güçlü mevziler elde etmek zorunluydu. Emperyalizmin ideolojik savaş hazırlığı ile temelli bir hesaplaşma yapmak olağanüstü bir önem taşımaktaydı. İkinci görev, Sovyetler Birliği ile Çin'in sahiplenilmesiydi. Üçüncü görev olarak uluslararası sendikalar birliği için mücadeleyi ve dördüncü olarak uluslararası faşizme karşı mücadeleyi koyuyordu.

İlk kez bir KPD Kongresi'nde, Alman emperyalizmi ve onun politikası, Lenin'in emperyalizm teorisine dayanarak ayrıntılı bir şekilde analiz edildi. Parti başkanı, Alman ekonomisinin hızlı tekelleşmesini gözler önüne serdi ve tekellerin egemenliğinin Alman ekonomisinin belirleyici faktörü olduğunu saptadı. Tekeller, ekonomik genişlemelerinin yükünü sadece işçilerin sırtına yıkmamakta, aynı zamanda orta tabakalara ve tekel dışı burjuvaziye de yıkmaktadır. Thaelmann, Almanya'da devlet tekelciliğinin güçlenen gelişimine, devletin ekonomiye artarak katılışına ve devlet ile ekonominin iç içe geçişine işaret ediyordu. İşçiler giderek daha büyük bir sıklıkta, işverenlerle olan hesaplaşmalarında devletin müdahalesiyle karşılaşıyordu. Böylece proletaryanın fabrikalarda sosyal ve ekonomik haklar için mücadelesi giderek daha çok, aynı zamanda burjuva devleti de hedeflemek zorunda kalıyordu.

Alman emperyalizmini, üretim ve pazar arasındaki bariz oransızlık karakterize ediyordu. Buna, sürekli düşen bir tüketim gücü –vurgunculuk, ücretlerin düşürülmesi ve sosyal hakların azaltılmasıyla- ve de savaş tazminatlarının yükü ekleniyordu. Yüksek konjonktür dönemlerinde dahi büyük işsizliği "Alman emperyalizminin kronik krizinin canlı göstergesi" olarak niteliyordu.

Ernst Thaelmann'ın, tekelci burjuvazinin artan gücüyle birlikte siyasal gericiliğe bir dönüşün saptanılabileceği tanıtı önemliydi. V.I. Lenin'in saptamasını hatırlattı: "Çizginin **bütününde** siyasal gericilik emperyalizmin bir özelliğidir."(13) Hukuk teröründe, sosyal ve kültürel gericilikte, "belirli bir siyasi sistemin, işçi sınıfının tümüne karşı planlı bir saldırının ilk adımlarını"(14) görüyordu. Almanya'da, tekelci sermayenin diktatörlüğünün her yönde genişletilmesi ve demokrasinin geriletilmesi yönelimini bu kadar erken kavrayan tek parti KPD idi.

Ernst Thaelmann'ın düşüncesi buna uygun olarak, esas darbeyi tekelci sermayeye ve o anki Reich Hükümeti'ne (savaş sonrasında Almanya'da başa gelen en gericisine) vurma doğrultusundaydı. Bunun için, işçi sınıfı ve diğer emekçi tabakalar ortak bir faaliyet etrafında birleşmeliydi. "Gerçek, ciddi ve devrimci bir Birleşik Cephe; şehir ve köydeki emekçilerin komünist partinin önderliğindeki ittifakı"[15] temel görevlerdi. Birleşik Cephe politikasını, kesinlikle, KPD'nin genel çizgisinin temel unsurlarından biri olarak niteliyordu. Sosyal demokrat işçilere yaklaşmak için her somut vesileden yararlanılmalıydı. Bu arada ise, eylem birliği ile oportünizmin eleştirisinin birbirini dıştalamadığına şüphe bırakmıyordu. Güç dengesinin gerçekçi değerlendirmesinden Ernst Thaelmann şunları çıkarıyordu: "Tüm faaliyetimizin merkezinde bundan sonra Alman işçi hareketinin günlük mücadeleleri durmaktadır."[16]

Ernst Thaelmann, konuşmasında, şimdiye kadar KPD'de olageldiğinden daha ayrıntılı ve daha kararlı bir şekilde, tüm antiemperyalist güçlerin işçi sınıfının hegemonyası altındaki birliğinin gerekliliğini açıkladı. İşçi sınıfı ancak, tüm emekçilerle birlik içinde sermayenin iktidarını alt edebilecekti. Büyük burjuvazi ve orta tabakalar arasındaki çelişkilere dikkat çekti. Vergi baskısı, kira tefeciliği ve gümrük politikası, küçük burjuva tabakaları da tekelci kapitalizmin politikasına karşı seferber etme olanağını vermekteydi.

Tartışmada Ernst Thaelmann, Ottomar Geschke'nin konuşmasında ele aldığı "parti ve gençlik" konusuna değindi. Thaelmann, sınıf mücadelesi için işçi gençliğin önemini vurguladı. Öneminin sadece sayısının kalabalıklığından değil, aynı zamanda canlılığı, coşkusu ve faaliyete hazırlılığı, ataklığı ve iyimserliği gibi özelliklerinden kaynaklandığını söyledi. Politik ve sendikal faaliyette gençliğin rolünün her türden küçümsenmesini kararlı bir şekilde eleştirdi. Komünistlere ve özellikle gençlik önderlerine, bakışlarını Komünist Gençlik Birliği'nin ötesine, milyonlarca emekçi gence çevirmeleri ve KJVD'yi gerçek bir kitle örgütü haline getirerek gençlik faaliyetinin temel zaafını aşmaları çağrısında bulundu.

Konuşmasının bitiminde Ernst Thaelmann, "Açık Mektup'un bakış açısını içeren politikaya yönelmesinin" partiye politik etkinlik kazandırdığını ve de "parti içinde bir büyümeyi getirdiğini ... Yoldaşların sorunlara yaklaşımdaki ciddiyetlerinin ... Leninizmin yolunda ileriye doğru gelişimin bir ifadesi olduğunu"[17] kaydetti. Bu, büyük oranda Ernst Thaelmann'ın başarısıydı. O, partinin yönetim kolektifini sağlamlaştırabilmiş, kitlelerin ihtiyaçları ve mücadelelerinin önderliği için hazırlayabilmiştir. Fakat özellikle, parti önderliği, üyeleri ve geniş işçi kitleleri arasında olduğu gibi KPD ve Komintern arasında da sağlam bir güven ilişkisinin kurulmasına katkıda bulunmuştur. Ernst Thaelmann, artık, partinin benimsenmiş önderi haline gelmişti.

KPD'nin çıkardığı bir broşürün kapağı:
"Proleter Bir Birleşik Cephe İçin"

ALMAN TEKELCİ SERMAYESİNE VE SAVAŞ POLİTİKASINA KARŞI (1927-1929)

Savaş kışkırtıcılarının oyununu bozmak!

Essen Parti Kongresi'nden birkaç gün sonra Ernst Thaelmann, RFB'nin 4. Reich Konferansı'nda bir konuşma yaptı. Barışın tehlikede olduğuna işaret etti. Emperyalist güçler, özellikle İngiliz emperyalizmi, Sovyetler Birliği'ni tehdit etmekteydi. Alman emperyalizmi de gittikçe saldırganlaşmakta; buna eşzamanlı olarak siyasi gericilik keskinleşmekte, militarist ve faşist faaliyetler hızla artış göstermekteydi.

Faşizm, Ernst Thaelmann'ın vurguladığı gibi, ancak kitle mücadelesiyle yenilgiye uğratılabilirdi. Bunun için de, her şeyden önce politik-ideolojik tartışmalar yürütülmeliydi. Bu, aynı zamanda da RFB'nin önemli bir göreviydi. Bir kez daha, RFB'yi askeri bir örgüt olarak görmeyi kabul etmedi. RFB, hâlâ gerici örgütlere bağlı işçileri, burjuva-junkerci etkiden kurtarmalıydı. Özellikle faşist unsurlara karşı mücadelede Birleşik Cepheyi; önemli oranda sağ kanat sosyal demokrat liderlerce yönetilen savunma örgütü yani Reich Bayrağı etrafındaki işçilerle oluşturmak önem taşımaktaydı. O; komünistlere, RFB üyelerine ve sınıf bilinçli sendikacılara, askeri fabrikalarda ve kimya endüstrisinde, emperyalist savaş hazırlıklarına karşı eylemler gerçekleştirmeleri için çağrıda bulundu.

RFB'nin 4. Reich Konferansı'nın kapanışında Ernst Thaelmann, yeniden Birinci Başkanlığa seçildi. Kongrenin son gününde büyük bir gösteride, "Emperyalist savaş tehlikesine ve faşizme karşı, birleşik kızıl savunma cephesinin oluşturulması"(1) çağrısında bulunuyordu.

Ernst Thaelmann 20 Mart 1927'de, Leuna civarındaki Cröllwitz köyü meydanında Mayıs 1921'de gericilik tarafından öldürülen proleterlerin anısına dikilen bir anıtın açılışını yaptı. "Son derece zorba ve tehlikeli bir düşman ile karşı karşıyasınız", diye açıklıyordu, "savaşta ve barışta cesetlere basan, düşünce ve davranışlarında bir tek şey tarafından: doyumsuz kâr hırsıyla güdülenen İG-Boyalarının tekelci patronlarıyla."(2) Aynı gün öğleden sonra, Merseburg pazar yerinde, 10 bin emekçiye, 1921 Mart çarpışmalarının derslerini anlatıyordu. Emperyalizmin karşısına, tüm devrimci güçlerin enternasyonal bir birleşik cephesini dikme zorunluluğunu özellikle vurguluyordu.

Ernst Thaelmann'ın emperyalist gericiliğe ilişkin uyarısının ve birleşik cephe çağrısının ne kadar haklı olduğunu; aynı günlerde 600 tabanca ve ateşsiz silahlarla donatılmış Hitler faşistlerinin, RFB Berlin-Charlottenburg bandosunun 23 elemanına yaptıkları ve birkaç RFB üyesinin yaralanmasıyla sonuçlanan saldırı gösteriyordu. Buna polis müdahale etmedi. Fakat, KPD ve RFB, 22 Mart günü saldırıya karşı Charlottenburg'da bir protesto gösterisi yaptığında, atlı polis, kılıçlarla göstericilere saldırdı. Bu gösteriye katılan Thaelmann da bir kılıç darbesi aldı. Thaelmann, protesto eyleminin bitiminde, aralarında birçok Reich Bayrağı üyesi de bulunan göstericilere "faşistlerin kanlı terör eylemlerine karşı mücadeleyi örgütleme" çağrısını yaptı. "Gereken şey, Reich Bayrağı üyesi arkadaşların ve sosyal demokrat işçilerin, her bir emekçinin, faşizme ve onun koruyucusu kapitalist devlete karşı cephenin saflarına katılmalarıdır."(3)

1 Nisan 1927'de Merkez Komitesi toplantısında Thaelmann, bir kez daha, özellikle faşist eğilimlere parmak basıyordu. Büyük burjuvazi faşist örgütlere bir yandan işçi sınıfını zorla bastırma araçları olarak bakıyor bir yandan da teşvik ederek kitle tabanını genişletmeye çabalıyordu. Thaelmann, buradan kaynaklı tehlikenin her tür küçümsenmesine karşı çıkıyordu. Ancak kitlelerin seferber edilmesiyle (bu tehlikeye karşı-çev.) başarılı bir mücadele yürütülebilirdi.

1927'de antiemperyalist ve antifeodal Çin Devrimi, doruk noktasına ulaşmıştı. Ernst Thaelmann, onda "Doğu halklarının emperyalizme karşı gelecekteki devrimlerinin başlangıcını"[4] görüyordu. Emperyalizmin boyunduruğu altındaki halkların ve kolonilerin devrimci hareketi, tekrar vurguladığı gibi, uluslararası devrimci hareketin ana faktörlerinden biriydi. İşçi sınıfının emperyalizme karşı zaferinin üç devrimci ana kuvvetinin bir arada hareketine bağlı olduğu Leninist anlayışıyla doluydu. Bu üç kuvvet şunlardan oluşuyordu: Sovyet cumhuriyetlerindeki sosyalizm, kapitalist ülkelerde proletaryanın devrimci hareketi ve ulusal kurtuluş savaşları. Bu nedenle, emperyalist güçlerin savaşı Çin Devrimi'ne ve Avrupa ile Amerika'daki proletarya hareketlerine karşı yöneltiliyordu.

Bu bağlamda Ernst Thaelmann, sınıflararası çatışmanın gittikçe daha çok uluslararası bir karaktere büründüğü ve her bir ülkenin işçi sınıfının mücadelesinin bu nedenle her zamankinden çok, dünya devrimci hareketi açısından belirlenmesi gerekliliğini temellendiriyordu. KPD, Çin Devrimi'nin desteklenmesi amacıyla kapsamlı bir dayanışma hareketi başlattı. Çin'deki devrimci halk hükümetinin tanınmasını talep ve emperyalist işgali protesto ediyordu. Ernst Thaelmann, konuşma ve makalelerinde Sovyet hükümetinin Çin Devrimi'nin ana müttefiki olduğunu ve bu yüzden de emperyalizmin, Sovyet aleyhtarı yönünü keskinleştirdiğini takrarlayarak vurguluyordu.

Nisan 1927'de KJVD'nin Hamburg'da düzenlediği 2. Reich Kongresi, Alman devrimci işçi hareketinin, Çin Devrimi'ni sahiplenmesinin ve Sovyetler Birliği'nin savunmasının muhteşem bir gösterisine dönüştü. Şehir parkında yapılan büyük bir gösteride Ernst Thaelmann, savaş tehlikesine karşı uyarıda bulundu ve gençliğe "devrimci geleneğe sadık kalarak militarizme ve emperyalist savaşa karşı, karşısavaş başlatma"[(5)] çağrısı yaptı.

KEYK'in Mayıs 1927'deki VIII. oturumunda gündemin merkezini, Komünist Enternasyonal'in savaş tehlikesine karşı mücadelesi ve Çin Devrimi'nin sorunları oluşturuyordu. Ernst Thaelmann Plenum'un başkanlığına dahildi ve Otto Kuusinen'in hazırladığı "Savaş ve Savaş Tehlikesi Üzerine" tezlerini rapor haline getiren ve açıklayan komisyonun başkanıydı. Thaelmann'ın raporundan; komünistlerin barışın en kararlı savunucuları oldukları, barış için mücadelenin işçi sınıfının tarihsel misyonunun ayrılmaz bir unsuru olduğu ve bunun Marksist-Leninist dünya görüşünün hümanist niteliğinden kaynaklandığı açıkça ortaya çıkıyordu. Thaelmann, barışın genel, hiçbir şeye sorumluluk yüklemeyen savunmalarla değil, ancak kitlelerin eylemiyle korunabileceğini vurguluyordu. Barış için mücadeleye daima somut bir içerik verilmeli ve bu yakıcı güncel sorunlara bağlanmalıydı. Özellikle önemli olan, mücadelenin emperyalist bir savaşın patlama noktasında başlanmaması, tersine, daha barış döneminde savaş hazırlıklarının açığa çıkarılması ve orduda sistematik bir bilinçlendirme faaliyetinin yürütülmesiydi. Thaelmann'ın, burjuva ordusunu, sınıf düşmanının bir aracı olduğu gerekçesiyle ilkesel açıdan reddeden komünistlerin buna karşı yine de, kısmi demokratik haklar için bu ordunun gericilerden temizlenmesi gerektiği düşüncesi de, önemliydi. Bununla, devrimci işçi hareketinin barışı koruma mücadelesinin genel demokratik karakterini vurguluyordu. Thaelmann'ın, barış için mücadelede sosyal demokrasiyle birlikte geniş bir birleşik cephe yaratmak talebi buradan kaynaklanıyordu.

1927 Pantkotu'nda (Hıristiyanlıkta, mayıs ortası - mayıs sonlarında yapılan dini bir bayram -çev.) Berlin'de RFB'nin 3. Reich toplantısı yapıldı. 80 bin Kızıl Cephe savaşçısı, başkenti bir uçtan bir uca yürüyüşle geçti. Schiller Parkı'nda Ernst Thaelmann ve yaklaşık

20 konuşmacı onbinlerce RFB üyesi ve Berlin emekçisine hitap etti. Konuşmacıların arasında MK üyeleri Philipp Dengel, Hugo Eberlein ve Ottomar Geschke bulunurken; Birliğin yöneticilerinden Etkar André, Hans Jendretzky, Willy Leow ve Fritz Selbmann da yer alıyordu. Ernst Thaelmann, büyük savaş tehlikesini ısrarla gözler önüne seriyor ve Sovyetler Birliği'ni "Dünya işçi sınıfının ana yurdunu korumaya. .. Devrimci bir sınıfın var olan bütün gücü ve coşkusuyla Almanya'da da, savaş kışkırtıcılarının tekerine çomak sokmaya"(6) kesin kararlı olduklarını bildiriyordu.

Tröstlerin merkezileşmesine karşı proletaryanın merkezi iktidarını yaratmak

1927 Pantkot günlerinin hemen ardından, son ayların yorgunluğunun, Ernst Thaelmann'ın sağlığını sarstığı ortaya çıktı. Uzunca bir süre dinlenmesi artık zorunluluydu. Sağlığına tam kavuşabilmesi için Parti, onu, İsviçre'ye yolladı. İsviçre dağlarında ve Alpler'deki göllerin kenarlarında yaptığı yürüyüşlerle sağlığını güçlendiriyordu. 600 yıl önce, halk ordularının istilacıları bozguna uğrattığı; gençliğinde kendisini öylesine derinden etkilemiş Schiller'in oyununun kahramanı, özgürlük savaşının sembolü Wilhelm Tell'in vatanı (eski) İsviçre'nin kalbindeki Vierwaldstätter Gölü'nün kıyısında konaklıyordu. Ailesine, Tell Kilisesi'nin fresklerini görüntüleyen kartpostallar gönderiyordu.

Parti başkanı, ağustos ayı ortasında tatiline son verdi. Artık günleri yorucu işlerle doluydu yine. 26 Ağustos'ta Politbüro onu, Merkez Komitesi'nin gelecek oturumunda iç ve dış politik durum ve burjuva blok hükümetine karşı mücadelede öncelikli görevler üzerine rapor sunmakla görevlendirdi. Yılın başlarından beri, merkezci önder Wilhelm Marx'ın başkanlığında görev başında bulunan kabine, antidemokratik ve sosyal gerici bir politika güden sağcı burjuva partilerin bir hükümetiydi. 2 ve 3 Eylül'de Frankfurt (Main)'ta Almanya sanayisinin oluşturduğu Reich Birliği'nin, en etkili işverenler ıgütünün üye toplantısı yapıldı. Burada açıklanan program, -emperyalist rakiplere karşı ihracat saldırısı başlatmak, bunu gerçekleştirebilmek için de ücretlerin dondurulması ve sosyal harcamaların kısılması- hükümetin politikasını da belirliyordu. Bu gelişmeler, Alman emperyalizminin önemli bir şekilde güçlendiğini de göstermekteydi. Almanya, üretim hacmi bakımından dünya sıralamasında ABD'den sonra ikinciliğe ulaşmıştı. Alman tekelcileri şimdi, uluslararası etki alanını genişletmek ve pazarlarda daha büyük paylar elde emek için öncelikle ekonomik araçlarla savaşıyorlardı.

Ernst Thaelmann, 8-9 Eylül 1927'de yapılan Merkez Komitesi toplantısında; Alman sanayisinin Reich Birliği toplantısının, dünya pazarlarında keskinleşen bir emperyalist rekabet savaşının ve burjuvazinin emekçilere karşı yeni bir saldırı başlatacağının işaretini verdiğini saptıyordu. Öncelikle emekçilerin sosyal ve politik haklarına karşı saldırılar, ücretlerin düşürülmesi, iş saatlerinin uzatılması ve sömürünün yoğunlaştırılması bekleniyordu. Bu politikayı geri püskürtmek için, işçi ve memurların yasal güvence altında olan haklarını işverenlerin saldırılarına ve burjuva hukukuna karşı savunmak ve kültürel gericilikle savaşmak zorunluydu. Okul ve kültür politikasına gerici dinci çevrelerin karışması ve ilerici aydınların ve sanatçıların burjuva hukukunca gözetim altına alınmaları, büyük burjuvazinin iktidarını sağlamlaştırmaya ve işçi hareketini geriletmeye hizmet ediyordu. Kültürel gericiliğe karşı mücadele etmek; ve bunun karşısında kapsamlı bir cephe oluşturmanın ve sosyal demokratlar, küçük burjuvalar ve entelektüel çevrelerle birlikte çalışma olanağını veriyordu. MK oturumunun politik kararı, tekelci sermayeye ve onun burjuva blok hükümetine karşı, "aynı yönde hareket eden güçlerin mücadele birliğini"(7) oluşturmak görevini verdi.

Ernst Thaelmann, bunun en önemli önkoşulu olarak "proleter kitlelerin ekonomik mücadelelerde harekete geçirilmesi ve birleştirilmesi"ni(8) koyuyordu. Bunun için faaliyetin ağırlıklı kısmı daha çok, kitleler arasındaki ve onun örgütlerindeki günlük, sistematik, planlı çalışmaya verilmeliydi. Thaelmann, MK'nın sonraki toplantısında bu görevlendirmeyi belirliyor, komünistleri büyük fabrikalarda etkiyi artırmaya yöneltiyordu. İşçilerin en yoğun olduğu bu yerlerde; güçlü dayanak noktaları yaratmak, onların çıkarlarının en tutarlı savunucuları olarak kendilerini kanıtlamak ve çalışanlar üzerinde etki sahibi olmak, çalışma arkadaşlarının güvenini kazanan komünist ve sınıf bilinçli işçilerden oluşan bir çekirdek gövde yetiştirmek KPD'nin başlıca hedefiydi. Ancak bu yolla, kitlelerin öz çıkarları için başarılı bir mücadele yürütülebilecekti. Ernst Thaelmann bu düşüncesini, 1927 Eylül sonunda sendika sorunu üzerine yapılan ve Reich partili işçiler konferansında da açıkladı. Sendikalar içerisinde çalışmanın, giderek daha çok, partinin politik faaliyetinin odak noktası durumuna geldiğinin altını çiziyordu. Bu faaliyet (sendikalar içindeki -çev.) "tröstlerin olağanüstü merkezileşmesinin karşısına, proletaryanın merkezi iktidarını koymanın"[(9)] başarılıp başarılamayacağını belirleyecektir.

Takip eden haftalarda ve aylarda, çeşitli sanayi kollarında, daha yüksek ücret ve iş saatlerin kısalması için grev mücadeleleri gelişti. Buna rağmen, ancak sınırlı başarılar elde edilebildi; çünkü sosyal demokrat sendika önderleri, grevleri uzlaşma yoluyla olabildiğince çabuk sona erdirmeye çalışıyorlardı. Komünist sendikalar ile fabrika işçi temsilcileri kurullarının inisiyatifi ele aldığı ve sekiz saatlik işgünü ile daha yüksek ücret için geniş bir hareket başlatan Orta Almanya maden işçilerinde durum farklıydı. 80 binin üzerinde maden işçisinin grevi, işverenleri yüzde 11'lik bir ücret artışını kabul etmek zorunda bıraktı. Ekim ve kasım aylarında Ernst Thaelmann'a yeniden, Orta Almanya sanayi şehir ve köylerinde rastlamak mümkündü. Burada sadece sorumlularla grevlerin organizasyonu hakkında görüşmekle kalmıyor, ayrıca işçileri evlerinde de ziyaret ederek yaşam koşulları, sorun ve istekleri üzerine sohbet ediyordu. Millet Meclisi delegeliğinin yarattığı olanakları, fabrikalardaki çalışma koşulları hakkında bilgilenmek üzere kullanıyordu.

Ernst Thaelmann, ekimde, burjuva blok gericiliğine karşı yeni siyasal bir faaliyete önayak oldu. 3 Ekim'de Hamburg'daki bir toplantıda KPD'nin önde gelen adayı olarak önlerindeki Belediye Meclisi seçimlerine ilişkin Parti'nin programını açıkladı. İşçilerin kızıl Hamburgu'nu yaratmak için, "tüm işçilerin Birleşik Cephe'de birleşmeleri ve ekonomik ve siyasi talepleri uğruna Hamburg'daki işçi hareketinin fabrikalarda olduğu gibi, sokakta da güçlenmesi için" fikir belirtti. "İşçiler güçlerinin damgasını Hamburg'a öyle basmalıdır ki, işverenler sinsin ve gericilik büzülüp saklansın."[10] Sağ kanat sosyal demokrat önderlerin antikomünist çıkışlarına rağmen, işçi sınıfının eylem birliğinin yaratılması gerekliliğini; ve böylece tekelci sermayeye, burjuva blok gericiliğine ve aşırı sağcı kışkırtmalara karşı güçlü bir mücadele cephesinin temelini yaratmak zorunluluğunu, KPD başkanı tekrar tekrar vurguluyordu. 9 Ekim günü, Hamburg seçimleri SPD ve KPD için oldukça büyük bir oy kazanımı getirdiğinde, KPD Wasserkante bölge yönetimi, MK Politbürosu'nun hazırladığı bir mektubu SPD Hamburg yönetimine ve ADGB'nin yerel komitesine iletti. Bu mektupta Thaelmann'ın 3 Ekim'de yaptığı konuşma çerçevesinde SPD'ye, KPD ile birlikte ve sendikaların da yardımıyla ücretlerin artırılması, bir iş bulma ve konut yapım programı, küçük zanaatkarlar ve yoksul köylüler için vergi kolaylıklarının sağlanması, parasız eğitim ve öğretim özgürlüğü ve aşırı sağ faaliyetlerin önlenmesi gibi sosyal ve demokratik önlemler için faaliyet yürütmek önerisi yapılıyordu. KPD, bu talepleri savunan bir sosyal demokrat hükümete, burjuva partilerin saldırılarına karşı ve işçi taleplerinin uygulanmasında destek vermeyi garanti ediyordu. Ernst Thaelmann'ın da katıldığı; KPD, SPD ve ADGB temsilcilerinden oluşan görüşmeler yapıldı. Fakat, Hamburg SPD yönetimi, burjuva parti temsilcileriyle koalisyonu yeğliyordu. KPD'nin önerisinin reddedilmesine karşın Ernst Thaelmann, SPD'nin işçi talepleri doğrultusunda atacağı her adımı KPD'nin destekleyeceğini vurguluyordu.

1927 sonlarında büyük Alman sanayicileri, ekonomik ve politik istemlerinin uygulanması için ısrarlarını artırdı. 19 Aralık'ta "Acil Program" adı altındaki bir programda merkezi işverenler birlikleri, vergi yüklerinin tamamiyle emekçilerin sırtına yıkılması ve sosyal harcamaların etkili bir biçimde kısılmasını talep ediyorlardı. Onlara göre, Reich Hükümeti bunu gerçekleştirebilmek için, parlamenterlerin karşısında diktatörce tam bir yetkiyle donatılmalıydı.

Ernst Thaelmann, işçi sınıfının ve müttefiklerinin tüm ekonomik ve politik eylemlerini şimdi, tekelci sermayenin "Acil Program"ına karşı düzenlemelerini istedi. 3 Ocak 1928'de Wasserkante bölge yönetimi toplantısında, burjuvazinin niyetlerinin ancak sistematik mücadele ile boşa çıkarılabileceğini vurguluyordu. Yoksa büyük burjuvazinin açık diktatörlüğü tehlikesi, tehdit edici hale gelecekti. 20 Ocak 1928'de KPD yöneticisi, Millet Meclisi'nde, burjuva blok hükümeti politikasının "köklerinin, tröstlerin sınıf çıkarlarına" dayandığını gösteriyordu. Diktatörce çabalar ile yaşam koşullarına ve kitlelerin haklarına karşı keskinleşmiş saldırılar arasında sıkı bir bağıntı vardı. Tekelci burjuvazinin önde gelen en güçlü kesimleri, parlamentoya karşı cephe oluşturmaya başladılar; çünkü onlar için "parlamento, emperyalist planlarını uygulayabilecek kadar uysal değildir." Emperyalist Acil Program "tekelci sermayenin emekçi kitleler üzerindeki açık diktatörlüğü"nü hedefliyordu. Buna karşı "emekçi kitlelerin mücadele blokunu koymak gerekmektedir."(11)

Pratik, bu talebin yaşama geçirilmesinin ne kadar zor olduğunu gösteriyordu. Ekim-Kasım 1927'de ve Ocak 1928'de de Orta Almanya'da onbinlerce metal işçisi grevdeyken, başka eylemlerde de olduğu gibi, sosyal demokrat sendika önderleri devlet hakemlerinin kararlarına boyun eğdiler. Yüzlerce komünist, sendikalardan atıldı. Ernst Thaelmann bu nedenle, KEYK'in, Ocak 1928'de Moskova'da yapılan IX. oturumunda, reformist sendika önderlerinin, gericiliğin saldırılarına karşı belirleyici savaşın gerekli olduğu bir dönemde, burjuvaziyle gittikçe daha sıkı işbirliğine girdikleri ve işverenlere karşı yapılan kitle eylemlerini boşa çıkarmaya çalıştıkları öngörüsüne katılıyordu. Tam da bu yüzden, diye vurguluyordu Ernst Thaelmann, komünistlerin, fabrikalardaki örgütsel ve politik işleri günü gününe yerine getirerek güçlendirilmesi gerekiyor. Komünistler, sendikaların birliğini ve sendika üyelerinin demokratik haklarını, ancak, sendikal görevler üstlenmek için partisiz sendikacılar arasından parti için yeni üyeler kazanma çabası harcadıkları ve şimdiye kadar örgütsüz olan işçileri bağımsız sendikalara kazanmayı ve kitleleri, işten atma politikasına karşı harekete geçirmeyi başarabildikleri zaman savunabileceklerdi. Ernst Thaelmann, Sovyetler Birliği dönüşünde, çeşitli şehirlerde, partililerle bu içerikte görüşmeler yaptı.

1927 Sonbaharı'ndan itibaren yapılan grevler, Hamburg'da Belediye Meclisi seçimlerinin sonucu ve diğer Eyalet Meclisi seçimleri, sol bir gelişmeye ve devrimci işçi partisinin büyüyen etkisine işaret ediyordu. Burjuva blok dağıldı. 20 Mayıs gününe, Millet Meclisi için yeniden seçim ilan edildi. Seçim mücadelesi, KPD'nin 1928 İlkbaharı'ndaki en önemli politik faaliyeti haline geldi. Ernst Thaelmann, yaklaşık bir buçuk ay boyunca, emekçileri emperyalist politikaya karşı harekete geçirmek için Almanya'yı gezdi. Konuşmalarında SPD ile burjuva partilerin niyetlendiği koaliyonun da işçilerin durumunu iyileştiremeyeceğini gösteriyordu. Ancak işçi sınıfının eylem birliğiyle, "ancak Hıristiyan, partisiz, sosyal demokrat ve komünist işçiler arasındaki birleşik mücadele cephesi ile, proletaryanın sınıf durumunda bir değişikliği"(12) elde etmek mümkündür.

Seçimlerin sonuçları KPD'nin, Thaelmann'ın önderliğindeki politikanın, emekçiler arasında büyüyen bir destek bulduğunu gösteriyordu. Komünist adaylar için 3 milyon 263 bin oy verildi: Aralık 1924'teki son Millet Meclisi seçimlerinden 554 bin oy daha fazla. Şimdi 54 komünist, Millet Meclisi'nde yer alıyordu - Ernst Thaelmann yine aralarında. KPD fraksiyonu onu ve Walter Stoecker'i başkanları olarak seçtiler. Millet Meclisi fraksiyonunun faaliyetinin esas yükünü onların yanında, Martha Arendsee, Edwin Hoernle, Emil Höllein, Anton Jadasch, Wilhelm Koenen, Theodor Neubauer,

Wilhelm Pieck, Ernst Putz, Siegfried Raedel, Ernst Schneller ve Georg Schumann taşıyordu.

SPD de, büyük bir oy kazanımı elde etti. Bu, ekonomik konjonktür ile birlikte sosyal reformizmin etkisinin arttığına işaret ediyordu. Emekçi seçmenler arasında, konjonktürün sürmesi ve yaşam koşullarının reformlarla geniş bir iyileşmeye gideceği biçimindeki yanılsamalar çok yaygındı. Bu tür umutlar, özellikle, SPD'nin hükümet ortaklığına dayanıyordu. Ernst Thaelmann, seçim sonuçlarını değerlendirmelerinde SPD'nin seçim başarısında antikapitalist bir eğilimin ortaya çıktığını vurguladı.

27 Mayıs 1928'de Ernst Thaelmann, Berlin'de bir parkta, RFB'nin 4. Reich toplantısı nedeniyle yapılan gösteri için toplanmış olan yüzbinlere hitap etti. İşçi sınıfının bölünmesine hizmet eden Sovyet aleyhtarı ve antikomünist kışkırtmaya karşı çıkıyordu: "Sovyetler Birliği'ni savunarak; anayurdumuzu, geleceğimizi, özgürlüğü ve sosyalizmi savunuyoruz." Aynı zamanda işçi sınıfı ile emperyalist burjuvazi arasında ortak ulusal çıkarların varlığına ilişkin iddia ile hesaplaşıyordu. Tekelci burjuvaların ve militaristlerin anayurdu, Alman işçi sınıfının anayurdu değildi. "Ancak burçlarda muzaffer sosyalizm bayrakları dalgalandığında anavatanımız olacaktır."(13)

28 Haziran 1928'de büyük koalisyon hükümetinin yeni bir kabinesi sosyal demokrat Hermann Müller başkanlığında (hükümetin - çev.) faaliyetini devraldı. Birkaç hafta sonra bu hükümet, bir zırhlı kruvazör yapımına karar verdi ve böylece Alman emperyalizminin silahlanmasının yeni bir dönemini başlattı. SPD'li sosyal demokrat bakanlar, seçim mücadelesine "zırhlı kruvazör yerine çocuk maması!" sloganıyla girmelerine rağmen, buna onay verdiler. Ernst Thaelmann, daha Müller Hükümeti'nin göreve başlamasından bir gün önce, büyük kapitalist Alman Halk Partisi'nin bu kabineye kendi çizgisini zorla kabul ettireceğine ve burjuva blok politikasını sürdüreceğine işaret etmişti. Şimdi öncelikli mesele, "burjuvazinin işini zorlaştırmak"(14) ve işçi sınıfının sol gelişimini ilerletmek ve

genişletmek için iktisadi mücadeleleri daha ayrıntılı hazırlamak, işçi sınıfının ekonomik mücadelelerini başlatmak, ve bunu politik mücadeleye bağlamaktır, diye vurguluyordu parti başkanı.

Kapitalist istikrar, dengesini yitiriyor

1928 Sonbaharı'nda ekonomik konjonktür hissedilir bir şekilde geriliyor, işverenlerin yatırımları düşüş gösteriyor, işsiz sayısı yükseliyordu. İşçi sınıfı ile sermaye arasındaki mücadele gittikçe artıyor ve daha şiddetli biçimler alıyordu. Devlet iktidarı, emek mücadelesini zoraki uzlaştırmalarla işverenlerin lehine çevirmek için, devrimci işçilere karşı gösteri yasakları ve sert bastırma yöntemleriyle gittikçe daha açık bir şekilde müdahalelerde bulunuyordu. Çoğu burjuva partisinde, liderliği sağ kanat temsilcileri ele geçiriyordu. En sert mücadelelerin yaşanacağı bir döneme giriliyordu. Böylece, daha Komintern'in 17 Temmuz'dan 1 Eylül 1928'e dek Moskova'da toplanan VI. Dünya Kongresi'nde yapılan saptamalar, gerçekleşiyordu. Ernst Thaelmann daha Kongre'yi Avrupa komünist partileri adına selamlarken, iki merkezi ve birbirine sıkı sıkıya bağlı konuya ilişkin düşüncelerini dile getirmişti. Bunlar, Sovyetler Birliği'nde sosyalizmin inşası ve emperyalist savaşa karşı mücadeleydi. Yanı sıra, barış için mücadelenin, bugün daha uygun olan güç dengesi koşullarında, eskisinden daha etkili bir şekilde yürütülebildiğine işaret ediyordu: "Birinci Dünya Savaşı'nda sadece güçsüz devrimci gruplar vardı ... Bugün, Komünist Enternasyonal'in önderliğinde tüm dünyada büyük, muazzam bir uluslararası devrimci hareketin varlığını görüyoruz. Bunun yanında Almanya'daki Kızıl Cephe Savaşçıları Birliği gibi büyük kitle örgütlerini de."(15) Ernst Thaelmann, Komintern'in uluslararası konumu ve görevleri üzerine yapılan tartışmada da söz aldı. Çeşitli delegelerin kapitalist istikrarın sürekliliğini abartmalarına karşı çıktı. SBKP(B) delegasyonu ile, ve çoğu komünist partinin önder yoldaşlarıyla fikir birliği içinde, kapitalist istikrarın gittikçe sarsıldığı, kapitalizmin çelişkilerinin daha açık ortaya çıktığı saptamasını yaptı. Buradan proleter devrimin olgunlaşmasının hesaba katılması gerektiği sonucu çıkarıldı. Thaelmann, güçler dengesindeki değişim başlangıcının proletarya yararına nasıl değerlendirilmesi gerektiğini, devrimci mücadeleye daha fazla emekçinin nasıl katılabileceğini ayrıntılarıyla inceledi. Diğer yandan komünist partinin sadece iktidar savaşı vermekle kalmadığını, aynı zamanda "tüm günlük sorun ve görevlerde proletaryanın ve bütün emekçi kitlelerin tüm taleplerinin, tek ve gerçek temsilcisi misyonuyla bağımsız, aktif bir faktör olarak daha güçlü şekilde kendisini ortaya koyduğunu" vurguluyordu.

KPD başkanı, görüş ayrılıklarının bulunduğu bir başka soruna ilişkin düşüncelerini de dile getirdi. N. I. Buharin, kapitalizmin ancak bir savaş sonucunda yıkılacağını iddia etmişti. Buna göre, emperyalist savaş politikasına karşı mücadele de anlamsız olacaktır. Sovyet partisi ve diğer kardeş partilerden yönetici yoldaşlar gibi Thaelmann da, bu bakış açısını sert bir biçimde reddediyor; komünistlerin savaşa bel bağlamadıkları, tersine, emperyalist savaşların çıkarılmasını önlemek çabasında olduklarını vurguluyordu. Komünist partilerin görevi kitleleri -"ülkelerde objektif ve sübjektif koşullar uygun olduğunda"- "emperyalistler savaş meşalesini yakmadan önce" devrime seferber etmektir. Sosyalist devrimi hazırlamak isteyen kişi, aynı zamanda barışın tutarlı savunucusu olmak durumundadır. "Tam da bu faaliyetimizle", savaşı hazırlayan sömürücü sınıfa karşı mücadeleyle, "savaşı da erteleyebiliriz".

Thaelmann bunun dışında VI. Kongre'de geniş yer alan bir diğer sorun üzerine de konuştu: Faşizm üzerine. Alman tekelci sanayinin gerici programını, burjuva demoratik araçlarla kolayca harekete geçiremeyeceğini, "daha güçlü faşist yöntemler uygulayacağını"(16) gözler önüne serdi. Thaelmann'ın başkanlığını yaptığı Kongre'nin politik komisyonu; tekellerin devlet iktidarıyla artan şekilde birleşmesini; burjuva parlamentarist demokrasinin tasfiye edilerek büyük sermayenin açık terörist diktatörlüğe, faşizme geçişi gözler önüne serdi.

Kongre, faşizmin, tekelci sermayenin elindeki bir alet olduğunu belirtiyordu. Aynı zamanda güçlü proletaryaları bulunan gelişmiş sanayi ülkelerinde egemen sınıfın büyük olasılıkla silahlı darbelerle diktatörlük kurmaya değil, burjuva devleti adım adım faşistleştirmeye çalışacağına işaret ediyordu. Gittikçe yaklaşan savaş tehlikesinin ve yeni bir devrimci kalkışmanın olgunlaşması durumunda, Ernst Thaelmann "her zamankinden daha çok enternasyonalizme, ezilen ve sömürülen ülke halklarıyla birlikte, dünya emekçilerinin devrimci dayanışmasına ihtiyaç"[(17)] olduğunu vurguluyordu.

Dünya Kongresi delegeleri oybirliği ile Komintern'in programını onayladılar. Programda, proletaryanın sömürü düzenine karşı, sosyalizm ve komünizm için mücadelenin önderi ve devrimci öncüsü olarak rolü temellendiriliyor; kapitalizmin genel krizi analiz ediliyor ve kapitalizmden sosyalizme geçişin koşulları açıklanıyordu. Buradan hareketle, komünist hareketin strateji ve taktiklerinin ana hatları belirleniyordu. Program, Sovyetler Birliği'nin dünya devrim sürecindeki yerini belirledi ve sosyalist inşanın temel ders ve deneyimlerini genelleştirdi. Dünya komünist hareketinin birleştirilmesine ve proletarya enternasyonalizminin güçlendirilmesine önemli ölçüde katkıda bulundu.

Ernst Thaelmann, 29 Ağustos'ta politik komisyonun raporunu sundu. Komisyon, Thaelmann'ın bir önerisi doğrultusunda, sağ oportünist liderlerin antikomünist tutumları ve bölme politikaları karşısında, komünistlerin, oportünizm ile nasıl mücadele etmeleri ve eylem birliğini oluşturmak için nelerin yapılması gerektiğini tartıştı. "Taktiğimizi, proletaryanın partisiz kitle örgütlerini (sendikalar, kooperatifler, kültür ve spor örgütleri) reformist bölme politikasına karşı, kitle mücadelesini sınıfın birliği için yürütecek şekilde seçmeli ve yapılabilecek her şeyi yapmalıyız" diye açıklıyordu. Bu sözler, bütün işçilerin Birleşik Cephe isteğini yansıtıyordu. Fakat Kongre'nin kararlarında ve de Thaelmann'ın açıklamalarında, bu kadar karmaşık koşullar altındayken komünist partilerin sosyal demokrasiye karşı nasıl bir tutum izleyeceğinde, büyük sorunun henüz çözülemediği de belli oluyordu. Son yıllarda sosyal demokrat partilerin liderleri, kendilerine yöneltilen tüm eylem birliğine ilişkin önerileri reddettiler, işçi sınıfını bölen ve zayıflatan sınıf işbirliği politikasını sürdürdüler ve Sovyet aleyhtarı ve antikomünist kışkırtıcılıklarını artırdılar.

Bu bağlamda komünist harekette bir süre; bu koşullar altında sosyal demokrasiyle bir bütün olarak işbirliği yapmak için çabalamanın anlamsız olduğuna dair düşünceler ve bunlara uygun dar ve de yanlış şiarlar yaygınlık kazandı. Sosyal demokrat politika ve ideolojinin sınıfsal işlevi doğru tespit edilmesine rağmen; sosyal demokrasi ile emperyalist gericilik arasındaki fark yeterince dikkate alınmadığı gibi, küçük burjuva reformist sosyal demokrat politika ile sosyal demokrasinin önemli ölçüde proleter kitle tabanına sahip olması arasındaki çelişki de yeterince gözetilmedi.

Kongrenin son oturumunda Ernst Thaelmann, KEYK üyeliğine yeniden seçildi. Yeni Yürütme Komitesi'nde, önceden tanıdığı mücadele yoldaşlarının yanı sıra, Benoît Frachon, Klement Gottwald, Johann Koplenig, Julia Lenski, Harry Pollitt, Maurice Thorez ve Antonin Zapótocky şahsında, kendi partilerinde Marksizm-Leninizm'in egemen kılınması için mücadele eden parti önderleriyle karşılaştı. KPD'den Wilhelm Pieck ve Fritz Heckert de KEYK üyeliğine, ve başkaları yanında Walter Ulbricht de aday üyeliğine seçildi.

Komünist Enternasyonal'in VI. Kongresi'nin, kapitalist istikrarın dengesini yitirdiğine ve yeni ve sert sınıf mücadelelerinin yaklaşmakta olduğuna ilişkin tespiti; KPD Merkez Komitesi'nin ve de partinin genel çoğunluğu tarafından paylaşılıyordu. Thaelmann'ın kanaatine göre, işçi hareketi, sağın gelişmesini önlemeli ve kapitalizmin göreli istikrarından beklendiği gibi tekelci sermayenin zayıflamasından mümkün olduğu oranda devrilmesi için yararlanmalıdır. Heinrich Brandler ve August Thalheimer etrafındaki birkaç sağ oportünist, açık gerçekleri görmezden geldiler, partide bir fraksiyon oluşturdular, Komintern ve KPD'nin çizgisine karşı çıktılar ve böylece partinin etkisini tehlikeye düşürdüler. Arthur Ewert etrafındaki bir grup da, sınıf mücadelesinin gerçek durumunu kavrayamadı ve uzlaşmacı bir tutumla sağcıların faaliyetini kolaylaştırdı. Bu grup, görüşleri VI. Dünya Kongresi'nde reddedilince, parti yönetimi için ilkesiz yöntemlerle mücadele başlattı. Bunun için Wasserkante bölge örgütü sekreteri John Wittorf'un bir rüşvet olayını kullandılar. Millet Meclisi seçimleri sırasında Wittorf'un parti paralarını zimmetine geçirdiği saptanmıştı. Ernst Thaelmann ve bölge yönetimindeki diğer üyeler Wittorf'u partiden ihraç etmek için, politik açıdan daha uygun bir zamanı beklemeyi gerekli gördü. Uzlaşmacılar bu fırsattan yararlandılar; MK'yı, henüz tüm üyeleri VI. Kongre'den dönmediği bir sırada karambole getirdiler ve Ernst Thaelmann'ın görevlerinin, olay açıklığa kavuşturulana dek dondurulmasını kabul ettirdiler. Parti örgütleri, hiddetle tepki gösterip yönetimdeki yalpalamayı düzelttiler. Partinin ve RFB'nin birçok bölge yönetimleri bu karara karşı çıktı. Protestoların yarattığı etki sonucunda, MK çoğunluğu, hatalı tutumunu düzeltti. KEYK, partinin ağırlıklı çoğunluğunun bu sağlıklı tepkisini destekledi. 19 Ekim'de uzlaşmacılar partinin stratejik önderliğinden uzaklaştırıldılar. MK Sekretaryası dönüştürüldü, şimdiye kadarki politik sekretaryanın ve yürütülen örgütleme faaliyetiyle görevli sekretaryanın yerine, bir tek sekretarya oluşturuldu. Ona; Ernst Thaelmann, Hermann Remmele, Fritz Heckert, Franz Dahlem ve Leo Flieg dahildi.

Ekim 1928'de Hamburg, Kiel, Flensburg ve diğer liman şehirlerinde 45 bin tersane işçisi ücret artışı ve haftada 48 iş saati için greve gitti. Komünistler ve sağ oportünist sendika önderliğine muhalefet eden diğer sendikacılar, onları destekledi. Sendikasız işçilere yaptıkları parasal yardımla, onların üyelerle birlikte sürdürdükleri mücadelelerini 13 hafta sürdürebilmelerini sağladılar. Hamburg liman işçileri, hem kendileri için daha yüksek ücret artışları sağlayabilmek hem de tersane işçilerine destek olmak amacıyla, komünistlerin ve diğer devrimci sendikacıların önderliğinde greve gittiler. Grevleri, seçilmiş grev komiteleri yürütüyordu. Ernst Thaelmann komünistlere, sosyal demokrat liman ve tersane işçileriyle sabırla tartışmalarını, kendi deneyimlerine dayanarak onları tüm işçilerin ortak çıkarları için ikna etmelerini salık veriyordu. Ayrıca örgütsüz grevcileri sendikalara kazanmalıydılar. Ernst Thaelmann, reformist önderlerin, işveren ve hükümet ile birlikte işçilere karşı nasıl tutum aldıklarını ve hatta, grev kırıcılığını nasıl örgütlediklerini bir kez daha yaşamak zorunda kaldı.

20 Ekim'de Merkez Komitesi'nin toplantısında Ernst Thaelmann, bu tecrübeleri değerlendirdi. Sendika örgütlerinin, sağcı önderlerin tutumuna rağmen, işçi talepleri için mücadeleye nasıl sokulabilecekleri sorusuna cevap arıyordu. Bunun için komünistler ve tüm diğer devrimci sendikacılar bağımsız sendikalarda etkilerini artırmalıydılar. Örgütsüz işçiler -bunlar bütün işçilerin üçte ikisiydi- sendikalara kazanılarak, bağımsız sendikalar güçlendirilmeliydi.

Hamburg işçileri özverili mücadeleleri sonucunda işverenlerin, sosyal demokrat büyük burjuva koalisyon senatosunun ve sağcı sendika önderlerinin baskısına yenildiler. Tersane işçileri taleplerinin sadece bir kısmını elde edebildiler, liman işçilerinin dayanışma grevi maddi bir başarı sağlamadı. Wasserkante'daki bu emek mücadelesi, uzun süreden beri yapılan en uzun süreli ve çetin olanıydı. Daha bu grev devam ederken, tekelci burjuvazi yeni bir saldırı başlattı. 1 Kasım 1928'de Ruhr Bölgesi'nde 213 bin metal işçisi, ücret taleplerinin cevabı olarak işten atıldı.

3 Kasım 1928'de Berlin'de toplanan 2. Reich Parti Konferansı; ortaya konulan sorunları ele aldı ve özellikle Komintern'in VI. Kongresi'ni değerlendirilmesi ile ilgilendi. Thaelmann, ana raporunda, VI. Dünya Kongresi'nin, savaş tehlikesine karşı mücadeleyi Komünist Enternasyonal'in temel çizgisinin merkezine koyduğunu vurguladı. Alman emperyalizminin artan Sovyet aleyhtarı yönelimine ve askeri silahlanmasına işaret ediyordu. Sonuncusu özellikle, sosyal demok-

rat bir Reich başbakanının hükümeti tarafından yürütüldüğü için tehlikeliydi. Bu, çoğunluğu savaş tehlikesine karşı mücadeleye seferber etmeyi güçleştirecekti. Ernst Thaelmann, partinin savaş kapasitesinin güçlendirilmesini; onun kitlelerle daha yakından birleştirilmesini istiyordu. Partiye yeni kadrolar kazandırılmalı, bölge yönetimleri dahil parti yönetimleri fabrika işçileri ile güçlendirmeliydi.

Ruhr Bölgesi'ndeki saldırılar, işverenlerin işçi sınıfına karşı saldırılarını daha itinalı hazırladıklarını gösteriyordu. SPD'nin tutumu, tekelci sermayenin proletaryaya karşı mücadelesini kolaylaştırıyordu. Komintern'in kararları doğrultusunda, parti başkanı, Birleşik Cephenin ağırlık noktasının aşağılara doğru, temele, özellikle fabrikalara kayması gerektiği sonucunu çıkarıyordu. Bu yönelim -Thaelmann'ın sosyal demokrasinin üyeleri ve yöneticileri ile birlikte, sürekli hareketin çıkarları bakış açısıyla hareket etmeleri uyarısına karşın- sonraki süreçte SPD örgütleriyle resmi temaslarda bulunmaktan kaçınılmasına yol açtı.

KPD'nin 10. Kuruluş Yıldönümü'nde Berlin Busch Sirki'nde yaptığı konuşmada Ernst Thaelmann, parti tarihi ve Lenin'in önderliğindeki kardeş Rus partisinin tarihi deneyimlerini "partinin pratik mücadelesinde değerlendirme"[(19)] zorunluluğunu vurguladı. Görüşünün merkezine devrimin objektif ve sübjektif koşulları arasındaki değişkenlik ilişkisini koyuyordu. "Objektif olarak olgunlamış devrim koşulları" ile "Alman proletaryasının, planlı bir Bolşevik partisinden yoksunluğu nedenli sübjektif zayıflığı arasındaki çelişkiyi"; "1918 yılındaki Alman devriminin" ve sonraki mücadele dönemlerinin "bir tragedyası"[(20)] olarak niteliyordu. Devrimin örgütleyici gücü olarak partinin önderlik rolü, kitlelerle köklü bağları olan, onun önünde yürüyen, ona önderlik eden bir parti; bu, tarihten çıkarıldığı gibi; objektif olanakları gerçeğe dönüştürmenin, proletaryanın mücadelesini zafere götürmenin belirleyici esasıdır. Bu nedenle Thaelmann, esas görevi, partinin geliştirilmesinde, öncelikle Marksizm-Leninizm'in ayrıntılı öğreniminde görüyordu. Parti'nin yıldönümüne ilişkin makalesinde olgunlaşma sürecinin mücadelede gerçekleştiğini anlatıyordu. Parti içindeki oportünist ve sol sekter sapmalarla, küçük burjuva etkilerle mücadele, kesinlikle kendine yeten bir amaç değildi; tersine, "KPD'nin tarihsel görevinin gerektirdiği düzeye" çıkarken geçmesi gerektiği "iç arınmanın ve olgunlaşmanın zorunlu ve kaçınılmaz adımlarıydı." Parti'nin şimdiye kadarki tarihini "Alman işçilerinin devrimci öncüsünün, tarihin ondan beklediği devasa tarihsel misyonuna yani Almanya'da da proletarya diktatörlüğünü kurmasına hazırlık süreci" (21) olarak değerlendiriyordu.

"Rote Fahne"nin 10. yıldönümüne ilişkin makalesinde Thaelmann, merkezi organın ve de tüm partinin olgunlaşma sürecinin henüz sonuçlanmadığını, "zorlu devrimci sorumlulukların daha iyi yerine getirilmesi gerektiğini" vurguluyordu.

"Yakın gelecek ve onun barındırdığı yoğun emperyalist savaş tehlikesi ... bize, mücadelemizi emperyalist savaşa karşı daha güçlü, daha etkili, daha sarsıcı hale getirmenin ne kadar önemli olduğunu gösteriyor." (22)

"Faşist gelişmenin ilk adımlarına" karşı

Mart 1929 başında "Deutsche Allgemeine Zeitung", ağır sanayi çevrelerinin gazetesi, Reich Başbakanı'ndan parlamentoyu dikkate almayı bir kenara bırakacak ve açık diktatörlük yöntemleriyle hareket edecek bir kabine oluşturmasını istedi. Alman Merkez Bankası Genel Müdürü Schacht ve General Seeckt, anayasanın 48. maddesi olan "Olağanüstü Hal" maddesinin uygulanışını ve Millet Meclisi'ni feshetme ve anayasayı değiştirme olasılığını tartışıyorlardı. Bunlar, Alman tekelci burjuvazisinin önemli çevrelerinin yönetim metotlarında gerici değişiklikler yapacağının çarpıcı örnekleriydi.

KPD, bu gelişmeye gösteri ve protesto eylemleriyle karşı çıkmaya, kitleleri sağ tehdide karşı Birleşik Cephe'ye kazanmaya çalışıyordu. 8 Mart'ta, binlerce işçi Köln'de "Parolamız Faşizme Karşı Mücadeledir!" sloganı altında, Alman burjuvazinin açık diktatörlük çabalarını protesto etmek için toplandı. 9 ve 10 Mart 1929 günü Berlin'de, KPD'nin kardeş partileri, Hıristiyanlarla demokrat aydınlar ve çeşitli ülkelerden diğer antifaşistler ile birlikte düzenledikleri antifaşist bir kongre yapıldı. Başka büyük şehirlerde de benzer antifaşist etkinlikler gerçekleştirildi. KJVD'nin, 31 Mart 1929'da Düsseldorf'da yapılan gençlik kongresinin ana oturumunda Ernst Thaelmann, komünist, sosyal demokrat ve Hıristiyan işçilerin faşizme ve tekelci sermayeye karşı birleşik cephesinin kurulması çağrısını yaptı. Genç komünistler, özellikle Katolik gençlik hareketinin taraftarları arasında faaliyet yürütmeliydiler.

Merkez Komitesi'nin Mart 1929'daki oturumunda Ernst Thaelmann, emperyalist güçlerin politikasındaki yeni gelişmeleri analiz ediyordu. Almanya'da burjuva devlet düzeninin, açık diktacı ve kısmen yarı faşist yöntemlerle gerici bir dönüşüm yaşamakta olduğunu öngörüyordu. Burjuva perlamenter yönetim biçimlerinden, gittikçe açık diktatörlük yönetim biçimlerine geçişi erkenden anlamıştı. Bu öngörü, işçi hareketinin burjuva demokrat özgürlüklerin geri alınmasına karşı planlı mücadelesi için büyük değer taşıyordu. Thaelmann, tekelci burjuvazi, Junkerlerin ve ordu kliğinin yürüttüğü sağcı gelişmeyi "faşizme doğru gelişimin ilk adımları" olarak değerlendiriyordu. Alman tekelci burjuvazisi, bu devlette gericiliğin sahip olduğu üslerin güçlü pozisyonlarını da kullanarak Weimar Cumhuriyeti'nin çözülmesini yürütüyordu. Thaelmann, burjuva demokrat devleti yavaş yavaş faşist bir devlete dönüştürme denemesini fark etmişti. Bu nedenle, faşist diktatörlüğe geçişin, mutlaka ani, kısa süreli bir eylemle gerçekleşmeyebileceğini belirtmesi önemliydi. Buradan, faşistleşmenin başlangıcına karşı durmak ve sadece faşist bir darbenin karşılanmasına hazırlanmamak sonucu çıkıyordu.

Parti başkanı, bu analize bağlı olarak, sağcı gelişmeyi durdurabilecek yeterli güce sahip bir kuvvet yaratma görevini öne çıkardı. Parlamenter sistemin krizinden ve büyük koalisyonun politikasından hayal kırıklığına uğrayanların, ultra gerici çevrelerin demagojilerine kanmaları engellenmeliydi. Aksine, onları devrimci harekete kazanmak söz konusuydu. SPD'nin sağcı önderlerinin keskinleştirilmiş antikomünist yönelimleri karşısında; fabrikalarda, kitle örgütlerinde ve mahallelerde işçilerin eylem birliği için mücadele ederken, sosyal demokrat liderlerin sağcı yönelimi ve SPD üyeleri ile taraftarları arasındaki farkı gözetmek, her şeyden önce zorunluydu. Bu toplantıda olduğu gibi bölge toplantı ve görüşmelerinde de devrimci kitle politikasında bir dönüşümün gerçekleştirilmesini istiyordu; KPD'nin faaliyeti parti çevresinin dışına taşmalıydı.

Emperyalist gericilik, yolunda engelsiz ilerleyebilmek için, devrimci işçi hareketine karşı şiddet önlemleri alınması için baskı uyguluyordu. Bunun sorumluluğunu, Kasım Devrimi'nde olduğu gibi, SPD'nin sağcı önderleri üstlenecekti. SPD'nin yöneticileri bu baskıya boyun eğip, büyük burjuva partilerin koalisyon ortağı olmak mecburiyetinde olduklarını kendilerince ispatlamaya çalıştılar. Sosyal demokrat Berlin Polis Müdürü Karl Zörgiebel, sosyal demokrat Prusya İçişleri Bakanı Albert Gresinski ve sosyal demokrat Reich İçişleri Bakanı Carl Severing'in onaylarıyla 1928 Aralık ayında Berlin için ilan edilen gösteri yasağı, açıkça 1 Mayıs 1929 için sürdürülüyordu. Hohenzoller monarşisisinin iktidar yıllarından beri ilk kez işçilerin mücadele gününü kutlama hakları, ellerinden alınıyordu; ama bu kez sosyal demokrat politikacılar tarafından. KPD, 1 Mayıs'ı işçi hareketinin geleneklerine uygun politik gösterilerle kutlama çağrısı yaptı.

Yaklaşık 200 bin Berlinli işçi, 1 Mayıs gösterisi çağrısına uydu. Barışçıl göstericilere binlerce polis tarafından saldırıldı ve göstericiler zalimce coplanarak dağıtıldı. Polis, gösteri kollarına ve topluluklara ateş açtı, birçok göstericiyi vurdu ve yüzlercesini yaraladı. Akşam saatlerinde işçiler, Neukölln ve Wedding'de polisin rastgele ateşinden korunmak için kendiliğinden barikatlar kurdular. KPD yönetimi, mücadele içerisindeki işçilerle dayanışıyordu; dayanışma grevleri için çağrı yapıyordu ve aynı zamanda çarpışmaları sonuçlandırmak için her şeyi yapmaya karar vermişti. Ernst Thaelmann, partinin, devrimci işçilerin silahlı ayaklanma isteğini yerine getiremeyeceğini vurguladı, "çünkü olgunlaşmış devrimci bir durum söz konusu değildi." Parti, kitlenin ruh haline içgüdüsel olarak boyun eğmiş olsaydı, bu "partinin Zörgiebel polisinin provokasyonuna gelmesi ve sonradan Berlin işçilerinin en iyi bölüğünün, devrimci çekirdeğinin katledilmesi"(23) anlamına gelecekti. Parti başkanı, kendisi -yeraltı geçitlerinden, bodrum ve harabelerden geçerek- Wedding işçilerine bu kararı ulaştırdı, onları kayıp vermeden geri çekilme ve mücadeleyi politik bir kitle hareketine dönüştürme zorunluluğu üzerine ikna etti.

Kanlı terörü, devrimci işçilere karşı başka baskı yöntemleri izledi. 2 Mayıs'tan itibaren, Zörgiebel'in yasak koymasıyla, "Kızıl Bayrak"ın yayınlanması yedi hafta süreyle durduruldu. Prusya içişleri bakanı 3 Mayıs'ta RFB'yi yasakladı. Severing'in baskısıyla diğer eyalet hükümetleri buna katıldılar. Hessen (eyaleti -çev.)'in sosyal demokrat İçişleri Bakanı Wilhelm Leuschner, buna istemeyerek uydu. Braunschweig (eyaleti -çev.) hükümeti karşı çıktı, Severing ise, eyalet hükümetinin varlığına karşın yasağı emretti. Sağcı sosyal demokrat politikacılar nedeniyle Alman işçi sınıfının en önemli kitle örgütlerinden biri, illegaliteye geçmek zorunda kaldı. Bu, faşist terör çetelerinin işini kolaylaştırdı. Yönetici sosyal demokratların sorumlu olduğu kanlı terör ve yasak politikası, 4 Ağustos 1914'ten ve Noske'nin yaptıklarından beri işçi sınıfını bölen uçurumu büyüttü.

SPD'nin Mayıs 1929 sonunda Magdeburg'da yapılan Kongresinde Kanlı Mayıs'ı ya da RFB'nin yasaklanmasını protesto eden olmadı. Buna karşın, Weimar Cumhuriyeti'nin emperyalist bir sınıf devleti olmadığı, aksine, savaşta "desteklenmesi" gereken "demokratik bir halk devleti" olduğu küçük burjuva anlayışıyla gerekçelendirilen bir sosyal demokrat savunma programı üzerine bir karar kabul edildi. Bu, 4 Ağustos 1914 politikasının programatik olarak sürdürülmesiydi. Aynı zamanda, nüfuzlu SPD yöneticileri hastalıklı bir antikomünizme kapıldılar, KPD ve Sovyetler Birliği'ni karaladılar ve komünistlere faşistlerin "kardeşleri" olarak küfrettiler.

Bu olayların etkisi altında VI. Dünya Kongresi'nden sonra, Thaelmann tarafından da paylaşılan, sosyal reformizmin "sosyal faşizme" dönüştüğü görüşü güçlü bir şekilde öne çıktı. Bu değerlendirme yapılırken göze batan gerçeklerden yola çıkıldı: Tekelci burjuvazinin etkili çevreleri faşistleştirmeyi yürüttükleri bir dönemde, sosyal demokrasinin sağ kanat önderleri misilleme organları içerisinde, devrimci işçi hareketinin bastırılmasına, hatta ona karşı yürütülen teröre katılmışlardı. SPD'nin ve ADGB'nin yönetimi sadece emperyalizme, militarizme ve faşizme karşı kitle mücadelesi yürütmemekle kalmıyor, aksine, kitle eylemlerini önlemek için ellerinden geleni yapıyorlardı. Poleter kitle örgütlerinde sağ kanat sosyal demokrat yönetimler, üyeleri gittikçe daha fazla etkiliyor ve demokratik katılımı engelliyorlardı. Komünistlere ve Sovyetler Birliği'ne, sosyal demokrat önderlerce gazetelerinde küfrediliyordu.

Buna rağmen bu değerlendirme yanlıştı. Resmi sosyal demokrat politikanın, tekelci burjuvazinin burjuva-parlamenter iktidar biçimine bağlı olduğunu kavramıyordu. SPD'nin özellikle işçi sınıfının içinde faaliyet yürüttüğü ve faşist iktidarın istemediği sendikalara ve diğer oluşumları itibariyle proleter kitle örgütlerine dayandığı gerçeğine uymuyordu. Tekelci burjuva çevreler, reformist işçi hareketine gereğinden uzun süre katlanmaya hazır değildi. Yanlış "sosyal faşizm" tezi, sosyal demokratları faşizme karşı eylem birliğine kazanmayı ve antikomünizmi geriletmeyi güçleştiriyordu.

Mayıs provokasyonunun püskürtülmesinden sonra parti, kendini 12. Kongre'sine hazırladı. Yaklaşık dört yıl boyunca Ernst Thaelmann, KPD'nin başında çalıştı ve partinin bu yıllarda Komintern'in yardımıyla, ideolojisi sağlam, örgütsel açıdan bütünlüklü, sıkı kitle bağları olan bir parti olarak gelişmesine; KPD içinde sağ ve sol oportünist anlayışlarla mücadelede Marksizm-Leninizm'in kazanmasına katkıda bulundu. Marksizm-Leninizm'in ideolojik, politik ve örgütsel ilkeleri, Alman devrimci işçi hareketinde onun önderliği altında sistematik olarak hayata geçiyordu. KPD; gelişiminin yeni, daha ileri bir aşamasına girdi. Thaelmanncı Merkez Komitesi'nin önderliği altında parti, olgunlaşan büyük sınıf mücadelelerine, tekelci sermayenin ve tehdit eden faşist tehlikenin saldırılarını karşılama mücadelesine kendini hazırlıyordu.

FAŞİSTLEŞTİRME POLİTİKASINA KARŞI MÜCADELE İÇERİSİNDE (Mayıs 1929-Eylül 1930)

12. Parti Kongresi ve KPD'nin antifaşist yönelimi

Egemen sınıfların en gerici güçlerinin emekçilerin yaşamlarına ve demokratik haklarına yönelik saldırılarına karşı savunma koşulları, 1929'un ilkbaharında hızlı bir şekilde kötüleşmişti. Kanlı Mayıs günü öldürülenlerin cenaze töreninde Ernst Thaelmann uyarıyordu: Polisin baskı önlemleri daha işin başlangıcıydı. O, 19 ve 20 Mayıs günlerinde, RFB'nin V. Reich toplantısının yapılmak istendiği Hamburg'da, bu toplantı hakkında bir gazeteye yazdığı yazıda "Faşizme, Çelik Miğfer haydutlarına ve Hitler muhafızlarına karşı, proletaryanın korunma ve savunma örgütü"[1] diye tanımladığı RFB'nin, yasaklanmasına karşı yapılan protesto gösterilerine katıldı. Polis, şehrin birçok yerinde kısa gösteri ve yürüyüşlerin yapılmasına engel olamamıştı. Ernst Thaelmann, pazartesi günü şehir parkında bin kişilik bir grupa sesleniyordu. Polis geç kalmıştı; çünkü onlar enternasyonal mitingi engellemek için, pazar günü aynı, yerde boşuna beklemişlerdi. RFB yasağına karşı "Kızıl Buluşma"lar, 1929 Pantkotu'nda Braunschweig, Bremen, Chemnitz ve Essen gibi diğer büyük şehirlerde de düzenlenmişti.

Daha önce Dresden'de yapılması planlanan KPD'nin 12. Parti Kongresi'nin yeri, Ernst Thaelmann'ın önerisi üzerine, Wedding barikat savaşçılarıya dayanışmanın bir işareti olarak, Berlin'in bu işçi mahallesine (Wedding - çev.) kaydırıldı. Parti kongresine hazırlık üzerine yazdığı bir makalesinde Ernst Thaelmann, en keskin sınıf çatışmalarının Almanya'da gerçekleştiğine işaret ediyordu. Proletaryanın çoğunluğunu kucaklamak, "XII. Kongre'nin tartışma ve kararlarının odak noktasını oluşturacak"tı. İkinci ağırlık noktası ise, tehdit edici boyutlara ulaşan savaş tehlikesiydi "Emperyalist haydutların bütün pazarlıkları ... bugün her zamankinden daha güçlü olarak" Sovyetler Birliğine karşı "belirtilen savaş hazırlıklarının gizli birer anlaşması olarak kendini göstermektedir." "Parti kongresi bu soruna büyük bir dikkatle eğilecektir. Kongre, aynı zamanda Alman proletaryasının savaş hazırlıklarına karşı savunma önlemlerini"(2) görüşecek ve gerekli olanı yaratacaktı.

Kongre, 9-15 Haziran 1929 tarihlerinde Pharus salonlarında toplandı. Ernst Thaelmann ana raporu sundu, ve başka bir oturumda da konuştu. O, Parti'yi, sınıf savaşımının gelecek dönemi için, büyük sermayenin sosyal-gerici saldırılarına karşı savunmaya, yaklaşmakta olan faşist tehlikeye karşı direnişe ve emperyalist savaş hazırlıklarına karşı mücadeleye yönlendiriyordu.

Ernst Thaelmann, ekonomik gelişmelerin, yaklaşmakta olan bir ekonomik krize işaret ettiği konusuna dikkat çekiyordu. İşssiz sayısında meydana gelebilecek aşırı artışlar hesaplanmalıydı. "Krizin yüklerinin emekçi kitlelerin sırtına yıkılmasının önlenebilmesi" için parti, elinden gelen her şeyi yapmalıydı. Parti, üzerine düşen her şeyi yapmalıydı.

Bir yandan Alman tekelci sermayesinin muazzam ekonomik gücü, öte yandan sınırlı sürüm pazarları ve Alman emperyalizminin uluslararası ekonomideki ikincil konumu arasındaki çelişki, büyük burjuvaziyi işçi sınıfı, emekçiler ve orta tabakalar üzerindeki baskısını artırmaya itiyordu; tabii devlet gücünden de yararlanarak. Ernst Thaelmann, "Alman burjuvazisinin saldırılarının ancak, faşist iktidar metotlarına başvurulmasıyla başarılı olabileceği" sonucuna varmıştı. O gösterdi ki, faşist girişimler birçok kez ve değişik şekillerde kendisini açığa vurmuştu: Burjuva politikacılarının diktatörce önlemlerden söz eden konuşmalarından ve SPD'nin hükümet ortaklığından ayrılmasından sonra; polisin vahşi saldırılarında; anayasa değişikliklerinin ön hazırlıkları sırasında; faşist ve militarist örgütlerin giderek artan eylemliliklerinde. Bu arada, önceki yılların Millet Meclisi seçimlerinin önemsiz Hitler partisinin, bu faşist grubun, kudurmuşçasına saldırgan bir program ve utanmazca demagojileriyle küçük burjuva tabakalar ve özellikle de kırsal kesimlerde etki alanını genişlettiğine dikkat çekiyordu.

Ernst Thaelmann'ın yönelimi, başlangıçları engelleme doğrultusundaydı. Parti, kendisini sınıf mücadelesinin sertleşmesine ve büyük politik kavgaların önderliğine hazırlamalı ve gerek saflarını, gerekse de kitlelerle bağlarını daha da sağlamlaştırmalıydı. Parti, ancak "eğer her türlü burjuva duygusallığından, ama aynı zamanda da her türlü abartmadan uzak olarak, işçi sınıfının yaşamsal ihtiyaçlarını hisseder ve onların çıkarlarını savunursa" önündeki mücadeleleri kazanabilirdi. "Eğer biz bunu gerçek proleter mücadele ilişkileri içerisinde yaparsak, işte o zaman kitlelerin güvenini kazanacağız ve onlarda, bizim onları sevdiğimiz ve onlarla birlikte bu mücadeleyi sonuna kadar götürmeye kararlı olduğumuz duygusunu uyandıracağız." Gelecekteki sınıfsal çalkantıların sertliği, Parti'nin tek tek her üyesine olan ihtiyacını bugünkünden daha da fazla artıracaktır: "Hiçbir komünist, Parti'nin görevlendirdiği alanı terk etmemelidir; en zor mücadele koşullarında bile, devrimci görevlerimizi yalpalamadan yerine getirmek zorundayız."

Ernst Thaelmann kongre raporunda, Parti'nin kitle çalışması üzerine geliştirdiği, bütünlüklü bir program sunuyordu. Parti, işçi sınıfı içerisindeki etkisini güçlendirmek, işçilerin çoğunluğunu devrimci politikalarına kazanabilmek için "ajitasyon metotlarını da sürekli geliştirmek ve yeni yöntemler uygulamak zorundaydı: İşçiler, komünizmin büyük düşüncesinin kendilerinin kurtuluşu ve komünist partisinin de işçilerin işçi partisi olduğu duygu ve inancına sahip olmalıdırlar." Aynı şekilde, işçiler ve diğer emekçilerin örgütsel birliğinin ve ortak mücadelesinin her çeşit formu denenmeliydi: Faşist teröre karşı her türlü kendi kendini koruma organları, işyerlerinde devrimci işçi temsilcilikleri ve delege tolantıları, işyeri mücadele yönetimleri, sosyal kazanımları korumak için işsizler komisyonları vb. Ernst Thaelmann, her zaman olduğu gibi, mevcut kitle örgütlerinin birliğinin reformist yöneticilerin bölme çabalarına karşı savunulması gerekliliğinin ve bu örgütler içerisinde, olabilecek her türlü kardeş kavgasının önüne geçilmesinin önemini özellikle vurguluyordu. O, siyasi çalışmanın değişik gruplar ve işçi sınıfının değişik tabakaları arasında farklı olarak sürdürülmesini; genç işçiler, kadın işçiler ve kır yoksulları arasındaki çalışmanın yoğunlaştırılmasını istiyordu. İşsizler arasındaki çalışmaya özel bir önem verilmeliydi; çünkü çaresizlik duygularının artmasıyla, faşist demagoji için uygun ortam yaratılıyordu ve bunun önüne geçilmeliydi.

Sorun, aynı zamanda, "en geniş emekçi kitlelerinin üzerinde proletarya hegemonyasının kurulmasıdır. Biz, Parti'nin dikkatini aynı şekilde şu görev üzerine de çekmeliyiz; orta tabakaları finans kapitale karşı savaşa seferber edebilmek için onlar arasında etkin bir çalışma geliştirmeliyiz." Gerçi bu, komünistlerin çoğunun hiç de meyilli olmadığı ağır bir görevdi; "ama, orta tabakalar ve aydınların belirli tabakalarını kazanma görevi, hiçbir koşul altında savsaklanmamalıdır."(3)

Durumla ilgili analizleri ve Parti'ningelecekteki siyaseti üzerine önerileri, 120 bin parti üyesini temsilen gelmiş olan 217 delegenin desteğini buldu. Değişik yerlerin yanında Bavyera yerel parti örgütlerinden, Hamburg'dan, Schleswig-Holstein'dan, Doğu Prusya ve Silezya'dan, Komünist Öğrenci Fraksiyonu ve KJVD temsilcileri de, faşistlerin ilerlemeleri üzerinde durarak, Thaelmann'ın bu tehlikeye karşı mücadelenin hemen geliştirilmesi yönündeki talebini pekiştiriyorlardı. Kongrenin diğer gündem maddeleriyle ilgili olarak sunulan raporlarda da, Thaelmann'ın öne çıkardığı sorunlar, tekellerin egemenliğinin giderek emperyalist devletin egemenliğiyle daha güçlü bir şekilde iç içe girdiği saptamasıyla ve yeni bir savaş öncesi döneme girildiği düşüncesiyle daha detaylandırılıyordu; ve bu yüzden, Lenin'in emperyalist savaşın nasıl hazırlandığına ilişkin gizlilik perdesinin aralanması gerektiği uyarısına uygun olarak, daha da bir önem kazanmaktaydı.

12. Parti Kongresi, şimdiye kadar hiçbir kongrede yaşanmamış şekilde, parti birliği ve kararlılığının gösterildiği; üyelerin Merkez Komitesi'ne, onun Marksist-Leninist çizgisine ve Ernst Thaelmann'a tam güvenlerini ortaya koydukları bir kongre oldu. Kongrede, Ernst Thaelmann önderliğinde ve önemli oranda onun yol gösterici açıklamalarıyla belirlenen; sınıf mücadelesinin gelişme seyrinin gerçekçi bir değerlendirmesine dayanan; emperyalist gericiliğe, faşizme ve savaş kışkırtıcılığına karşı emekçilerin yaşama haklarının savunulduğu bir çizgi benimsendi. Kongre, Parti'nin, her yönden büyümesi ve kitleler üzerindeki etkisini artırması yolunda ilerlemesine yol açtı

Ernst Thaelmann kongreden sonra, KEYK'in X. Plenumu'na hazırlanmaya başladı. Temmuz 1929'daki bu Plenumda, kapitalist ülkelerdeki komünist partilerinin kendilerini keskinleşmiş sınıf mücadelelerine hazırlamakta oldukları ve emperyalizmin faşizm ve savaşa doğru yol almaya başladığını anladıkları iyice belirginleşti. Ancak burada, emperyalist çelişkilerin derinliği ve burjuvazinin baskı altındaki emekçilerin direnişini ezmedeki olanakları konusunda yanılgıya düşüldü. Kapitalizmin geçen yıllarda ortaya çıkan göreli istikrarının dağılmaya başlamasının, kaçınılmaz olarak ve göreli olarak hızlı bir şekilde genel bir devrimci patlamanın ortaya çıkmasına yol açacağı ve yeniden, 1917'den 1919'a kadar olduğu gibi, iktidar mücadelesinin gündeme geleceği hesaplanıyordu. Komünist partiler, kendilerini buna göre şekillendirmeliydi.

Bu değerlendirmelerden ana yöne ilişkin olanı, gelişmeler tarafından doğrulandı. Ancak bu, aynı zamanda, sınıf çatışmalarının sonraki hedefleri üzerine geliştirilmesi gereken plan ve düşünceleri de bloke ediyordu. Bu yüzden de, faşist tehdide karşı alternatif olarak, doğrudan sosyalizm ve siyasi iktidarın işçi sınıfı tarafından ele geçirilmesinin propagandası yapıldı. Ama gelişme, sonraki olayların da gösterdiği gibi, beklenenin tersine, düz bir çizgi izlemedi ve oldukça uzun bir dönem aldı. Emperyalizm, kitlelerin devrimcileştirilmesini tahmin edilenden daha güçlü bir şekilde engelleyebildi; küçük burjuva kitlelerin kapitalizme ve onun sakatlıklarına karşı eleştirilerini, sermaye için değil, aksine, işçi hareketi ve demokrasi için tehlikeli olabilecek yönlere kanalize edebildi.

Dünya komünist hareketinin temsilcileri, Plenumda, sınıf mücadelesinin gelecek prespektiflerine ilişkin ortaya konan düşüncelere katıldı. Thaelmann, Almanya Komünist Partisi'nin sadece ulusal değil, uluslararası sorumluluğunun da bilincindeydi; ki, KPD, sınıf çatışmalarının odak noktasında mücadele eden, özellikle güçlü ve saldırgan bir emperyalizmle karşı karşıya olan ve büyük, deneyimli, üstün derecede örgütlü, ama aynı zamanda da reformizmden güçlü bir şekilde etkilenmiş bir işçi sınıfı içerisinde faaliyet yürüten bir parti olarak, kapitalist ülkelerdeki en büyük Marksist-Leninist hareketti. Kitle çalışmaları içindeki zengin deneyimleri Thaelmann'ı, tekelci burjuvazinin sosyal gerici saldırıları karşısında emekçilerin kendiliğinden, şu veya bu şekilde, devrimci saflara geçebilecekleri yanılsamasından koruyordu. O aynı şekilde, kitleleri devrimci politikalara kazanmanın önündeki engellerin farkındaydı. Raporunda komünistlere, kitle çalışmaları sırasındaki inat ve inandırıcılıklarını geliştirmeleri çağrısını yapıyordu.

X. KEYK Plenumu'ndan dönüş yolu Ernst Thaelmann'ı, tıpkı 1928'de olduğu gibi, Leningrad'dan geçiriyordu. O, temmuzun son günlerini Ekim Devrimi'nin şehrinde geçirdi; Parti militanlarına ve sanayi işçilerine yönelik konuşmalar yaptı, ve bu arada Baltık Filosunu da ziyaret etti. Buralarda, KPD'nin 12. Kongresi'nden, devrimci Alman işçilerinin savaş tehlikesine karşı mücadelelerinden ve X.

KEYK Plenumu'ndan söz etti; ve ilk kez bu yıl yani 1929'da, ilk beş yıllık planı yaşama geçirmeye başlayan Sovyet emekçilerinin üretkenliklerini yakından inceledi. Leningrad'ın Moskova-Narwaer Mahallesi'nde bulunan bir kültür evindeki toplantıda bulunanlara, "Alman işçileri, tıpkı dünyanın bütün işçileri gibi, ülkenizdeki sosyalist inşanın her büyük kazanımını ve ileri doğru atılan her adımı, büyük bir ilgiyle izliyorlar" güvencesini veriyordu. "Başarılarınız, içimizi cesaret ve heyecana boğuyor. Proletarya diktatörlüğünün bu tek ülkesiyle gurur duyuyoruz."(4)

Halk ekonomisinin uzun süreli planlanmasına geçişle; Beş Yıllık Plan'ın genişletilmiş hedefleriyle; ve Sovyet emekçilerinin bu hedeflere ulaşmak, onları aşmak için ortaya koydukları atılımla; sosyalizmin kapitalizme olan tarihsel üstünlüğü sergileniyordu. Sovyetler Birliği'ndeki işsizlik musibetinden kurtulmanın koşullarını da yaratan hızlı ekonomik kalkınma, sömürüden kurtulmuş işçi sınıfıyla diğer emekçilerin gücünü ve Marksist-Leninist partinin önderlik niteliklerini gösteriyordu. Sovyet emekçilerinin SBKP(B) önderliğinde elde ettikleri ve kendilerinin yararlandıkları sosyalist inşadaki başarılar; kapitalist ülkelerdeki üretim anarşisine, sürekli işsizliğe ve mutlak yoksulluğa karşı gözle görülür bir karşıtlıktı. Sovyetler Birliği'nin yatırım malzemelerine olan gereksinmesi Almanya'da ve diğer ülkelerde yüzbinlerce işçinin işyerlerini koruyup ve hatta sipariş kıtlığı yüzünden kapanma tehlikesindeki kimi firmaları kapanmadan kurtarırken; emperyalist gericilik de sürü halindeki paralı kalemşörlerini ve ekonomi peygamberlerini kullanarak, Beş Yıllık Plan'ın iflas ettiğini kehanet ettiriyor, dünya pazarlarında bir sözde Sovyet dopingi üzerine propaganda amaçlı çığlıklar attırıyor ve Sovyet aleyhtarı kışkırtmayı hayasızca artırıyordu. Bu, Ernst Thaelmann'ın Ekim 1929'da KPD Merkez Komitesi önünde yaptığı saptamayı, istemeden de olsa, doğruluyordu: "Sovyetler Birliği'ndeki sosyalist inşa ve Beş Yıllık Plan'ın muazzam bir şekilde uygulanması, -eğer kitlelerdeki coşkunluk duygusunu uyandırabilirsek- Almanya'daki proleter sınıf mücadelesinin elinde, değerli birer silah olacaklardır."[5]

Thealmann her fırsatta, ilk sosyalist ülkedeki inşanın, geleceğin, işçi sınıfı ve sosyalizme ait olduğunun elle tutulur kanıtı olduğunu ve bunun diğer ülkelerdeki kurtuluş savaşları için ne kadar önemli olduğunu vurguluyordu. O, Sovyetler Birliği'nin, sosyalist pratiği ile her gün sunduğu bu politik ve ideolojik yardımın titizlikle kullanılması çağrısını yapıyordu. Sovyetler Birliği'ndeki işçiler ve köylülerin sosyal ve kültürel kazanımları ve ekonomik başarıları ile ilgili haberleri dikkatle izliyordu; Parti'nin yönetici ve üyelerine de aynı şeyi yapmalarını salık veriyordu. Merkez Komitesi'nin Ekim 1929'daki oturumunda, Beş Yıllık Plan, gündemin bir parçasını oluşturuyordu. Ernst Thaelmann'ın önemli haber ve danışma kaynakları arasında; üretimle ilgili görevlerini iyi bir şekilde yerine getirirken emperyalistlerle çatışmalarında, kendi kararlılıkarından söz eden Sovyet emekçilerinin mektupları ve genellikle Komintern'in yönetici organlarıyla görüşmeler nedeniyle yaptığı Sovyetler Birliği ziyaretleri vardı. Komünist redaktörlerin KPD'nin gazetelerinde, sürekli olarak SBKP (B)'nin siyaseti, Beş Yıllık Plan'ın başarıya ulaşabilmesi için verdiği uğraşları ve Sovyet ülkesindeki yaşam koşullarının iyileştirilmesi üzerine haber ve yazılar yazmadaki gösterdikleri çabalarını destekliyordu ve KPD'nin yayınevlerinde bu konularla ilgili kitap ve broşürlerin çıkarılmasını teşvik ediyordu. Büyük Planın gerçekleştirilmesiyle ilgili deneyimler ve ilerlemeler üzerine SBKP(B) Merkez Komitesi'ne ve Sovyetler Birliği Merkez Yürütme Komitesi'ne sunulan yıllık çalışma raporlarını dikkatle inceliyor ve KPD Merkez Komitesi'nin olağan genel oturumlarında da bunların değerlendirmesini yapıyordu.

Ernst Thaelmann gemiyle Leningrad'dan dönüşünden sonra, Hamburg'daki savaş karşıtı günde yapılan yürüyüşe katıldı. Parti'nin hücre sekreterleriyle yapılan bir görüşmede, bölgedeki eylem hazırlıklarıyla ilgili deneyimler üzerine bilgi aldı.

Özellikle bu savaş karşıtı gün vesilesiyle 1 Ağustos 1929'da yapılacak olan gösteri ve sınır toplantıları, bazıları yasaklanmasına rağmen gerçekleştirildi. Bazı şehirlerdeki büyük fabrikalarda, Ernst Thaelmann'ın önerisi doğrultusunda, savaş malzemesi üretimini otaya çıkarmak amacıyla Antisavaş Komiteleri'nin oluşturulması başarılmıştı. Birçok yerde RFB üyeleri polise inat, üniformalarıyla, örgütlerinin yasaklamasına karşı yürüyüşler yaptılar. Orada burada -genel olarak yavaş da olsa- yeni, işçilerin kendilerini koruma örgütleri ortaya çıkıyordu.

Bu sırada, yani 1929 Yazı'nın sonları ve sonbaharında, emperyalist gericiliğin saldırılarını artırdığı yolundaki işaretler çoğalıyordu ve Ernst Thaelmann, partinin, hızla gelişen faşist tehlikeye karşı halkı seferber etmede 12. Kongre'nin verdiği itilimi, çevik bir şekilde içselleştiremeyeceği endişesiyle doluydu.

Uluslararası "Uzmanlar" Danışma ve Konferansları'ndan sonra, 1929 Yazı'nda, Almanya'nın ödeyeceği tazminatlarla ilgili yeni bir plan hazırlanmıştı. 1 Eylül'den itibaren Dawes Planı'nın yerine geçen, ve adını Amerikalı "uzman" bankacı Young'dan alan plana göre; uluslararası tekelci burjuvazinin, Alman işçi sınıfının sırtından elde edilen kâra ortaklığı, seksenli yılların sonlarına kadar güvence altına alınmaya çalışıyordu. KPD bu projeye karşı kararlı bir mücadele sürdürdü: Ernst Thaelmann, bu planın amacını daha 12. Parti Kongresi'nde analiz etmiş ve ekimde yapılan Merkez Komitesi toplantısına sunduğu raporunun tümünü bu soygun planına karşı nasıl mücadele edilmesi gerektiğine ayırmıştı. O, aynı zamanda Millet Meclisi'nde, Young Planı'nın uygulanması için çıkarılacak yasaların görüşmeleri sırasında (Şubat 1930), KPD parlamento grubunun görüşlerini savunma görevini de üstlendi. O, Alman emekçilerinin halen süren çifte sömürüsünü de protesto ediyor, ABD finans kapitalini, Alman emekçilerinin düşmanı olarak teşhir ediyor ve Alman tekelci sermayesinin "savaş tazminatları ödemelerini" bahane ederek, sömürüyü nasıl katmerleştirdiğini kanıtlıyordu. Daha 20 Eylül'de, Alman endüstrisinin Birlik Kurultayı'nda bir araya gelen

2000 büyük kapitalist, ekonomik ve sosyal politikanın sermayenin çıkarları doğrultusunda, radikal bir şekilde değiştirilmesi niyetlerini pekiştirmişledi. Thaelmann ayrıca; ABD finans kapitalinin güvenilir adamı ve Alman Merkez Bankası Başkanı olan Schacht'ın üstlendiği role dikkat çekiyordu. Ki,Schacht; sosyal hakların budanması yolunda ısrar ediyor ve Müller Hükümeti'nin devrilip sağ bir manevra yolunun açılmasına çalışıyordu.

Young Planı, Alman tekelci sermayesinin yükünü hafifletmişti. Artık "tazminat ödemeleri" endüstrı tarafından yapılmayacaktı. Alman emperyalizmine yasal anlamda da tavizler verilmişti: Versailles Antlaşması'nca öngörülen uluslararası kontrol ve şartların yerine getirilmemesi durumundaki tehditler kalkmıştı ve 1919 yılından beri Müttefik birliklerinin işgali altındaki Rheinland'ın boşaltılması, 1930 Yazı'nda mümkün olabilecekti. Egemen sınıfların belirleyici çevreleri bundan hoşnuttular; ama aynı zamanda, gerici güçler, Young Planı'na karşı demagojik bir manevrayla şovenist kışkırtmayı şahlandırmayı ve böylece küçük burjuva kitleleri faşizmin saflarına sürmeye çalışıyorlardı. Alman Milliyetçi Halk Partisi (DNVP), Çelik Miğfer ve Nazi Partisi, Young Planı'na karşı bir referandum yapılmasını sağlamak için, halk eğilimini belirleme faaliyeti yürütüyorlardı. Bu sahtekarca kampanyaya katılanlardan en kârlı çıkan, Nazi Partisi oldu: DNVP Başkanı Hugenberg'in hükmettiği basın tekeline ait yayın organları, sürekli bir şekilde, Nazilerin yalanlarının propagandasını yapıyordu. Nazi Partisi, 1929 yılında, büyük kapitalist destekçilerinin cömert parasal yardımlarıyla, geniş bir örgütlenme ağı kurdu. Ağustos ayı başındaki kongrelerinde, fabrika işçileri arasında faşist propaganda yapmak için özel bir örgüt de kurdular. Bu, fazla bir başarı sağlayamadı.

Faşit güçlerin toparlanışına karşı uyarı

KPD Merkez Komitesi, Ağustos 1929'da yapılan kongreden sonraki ilk çalışma toplantısında, faşistlerin çevirdikleri entrikaları da görüşüyor, bunların ciddi bir şekilde izlenmeleri ve hem politik hem de ideolojik olarak bunlara karşı nasıl mücadele edilmesi gerektiğini saptıyordu. Parti, aynı zamanda Reich Ordusu'nun faşistlerle olan işbirliğini de ortaya seriyordu. Ernst Thaelmann, onların demagojilerini ve özellikle de milliyetçi gevezeliklerini teşhir ediyordu. KPD, ekim ortalarında da, faşistlerin referandum girişimlerine karşı bir açıklama yayınladı. Ernst Thaelmann, 20 Ekim'de yapılan Emekçi Kadınlar'ın 1. Reich Kongreleri'nde konuşuyor ve faşistler tarafından tezgahlanan "refarandum aldatmacasının proleter kitlelerce yerle bir edilmesi"(6) çağrısını yapıyordu. KPD bu kongreyi, işçi sınıfından ve diğer emekçi katmanlardan kadınları siyasal mücadelenin içerisine daha güçlü bir şekilde çekmek için düzenlemişti, ki Thaelmann, böyle bir şeyi birçok kez talep etmişti. Parti, bununla aynı zamanda, Nazi demagojisine karşı durmayı amaçlıyordu, ki partinin yanına çekmek istediği küçük burjuva tarzda yetişmiş birçok kadın da, bu demagojilerin etkisi altındaydı.

27 Ekim'de, Hamburg Ayaklanması'nı anmak için, Sagebiel'de yapılan bir toplantıda, Ernst Thaelmann uyarıyordu: "Faşistlerin sözüne kanan herkes açık gericilikten yanadır; ... referandumu sahnelemek isteyenler, şimdiki hükümet blokunun faşist bir hükümetle el değiştirmesini sağlamaya çalışmaktadırlar. Onların mücadelelerinin özü, proletarya hareketinin şiddetle yok edilmesidir. Proletarya hareketi ezilebilirse, Sovyet Sosyalist Cumhuriyetler Birliği'ne karşı savaş sorunu gündeme gelecektir."(7)

Faşist tehlikenin böylesine uzak görüşlü bir değerlendirmesi, –Faşizm tarafından tehdit edilen diğer güçlerin faşizmi ciddiye almasından çok önce!– Thaelmann'ın Merkez Komitesi önünde şu çağrıyı yapmasını sağlıyordu: "Faşizmin küstah atakları; örgütümüzün nasyonal sosyalistlere ve diğer terör örgütlerine karşı mücadelede belirli şekillerde gösterdiği zayıflıklar; ve tempodaki yavaşlamalar, bizi, faşizme karşı mücadeleyi daha da ön plana çıkarmaya zorluyor."(8)

Faşist referandum girişimi, listeleri imzalama süresinin son günü olan 29 Ekim'de, gerekli olan, seçmenlerin % 10'undan imza toplamayı başarmıştı. Daha da tehlikelisi, şimdiye kadar küçük bir yan parti olan Nazilerin, 27 Ekim'de Baden Eyalet Seçimleri'nde, oyların % 7'sini almış olmalarıydı. Ernst Thaelmann, 6 Kasım'da bölge parti örgütlerinin politik sekreterlerine ve Merkez Komitesi üyelerine mektup yazıyor; ve onlardan, faşistlerle ortaya çıkan olaylarla ilgili deneyim ve önerilerin bölge yönetimlerinde tartışılmasını ve sonuçlarının parti önderliğine iletilmesini istiyordu. O, sorunun: "Bölgelerde en aşağılık demagojilerle çalışan nasyonal sosyalistlerle, sürekli ve sistemli bir mücadele"(9) olduğunu yazıyordu.

KPD; Nazi partisinin, gericiliğin en tehlikeli oyunu olarak, önce diğer burjuva partilerinin oy tabanlarını kendi kanalına akıtmasını beklemedi. Ernst Thaelmann'ın mektupları, onun önderlik yöntemine, partinin kolektif deneylerini sınıfı seferber etmede kullanma çabasına ve yoldaşlarının düşüncelerini almaya verdiği öneme özgüydü. Onun soruları, insanlarda konu üzerinde kafa yormak, girişimlerde bulunmak isteği uyandırmayı hedefliyordu.

KPD, sonraki haftalarda da faşist demagogların yeni başarılar kazanmalarını engellemek için; işçi sınıfını, işsizliğin artmasına, ücretlerine ve sosyal kazanımlarına yönelik olarak beklenen saldırılara karşı seferber etmek doğrultusunda, her türlü çabayı gösterdi. Ernst Thaelmann'ın kendisi de yorulmak bilmeden yollardaydı; işçi toplantılarında ve yoldaşlarıyla görüşmelerdeydi. 17 Kasım 1929'da yapılacak Prusya yerel seçimlerinin arifesinde o, başkentteki proleter seçmenlere Nazilerin yalanlarına kanmamaları çağrısını yapıyordu. 18 Kasım'da Wedding'de yapılan büyük bir mitingde, 19'unda AEG ve Schwartzkopff işçilerine, ayın 21'inde Berlin Spor Sarayı'nda yapılan Komünist Gençlik Enternasyonali'nin yıldönümü toplantısında, ayın 22'sinde de Siemens işçilerinin toplantısında konuşuyordu. 24 Kasım günü yapılan Berlin-Brandenburg-Lausitz-Grenzmark Bölge Yönetimi toplantısında, gerici güçlerin konsantrasyonunun tehlikeli boyutlarda ilerlediği saptamasını yapıyordu. Ayın 25'inde Borsig işçilerine, ayın 27'sinde de inşaat işçilerine sesleniyordu. 28 ve 29 Kasım'da Merkez Komitesi toplandığında, Ernst Thaelmann, dikkati "Ulusal duyguları kullanarak cumhuriyete karşı savaşan nasyonalistler ve nasyonal sosyalistlere"[10] çekiyordu: Nazilerin ajitasyonu, içerik olarak düşünüldüğünde ilkeldi, gerekçeleri ucuzdu; ama bu ajitasyon oldukça dikkatli yapılıyordu ve küçük burjuvazinin kafa yapısına ve gerici önyargılarına ustaca uyuyordu, işte bu yüzden de etkiliydi. Kitlelerin aldatılmalarına karşı bu mücadelede, komünistler kendi açık, teorik olarak temellendirilmiş görüşlerini daha canlı ve insanları gerçekten etkileyici bir şekilde savunmalıydılar.

Ernst Thaelmann, 30 Kasım'da Devrimci Sendika Muhalefeti'nin 1. Reich Kongresi'ne katıldı. Kongrede devrimci sendikacıların; çoğu sendika önderlerinin direnişine karşın, sendikal mücadele araçlarını sermayenin saldırılarına karşı nasıl kullanabilecekleri tartışıldı. Thaelmann, üzerine basa basa, gerekli olanın, büyük kapitalist sermayedarlara karşı "proletaryanın büyük devrimci ortak mücadele cephesini oluşturmak" olduğunu belirtiyordu: "Biz bu yüzden işletmelerdeki, sendikalardaki, tüm kitle örgütlerindeki çalışmalarımızı, hep kitleleri mücadele için örgütleme bakış açısıyla olağanüstü yoğunlaştırmalıyız."[11]

Ernst Thaelmann aralık ayında yapılan birçok toplantıda da aynı şeyleri vurguluyordu: 1 Aralık'ta Berlin-Neukölln'de Antifaşist Genç Muhafızlar'ın mitinginde, 4 Aralık'ta Berlin-Niederschöneweide'de AEG işçileri önünde, 11 Aralık'ta Berlin-Moabit'te AEG-Elektrik sanayii tekeli işçilerinin önünde konuşuyordu. O, 12 Aralık'ta yine AEG İşletmeleri'ndeki işçilerle düzenlenen bir başka toplantıda konuştu; ayın 15'inde, son dört hafta içerisinde partiye alınan üyeler önünde; ayın 17'sinde Devlet Basımevi işçilerine ve yine aynı gün sigara fabrikalarının kadın işçilerine hitaben konuşuyordu. 18 Aralık'ta düzenlenen bir toplantıda Osram işçilerine, kapıda bekleyen kitlesel işten çıkarmalara karşı direnişi örgütlemeleri için yardım ediyordu. Sonra Dresden'e geçerek, KPD'nin üç Saksonya Bölge örgütünün 22 Aralık'ta yapılan konferansında, Nazilerin özellikle Vogtland ve Erz Dağları'nın yoksul bölgelerine girmelerine karşı mücadelede, güçleri bir araya yoğunlaştırmak için, üç örgütün neden tek bir parti bölge yönetimi çatısı altında birleştirilmesi gerektiğini gerekçelendiriyordu. Yıl sonuna doğru Hamburg'un Wasserkante Bölge Yönetimi'nin görüşmelerine katılarak, "reformist sendika önderlerine sendika aidatları ödenmemesi" yollu sekter sloganlara karşı çıkıyor, ve işsizleri kendi hakları için aktif mücadeleye katma çabalarını artırmaya çağırıyordu.

Bu arada, aylardan beri geleceğini haber veren ekonomik kriz, artık gerçekleşmişti. Ekim sonlarında, New York Hisse Senetleri Borsası'nda fiyatların korkunç bir şekilde düşmesi, ağır bir krizin başlamakta olduğu sinyalini veriyordu; böylece başlayan kriz, süratle kapitalist ülkeleri ve ekonominin değişik sektörlerini peşpeşe kendi girdabına çekiyordu. Almanya'da 1929 yılının son aylarında, sanayi üretimi gözle görülür bir oranda düşmüştü. İşsiz sayısı da Ocak 1930'da 3,2 milyona ulaşmıştı ve işsizlik oranındaki alışılagelmiş dönemsel düşüşler de bundan sonraki aylarda gerçekleşmedi. Köylüler fiyatların düşüklüğü altında eziliyordu. Perakende satış yapanların hasılatları büyük oranlarda azalmıştı.

Alman tekelci sermayesi, ekonomik krizden yararlanarak sosyal kazanımların budanması ve işçi sınıfının tüm haklarının elinden alınmasının tam sırası olduğunu anlamıştı. 2 Aralık 1929'da Alman Endüstrisi Reich Birliği (RVDI) taleplerini ayrıntılı bir şekilde yayınlıyodu, ki bunlar, sendikaların etkilerine ve emekçilerin çıkarına olan her şeye son verilmesi; böylece ücretlerin, işsizlik ödentilerinin ve emekli aylıklarının insafsızca düşürülmesi; ve vergi yüklerinin de, mümkün olursa bütünüyle, emekçilerin sırtına yıkılmasına yönelikti. Reich İçişleri Bakanı, sosyal demokrat Carl Severing, 4 Aralık'ta, Meclis'e yeni bir Cumhuriyeti Koruma Yasası adı altında bir yasa tasarısı sundu; buna göre, polis ve yargı organları anayasaldemokratik hakları kısıtlamak için tam yetkiyle donatılıyordu. Naziler, 8 Aralık'ta yapılan Thüringen Eyalet Seçimleri'nde ve Bavyera Belediye Seçimleri'nde azımsanmayacak başarı elde ettiler; sonuçta, Thüringen'de Nazilerin de katılımıyla sağcı bir hükümet oluşturuldu. 12 Aralık'ta RVDI, yaptığı bir toplantıda, 2 Aralık'ta yayımlanan programını pekiştiriyor ve gerçekleştirilmesi için de parlamentarist yönetim biçiminin yerine, diktatörce yetkilerle donanmış bir yönetim biçiminin geçirilmesini talep ediyordu. Faşist referandum oylaması 22 Aralık'ta bir yenilgi aldı (kullanılan oy sayısı 6 milyonu bile bulmamıştı); ama KPD bunu şöyle değerlendiriyordu: "Buna karşın şu bir gerçektir ki; bu 6 milyon oy, proletaryaya karşı her an bir iç savaş başlatmaya hazır olan faşizmin ne kadar tehlikeli olduğunun belirgin bir kanıtıdır."(12) Sonunda, 1929 Noeli'nde, ordunun siyasi beyni sayılan General Kurt von Schleicher, Cumhurbaşkanı Hindenburg'un Müsteşarları Otto Meissner ve Merkez Partisi'nin Meclis Grup Başkanı Heinrich Brüning ile Cumhuriyeti Koruma Yasası kabul edildikten, kendi sorumluluklarında olmak kaydıyla Young Planı imzalandıktan sonra, sosyal demokratların hükümetten atılmalarını görüşüyorlardı. Sonra, sosyal demokrasi ve hatta mümkünse Meclis olmadan, anayasanın 48. Maddesi'ne dayanılarak, ülke; özel kararnamelerle yönetilmeliydi.

Meclis'teki Hükümet Koalisyonu'nu oluşturan partiler, Meclis'te Young Planı'na ilişkin yasaları 12 Mart 1930'da; Cumhuriyeti Koruma Yasası'nı da 18 Mart'ta karara bağladılar. 27 Mart'ta SPD'nin burjuva koalisyon ortakları, hükümeti düşürdüler. Brüning, sosyal demokratsız yeni bir hükümetin Başbakanı (ya da Şansölyesi) oldu. Brüning 1 Nisan'da Meclis'te yaptığı konuşmasında, hükümetinin parlamentarist koalisyona dayanmadığını ve eğer Meclis buna itaat etmezse, dağıtılacağını duyuruyordu. Böylece Alman Cumhuriyeti bir başkanlık diktatörlüğüne dönüştürüldü ve tekelci sermayenin talepleri, hükümetin programının içeriğini oluşturdu.

Ernst Thaelmann, daha 11 Şubat'ta Meclis'teki Young Planı'na ilişkin konuşmasında, işçi sınıfının tekelci burjuvazinin diktatörlüğü altında inlediğine dikkat çekiyordu. Alman ve yabancı büyük sermaye, "Almanya'da hangi gerici yasaların kabul edileceğini"[13] belirliyorlardı. Ruhr Bölgesi'ndeki büyük şehirlerde aynı gün yapılan yürüyüşler, KPD'nin Meclis'te dile getirdiği ücret-iş-ekmek talebini destekliyorlardı. Ama bu hedefler için mücadele, giderek daha sert önlemlerle karşılanıyordu. Şubat başlarında Hartmannsdorf'daki tekstil işçileri, on bir hafta süren "ücret artışları ve çalışma süresinin kısaltılması için" yaptıkları grevlerine, polisin ve Tekstil İşverenleri Birliği'nin yaptıkları baskılar sonucu son vermek zorunda kaldılar. İşsizlerin 6 Mart'ta Berlin ve Halle'de yaptıkları yürüyüşler polis tarafından silah kullanılarak dağıtıldı.

Ernst Thaelmann, şubatın ikinci yarısında katıldığı; "ekonomik krizin sonuçları ve işsizlikle mücadele, sendikal sorunlar ve grev taktiği" üzerine görüşmelerin yapıldığı, KEYK Prezidiyumu görüşmelerinde, özellikle işçi sınıfının örgütlü kesimlerinin kazanılmasına yönelinmesini ve sendikalar içerisinde sağcı önderlerle tartışmaktan kaçılması gerektiğini, güçleri örgütsüz işçileri ya da zaten komünistlere sempati duyan işçileri kazanmaya çalışmakla harcamamak gerektiğini ısrarla belirtiyordu. Thaelmann bu bakış açısını, KPD Merkez Komitesi'nin 20-21 Mart 1930'daki oturumunda da savundu. O, sosyal demokrat ya da reformist işçilerle konuşmanın boşa harcanmış çaba olarak değerlendirilmesi düşüncesine şiddetle karşı çıkıyordu. Bir komünist, her işçiyle, hatta Katolik Merkez Partisi ya da diğer burjuva partilerinden olsa bile, arkadaşça tartışabilmeliydi. Emekçilerin güvenlerini kazanmak için "günlük kitle çalışması" gerekliydi ve bu görevi her kademeden partili yapmalıydı. O, yoldaşlarına şunu da anımsatıyordu: "Bizim birçoğumuzun da komünist olmadan önce ikna edilmemiz gerekiyordu, bizi sadece tarih değil, aynı zamanda kendi politik çabalarıyla insanlar inandırdılar."

Thaelmann bu konuşmasında, egemen sınıfların en gerici güçlerinin başlattıkları faşistleştirme sürecinin anlaşılabilmesi için de önemli ipuçları veriyordu. O, daha bir önceki yılda belirtmiş olduğu, Almanya'da emperyalizmin kademe kademe faşist diktatörlüğe geçmeyi deneyeceği yollu düşüncesini anımsatıyor ve Nazi partisinin en son gelişmesini "Nasyonal faşizmin burjuva devletin içerisinde, onunla ileri boyuttaki bir kaynaşması"(14) olarak saptıyordu.

Sermaye saldı ısına karşı

Ernst Thaelmann, 19 Nisan 1930'da, Leipzig'de yapılan ve 30 bin Genç Komünistin yanı sıra sosyal demokrat ve genç Hıristiyan işçilerden delegasyonların da katılarak, mücadeledeki kararlılıklarını gösterdikleri "Komünist Gençlik Birliği"nin 5. Reich Gençlik Kongresi'ne katıldı. Öğleden sonra da, Augustus Meydanı'nda yapılan büyük mitingde konuştu. Konuşmasında KPD'nin, işçi gençliği artan sömürüden, her türlü saldırı ve baskıdan korumak için tüm olanaklarını kulandığı güvencesini veriyordu. Kapitalizm tarafından geleceği karartılan; çözümsüzlüğe mahkum edilen, umudunu yitirmiş bir gençliğin, faşist demagogların tuzaklarına düşmeleri önlenmeliydi. Yeni kurulan Brüning Hükümeti'nin siyasi yönelimi, sınıf mücadelesinin sertleşeceği, savaş tehlikesinin artacağına işaret ediyordu. Buna, özellikle de emperyalist savaş siyasetinden en fazla zarar görecek olan gençliğin çıkarları açısından, görkemli kitle eylemleriyle karşılık verilmeliydi.

Komünistlerin Berlin Lust Parkı'nda yaptıkları 1 Mayıs gösterisinde yaptığı konuşmasında da Ernst Thaelmann, yaşlı ve genç emekçilerin, işçilerin, hizmetlilerin, memurların ve yoksul köylülerin Birlik Cephesi için çağrı yapıyordu. Çağrısından önce de, bir yıl önceki 1 Mayıs'ta, haklarını savundukları için polis tarafından öldürülen işçilerin anısına, o zaman barikatların kurulmuş olduğu Berlin'in Wedding semtindeki Kösliner Caddesi'nde bulunan göstericileri selamlamıştı.

Ernst Thaelmann, mayıs ayı içerisinde yapılan birçok Bölge Parti Kongreleri'nin tartışmalarına katılırken, kendi doğduğu yerin bölgesi olan Wasserkannte Kongresi'nde rapor sunuyordu. Büyük burjuvazinin saldırılarına karşı, bütün işçi sınıfı içerisinde geniş bir eylemlilik geliştirilmeliydi: "Biz, eğer yıllardan hatta onyıllardan beri kafaları karıştırılmış da olsa, kendimizi her işçi kesimine yöneltmeliyiz."(15) Bu, Thaelmann'ın sık sık yinelediği bir uyarısıydı: Komünistler, kendilerini kesinlikle sosyal demokrasi ve diğer burjuva partileri içerisindeki işçilerden ayırarak ya da soyutlayarak kendi kabuklarına çekilmemeliydiler.

Bunun da ötesinde, Thaelmann bu görüşmelerinde, faşistler tarafından yanlış yola sürüklenmiş olanlar içerisinde de mutlaka ideolojik mücadele yürütülmesini istiyordu; tartışmalar böylece Nazi partisi saflarına taşınmalıydı. Nazilerin terör olayları, komünistleri bundan alıkoymamalıydı: Nazilerin öldürme taktikleriyle elde etmek istedikleri, —emekçilerin sindirilmelerinin yanında— tam da buydu. Onlar siyasi tartışmaların yerine; kanlı çatışmaları geçirerek, faşist örgütlerin üyelerinin düşünmelerini önlüyorlar, onları komünistlerin daha üstün olan düşüncelerinden uzak tutmaya ve üzerlerindeki etkilerini yok etmeye çalışıyorlardı. Ve elbetteki işte tam da bu yüzden, diye daha sonraları da üzerine basarak söylüyordu Ernst Thaelmann, Nazilerin terör çetelerine, provokatif SA gösterilerine ve saldırılara karşı, mücadeleye hazır işçilerin kitle eylemleriyle savunmayı sağlayacak bir direniş örgütlenmeliydi. Bir yandan da, faşizmin işçi sınıfı içerisine girmesini engellemek ve diğer emekçi tabakaların üzerindeki etkilerini tekrar geriletmek için, özellikle de ideolojik mücadele hızlandırılmalıydı.

Ernst Thaelmann'ın siyasetinde, tekelci kapitalist gericiliğin faşist saldırı çetelerine karşı mücadele, binbir zorlukla kazanılmış olan ücretlerin ve işyerlerinin savunulması mücadelesiyle iç içeydi. KPD, krizin ilk yıllarında işverenlere karşı kendilerini savunmak için birçok işletme ve işkolundaki işçilerin grevlerini enerjik bir şekilde destekliyordu. Parti, fabrika işçileriyle işsizleri, kazanılmış hakların daha da budanmasına karşı ortak mücadeleye sokmaya çalışıyordu.

Ücretlerin daha da düşürülmesinde —genel anlamda— bir öncülük üstlenen Mansfeld-AŞ'de büyük grevi örgütleyenler ve yönetenler açıkça komünistler ve devrimci sendikacılardı. Bu grev 1 Haziran'da başlayıp, 1930 Temmuzu'nun sonuna dek sürdü. Dişe diş sürdürülen bu grev, kriz içerisinde de grevin yapılabildiğini, bu koşullarda kapitalistlerin üretimin durdurulmasına karşı hiç de duyarsız olmadıklarını ve işsizlerin kendilerini grev kırıcısı olarak kullandırtmadıklarını kanıtladı.

Bu mücadeleler içerisinde Ernst Thaelmann, komünistlerin bu mücadeleler içerisinde kendilerini en iyi sendikacılar olarak sınamalarına, dolayısıyla da işçiler üzerinde otorite kazanmalarına özel bir önem veriyordu. O, örneğin reformistlerce önderlik edilen büyük sendikaların yanında ayrıca devrimci sendikalar kurulması düşüncesini yanlış buluyordu. O, daha KEYK Prezidiyumu toplantısında buna sert tepki göstermişti. KPD Merkez Komitesi'ne bu oturum üzerine sunduğu raporunda şunu belirtiyordu: "Eğer Devrimci Sendika Muhalefeti'nin, sendikalar içerisindeki mücadeleleri sürdürülmez ve hatta yüz katına çıkarılmazsa, o zaman kayda değer bir başarı elde edemeyiz."(16)

Bölge yönetimleri ve bölgelerdeki işçilerle yaptığı görüşmelerde tekrar tekrar "devrimci sendikacılar serbest sendikal örgütlerde nasıl etkili olabilirler?" sorusunu soruyor ve muhalif işçilerin yeniden bu sendikal örgütlere alınmaları için daha çok çaba gösterilmesini istiyordu. 2 Mayıs günü Politbüro'da Rhein-Westfalya Metal Endüstrisi'nde beklenen, ücretlerin artırılması mücadelesi üzerine konuşulduğunda, o, "sendikalar siyaseti" üzerine bir konuşma yaptı. 23 Mayıs günü de Reich Komitesi ile, Devrimci Sendika Muhalefeti'nin desteklenerek geliştirilmesi üzerine bir görüşme yaptı. Thaelmann'ın açıklamaları net bir şekilde, muhalefetin kendi başına hareket eden bir örgüte dönüştürülme eğilimlerine karşıydı: "5 milyon işçi bağımsız sendikalarda, ve 1,5 milyonu da diğerlerinde örgütlüdür. Milyonlarca örgütlü işçi, devrimci sınıf savaşımının bayrağı altında toplanabilirler ve toplanmalıdırlar ... Devrimci Sendika Muhalefeti'nin her aktif üyesi önce kendi sendikasında, kendi işkolunda örgütlü olan iş arkadaşlarını çizgimizin ve taleplerimizin doğruluğu konusunda ikna etmek için her şeyi yapıp yapmadığı konusunda kendisini sorgulamılıdır."[17] Sendikaların varlık nedenleri olan görevlerine dönmeleri, yani işçilerin çıkarlarının savunulması, toplusözleşmeli ücretlerinin korunması için ve kitlesel işten çıkarmalara karşı yeniden mücadeleye sarılınması -her kongre, toplantı ve olası her durumda- talep edilmeliydi.

Thaelmann, 1930 Pantkotu'nda, devrimci işçi sporcuların Erfurt'ta yaptıkları üç günlük toplantılarına katıdı. Thüringen'in şehirleri ve köyleri üzerinden, o zaman faşistlerin hükümette oldukları Thüringen polisleri tarafından birçok kez engellenerek ve provokasyona getirilmeye çalışalarak, Prusya'ya ait olan Erfurt'a doğru gelen konvoyları karşılamak için yola çıkmıştı Ernst Thaelmann. Pazar günü ise, Dom ve Severi kiliseleri önündeki meydanda toplanmış olan onbinlerce kızıl sporcuya sesleniyordu. O, dinleyicilerini işçi sporu içerisinde de, aynen sendikalar ve diğer proleter kitle örgütlerinde olduğu gibi, antifaşist mücadelede birlik ruhu için tavır almaya çağırıyordu. Bir hafta sonra oradaki Parti örgütünü eyalet seçimlerinde desteklemek amacıyla Saksonya'ya hareket etti. 17 Haziran'da, Nazilerin kalelerinden, Vogtland'ın açlık bölgelerinden biri olan Plauen'de konuştu. Naziler, burada da Thüringen ormanları ve Erz dağlarında olduğu gibi, evlerinde fason işlerle uğraşanlar ve özellikle sefalet içerisindeki diğer tabakalar arasında çok çabuk bir şekilde taban kazanmışlardı. "O, konuşmasında..." diye yazıyordu "Rote Fahne" muhabiri, "Ernst Thaelmann yoldaş, okun ucunu nasyonal sosyalistlere yöneltiyor ve etkileyici anlatımıyla, faşistlerin sözleriyle karşıdevrimci siyasetleri arasındaki en belirgin çelişkiyi gözler önüne seriyordu."[18]

Faşist tehlikenin kaynaklarının analizi

1930 Almanyası'nın ilkbahar ve yazındaki gelişmeler, egemen tekelci kapitalist çevrelerinin genel bir faşistleştirme politikasına geçişlerinin kendine özgü özelliklerini taşıyordu. İşveren örgütleri ücretleri kısmaya uğraşırken, hükümet, olağanüstü kararnamelerle tehdit ediyor, Naziler artık daha güçlü bir şekilde destekleniyorlardı. Ernst Thaelmann ve KPD, tehlikeyi daha bu dönemlerde anlamışken, sosyal demokrasinin önderliği ve diğer faşist olmayan partilerden politikacılar, bırakalım bu politikanın ne sonuçlar getirebileceğini anlamayı, egemen güçlerin Weimar Cumhuriyeti'nin anayasal düzenine saldırıya geçtiğini bile görmek istemiyorlardı.

KPD Merkez Komitesi Politbürosu görüşmelerinden sonra, 4 Haziran 1930'da, faşizme karşı mücadele üzerine bir karara vardı. Bu karar 15 Haziran'da yayınlandı. Böylece bütün komünistlerin ve hatta bütün antifaşistlerin eline bir döküman veriliyordu. Onlar bu dökümanın içerisinde faşizmin analizinin yapılmış olduğunu ve okun ucunun da belirli bir siyasal güce, tekelci burjuvazinin faşist çabalarını en sert bir şekilde ortaya koyan Nazilere yöneltildiğini görüyorlardı. Politbüro, faşist tehlikenin artık açıkça görülen hızlı gelişimine ve terör eylemlerinin yoğunlaşması dikkat çekiyor -ki sadece mayıs ayının ikinci yarısında en az dokuz işçi öldürülmüştü— ve faşist hareketin inini gösteriyordu: "Ön saflarında finans kapitalin, özellikle de ağır sanayi işadamlarının bilinçli ve vicdansız ajanları istisnasız olarak yer alıyorlar. Faşist örgütler burjuva-kapitalist cumhuriyetin devlet sistemi içerisine tam olarak yerleştirilmişlerdir. Faşizm... Almanya'nın Sovyetler Birliği'ne karşı gerici bir müdahale savaşına girmesi için açık bir ajitasyon faaliyeti yürütüyor." Eğer faşizmin Alman halkına hazırlamak istediği kaderi geriye çevirmek ve onun yeniden bir savaşa, hem de Sovyetler Birliği'ne karşı bir savaşa sokulması engellenmek isteniyorsa, faşizm mutlaka yenilmeliydi. Faşizmin yok edilmesi, işçi sınıfının uzun vadeli hedefinin çıkarları açısından da gerekliydi; çünkü o, devrimin önündeki en tehlikeli engeldi. Karar, böylece Ernst Thaelmann'ın 1929 İlkbaharı'ndan beri savunduğu düşünceleri toparlamış oluyordu.

Açıklanan karar içerisinde geliştirilmiş olan faşizme karşı mücadele programıyla da Politbüro, başından beri Ernst Thaelmann'ın izlediği yönelim çizgisini benimsiyordu: "Faşizme karşı mücadele, siyasal kitle mücadelesi olarak en geniş temelde yürütülmek zorundadır."[19] Karar bunu detaylandırıyordu ve bunun için de dört önemli bakış açısına işaret ediyordu: Faşizmin püskürtülmesi mücadelesini, emekçilerin çıkarları ve hakları doğrultusunda yapılan bütün eylemlerle birleştirmek; bu arada işçi sınıfının birlik cephesini oluşturmak; bunun da ötesinde, diğer kesimlerden emekçilerle geniş bir birlik sağlamak; ideolojik mücadeleyi —faşist aldatma manevralarını teşhir etmek için— örgütlü kitle mücadelesiyle birleştirmek.

22 Haziran 1930'da yapılan Saksonya Eyalet Seçimleri'nin sonuçları, Politbüro'nun kararında dile getirilen ve aylardan beri Thaelmann'ı meşgul eden endişeleri haklı çıkarıyordu; Partinin daha büyük çabalarıyla faşizmin püskürtülmesi için diretmek! Komünistlerin bütün uğraşlarına karşın, Naziler oy oranlarını üç kat artırmayı başardılar. Böylece diğer bütün burjuva partilerini ve hatta çok küçük bir farkla da olsa, KPD'yi bile geçtiler. SPD 50 binin üzerinde oy yitirmişti ve KPD, bu oyların çok az bir bölümünü kendi hanesine kazanabilmişti. Thaelmann, Merkez Komitesi'nin 16 ve 17 Haziran günlerinde yapılan oturumunda şunu istiyordu: "Partinin bütün faaliyetlerini köklü bir özeleştirel kontrolden geçirmek zorundayız."

Bu yüzden Merkez Komitesi, toplantısında, Saksonya seçimlerinin deneyimlerini, burada ve diğer kampanyalarda ortaya çıkan zaafları, ayrıntılı bir şekilde analiz ediyor ve bunlardan Parti faaliyetinin bütün alanları için detaylı sonuçlar çıkarıyordu. Bu sonuçlar "sosyal demokrat işçilere karşı güçlendirilmiş bir Birlik Cephesi siyaseti"[20] talebinden, kitle mücadelesinin çok yönlülüğüne; örgütlü antifaşist mücadeleden, örgütsel görevlere kadar uzanıyordu; ve Parti yönetimleri, kararların uygulanmasında ısrarcı davranmalıydı.

Thaelmann, raporunda, Politbüro'nun kararını detaylandırmaya, Almanya'daki faşistleştirme sürecinin kendine özgü yanlarına yönelik bakış açısını netleştirmeye ve Nazilerin kazandıkları kitle potansiyelinin kaynaklarını ortaya sermeye çalışıyordu. O, dikkati, Parti'nin kendisini faşist güçlerle uzun vadeli hesaplaşmalara hazırlaması gerektiği noktasına çekiyordu. Onun, faşistleştirme sürecinin güçleri, biçimi ve yöntemleri; bunun içerisinde her türlü eylemleri iç içe geçmiş tekelci sermaye, devlet aygıtı ve faşist örgütler üzerine yaptığı açıklamaları; Almanya'daki gelişmeleri gerçekten anlayabilmek açısından önemliydi. Bunlar KPD'ye, tekelci burjuvazinin en gerici güçlerinin özellikle tehlikeli bir aracı olan Nazi partisiyle mücadelenin gerekliliğini gösteriyor, aynı zamanda da, devlet organlarının da —özellikle Reich hükümeti aracılığıyla ve cumhurbaşkanına dayanarak— yardımlarıyla sinsice yapılan faşistleştirmeye karşı, mücadeleyi örgütleme olanağını veriyordu. Thaelmann'ın faşistleştirme süreci ile ilgili bu bütünlüklü görüşleri, olağanüstü bir uzak görüşlülük olarak kendisini gösterdi. Sadece bu düşünceler, diğer siyasi güçlerin 'faşizm değerlendirmeleriyle' karşılaştırıldığında, Almanya'nın gerçeklerini yansıtıyordu.

İşte, KPD tam da bu yüzden, Brüning Hükümeti'nce yönlendirilen olayları, anında, hatta Merkez Komitesi henüz toplantı halindeyken, açıkça değerlendirebiliyordu; tavır koyabiliyordu. 16 Temmuz 1930'da Brüning ve Hindenburg, ilk olağanüstü kararnamelerini yayınlıyorlardı, ki bu, —diğer şeylerin yanında— bir "kelle ve bekarlık vergisi" ile devlet görevlilerinin maaşlarında ek kesintileri öngörüyordu. Meclis, iki gün sonra bu olağanüstü kararnameyi kaldırdığı için, cumhurbaşkanı tarafından dağıtıldı. Sözü edilen ekonomik yükler, 26 Temmuz günü, bir olağanüstü kararname ile yeniden yürürlüğe sokuldu; hem de "bira vergisi, işsizlik sigortasına kesilen ödentiler artırılmış, haklar azaltılmış" ve benzeri yükler eklenmiş olarak. KPD, bu uygulamayı —Anayasada ilgili maddeler ya da yasal dayanağı olsa da— gerçekten olduğu gibi değerlendiriyordu: Parlamenter cumhuriyetten faşist diktatörlüğe geçiş yolunda atılmış bir adım! Ernst Thaelmann, Meclis'in dağıtılmasının ertesi günü "Rote Fahne"de şunu yazıyordu: "Ani bir darbe ile burjuva sınıf egemenliğinin parlamenter-demokratik maskesi düşürülüverdi ... Hükümet, Weimar Cumhuriyeti'nin kendi anayasasını ihlal ediyor ... Soğukkanlılıkla, legal bir faşist hükümet darbesi için yolu açıyor." Thaelmann, Nazilerin bu komplo içerisindeki rollerine de dikkat çekiyordu: "Büyük kapitalistlerin paralarıyla yukarıya doğru semirtilen Hitler çetelerinin kahverengi(*) ölümcül veba mikrobu, işçi sınıfının gücünü bölmek, burjuvazinin faşist saldırılarına ve açlık siyasetine karşı proleter direnişi yıpratmak için geliştiriliyordu."[21] Ernst Thaelmann fabrikaların, maden ocaklarının ve tersanelerin proleterlerine, beş milyon işsize ve geçici işçilere, hastalara, özürlülere, gazilere, köylülere, yoksullaşmış orta sınıf insanlarına, sıkıntı içindeki hizmetli ve memurlara uyarıcı bir şekilde sesleniyordu: "Bizimle birlikte mücadele edin!"

8 Ağustos 1930'da, o, Hamburg'da yapılan büyük mitingle Meclis seçimleri için KPD'nin seçim kampanyasını başlatıyordu. Toplanan binlerce insan, onun açıklamalarını coşkuyla onaylıyorlardı. KPD'nin önderi, sömürülenlere ve ezilenlere ve Olağanüstü Kararname'den etkilenenlere yürekten sesleniyordu. Memleketi olan Hamburg'da olduğu gibi, Stuttgart ve Mannheim'da; Frankfurt (Main) ve Breslau'da; Leipzig, Halle ve Erfurt'ta; Ruhr Bölgesi'nin büyük şehirlerinde ve kıyı şeridindeki şehirlerde; ve Berlin'de, 25 Ağustos'tan, seçimin bir önceki gününün akşamı olan 14 Eylül'e kadar, hemen hemen her gün konuştuğu Thaelmann Mitingleri'ndeki insanlar aynı coşkuyla çalkalanıyorlardı.

(*) Üniformalarının renklerinden dolayı, Naziler "Kahverengililer" olarak da adlandırılıyorlardı.

Ernst Thaelmann, Partinin hedefleri için en başarılı ajitatör durumuna gelmişti. O, dinleyenlerinin sıkıntılarını, sorularını ve umutlarını hemen kavrıyordu. Onun anlattıkları hedefin can alıcı noktalarına vuruyordu. Basit, ama ateşli konuşması, insanı adeta kucaklıyordu. Söylediği her şey mutlaka bir işçinin kafasından geçirdikleriydi. O, dinleyenlerinin ne hissettiklerini ortaya koyuyor ve onlara halkın bu zor durumdan nasıl kurtulması gerektiğinin yolunu gösteriyordu; insanları silkeliyor, onların yüreklerini cesaret ve kararlılıkla dolduruyordu. Kitlesel mitinglerde de sürekli olarak nasıl hareket edilmesi gerektiğini anlatıyor; dinleyicilerini sosyal ve siyasal gelişmeler ile bunların nedenleri-niçinleri üzerine bilgilendiriyor; onların olayların birbirleriyle ilişkilerini anlama yeteneklerinin gelişmesini sağlıyordu. Hamburg konuşmasında da olduğu gibi, çoğu kez işçi sınıfının tarihsel deneylerine de değiniyordu. O, Weimar Cumhuriyeti'nin tarihini ve burjuvazinin değişik gruplarının siyasetlerini analiz ediyor, faşistleştirme politikasının perspektiflerini açıklıyordu. Bunu yaparken de, sosyal-demokrat politikacıların yaydıkları Reich hükümetine ileride olası yeniden bir katılım hayaline, karşı çıkıyor ve şunu diyordu: "Hatta ben buradan şunu iddia ediyorum: Burjuvazinin mevcut yönelimi öylesine faşist biçimler alacaktır ki, sosyal demokrasi Prusya hükümeti içerisindeki en uzun süreli faaliyetini doldurmuş olacaktır." [22] İki yıl sonra Thaelmann'ın bu 'öngörüsü' gerçekleşiyordu. O'nun seçim konuşmalarında sürekli yer verdiği önemli unsurlardan biri de, Sovyetler Birliği'ndeki yaşam ve sosyalist inşa üzerine bilgilerdi. Komünistlerin iktidarda oldukları yerlerde yaşayan insanların nasıl bir yaşam kurmayı başardıklarını ve kapitalizmin bıraktığı işsizlik gibi yaraları nasıl tedavi ettiklerini, kendi gözlemlerine dayanarak anlatıyordu. Yine o, Sovyet emekçilerinin kazandıkları iktidar ve özgürlükten, sosyal adalete dayanan bir toplum yaratmak için nasıl yararlandıklarından söz ediyordu.

Ulusal ve sosyal kurtuluş için

Ernst Thaelmann bıkıp usanmadan faşist demagojiyi teşhir ediyordu. Hamburg konuşmasında, Nazilerin ulus ve sosyalizm demagojilerinin altında en kanlı bir sömürü diktatörlüğünün gizli olduğu uyarısını yapıyordu. Nazi faşizmine karşı ideolojik mücadeleyi daha geniş bir temele oturtma çabası içerisinde, KPD Merkez Komitesi, Meclis seçimlerinden üç hafta önce "Alman halkının ulusal ve sosyal kurtuluşu üzerine" bildirgesini yayınlıyordu. Parti gazetelerinde bildirildiğine göre, bildirge Ernst Thaelmann'ın önerisi üzerine kararlaştırılmıştı. KPD burada, tekelci kapitalist politikaya ve onun emekçiler açısından acımasız sonuçlarına karşı açık, ayrıntılı ve tam bir alternatif sunuyordu.

Bu dökümanın programa ilişkin bölümünde, bir Alman Konseyler Hükümetinin politikası, özellikle onun ekonomik, sosyal ve aynı zamanda da dış politikası izah ediliyordu: Halkların iyi komşuluk ilişkilerine dayanan ve Sovyetler Birliği ile dostça bağları olan bir barış politikası. Parti, böylece sosyalizmin gerçekten ne demek olduğunu, özünün neye dayandığını ortaya koyuyor ve vurguluyordu: Sosyalizm için mücadele etmeye değer! KPD'nin uğruna mücadele ettiği Sosyalist Almanya öyle bir ülke olacaktı ki, orada işçi sınıfı diğer emekçilerle birlik içerisinde iktidara ve böylece de toplumu kendi gereksinimlerine göre biçimlendirme olanaklarına sahip olacaktı; yani, özgür işçilerin, köylülerin ve kafa emekçilerinin ve içinde sömürüden kurtarılmış ortak yaratıcı emeğin maddi refahı ve emekçiler için zengin bir kültürel yaşam olanağı ile çalışan insanların soyal güvenliklerini sağlamış bir ülke. Parti aynı zamanda şunu da açıkça ortaya koyuyordu: Sömürcülerin iktidarı yıkılmadan, büyük sermaye ve büyük topraklara el konulmadan sosyalizm kurulamaz! İşçiler ve köylüler politik iktidarı kendi ellerine alıp, kendi devletlerini kendileri kurmak zorundaydılar. KPD böylece Nazilerin "Alman sosyalizmi" savlarını demagoji ve utanmazca bir gevezelik olarak teşhir ediyordu.

Nazilerin, kendilerini "ulusal çıkarların savunucuları" olarak pazarlamalarını, hayasızca bir yalan olarak teşhir eden KPD'nin, Bildirge'deki bununla ilgili bölümleri de önemliydi. Parti, Alman halkının ulusal özgürlüğünün sadece KPD'nin tuttuğu yolla; yalnız Alman emperyalizmine ve onun revanşist (yitirilen eski toprakları yeniden elde etme hevesi -çev.) politikasına karşı yürütülecek kararlı bir mücadele ile kazanılabileceğini ortaya koyuyordu. Parti şunu da vurguluyordu: "Alman halkını kurtarmak için yabancı sermayenin egemenliğini kırmak yetmez; bununla birlikte, ülkedeki yerli burjuvaziyi de devirmek gerekir." (23) Faşist politikanın hedefi ise, diye üzerine parmak basıyordu Parti Bildirgesi, Alman halkını daha fazla köleleştirmek, onun yaşam haklarını emperyalist çıkarlara peşkeş çekmek ve diğer halklara karşı düşmanlığı körüklemektir.

Milliyetçiliğe karşı hücumun hedefini, 17 Eylül 1930'da parti kadrolarıyla Program açıklaması üzerine yapılan bir toplantıda Ernst Thaelmann şöyle açıklıyordu: "Elbetteki sosyal kurtuluş olmaksızın ulusal kurtuluş olanaksızdır. Milyonlarca emekçinin Alman burjuvazisinin ve yabancı emperyalizmin kendilerini çifte-kölece sömürü ve açlığa terk etmesi ve onların özgürlük istemlerinin arttığı bu koşullara; bizim için belirleyici olan, sadece emekçilerin sosyal kurtuluşlarına ilişkin kitleler içerisinde zaten bilinen tavrımızı ortaya koymak değildir; aksine, mevcut koşulların gereklerine uygun bir şekilde kitlelerin daha az tanıdıkları, Almanya emekçilerinin ulusal kurtuluşlarına ilişkin Leninist tavrımızı özellikle üzerine basarak ve bunu genel mücadelimizin merkezi sorunlarından biri olarak öne çıkarmaktır." (24)

24 Ağustos Bildirgesi, KPD'nin ulusa ilişkin tavrını ortaya koyarken; Ernst Thaelmann'ın daha 1925 yılında Locarno Anlaşması üzerine Meclis'te yaptığı konuşmasında ortaya koyduğu aynı Marksist-Leninist bakış açısıyla hareket ediyordu. Bunu anımsatmak ve bu aynı bakış açısını, 1930 yılının koşullarına uyarlamak daha da büyük bir önem kazanmıştı, çünkü bütün gerici güçler milliyetçi duyguları körüklüyorlardı. Prusya Eyaleti'nin sosyal demokrat Başbaka-

nı Otto Braun bile, haziran sonunda, Rheinland'ın işgalci yabancı birliklerden boşaltılması nedeniyle yapılan milliyetçi curcunaya, Hindenburg'un yanında katılmıştı. Öte yandan birçok işçi hâlâ; mensubu oldukları sınıfın, ulusun ve anavatanın önderi olma hakkını ifade etmekten; işçi sınıfının sınıfsal bakış açısını bilinçli bir şekilde, gerçekten yurtseverce tavır alarak, gericiliğin milliyetçi anlatım tarzının karşına çıkarmaktan çekiniyordu. Ernst Thaelmann, pratikte en korkunç vatan hainliği yapan, ama, kendilerini "Ulusal Güçler" etiketiyle süsleyen Alman milliyetçileri ile taraftarlarının, ve Nazilerin milliyetçilik safsatalarının ne kadar fazla etkili olduğuna; ne kadar çok emekçinin yanlış yönelimlere sevk edildiği ve kışkırtıldığına ilişkin kaygılarını, daha 1929'da açıklamıştı. O zamandan beri; partide, işçi sınıfı içerisinde, ama özellikle de faşistlerin milliyetçi yalanlarına kanmaya çok yatkın olan küçük burjuva tabakalar arasında, bu konuya açıklık getirmek için diretiyordu.

KPD, Alman halkının ulusal ve sosyal kurtuluşuna ilişkin yaptığı program açıklaması ile birlikte; şovenist güruha karşı açık mücadelede, ilkesel öneme sahip bir döküman ortaya koymuştu. Komünistler bununla, şimdi ellerine yeni ve etkileyici silahlar verildiğini, ve böylelikle ideolojik mücadele vermenin kolaylaştığını bildiriyorlardı. Bu döküman, yurtsever motifler taşıyan ve kendilerini Nazi hareketinin eylemciliğinden etkilenmiş hisseden, ama, onların dürüstlüklerinden şüphe duyan burjuva tabakalardan insanlar üzerindeki etkileme gücünü de gösterdi.

Ernst Thaelmann ve KPD'nin diğer seçim konuşmacıları, 24 Ağustos 1930 Bildirgesi temelinde; Nazilerin, insanları aldatmak için kurdukları milliyetçi tuzaklara değiniyorlardı. Onlar, KPD'nin emekçi kitlelere sunduğu sosyalist perspektifi anlatıyorlar ve onun, günlük görevlerinin üstesinden gelirken tek kıstasının, emekçilerin çıkarlarından hareket etmek olduğunu gösteriyorlardı. Ernst Thaelmann, bunu seçimden önceki cuma günü, seçmenlere yönelik olarak hazırladığı bir "Son Çağrı"da örnek bir biçimde formüle etmişti.

Şöyle yazıyordu: "İşçinin yeri bizim yanımızdır; çünkü biz, daha yüksek ücret, yedi saatlik işgünü, işsizlere iş ve ekmek, ödenen yardım oranlarının artırılması, daha ucuz işçi evleri, proleter kadının tam eşitliği, işçi gençliğin hakları ve proletaryanın daha iyi yaşam koşullarına sahip olması için mücadele ediyoruz. Yoksullaşmış orta sınıf insanının yeri bizim yanımızdır; çünkü biz, kapitalistlerin canice vergi politikalarına, gazın-suyun ve elektriğin pahalılaştırılmasına, ve finans kapitalin tefeci egemenliğine karşı mücadele ediyoruz. Emekçi köylünün yeri bizim yanımızdır; çünkü biz, vergi baskısına, faizcilere ve fahiş kira alanlara, haciz konulmasına ve zoraki icraya, büyük toprak sahipleri ve sosyal demokrat burjuva partilerinin köylü düşmanı politikalarına karşı mücadele ediyoruz." [25]

Bu çağrının yayınlandığı bir sırada, 12 Eylül günü Ernst Thaelmann, Berlin Spor Sarayı'nda konuşuyordu. Bu konuşmasında, giriştiği polemiklerde her zaman yaptığı gibi kavgacı ve teşhir edici tarzıyla; tekelci sermayenin, diğer bütün partileri nasıl kendi sınıf egemenliğinin hizmetine soktuğunu, -özellikle de, Brüning'in başkanlık diktatörlüğü ve onun bütünleştirici halkası işlevini gören Merkez Partisi aracılığıyla- yol ve yöntemleriyle birlikte özenle ortaya koydu: "Bu yılın mart ayında, sosyal demokrasi yediği tekme ile hükümetten kovulduğunda; tekelci burjuvazi bunu, hükümet içindeki kumuta mevkilerini bizzat kendisi doldurmak istediği için yapmıştı ... Böylece, şu orijinal durum ortaya çıkıyor: Reich Hükümeti'nde sosyal demokratlarsız iktidarı ellerinde bulunduran Hindenburg partileri, Prusya Hükümeti'nde sosyal demokratlarla birlikte ve Thüringen'de ise nasyonal sosyalistlerle birlikte iktidarı paylaşıyor."[26] Daha kulis arkalarında, Brüning'in Nazilerle ne ölçüde dümenler çevirdiğini kestirme olanağı yokken, Ernst Thaelmann, heterojen güçlerin, gerici, diktatörce bir hükümet sistemine bağlı ve işçi sınıfının büyük kesimlerini de felce uğratmış olan bir mekanizmayı bütün çıplaklığıyla ortaya koyuyordu. Öyle bir mekanizma ki, yeni bir Millet Meclisi'nin seçilmesinden sonra etkinliğini artırmış olarak, ve hatta

1932 yılı ortalarına kadar işledi. Ernst Thaelmann keskin düşüncesiyle, yasaların olağanüstü kararnamelere dönüşmesi ve Meclis'in devreden çıkarılmasının, güya hükümet ve muhalefetin yer değiştirmesi yöntemine de uygunmuş gibi, nasıl tanınmayacak duruma getirildiğini açığa çıkarıyordu.

14 Eylül 1930'da yapılan Millet Meclisi seçiminin sonucu, KPD'nin siyasetinin doğruluğunu ve aynı zamanda da uyarılarının haklılığını onaylıyordu. KPD'ye 4,6 milyon seçmen oy vermişti; 1928 sonuçlarıyla karşılaştırıldığında bu, 1,33 milyon daha fazla oy demekti. Oy oranı ise, yüzde 10,6'dan yüzde 13,1'e çıkmıştı. Böylece KPD, sadece SPD'ye sırtını çeviren 580 bin seçmeni kazanmakla kalmamış, şimdiye kadar seçmen olmayan insanların ve diğer partilerden seçmenlerin de oylarını almıştı. Ama Nazi partisi 6,4 milyon oy almıştı; bu, 1928'e göre sekiz kat daha fazla oy demekti. Büyümelerinde, Alman milliyetçilerinin ya da Alman Halk Partisi'nin seçmenlerinin büyük bölümünün oylarını almış olmaları, önemli rol oynuyordu. İki sağ parti birlikte, toplam olarak yaklaşık üç milyon seçmen yitirmişlerdi. Ama Naziler korkunç ajitasyonlarıyla yeni seçmen kitlesinin çoğunluğunu kendileri için seferber edebilmişlerdi (Seçime katılım oranı 1928'e göre yaklaşık 4,2 milyon kişi daha fazlaydı).

FAŞİST TEHLİKEYE KARŞI DEVRİMCİ BİR KİTLE POLİTİKASI OLUŞTURMA ÇABALARI
(Eylül 1930 - Şubat 1932)

Faşistleştirmenin yeni bir etabı

Seçim sonuçlarının değerlendirildiği 17 Eylül 1930'da yapılan kadrolar toplantısında, Ernst Thaelmann, Nazi partisinin seçim başarısını, çelişkilerle dolu, olarak analiz ediyordu. Her şeye karşın hiçbir antifaşistin cesareti kırılmamalıydı. Aynı şekilde tehlikenin küçümsenmesine karşı da uyarıyor ve "Nazilerin hükümet sorumluluğu içerisinde yıpranmalarını bekleme" gibi sosyal demokratlar içerisinde yaygınlaştırılan düşüncelere de karşı çıkıyordu: "Bu tür düşünceler Alman işçi sınıfı için büyük bir tehlike oluşturmaktadır. Çünkü faşizm, elbetteki seçimdeki başarısından sonra parlamento dışında da, Almanya'daki milyonlarca emekçiye karşı, daha da gaddarca saldıracaktır. Ayrıca bu tür düşünceler yüzünden de faşist planlara karşı mücadele isteği zayıflamak zorunda kalacaktır." Thaelmann için belirleyici olan, artık gerçekten güçlü bir antifaşist cephe oluşturmaktı. Bu konuşmasında özellikle üç nokta üzerinde duruyordu: Birincisi, "Sosyal demokrat işçilerde, komünistler ve sosyaldemokrat işçilerin birlikte olabilecekleri inancını özellikle güçlendirmek" Parti'nin göreviydi. İkincisi, her Parti görevlisi, her Parti üyesi kendisini mücadelenin karmaşık ve değişken gelişmeleriyle başa çıkabilmek için teorik olarak daha da sistemli bir şekilde eğitmek zorundaydı. Onlar "en basit yöntemi kullanarak; halkın konuştuğu dili konuşarak, bugün henüz bizi anlamayan ama yarın bize gelecek olan insan kitleleriyle nasıl uğraşılacağını öğrenmek" zorundaydılar. Üçüncü olarak da, antifaşist düşünceli birçok işçiden, hatta partisizlerden ve sosyal demokratlardan oluşan, örgütlü bir tabanın nasıl yaratılacağı sorusunun yanıtı açıklanmak zorundaydı: İllegal çalışan RFB ve KPD'nin yanında, bir mücadele örgütü olarak "yeni bir antifaşist örgüt yaratmaya çalışmak zorundayız."(1)

Ernst Thaelmann bununla Parti'ye, antifaşist mücadelenin gelecek ve daha da sertleşecek dönemine ilişkin izlenecek yolu gösteriyordu. Wilhelm Pieck ve diğer komünist milletvekilleri de bu bakış açısı temelinde; sanayicilerin 1929'daki düşüncelerinin aynen kopya edilmişi gibi görünen Brüning'in Islah Programı'nı tartışıyor ve parlamentonun sürekli olarak yasamanın dışına çıkarılıyor olmasını protesto ediyorlardı. KPD, gerici Brüning Hükümeti'nin "tolere edileceğine" ilişkin SPD Meclis Grubu'nun aldığı bu vahim kararı sert bir biçimde eleştirdi. Berlin, Halle ve diğer şehirlerde daha 1930 Sonbaharı içerisinde, faşizme karşı mücadele birliğinin ilk bölükleri ortaya çıkmıştı.

Sendikal çalışmada zor bir durum ortaya çıkıyordu. Gerçi ekim ayı içerisinde Berlinli metal işçileri iki haftalık bir greve gitmişler; ve hatta Ocak 1931 başlarında, Sendika Muhalefeti, Ruhr Bölgesi'nde 42 ocağı kapsayan bir maden işçileri grevinin başlamasında etkili olmuştu. Ama işverenlerin baskısı, polisin terörü ve reformist sendika önderlerinin grev kararlarına karşı direnişleri öylesine artmıştı ki; artık ücret kısıtlamaları püskürtülemez olmuş ve grev etkinlikleri oldukça azalmıştı. Buna ek olarak komünistlerin sendika siyasetleri, Devrimci Sendika Muhalefeti'nin bağımsız bir sendika haline gelmesini ve Almanya'da devrimci sendika örgütlerinin kurulmasını öneren Kızıl Sendikalar Enternasyonali'nin Ağustos 1930'da toplanan 5. Kongresi'nin bir kararı yüzünden iyice zorlaştı. Böylece Ernst Thaelmann'ın sürekli uyarılarına karşın (Partinin -çev.) kendi kızıl sendikaları, DSM, ve Madencilerin, Kır Emekçilerinin Birlik Örgütleri ve benzer adlarla anılan örgütlenmeler ortaya çıktı. Aynen Thaelmann'ın önceden görerek söylediği gibi, sendikaların çoğunluğu eski sendikalarında kalmış ve şimdiye kadar örgütsüz olanlardan da çok az işçi kazanılmıştı. Devrimci sendikacılar, büyük bir oranda kendi başlarına kalmışlar ve diğer bağımsız sendikaların içerisindeki etki alanlarını büyük ölçüde yitirmişlerdi. Ernst Thaelmann'ın sonraki dönemlerdeki çabaları, DSM'yi bağımsız ve Hıristiyan sendikalar içerisinde örgütlenmiş işçilerle ortak eylemlere yöneltmeye çalışmak doğrultusundaydı. Ancak bu planın tekrar yaşama geçebilmesi için, 1932'ye kadar süren uzun bir zamanın geçmesi gerekecekti.

Ernst Thaelmann'ın 1930 Sonbaharı'nda iyice kötüye giden sağlık durumu —son yılların uğraşıları ve özellikle de seçim döneminin yarattığı güçlükler kendisini gösteriyordu— onu, kendisini yeniden toparlayabilmesi için, uzun bir zaman gücünü ölçülü kullanmaya zorluyordu. Eski gücüne yeniden kavuşabilmesi, yeni yıla kadar sürdü. O, yine de, olası her yerde Parti'nin kitle çalışmasına katılmaktan geri durmadı. Böylece 12 Ekim 1930'da Hamburg'daki Bergedorf'da yapılan bir "Kızıl Gün"de; 23 Ekim'de Hamburg Ayaklanması'nın yıldönümünde Ohsldorfer Mezarlığı'nda; ve 24 Ekim'de Sagebiel'de aynı konulu bir gösteride konuşuyordu. 26 Ekim'de Billstdet'te yapılan bir yürüyüşe katılıyor ve yürüyüşün bitiminde yine o konuşuyordu. Ekim Devrimi'nin yıldönümünde bir makale yazmış ve Barmbeck'teki devrim mitinginde konuşmuştu. 19 Kasım'da yine Bielefeld'de yapılan bir toplantıda ve 21 Kasım'da da Bremen'de birer konuşma yapıyordu. Emekçi Kadınların 22 Kasım günü Berlin Spor Sarayı'nda yapılan kongrelerine ise sadece bir kutlama mesajı iletebiliyordu.

Ernst Thaelmann KPD'nin gelişmesine yönelik önemli bir katkısını bu dönemde, "Rote Fahne"nin 12 Aralık 1930'da iki buçuk sayfa olarak yayımladığı bir makalesinde yapıyordu. Thaelmann böylece, faşistleştirmenin ölçüsü üzerine birçok yoldaş tarafından "uç ve donuk" olarak nitelendirilebilecek saptamaların yapılmış olduğu bir tartışma sürecine müdahale ediyordu. Merkez Komitesi Sekreteryası olarak Merkezi Yayın Organı "Rote Fahne"den sorumlu olan Heinz Neumann; 1 Aralık'ta ücretleri ve emeklilik maaşlarını kısan, tüketim vergisini artıran; ama kapitalistlere vergi kolaylıkları sağlayan yeni bir olağanüstü kararnamenin yürürlüğe konmasını, Brüning Hükümeti'ni faşist diktatörlüğün ilk hükümeti, Almanya'nın da faşist bir devlet haline gelmesi olarak yorumluyordu. Olağanüstü kararname ve Nazilerin yeni bir cinayet dalgasından sonraki acı, anlaşılır olsa bile, bu saptamalar, bazı şeylerin nasıl cereyan ettiğini ve emperyalizmin hangi olanaklara sahip olduğunu çok, ama çok az dikkate alıyordu. Ayrıca bununla, burjuva kamptaki bütün güçler faşizmle özdeşleştirilmiş oluyordu.

Thaelmann, sınıf mücadelesinin gerçeğine yüzeysel bakan, diyalektik olmayan tavırları her zaman zararlı buluyordu. Makalesinde sorunlara daha uzak görüşlü ve diyalektik açıdan yaklaşıyordu. Thaelmann bununla, açıkça görüleceği gibi, kendisi de faşistleştirmenin ulaştığı basamağa en uygun tanımı arıyor ve burada "başlangıç aşamasındaki faşist diktatörlükten" söz ediyordu. Sonraları, Brüning-Hükümeti'nin "faşist diktatörlüğü uygulamaya çalıştığı"(2) şeklindeki tanımlamayı seçiyordu. Bütün yazıdan da anlaşılacağı gibi, bununla burjuva cumhuriyetinin giderek faşist bir devlete dönüşmeye başladığı anlatılmak isteniyordu.

Şematik ve abartılmış bir saptama ile faşist tehlikenin boyutlarını yanlış değerlendirmekten kaçınmak için ve bunun sonucu olarak da, ona karşı yeterli derecede enerjik, sabırlı ve yeterince tutarlı bir mücadele sürdürülemeyeceğini düşündüğünden; makalesinde ayrıntılı olarak emperyalizmin politikasındaki gelişme perspektiflerini işliyordu. Egemen güçlerin Brüning'i ne zaman bir Hitler-Hugenberg bloku ile değiştirmeye çalışacakları önceden söylenemezdi. Yine, onların böylesine bir yola doğrudan mı başvuracakları, yoksa önce bir askeri diktatörlük veya tekelci burjuvazinin herhangi başka bir temsilcisinin zorba düzenini kurmak yoluna mı gideceği de önceden kestirilemezdi. Sözü edilen bütün biçimler "olasılıklar dahilindeydiler; çünkü faşist diktatörlük bir hükümet biçimi değil, kapitalist sınıf egemenliğinin bir devlet biçimidir."

Thaelmann, bütün bunları yazdığında bırakalım ondan sonraki yılları, 1932 yılının deneyimlerine bile sahip değildi. Ama o, Aralık 1930'da yazdığı makalesinde, Brüning politikasının götüreceği yolun esas yönünü çiziyordu. Ve bundan en önemli, olabilecek tek ve tarihe mal olan şu sonucu çıkarıyordu: Başlangıçlar engellenmek zorundaydı! O, aynı komünistler gibi, açık faşist diktatörlüğü korkunç bir tehlike olarak görüp onun püskürtülmesini isteyen, ama komünistlerden farklı bir şekilde, Brüning'i "kıyametin küçüğü" olarak gören herkesi uyarıyordu: Bu gelişmeye karşı sessiz kalmak, intihar etmek demekti.

Bu uyarıyı Ernst Thaelmann, özellikle de sosyal demokrasiye yöneltiyordu. Bunların önderleri, Brüning kendilerine gayet açık bir şekilde, amacının sosyal demokrasiye gereksinim duyulmadan, sağcı güçlerin bir diktatörlüğünü kurmak olduğunu söylediği halde, onunla işbirliği yapıyorlardı. Thaelmann makalesinin son bölümüne "Yapılması Gereken En Acil Şey: Proleter Birlik Cephesi" başlığını koymuştu. O, halkın yaşamsal hakları için 'İşçi Delege Konferansları' seçilmesini, faşizme karşı 'Eylem Birlikleri'nin oluşturulmasını, proleter kitle örgütlerinin güçlendirilmeleri için mücadeleyi öneriyor ve 'Faşizme Karşı Mücadele Birliği'ne katılınması çağrısını yapıyordu. Şöyle diyordu:

"Biz, sosyal demokrat işçilere, Reich Bayrağı altındaki proleterlere, Sosyalist İşçi Gençliği (SAJ) saflarındaki genç proleterlere yok edilmesi gereken, işçi sınıfının baş düşmanı olan faşizme karşı birlikte mücadele için kardeşçe elimizi uzatıyoruz. Hıristiyan işçilere, kendilerini faşist diktatörlüğe koltuk değneği olarak kullandırtmamaları ve Merkez'den, yani büyük sermayenin Brüning Partisi'nden kopmaları çağrısını yapıyoruz. Biz, kararlı bir şekilde, özellikle de nasyonal sosyalizm kampındaki antikapitalist düşünceli emekçilere, aldatılmış işçilere, hizmetli ve küçük memurlara ve de orta tabakalara; Goebbels ve Hitler'in verdikleri sözlere ve yanıltıcı, tumturaklı yalanlarına kanmış olanlara sesleniyoruz. Ve biz onlara da, sınıflarının cephelerini gösteriyoruz."(3)

Ernst Thaelmann, bu makaleyi yazdığında; tekelci kapitalizmin değişik güçleri ve Ordu, Brüning ve Hindenburg'un çevresindeki klik, diğer sağ burjuva politikacılar faşistleştirmenin biçimleri ve ivmesi üzerine, açık faşist bir rejime geçişteki parti ve kişilerden oluşabilecek yapılanmalar konusunda henüz aynı düşüncede değillerdi. Ama hepsinin amacı, Weimar Cumhuriyeti yerine faşist diktatörlüğü geçirmek, parlamenter-demokratik "ara oyununa" son vermekti. Ve Hitler'in partisi ya kitle tabanı, ya terör aracı, yahut da faşist bir hükümetin taşıyıcısı olarak her zaman, hesaplamanın içindeydi. Burjuva gazetelerinde her gün buna uygun düşünceleri okumak olasıydı. Brüning bile kısa bir süre sonra "Marksizmin yok edilmesi gerektiği" şeklindeki faşist sloganı kendi literatürüne eklemişti. Ve sadece 1930 yılının içinde 80 işçi, faşistlerin ölümcül sopaları ve hançerleriyle, polislerin kurşunları altında yaşamlarını yitirmek zorunda kalmıştı. Oysa, Ernst Thaelmann'ın yazısından beş gün önce yayınlanmış olan sosyal demokrat "Vorwaerts" (İleri) gazetesinin bir yazısında şöyle deniliyordu: "...Bu yılın yazından beri Almanya'da olanların faşizmle bir ilişkisi yoktur. Anayasa hukuku açısından bakıldığında bunun, iktidarın parlamentodan alınarak devlet başkanında toplanmasından başka bir anlamı yoktur ... Halkın yapması gereken, sadece, bir dahaki seçimlerde daha akıllı bir seçim yapmaktır, ki böylece parlamentoya eski hakları yeniden tanınmış ve devlet başkanının yetkileri normal sınırlara çekilmiş olacaktır."(4) Evet, Thaelmann'ın "Alarm!" çağrısıyla karşılaştırıldğında kulağa ne kadar da "hoş" geliyor!

İş, ekmek ve özgürlük için halk eylemi

Ernst Thaelmann uzun zamandan beri herkesin anlayabileceği, özellikle de halkın emperyalistlerce davetiyesi çıkarılmış olan faşist tehlikeden kurtarılması mücadelesinde, komünistlerin devrimci-toplumsal politik yönelimlerini anlatan halka mal olacak bir slogan arıyordu. Merkez Komitesi'nin Ekim 1929 tarihinde yapılan görüşmesinde "Faşist Diktatörlüğe Karşı Proletarya Diktatörlüğü!" gibi bir sloganın emekçileri toparlayacağına ve onlara eylem kılavuzu olabileceğine ilişkin şüphesini belirtiyordu. Böylece 1930'un sonlarında KPD içerisinde, Ernst Thaelmann'ın Ocak 1931 ortalarında yapılan Merkez Komitesi toplantısında Parti'nin mevcut koşullardaki "stratejik esas hedefi" olarak, "merkezi, her şeyi özetleyici propaganda sloganı" şeklinde gerekçelendirdiği "Halk Devrimi" sloganı ortaya çıktı.

15 ile 17 Ocak 1931 tarihlerinde yapılan, Meclis seçimlerinden sonraki bu ilk Merkez Komitesi toplantısı, 12. Parti Kongresi'nden bu yana, KPD'nin politik yönelimi üzerine yapılan en ayrıntılı görüşmeydi. Ernst Thaelmann sekiz saat süren konuşmasında bunun nedenini açıklıyordu. Olayların analizini yaparken ve Parti'nin strateji ve taktiğini açarken Lenin'in "Devlet ve Devrim", "Demokratik Devrimde Sosyal Demokrasinin İki Taktiği" ve diğer yapıtlarıyla, Marx'ın "Fransa'da Sınıf Mücadeleleri" gibi yapıtlarından örnekler aktarıyordu. O, Marksizmin-Leninizm'in klasiklerinden alıntıları sadece kendi tezlerini kanıtlamak için kullanmıyordu; tersine, o bununla Parti'nin her düzeydeki politik çalışmasının hangi temellere dayanması gerektiğini de gösteriyordu.

Ernst Thaelmann'a göre, devrimci bir durum ne mevcuttu ne de yakın bir gelecekte görünüyordu. Emperyalizmin politik krizinin çabuk ve biraz da kendiliğinden gelişeceği şeklindeki yanlış beklentileri reddetti ve devrimci bir mücadelede "kendiliğinden" bir gidişatın olmadığını vurguladı. Şimdi, büyük burjuvazinin, faşist saldırılarıyla devrimci bir yükselişi engellemek istediğini ve bunun için de, yapılması gerekenin işçi sınıfının güçlerini sistemli bir şekilde savunma ve dolayısıyla da karşı saldırı için örgütlemek gerektiği düşüncesini taşıyordu. Böylece Parti'yi, kitleleri kazanmak için sabırlı ve inatçı çabalara yöneltiyordu.

"Halk Devrimi"ni "stratejik anlamda esas slogan" olarak gerekçelendirirken güttüğü amaç, komünistlerin devrimci hedefini, özellikle "işçi sınıfının şehir ve kır emekçileriyle en geniş biçimdeki birliğinin sağlanması mücadelesiyle" bütünleştirmekti. Onu özellikle de "...geniş orta tabakanın devrimci sınıf cephesine daha güçlü bir şekilde katılımı" ilgilendiriyordu. Evet, o, "Halk Devriminin temel düşüncesi ve büyük anlamının, kitlelerin kazanılmasında" yattığını söylüyordu. Faşizmi püskürtmek ve faşistleştirmeye karşı mücadeleyi yürütmek için kitleleri kazanmak gerekirdi; çünkü, kitleler sadece mücadele içerisinde öğrenebilirler ve kazanılabilirlerdi. Ernst Thaelmann, Parti'nin önündeki görevin diyalektiğini böyle görüyordu. O, şöyle diyordu: "Bugünkü merkezi eylem sloganımız, faşist diktatörlüğün uygulanmasına karşı kitle mücadelesidir. Faşizmin ele geçirmek istediği her adım ve her karış toprak için mücadele etmeliyiz." (5)

Ernst Thaelmann'ın "Halk Devrimi" sloganı konusundaki düşünceleri, kapitalizmden sosyalizme geçişteki demokrasi ve sosyalizm ilişkisinin sorunları hakkındaki tartışmalarda, önemli bir teorik katkıydı. O, en yüksek demokratik istem olarak değerlendirdiği devrimin 'demokratik ve sosyalist görevleri arasında' duvarların olmadığını biliyordu. Ve o, Lenin'in esas görevin kitleleri devrime yöneltmek ve devrime nasıl varılacağının yolunu çizmek şeklindeki derin düşüncelerini özümsemişti.

Merkez Komitesi'nin Ocak 1931'deki oturumuna sunduğu rapor, bununla çok yakından ilişkisi olan diğer sorunlara ilişkin de önemli bilgi ve yönlendirmeler içeriyordu. Ernst Thaelmann, KPD'nin barışın, proleter enternasyonalizminin ve işçi sınıfının uluslararası dayanışmasının bir partisi olarak ortaya çıktığını ve her zaman da böyle bir parti olarak kalacağını vurgulamak için her dayanağa sahip olduğunu, üzerine basarak belirtiyordu. Parti, sadece bu politik ilkelerle Alman halkının gerçek anlamdaki ulusal çıkarlarının güvence altında olabileceğine kitleleri inandırabilmeliydi. Merkez Komitesi toplantısından sonraki bildirge, Thaelmann'ın düşüncelerini şöyle toparlıyordu: KPD diyor ki, "... hiçbir ulus ezilmemelidir. Tek barış partisi, Alman ve uluslararası politikanın bütün temel sorunlarını, başka halkları tehdit etmeden ve boyunduruk altına almadan çözebilecek parti; biricik parti biziz."(6) Bu açıklama, Nazilerin Sovyet aleyhtarı ve rövanş yaygaraları ile yapılan hesaplaşmalar açısından büyük bir önem taşıyordu.

Ernst Thaelmann, sosyal demokrat politikanın, sosyal demokrat önderliğin sınıf mücadelesindeki tavrının yarattığı etkilerin ve KPD'nin işçi sınıfı hareketinin sosyal demokrat kanadıyla ilişkilerinin detaylandırılmasında önemli sonuçlara vardı. Sosyal demokrasinin açıkça Brüning'in politikasını destekleyen önderliği ile, alt düzeydeki yöneticileri, üyeleri ve seçmenlerini "elbetteki" birbirinden ayırmak zorunluydu. Önderliğe karşı en sert eleştiriler bile yöneltilse, bu, kesinlikle o politikanın sorumlusu olarak gösterilemeyecek olan partinin üye ve taraftarlarına karşı küfüre dönüşmemeliydi. KPD daha çok, işçi sınıfının birlik cephesi politikasını daha etkili bir şekilde uygulamasını öğrenmeliydi. Sosyal demokrasinin burjuvazinin sosyal açıdan baş dayanağı olduğu şeklindeki formülasyonla anlatılmak istenen, -reformist, önderliğinin kapitalistler sınıfıyla ortak politika yapma yönelimi olması ve işçi sınıfı içerisindeki güçlü etkileri nedeniyle- onların, "işçi sınıfı saflarında proleter devrimin önündeki baş engeli" oluşturduklarıydı. Buna karşın hiçbir yanlış anlamaya meydan vermeyecek biçimde açık olan ve KPD için de belirleyici olan nokta şuydu ki, "Proletaryanın Almanya'da kapitalizme ve burjuvaziye karşı sınıf mücadelesi çerçevesi içerisindeki baş düşmanı, bugün faşizmdir."

Ernst Thaelmann baş düşmanla ilgili olarak savunduklarıyla komünistlere, Aralık 1930'da yazdığından daha çok görevler yüklüyordu. Faşistleştirme politikası, gericiliğin taktikleri ile olanakları, ve değişik alanlara serpiştirilmiş rolleriyle, oynadıkları oyuna eskisinden daha çok dikkat edilmeliydi. O, üzerine basarak "özellikle son haftalarda daha yüksek bir aşamaya çıkan bir faşistleştirme sürecinden'" söz ediyordu. Tekelci sermayenin değişik temsilcilerinin politikalarını inceledikten sonra, şu sonuca varıyordu: "Büyük burjuvazinin bazı temsilcileri" Nazi partisini "faşist diktatörlüğün partiğe geçirilmesi için kullanılabilecek uygun bir politik araç olarak"(7) geliştirme çabasındaydılar.

Merkez Komitesi toplantısından sonra, Ernst Thaelmann, Komünist Enternasyonal'in yayın organına yazdığı bir makale ile, KPD'nin faşistleştirme politikasına karşı mücadele içerisinde edindiği deneyimleri ve çıkardığı dersleri, kardeş partilere aktarıyordu. Bu yazısında, hükümetin yöntemlerini, özellikle de olağanüstü kararnameler diktatörlüğünü, parlamentarizmin işlevsizleştirilmesini, polis terörünü ve Nazi hareketinin hükümetin dışarıdaki kitle temeli olarak desteklenmesi... gibi faşist hamlelerini inceliyordu. Faşizmin Almanya'daki gelişiminin, diğer birçok ülkedeki faşist rejimlerin oluşmasından, önemli bir ayrıcalık göstermediğine dikkat çekiyor ve böylece de komünist hareketin faşistleştirme olgusu hakkındaki bakış açısını genişletiyordu.

Ernst Thaelmann'ın Merkez Komitesi toplantısında ortaya koyduğu yönelimi, KPD, 1931 İlkbaharı'nda başlattığı faşizme ve Brüning Hükümeti'ne karşı "halk eylemi" ile hayata geçirmeye başladı. İşsizlerin açlık yürüyüşleri ve uluslararası mücadele günündeki gösterileri, komünist milletvekillerinin yerel, eyalet ve federal parlamentolara verdikleri önergelerle desteklendi. Bölgelerde antifaşist halk kongreleri toplandı. Proleter devrimci kültür örgütleri, 15 Mart'ta, ülke çapındaki 2. Reich kongrelerini yaptılar. KJVD'nin kongresinin yasaklanmasına karşı, Paskalya sırasında protesto gösterileri örgütlendi. İnşaat ve tarım işçileri greve gittiler. Hükümetin, yeni olağanüstü kararnameleriyle milyonlarca emekçinin ekonomik durumunu daha da kötüleştirmek istemesi belirginleştikten sonra, KPD, "Bütün halk düşmanlarının, bu açlık demek olan eylemlerine karşı, iş, ekmek, özgürlük için halk eylemleri düzenlenmesi"(8) çağrısını yaptı.

Ernst Thaelmann, emekçilerin harekete geçirilmesi eylemlerine değişik biçimlerde katıldı. 27 Şubat'ta Braunschweig'a gitti ve yakında yapılacak olan yerel seçimlere yönelik konuşmalar yaptı. Braunschweig Eyaleti'nde, Ekim 1930'dan beri, başında bir Nazinin bulunduğu hükümet işbaşındaydı. KPD'nin Aşağı Saksonya'daki bölge örgütleri John Schehr önderliğinde, bu hükümeti düşürmek için mücadele ediyorlardı ve Ernst Thaelmann, Braunschweig en küçük Alman eyaletlerinden biri olmasına karşın, buraya çok önem veriyordu. Çünkü burada "faşist terör iktidarının embriyonları yetiştirildi ve daha da geliştirilmek isteniyor." O, konuşmasında Nazilerin katliam çetelerini finanse eden, yeni yılda bir imparatorluk hükümeti çığlıkları atan büyük sermayedarların, derebeylerin ve bankacıların; villalarda ve saraylarda oturan beyefendiler tabakasının, kimin üzerine oynadıklarını gösterdi: "Hiç de abartmadan iddia edilebilir ki, hiçbir parti Naziler kadar demagoji ve yüzsüzce aldatma manevralarına başvurmamıştır. Hiçbir partide, Hitler partisinde olduğu kadar ahbap çavuş ilişkisi yoktur. Hiçbir partide Nazilerde olduğu derecede bir politik ve ahlaksal yozlaşmışlık yoktur. Kendisine 'işçi partisi' deme cüretkarlığını gösterebilen bu partinin önderleri, aslında politik dolandırıcı ve maceracılar çetesinden başka bir şey değillerdir."(9) Ernst Thaelmann bununla, Nazi demagoglarının, emekçileri Weimar Cumhuriyeti'nin diğer partilerine karşı kışkırtmak için kullandıkları sloganlarına karşılık veriyordu.

Bu sırada Hitler yeni bir açıklamasıyla asillere ve tekelci beylere mesaj iletiyordu: Marksizme karşı mücadele eden Nazi partisi "gözünü kırpmadan, her, ama akla gelebilecek her türlü aracı"(10) kullanıyordu. Bu, bir abartma değildi. Sadece 1931 Ocak ayı içerisinde 17 antifaşist vurularak, bıçaklanarak, dövülerek ve yüksek bir yerden aşağıya atılarak öldürüldüler. 26 Ocak'ta, Hamburg yakınlarındaki Geesthacht'ta öldürülen iki genç işçinin mezarı başında nöbet tutanlardan biri de, Ernst Thaelmann'dı. RFB'den iki yoldaşın, 6 Şubat'ta Berlin'de yapılan ceznaze törenlerinde, o da vardı; ve 21 Mart'ta da Hamburg'da eski bir mücadele yoldaşı olan Ernst Hennig'in anısına konuşma yapıyordu. Yerel meclis milletvekili olan Hennig'i, üç Nazi, otobüste sırtından kurşunlamıştı. Hamburg SA üyeleri, söyledikleri marşlarında, bu cinayetle övünüyor ve Etkar André ile Ernst Thaelmann'ın da aynı şekilde "canlarına kıyılacağını" ilan ediyorlardı.

Yine 1931'in Mart ayı içerisinde, Ernst Thaelmann, sendikal mücadele aracı olarak, işçi sınıfının yaşam hakları için mücadeleden başka bir amacı olmayan, komünist sendika politikası nedeniyle, sağcı memurlar tarafından yukarıya şikayet edildi. "Kamu İşletmeleri ile Kişi ve Eşya Taşımacılığı İşçileri Birliğinin" Hamburg Yönetim Merkezi de, ona, 18 Mart tarihinde üyelikten çıkarılacağını bildirdi. Thaelmann 'Taşımacılık İşçileri Birliği'ne 27 yıl önce girmiş, bu uzun yıllar içinde önemli görevler üstlenmiş, birçok kez de Birlik'in kongresine delege olarak gönderilmişti. Her zaman, özellikle de KPD'nin başında olduğundan beri yoldaşlarını, sendikal çalışmayı en önemli politik görev olarak görmeleri, kendilerini, her gün iş arkadaşlarının sorunlarında ve gereksinimlerinde yanlarında gördükleri bir danışman ve güvenilir insan olarak kabul etmeleri doğrultusunda cesaretlendiriyordu. Hatta 1928'de kendisine, örgüte "25 yıllık üyeliği süresince kanıtladığı bağlılığı ve örgütün hizmetindeki başarılı çalışmalarının ödülü olarak"(11) onur belgesi verilmişti. Ve şimdi aynı örgüt tarafından, üyelikten çıkarılıyordu...

Ernst Thaelmann gereken yanıtı verecekti: "Ben, bu Birlik içerisindeki binlerce ve diğer sendikalar içerisindeki onbinlerce işçi arkadaşım gibi, bir yönetici olarak, geçen yıllar içerisinde bağımsız sendikalar için uğraştım; bu sendikalar milyonlarca Alman işçisinin sabırlı çalışmaları ve özverileriyle büyüdü ve güçlendi. Alman işçi sınıfı, bağımsız sendikalar içerisinde kendisine, işverenlere karşı bir koruyucu siper, kendi yaşam hakları için bir mücadele örgütü yaratmak istiyordu. O bunların da ötesinde, Marx'ın öğretileri ışığında, ücretli kölelik düzeninin tamamını darmadağın edecek muhteşem bir hücum bloku kurmak istiyordu."(12) Sendikal sınıf mücadelesinin en iyi geleneklerinin hayatta kalması doğrultusunda mücadele ettiği için, "suçunu" kabul ediyordu. Onun politikası, başından beri hep aynı doğrultudaydı. Sabırlı bir şekilde, özel örgütlenmelerdeki sekter tavırların aşılmasına ve devrimci sendikacıların çalışmalarının odak noktasını, yeniden, bağımsız sendikalar içerisindeki her türlü etkinliğin artırılmasına yönelik çalışmaların oluşturması gerektiğini anlatmaya çalışırken de, politikasını belirleyen aynı kavrayıştı.

Kitle çalışmasında yeni adımlar

Ernst Thaelmann, "reformist sendikalarda faaliyeti" sürekli ve sistematik olarak "derinleştirmenin"(13) kesinlikle gerekli olduğu görüşünü; KEYK'in XI. Plenumu'nda da, Kızıl Sendikalar Enternasyonali'nin sunduğu, öz devrimci birliklerin yaratılması önerisine karşı çıkarak dile getirdi. XI. KEYK Plenumu, 26 Mart'ta Moskova'da başladı ve oturumları 1931 Nisan ayı ortasına kadar sürdü. KEYK'in Prezidiyum ve Siyasal Sekreterliği'ne seçildi. 29 ve 30 Mart'ta Thaelmann, D.S. Manuilski'nin, komünist partilerin kapitalizmin krizi karşısındaki görevleri üzerine verdiği ana rapora ek olarak, Almanya'daki koşullar üzerine ikinci bir rapor sundu. 11 Nisan'da, Marcel Cachin'in savaş tehlikesine karşı mücadeleye ilişkin konuşması üzerine yapılan tartışmada söz aldı. Thaelmann; Manuilski'nin, faşizmin, bir yandan kapitalizmin çürüyüşünün ve tekelci sermayenin iktidarını güvenceye alma çabasının bir ifadesi olduğu, ama diğer yandan da büyük burjuvazinin de bir saldırısı olduğu görüşünü destekliyordu. Tehlikenin her tür küçümsenişi, bu nedenle reddedilmeliydi; aynı şekilde, emperyalist gericiliğin, faşistleştirme politikası ve toplumsal çelişkileri son haddine kadar keskinleştirmesiyle elinde olmadan proleter bir devrime zemin hazırladığı biçimindeki, maceracı beklenti de reddedilmeliydi. Buna inanmak, faşizmin aynı zamanda, halk kitlelerinin fiziksel ve moral olarak ezilmesi için seferber ettiği gücü arttırdığını görmemek anlamına gelecekti. Thaelmann, bu nedenle, hiçbir komünistin; faşizmin zaferi halinde, emekçilerin daha çok sömürüleceği ve ezileceği; hayat koşullarının daha dayanılmaz hale geleceği gerçeğini, hiç unutmaması gerektiğini açıkladı. KPD'nin kitle faaliyeti, faşizmin baş düşman olarak teşhir edilmesiyle canlandırıldı.

Ernst Thaelmann Moskova'da bulunduğu sırada, Almanya'da faşistleştirmeye karşı direnişi bastıracak "siyasi kargaşıklıklarla mücadele için" olağanüstü bir karaname ilan edildi. Bu olağanüstü karanamenin ilan edilmesiyle birlikte polis, 27 ve 28 Mart'ta; KPD MK'nın binasına, birçok parti bürosuna, devrimci kitle örgütlerine ve de komünistlerin evlerine baskın düzenledi. Yasaklamalara neden olabilecek materyal bulmak istiyordu ve komünistlere daha fazla baskı yapabilmek için, gerekli dökümanlarını tamamladı. Artık saldırılar çoğalıyordu; polis, birkaç ayda bir, KPD MK'sının üssü olan Karl Liebknecht binasının başına bela oluyordu.

Berlin'e döndükten sonra Ernst Thaelmann, 1 Mayıs gösterisinde konuşma yaptı ve kitle mücadelesinde yeni adımların atılmasını hazırladı. İş bulmayla ilgili bir planın ve köylüye bir yardım programının hazırlanmasına önayak oldu. Memurlara, küçük zanaatçılara, serbest meslek sahiplerine, çalışan kadınlara ve gençliğe yardım önlemlerinin hazırlanması doğrultusundaki tasarıları da destekledi. KPD'nin köylüye yardım programı ve iş bulma planı; hemen yardım, yeni iş olanaklarının yaratılması, köylü borçlarının silinmesi, toprak yardımı ve sosyal konumlarının kapsamlı bir iyileştirilmesini hedef alıyordu. Önerilen önlemlerin finansmanı için, büyük mal varlıkları ve gelirlerin yasallığının araştırılması; ayrıca devlet bütçesinden kapitalist ve Junkerlere verilen sübvansyonların silinmesi; ve silahlanma, polis ve kilise bütçelerinden kesintilerin yapılması talep ediliyordu. Bu plan ve programlar böylece, bir yandan emekçilerin alım gücünün artması, bir yandan küçük zanaatçı ve esnafın sürümünün artması, bir yandan da ekonomik krizin emekçiler üzerindeki etkilerinin hafifletilmesi için yollar sunuyordu. Bunlar, emekçileri, kapitalist devletin haydutça ekonomik politikalarından ve onun yıkıcı etkilerinden kendilerini korumak üzere harekete geçirecekti. KPD bununla, çaresiz köylü ve işsizlerin, faşist demagoglar tarafından suistimal edilmelerine karşı da bir set çekmek istiyordu. Kitlelerin antifaşist mücadeleye kazanılması için, önemli temeller yaratıyor ve parti üyelerini yeni, somut araçlarla donatıyordu.

KPD Merkez Komitesi'nin 14-15 Mayıs 1931'deki toplantısında, Hermann Remmele'nin KEYK Plenumu üzerine rapor sundu. Merkez Komitesi'nin kırsal alanlar sorumlusu Heinrich Rau'nun, KPD'nin kırsal alandaki faaliyeti üzerine konuştuğu bu toplantıda, Ernst Thälmann, iki belgenin yayınlanacağını bildirdi. "Özgürlük programını, yani Almanya halkının sosyal ve ulusal kurtuluş programını, iş bulma planı ile ve halk devrimi mücadelemizi daha yeni kesimlere taşıyabileceğimiz başka önlemlerle tamamlıyoruz." Tartışmada sendikal faaliyet üzerine görüşünün altını çizerek ortaya koyuyor ve 1930 İlkbaharı'ndaki hükümet değişikliğinden beri yürütülen politikayı anımsatarak gerçekçi bir analizin önemini açıklıyordu. Şöyle özetledi: “Yani, partimizin faşistleştirme sürecini zamanında görmüş olmasının tarihsel bir kazanım olduğuna inanıyorum”.(14)

MK toplantısını izleyen gün olan 16 Mayıs 1931'de, Ernst Thaelmann, köylülere yardım programını, Oldenburg'daki bir köylü mitinginde ilan etti. Braunschweig'da yaptığı gibi, Nazileri teşhir etmek için onların özellikle güç kazandığı bir bölge seçmişti. Beş gün önce burada konuşma yapan, fakat köylülerin tek bir yakıcı sorusuna dahi yanıt verememiş olan Hitler'e karşı, polemik yürüttü. Thaelmann, Nazilerin sosyal demagojisinin maskesini düşürdü: Brüning'in olağanüstü karanamelerine karşı, çeşitli önlemler alınmasını, neden engelliyorlardı? Komünistlerin talep ettiği gibi, zenginlerin vergilerinin zorunlu artırımını neden reddediyorlardı? Küçük çiftliklerin kapitalistlere peşkeş çekilmesine karşı neden hiçbir şey yapmıyorlardı? KPD'nin yardım programlarında; emekçi köylüler, balıkçılar, bahçıvanlar ve geçici işçiler için nelerin yapılmasını istediğini anlattı. Uzun süreden beri, köylülerin ekonomik, finansal ve sosyal problemleri ile; Kuzeybatı Almanya'daki küçük domuz yetiştiricilerinin, yüksek yem fiyatlarından gördükleri zararla da ayrıntılı olarak ilgilendiği hissedilebiliyordu. Thaelmann, KPD'nin daha 1926'da, köylülere yardım programının temellerini dayadığı tarım politikasıyla ilgili "Yüzümüzü köylere çevirelim!" çağrısını teşvik etmişti. Köylülerle, sorunları üzerine tartışmak için bizzat köylere gitti. İlkbaharda Köln'de köy meclisleri seçimleri dolayısıyla konuştuğunda, Eifel dağları köylüleri, onu, çektikleri sefaletler hakkında bilgilendirdiler. Eifel köylülerine yazdığı bir mektupta, onlara, KPD'nin, Millet Meclisi bütçe görüşmelerinde, emekçi köylüler için vergi indirimi, kira indirimi, borçların silinmesiyle ilgili hangi teklifleri verdiğini açıklıyordu. Küçük çiftliklerin kapitalistlere peşkeş çekilmesini, daha önce birkaç köyde de yapıldığı gibi, kendi aralarında birleşerek, ve de işçileri aralarına alarak engellemeyi; çiftlikler tehlikeye girdiğinde ise, hep birlikte vergi ödemeyi reddetmelerini önerdi.

Köylülere yardım programının ilan edilmesinden sonra Thaelmann, programın sadece komünist gazetelerde ve bildirilerde açıklanmamasını; aynı zamanda burjuva gazetelere ve özellikle de köylü dernekleri gazetelerine gönderilmesini sağladı. Parti'nin köylülüğe ilişkin politikasını daima gözetmekteydi. Komünistlerin inisiyatifiyle mücadele yöntemlerinin tartışıldığı küçük ve orta köylülüğün kongreleri hakkında bilgileniyor ve köylülerle sık sık mektuplaşıyordu. 1932 Sonbaharı'nda Bavyera bölgesi köylülerinin ona sorduğu soruları ayrıntılarıyla cevapladı. Hep şuna işaret ediyordu: Ancak ortak eylem sefalete son verebilir; köylülere sefaletten ve yaşama koşullarının durmaksızın tehdit edilmesinden çıkış yolu gösteren tek şey, işçi sınıfıyla birleşik eyleme girişmektir.

Sınıf bilinciyle çağrı

1931 Yazı'nda Almanya'da yeni bir gerginlik dönemi başladı. Bu, ekonomik alanda büyük bankaların iflasıyla ve Reich'ın ödeme yapmaktan aciz oluşuyla; ama özellikle de yığınların sefaletinin devasa artışıyla beliriyordu -yüksek oranda işsizlik; orta tabakaların büyük bölümü için benzer çaresizlikler; sosyal yardımlarda, ücret ve maaşlarda 5 Haziran'da çıkarılmış olağanüstü kararname ile acımasız kesintiler. Bu yaz, aynı zamanda, büyük sermayenin önemli bölümlerinin gittikçe şiddetlenerek Brüning Hükümeti'nin açık faşist bir kabine tarafından devrilmesi eğilimine girdikleri bir dönemdi. Tekelcilerle Hitler arasında gittikçe artan görüşmeler yapılıyor ve tekellerin yönlendirilmesi altına alınması için tekelci sermayenin temsilcileri, Nazi partisine delege olarak atanıyordu.

Brüning'in hükümeti ise, büyük bir hevesle tekellerin maaş bürosu olarak işliyordu: Daha ekim ayı başında "ekonomi ve finansman kaynaklarını güvence altına alan", özel işletmelere de ücretleri düşürme hakkı veren başka bir olağanüstü kararname çıkardı; ücret tarifelerinin genel olarak düşürülmesini emreden bir diğerini de aralık ayı başında çıkardı. Brüning Hükümeti'nin en önemli işi, zaman zaman, bankalara, sanayi tekellerine ve büyük toprak sahiplerine milyonlar tutarındaki cömert sübvansyonlar yaratmaktı. Gerçekleştirilen yüzlerce uygulama ve kimi zaman da açıkça söylenen sözler, ekonominin efendilerinin, kişisel zenginlikleri için faşist diktatörlüğe duydukları özlemin temel motiflerini oluşturuyordu. Brüning'in uysallığına rağmen, Reich Başbakanı Hindenburg ve Reich silahlı kuvvetler yönetiminin çevresindeki klik, 9 Ekim'de bir hükümet değişikliğini zorla yaptırdı. İçişleri Bakanlığı bundan sonra silahlı kuvvetler bakanı ile ortak yönetiliyordu; Ekonomi Bakanlığı'nı Sanayi Sendikası temsilcilerinden bir yönetim gücü aldı. Bunu takip eden günde, Hindenburg ilk kez Hitler ile görüştü; ve 12-13 Ekim'de tekelci burjuvaziden, büyük toprak sahiplerinden ve militarist klikten Naziler,

Alman milliyetçileri, Çelik Miğferliler ve kötü ünlü gericiler, Bad Harzburg'da, Harzburg Cephesi adıyla anılan nasyonalist bir blok oluşturmak üzere toplandılar.

Böylece 1931 yılının ikinci yarısında hem Weimar devletinin faşistleştirilmesi sürdürüldü, hem de aşırı sağcıların açık faşist kampta toplanması gerçekleşti. Karşı tarafta ise KPD'nin ulaşmaya çalıştığı antifaşist kitle eylemleri gerekli kitleselliğe ulaşmadı. Halk devrimi şiarı altında ve iş, ekmek ve özgürlük için kitle eylemleri çerçevesinde antifaşist güçleri toparlama politikası, beklediği etkiyi yaratmadı.

Köylülere yardım programı ilan edildikten sonra Ernst Thaelmann, Pantkot'ta, eşiyle birlikte birkaç günlüğüne dinlenmek için Harz'a gitti. Brocken Oteli posta damgası taşıyan kartpostal, doğa yaşamının onda yarattığı dinlenme ve canlanmayı ele veriyordu. Kızına şöyle yazıyordu: "Dünyayı sevmek, doğa güzelliğini tanımaktır."(15) On bir yaşındaki kıza yapılan tavsiye, onun yaşama bakış açısını biçimlendirmeyi amaçlar, kendi tutumuna bir pencere açar, davranışının temel motifini gösterir: Dünyayı sevmek ve koşulları, üreten insanların bu dünyanın güzelliğine ulaşabilecekleri şekilde geliştirmek. Yolculuk, Braunschweig bölgesine, işte, o günlerde Parti'nin faşist eyalet hükümetini devirmek için bir referandum hazırladığı yerde noktalanıyordu. Herhalde bu nedenle, Harz tatili sadece dinlenmek amaçlı değildi ve, Pantkot gezisininin varış noktası tesadüfen seçilmemişti.

Ernst Thaelmann döndüğünde, 29 Mayıs günü, iş bulma planı, sadece işsizliği artıran ve geliri olmayanların durumunu sürekli olarak kötüleştiren olağanüstü kararnamelerin yönelimine alternatif olarak ilan edildi. 31 Mayıs'tan 5 Haziran 1931'e kadar Leipzig'de toplanan SPD Kongresi, buna benzer bir alternatif oluşturmadı; aksini yaptı. Burada "kapitalist üretim anarşisi ve işçi sınıfı" üzerine konuşan Fritz Tarnow; sosyal demokrasi, hasta yatağındaki kapitalizmin başındaki doktor olarak, onu iyileştirmeye çalışmalıdır tezini savunuyordu. Sermayenin daha çok kâr edebilmesi için sosyal ve politik önlemlere başvurulmalı, ücretlerin düşürülmesi göze alınmalıydı.

Ernst Thaelmann, SPD Kongresi'ni dikkatle izledi. Sosyal demokrat liderlerin emekçilerin sorunlarına çözüm bulmak için herhangi bir taslak sunmadıklarını; olağanüstü kararnameler diktatörlüğüne karşı kitle direnişlerini reddettiklerini; diktatörlüğe göz yummayı politik bilgelik olarak değerlendirdiklerini; ve saflarından bu politikayı protesto edenlere disiplin cezaları uyguladıklarını gördü. SPD önderliğinin Brüning tarafından yönetiliyormuşçasına davrandığı sonucunu çıkardı. Sosyal demokrat milletvekillerinin Brüning ile, hükümet olağanüstü kararnameler çıkarırken bundan rahatsız olanlara karşı, Millet Meclisi'ni göreve çağırmaksızın nasıl bir tıpanın yaratabileceklerini görüşmüş olduklarını öğrenmiş olsaydı, bu sonuç çıkarımında kendisinin haklı çıktığını bilmiş olacaktı.

KPD, açlık ve felaketler politikasını kitle gösterileriyle protesto ediyordu. Ernst Thaelmann 11 Haziran günü Berlin Spor Sarayı'ndaki merkezi gösteride konuştu. Prusya polisi, spor salonuna yürüyenlere hep yeniden saldırdı ve o gün, Ernst Thaelmann'ı dokunulmazlığını hiçe sayarak gözaltına aldı. Ancak saldırının şiddetle protestosu karşısında polis, onun konuşmasına izin vermek zorunda kaldı.

Thaelmann konuşmasında, alttan üste doğru yeniden yapılanma politikasını, İncil'den aktardığı cümleyle nitelendirdi: "Brüning Hükümeti İncil'de yazan özdeyişe göre davranmaktadır: 'Orada varlığı olana, bolluk verilecek; olmayandan ise olanı da alınacak'." SPD'nin Leipzig Kongresi'ni inceledi ve önemli liderlerinin şimdi açıkça Brüning politikasını tanıdıklarını ve bu politikayı partilerinin resmi çizgisi haline getirdiklerini saptadı. Bu politikayı kabul etmeyen, fakat, etkili de olamayan, aralarında milletvekillerinin de bulunduğu sosyal demokrat yöneticilerin tavrını takdir ediyordu. Ernst Thaelmann, SPD ve ADGB'nin sağ kanat yöneticilerinin faşistleştirmeye karşı hiçbir tepki göstermemelerinin aksine, onu desteklemelerinin, faşizmin gücünü gittikçe artıracağını, buna ek olarak da sosyal demokrat partide ve onun etkisi altındaki kitle örgütlerinde yer alan milyonlarca emekçiyi mücadele etmekten alıkoyacağını hissediyor ve bundan endişe duyuyordu. Bu politikanın işçi sınıfının geniş kesimleri üzerindeki felç edici etkisini kırmanın yollarını arıyordu. Bu nedenle, sosyal demokrat işçilere, artık daha büyük bir ısrarla yöneliyordu. Onların sınıfsal sezgilerine sesleniyor, proletaryanın çıkarları doğrultusunda hareket etmeleri ve sermayeyle çıkar bütünlüğü hayaline asla kanmamaları çağrısını yapıyordu.

"Komünist parti, sosyal demokrat sınıf kardeşlerine ve onların sosyalist duygularına seslenmektedir. Evet yoldaşlar, birlikte mücadele etmek için size elimizi uzatıyoruz, sizlerle birlikte kardeşçe, devrimci sınıf mücadelesi cephesini kurmaya, iflas etmiş kapitalist sisteme ve Brüning Hükümeti'ne karşı, kendi halk cephemizi kurmaya hazırız. Sosyal demokrat sınıf kardeşlerimiz, size soruyoruz: Brüning için mi, yoksa sosyalizm için mi mücadele etmek istiyorsunuz? Bu, bugün her sosyal demokrat işçinin, her sosyal demokrat yöneticinin cevaplandırması gereken belirleyici sorudur. SPD'li işçi, kararını kendi sınıf sezgisine, kendi sınıf bilincine göre vermek zorundadır ve bu karar ancak şöyle olabilir: Komünistlerle birlikte kapitalistlere karşı, faşizme karşı, Brüning'e ve Brüning cephesine dahil olan herkese karşı!"[16]

Bu, sosyal demokrasinin üye ve görevlilerine, komünistlerle birlikte ortak tavır almaları için yapılmış bir çağrıydı. Sosyal demokratları, kapitalizme ve faşizme karşı ortak bir direniş cephesi içinde sınıf kardeşleri ve mücadele yoldaşları olarak tanımaları için, komünistlere yapılmış bir uyarıydı bu.

Ernst Thaelmann, işçi sınıfının büyük sermaye ile faşizmin saldırısını ancak birleşerek püskürtebileceğini düşünüyordu; çünkü ancak birlikte hareket etmek, diğer emekçi sınıf ve tabakalar üstünde gerekli etkiyi yaratabilecekti. Bu cepheyi oluşturmanın acil olduğunun da farkındaydı. Bunu, 24 Temmuz 1931'de, yöneticilerle yapılan bir toplantıda şöyle açıklıyordu: "Bugün işçilerin objektif gelişimleriyle sübjektif hareketleri arasında hâlâ bir mesafe bulunmaktadır. Fakat geride kalmamalıyız, yoksa gafil avlanabiliriz."(17)

Düşüncelerinin giderek yoğunlaştığı sorun; sosyal demokratları en ikna edici kanıtlara, en iyi yöntemlere dayanarak birleşik mücadeleye kazanmanın yolu üzerineydi. 1931 Yazı'nda proleter sınıf bilincine yapılan çağrı açıkça ön plandaydı. Thaelmann, sosyal demokratların büyük kitlesinin, komünistlerle aynı sınıfsal özellikleri taşıdığını asla unutmuyordu. Hiçbir sosyal demokratın, eski partisine olan bağlılığını kolayca aşamayacağının farkındaydı; ancak yine de sınıf bilinçli bir işçinin, SPD'nin parti önderliğinin ve Millet Meclisi fraksiyonunun politikasının nereye gittiğini anlamak zorunda olduğunu ve bundan hangi sonuçları çıkarması gerektiğini anlayacağına inanıyordu. Oysa ki gerçekler, sosyal demokrat işçilerin büyük çoğunluğu için, meselenin hiç de bu kadar açık olmadığını kısa sürede öğretti. Milyonlarca sosyal demokrat, hareketlerinin gücüne güvenmeyi sürdürüyor, ve birçoğu, partilerinin resmi politikasındaki söz ile, uygulama arasındaki çelişkinin içyüzünü göremiyordu. Bu, Ernst Thaelmann'ın Birleşik Cephe politikasının nitelik ve biçimlerini daha derinlemesine incelemesine, sınıf bilincine yapılan çağrıyla yetinmemesine yol açtı. Fakat bu düşüncelerin olgunlaşması zaman alıyordu; ve pratikte bazı sonuçlar elde etmeden önce, KPD'nin bazı yönetici ve redaktörlerinin eksik kavramadan kaynaklanan direnişlerinin aşılması gerekiyordu.

Pratik kitle faaliyeti için sekterliğin karşısında

1931 Yazı'nda Ernst Thaelmann'ın Leninist birleşik cephe politikasını hayata geçirme çabaları, sekteye uğradı. Nazi partisi ve Çelik Miğferliler Prusya Eyalet Meclisi'nin feshedilmesi hakkında bir referandumun yapılmasını karara bağladılar. Bu referandumla, sosyal demokrat Otto Braun ve Carl Severing'in başkanlığındaki eyalet meclisini devirmek ve yerine sağcı bir hükümet oluşturabilmek için yeni seçimlerin düzenlenmesini zorlamak istiyorlardı. KPD, faşistlerin manevrasını başından beri basınında, kitle ajitasyonunda ve eyalet meclisinde, vargücüyle önlemeye çalıştı. Ernst Thaelmann; KPD'nin, Brüning'in olağanüstü kararnamelerinin Braun-Severing Hükümeti aracılığıyla uygulanmasını protesto ettiği halde, yine de referandumu reddetmesi gerektiğini vurguluyordu. Eğer referanduma katılınırsa, sağ partilerle aynı duruş yerinde bulunuluyormuş gibi bir görüntü oluşacaktı çünkü. Daha temmuz ortasında, görüşleri, Politbüro, özellikle de en büyük bölge örgütlerinin politik sekreterleri tarafından destekleniyordu. Aynı dönemde, Hermann Remmele'nin bilgisi dahilinde Komintern'in yönetici organları tarafından Heinz Neumann'a yanlış bir bilgi ulaştı. Bu bilgi, Parti önderliğinin diğer üyelerinin; KEYK Siyasal Sekreterliği'nin, Neumann'ın KPD'nin referanduma katılabileceği şeklindeki önerisini onayladığı görüşünü içeriyordu.

Ernst Thaelmann, Komintern ile KPD arasında bir görüş ayrılığı varmış gibi bir görüntü yaratmamak için ve parti önderliğinin bütünlüğünü korumak için, bu koşullar altında referanduma katılınmasına karşı çıkmadı. Buna rağmen, önce Prusya hükümetine, üç komünist milletvekili aracılığıyla, birtakım demokratik önerilerin sunulmasını sağladı. Bu öneriler; işçi örgütlerine basın, toplantı ve gösteri özgürlüklerinin geri verilmesi ve olağanüstü kararnamelere dayanan ücret ve sosyal yardım kesintilerinin geri alınmasıydı. Kabul edildikleri takdirde, KPD, eyalet meclisinin feshedilmesini talep etmekten vazgeçecekti. Otto Braun ve Carl Severing ise bu önerileri sert bir şekilde reddettiler; ve Prusya polisi, yeniden Karl Liebknecht binasını işgal etti. Bunun üzerine Merkez Komitesi, 22 Temmuz'da, referanduma katılma çağrısı yapmaya karar verdi. KPD bu adımıyla, Braun-Severing Hükümeti'nin, olağanüstü kararnameler diktatörlüğünün desteklenmesini şiddetle protesto ettiğini göstermek istediğini; bunun dışında asıl düşman olarak her zaman olduğu gibi faşistleri gördüğünü en açık bir şekilde ortaya koymak istiyordu. Ernst Thaelmann yaptığı konuşmalarında, parti üye ve yöneticilerinden, bunu, mutlaka ve sürekli olarak vurgulamalarını istiyordu. Thaelmann, KPD'nin eyalet meclisinin feshini, referandumun yapılmasına neden olan güçlerden tamamiyle farklı motiflerden hareket ederek talep ettiğini ne kadar vurgulasa da; KPD'nin karalanması, komünistler ile Nazileri kardeş olarak niteleyen parti başkanı Otto Wels gibi sağ kanat sosyal demokrat liderler için kolaylaştırılmış oldu. Kaçınılmaz yüzleşmeler ortaya çıktı. Öte yandan, SPD'nin ve Braun-Severing Hükümeti'nin, yönelimlerini, Brüning Hükümeti'nin politikalarına göre belirlemesine karşı, komünistlerin dili keskinleşti.

9 Ağustos 1931'de referandumun başarısızlıkla sonuçlanmasıyla Ernst Thaelmann, etkili bir politik faaliyet yürütmeksizin, fabrika ve bağımsız sendikalarda geçici olağanüstü kararnamelere ve faşistleştirmeye karşı gerekli kitle eylemlerinin yaratılamayacağı görüşünün kuvvetlenmiş olduğunu düşünüyordu. Neumann, kitlelerin, sadece radikal ifadeler kullanarak ve salt ajitasyona dayanan bir çalışmayla kazanılabileceği türünden yanılsamalı bir eğilimi temsil ediyordu. Ernst Thaelmann, bu eğilime karşı; ciddi, sabırlı, günlük kitle faaliyeti doğrultusunda kesintisiz uyarılar yaparak cephe açtı. Ernst Thaelmann, radikal söylemlerle sınıf savaşımını ileriye götürülebilmenin olanaklı olduğunu sanan bu eğilimin ardında, zor ama zahmetli olan gerçek devrimci yolun kimi yöneticilerde yarattığı miskinliğin bulunduğunu kavradı. 19 Ağustos'ta yıllardan beri en yakın mücadele arkadaşları arasında olan Heinz Neumann, Hermann Remmele ve Leo Flieg ile bir görüşme yaptı. Kitle faaliyeti üzerine önemli sorunlara açıklık getirmek ve parti yönetiminin çalışabilirliğini gözeterek görüş ayrılıklarını hızla ortadan kaldırmak istiyordu. Ancak derin bir çatlağın oluştuğunu görmek zorunda kaldı: "Uzunca bir süredir duyduğum endişelerim ... Heinz'ın tutumuyla tamamiyle doğru çıkmış oldu."(18)

Ernst Thaelmann büyük bir hayal kırıklığına uğramıştı. Ertesi gün, iç huzursuzluğundan kurtulmak için, konuşmanın gelişimi hakkındaki düşüncelerini, Leo Flieg'e yazdığı bir mektupta özetledi. Çalışmada kolekifliğe ve açık, yoldaşça bir ortama ihtiyacı vardı. Neumann'ın tutumu ise eleştiri kabul etmeme tarzındaydı, ve bu, kolektif çalışmayı imkansız kılmakta ve ortamı çirkinleştirmekteydi. Bunlar, birlikte çalışmayı zedelemekte ve dolayısıyla önderliğe ve partinin tümüne zarar vermekteydi. Flieg'e yazılmış bu mektup, tüm sorunları sakin ve elbirliği ile çözmenin Thaelmann için ne kadar büyük bir ihtiyaç olduğunu, ve gereksiz tartışmalardan korumak istediği partinin, bütünlüğü ve sağlamlığı için nasıl mücadele ettiğini gözler önüne seriyordu.

Fakat 19 Ağustos 1931'deki görüşmeden sonra, önderlikte iki farklı çizginin açığa çıktığını da, artık biliyordu. Bu iki çizgi, şöylece formüle edilebilirdi: Bir yanda, Parti'nin emekçilerle hep daha sıkı bağlar kurmasını ve özellikle sosyal demokrat işçileri ortak mücadeleye kazanmasını amaçlayan Leninist çizgi; öbür yanda, sosyal demokratların kazanılması çabasını, işçi sınıfının geri kesimlerinin peşinde koşmak olarak alaya alan Neumann'ın konumu. Bir yanda Thaelmann'ın tüm komünistlerin zahmetli günlük kitle çalışması yürütmeleriyle faşizme karşı geniş bir direniş cephesi yaratmak çizgisi; ve öbür yanda, temelde faşizmin güçlü söylemlerle yenilebileceği ve devrimin nasıl olsa olacağı sanısına sahip sekter bir çizgi. Artık Thaelmann, Neumann'ın onu yalpalayan biri olarak gördüğünü biliyordu. Şimdi, ciddi bir biçimde hızlanan faşistleştirme politikasına karşı mücadelenin tam ortasında, parti önderliğinin bütünlüğünü korumak, ve parti içerisinde, kitle mücadelesi ve birlik cephesi politikasına partiyi büyük fikir çatışmalarıyla sarsmadan açıklık getirmek gibi zor ve zahmetli bir görevle karşı karşıya olunduğunun farkındaydı.

Thaelmann, Belediye Meclisi seçimlerinde alınacak tutumu görüşmek üzre, Hamburg parti örgütünün 23 Ağustos'ta yaptığı bir toplantısından bu doğrultuda yararlandı. "Kapitalist düzen ve devlete, polis terörüne ve faşizme karşı, proleter birleşik cephesi çağrımız; mücadelede yoldaşça birlikte hareket etme çağrımız; ne bir manevradır, ne de bir 'taktik'tir!" diye açıklıyordu "Hayır! Bu çağrı, sınıf kardeşlerimiz olan sosyal demokratlara, büyük bir samimiyetle ve tam bir inançla yapılmaktadır!"(19) Bu, sosyal demokratlar ile yoldaşça ilişkiler kurmak için bir uyarıydı. Hiçbir komünistin, burjuva ve sosyal demokrat yanılsamalara sahip milyonlarca emekçiyi, burun kıvırarak bir kenara atıp, gericiliğin kollarına atmaya hakkı yoktu. Onları kazanmadan, zafer de kazanılamayacaktı.

Thaelmann, Hamburg'da 18 Eylül'de bir seçim konuşmasında da bu çerçevede konuştu. Parti'nin, eylül ve ekimde, Millet Meclisi'nde, memurlar ve çalışanlar için sosyal yardım programı ve sosyal ve politik içerikli başka teklifler vererek, kitle faaliyetinde yeni adımlar atmasını sağladı. Aynı zamanda bir Reich köylüler kongresinin hazırlanmasıyla da ilgilendi. Parti'nin Berlin-Brandenburg-Lausitz-Grenzmark Bölge Yönetimi'nin, açık bir mektupla Nazi partisinin emekçi seçmenlerine ve SA'nın üyelerine seslenmesini doğru buluyordu. Kadınların hak eşitliğinin kabul edilmesi, çalışan kadınlara uygulanan çifte standarda ve işsiz kadınların aşağılanmasına karşı ve anne ile çocuğun güvence altına alınmasına ilişkin, Parti'nin Millet Meclisi fraksiyonunun sunduğu öneri paketini ısrarla destekledi.

KPD'yi o yıl KEYK'te temsil eden Wilhelm Pieck'in huzurunda; kardeş partilerden yoldaşlar ile birlikte KPD önderliğinin içinde bulunan görüş ayrılıklarının sonuçlandırılması için görüşmek üzere Thaelmann, ekim sonunda Heinz Neumann ile beraber Moskova'ya gitti. Thaelmann'ın görüşleri kabul edildi. Merkez Komitesi'nin 10 Kasım'da aldığı (ikisi KEYK'ten döndükten sonra alındı) bir kararda, anlam karışıklığına yer verilmeyecek açıklıkta şunlar saptandı: "Almanya Komünist Partisi'nin günümüz koşullarında başlıca stratejik görevi, devrimci kitle faaliyetinin güçlü bir şekilde yaygınlaştırılmasıdır."(20) Karar "Parti'nin kitle faaliyetine karşı yönelen sol sekter anlayışların varlığını" ciddi bir tehlike olarak nitelendirdi.

Yanı sıra Merkez Komitesi, bireysel terör eylemlerinin her tür savunulmasını ya da bunlara göz yumulmasını, komünist parti üyeliği ile bağdaşmaz olarak mahkum etti. MK, Nazilerin ve polisin cinayetleri karşısında, antifaşistlerin duyduğu öfkeyle kendilerini karşı saldırılara kaptırmalarını engellemek istiyordu. Ve bireysel terörün, devrimci işçi hareketi tarafından öteden beri anlamsız ve zararlı olarak reddedildiğini hatırlatıyordu.

İdeolojik ve teorik faaliyetin derinleştirilmesi

Birkaç gün sonra KPD Merkez Komitesi Politbürosu, Parti'nin ideolojik ve teorik faaliyetinin güçlendirilmesine; yönetimin, kolektif ve kesintisiz faaliyetini sağlayacak ve alınan kararları tüm parti bünyesinde daha çabuk hayata geçirecek başka tedbirlerin alınmasına karar verdi. Ernst Thaelmann, "Enternasyonal" adlı teorik derginin kasım-aralık sayısına "Teorik ve Pratik Faaliyetimizdeki Bazı Hatalar ve Bunların Aşılmasının Yolu" başlığı altında bir makale yazdı. Makalede, faşizm üzerine hatalı ve şematik anlayışları ele aldı. Faşist bir diktatörlüğün kurulması için tüm çabalara karşı, direnişin çok daha enerjik örgütlenmesini; Nazi partisine karşı ideolojik kitle mücadelesinin önemli oranda artırılmasını ve antifaşistlerle eylem birliği için daha çok çaba harcanmasını istedi. Kasım ayında yine Kuzeybatı Almanya köylülerine yönelik olarak kaleme aldığı bir yazıda, KPD'nin birlik politikasının altını çizdi. Köylü toprağını savunmak, işçi sınıfının da meselesidir diyordu.

Birleşik Cephe politikası üzerine 26 Kasım'da Politbüro'da konuştu. Ve birkaç gün sonra Merkez Komitesi'nin sosyal demokrat işçilere yaptığı bir çağrı, Reich Bayrağı'nda ve sendikalarda, Thaelmann'ın bir makalesi ile birlikte yayınlandı. Bu makalede, KPD'nin, sosyal demokratlardan "bugünden yarına, birdenbire komünistlere dönüşmelerini, programını ve nihai hedefini benimsemelerini ve sosyal demokrat üyelik kaydını partininkiyle değiştirmelerini beklemediğini" açıklıyordu. "Onlardan tek bir şey istiyoruz: Sınıf düşmanına karşı bizimle birlikte mücadele etmelerini!"[21] Böylece, söz konusu olanın önlerindeki yakın hedef için ortak eylem olduğunu, yani bağımsızlıklarını koruyan iki ortağın eylem birliği olduğunu anlatıyordu. Çağrı ve Thaelmann'ın makalesi, Birleşik Cephe politikasının uygulanması bakımından önemli bir adımı temsil etti. Sosyal demokrat yönetim ile anlaşabilmek, antikomünist, bölücü politikaları nedeniyle her zamanki gibi mümkün olamıyordu; KPD, buna rağmen, bu yönetime ortak eylemlilikler önerme girişimlerinde bulunmuyor ve böylece Birleşik Cephe çağrısına daha çok inandırıcılık kazandırmıyordu.

Ernst Thaelmann, sosyal demokratların KPD ile eylem birliğine girme çekincelerini ortadan kaldırmak; aynı zamanda komünistlerden farklı düşüncelere karşı anlayış göstermelerini istiyordu. "Enternasyonal"e Merkez partisi üzerine yazdığı diğer bir makalede bu talebini, Hıristiyanlarla ilişkiler açısından dile getirdi. Bu çalışmasında, politik dinciliğin bu partisinin, Katolik örgütlerden oluşan geniş ağı dolayısıyla bir taraftan SPD'ye, diğer taraftan da Nazilere kadar uzanan bağlantılarıyl oynadığı rolü inceledi. Fakat bu, dinsel inanışlar gibi, komünistlerin Hıristiyan emekçilerden uzak kalmaları için bir neden olmamalıydı. Dahası, dinsel inanışları olan işçilerle arkadaşça ilişkiler kurulmalı; kimse dinsel duyguları rencide ederek işçi sınıfının mücadelesine zarar verme hakkına sahip olmamalıydı. "Görevimiz" diye açıklıyordu Thaelmann, "Hıristiyan işçilere, komünist partinin önderliğinde mücadele eden sınıf bilinçli proletaryanın kızıl birleşik cephesine giden yolu göstermektir. Görevimiz, fabrikalarda ve gösteri alanlarında Hıristiyan sınıf kardeşleriyle birlikte ve sosyal demokrat diğer işçilerle birlikte bu cepheyi oluşturmaktır. Görevimiz, Katolik emekçi kitleler arasında çalışmada, şehirlerde ve kırlarda atak yapmaktır... Görevimiz Katolik esnaf ve zanaatçılar arasında ajitasyonumuzu yaygınlaştırmaktır."[22]

Thaelmann'ın 1931 sonlarındaki çalışmaları; sekterizmi, verimsiz radikal söylemleri ve teorik yüzeyselliği eleştiriyordu. Partinin teorik faaliyetinin her türlü küçümsenmesi "partimizin iç politik eğitim faaliyetinin ihmal edilmesi ve dolaysıyla pratik kitle faaliyetimizin zayıflatılması"(23) anlamına gelecektir. Thaelmann, toplumsal gerçekliğe gözlerini kapayan metafizik kuruntulara karşı çıkıyordu. O aynı zamanda sınıf mücadelesi açısından diyalektik olmayan anlayışlara; öncelikle sınıfı ve kitleleri kazanmak ve antifaşist mücadelede sonraki adımların ne olması gerektiğini bulmak zorunluluğunu Heinz Neumann gibi devrimci amaçlar üzerine büyük sözlerle unutmaya; ve kendini bu şekilde ortaya koyan her türlü disiplinsizliğe de karşı çıkıyordu. "Nerede görürseniz faşistlere vurun" ve "en devrimci kış", ya da aynı şekilde saçma ve zararlı olan "ADGB parçalansın" gibi söylemleri Ernst Thaelmann, parti önderliği içinde ve diğer yöneticilerle yürütülen birçok sabırlı tartışmada eleştirdi. Wilhelm Florin, birkaç ay sonra tartışmalar sona erdiğinde, KPD'nin ekim ayındaki 3. Parti Konfenansı'nda Thaelmann'dan şöyle bahsediyordu: "O, sistematik olarak adım adım ilerlemek için bir yandan partiyi gereksiz büyük bir tartışmadan korumak ... öte yandan adım adım yalpalayan yoldaşları kazanmak, ve yanlış anlayışların baş savunucularını daha fazla yalıtabilmek için durgun bir kutup yıldızı gibi, aramızda duruyordu"(24)

Ruhr Bölgesi bölge yönetiminin politik sekreteri Wilhelm Florin, Ernst Thaelmann'ın savunduğu politikalara büyük bir ilgi gösterdi; aynı ilgiyi, 1931 yılının Braunschweig çatışmaları sırasında Birleşik Cephe politikasında iyi bir birikim edinmiş olan Aşağı Saksonya bölge yönetiminin siyasal sekreteri John Scher ve birçok başka deneyimli komünist de gösterdi. Verimli bir görüş alışverişini, 1932 Ocak ayı sonunda Moskova'yı yeniden ziyaret ettiği sıralarda, Wilhelm Pieck ile yürüttü.

O kış, işçi sınıfında faşizmi önleme ve komünistlerle birlikte hareket etme isteğinin büyüdüğünün işaretleri artmıştı. Burjuva demokrat ve pasifist güçler de faşistleştirme politikasının özünü ve sonuçlarını daha açık görmeye başladılar. 1931 Ekimi'nde Harzburg

Cephesi'nin kuruluşu birçoğunu uyarmıştı. Hessen polisinin bir bulgusu; yani, kasım sonunda Nazilerin, sıkıyönetim ilan edecek olağanüstü kararnamelerin ve devlet zorunu ele geçirme olasılığı karşısında düşmanlarına yönelteceği ölüm tehditleri ile dolu taslakların ele geçmesi uyarıcı oldu. Aralık ayı başında yeni bir sosyal gerici kararname ilan edildi. Hükümet, protesto gösterilerinin düzenlenmesini ve cumhuriyet renklerini taşıyanların da dahil olduğu üniforma ve amblemlerin taşınmasını yasakladı. 1932'de yapılacak olan işçi temsilcileri kurulları seçimlerini iptal etti. Hitler, Reich Başbakanlığı karşısındaki Kaiserhof Oteli'nde tekelci burjuva velinimetleri ile görüşüyordu. Bu durum karşısında, Carl von Ossietzky ya da Heinrich Mann gibi kişilerin düşünceleri, Ernst Thaelmann'ın görüşüne epeyce yaklaşmıştı: "Faşizm, Hitler geldiğinde başlamayacak, çoktan başladı. İşçilere; bugün kapitalizmi gözeterek, göz yumarak, destekleyerek; gelecekte kapitalist diktatörlüğün daha açık ve vicdansız bir biçimine karşı mücadele edilemeyeceğini söylüyoruz."[(25)] Ossietzky, Brüning Hükümeti'nin politik bir çözülme süreci örgütlediği ve böylece Hitler faşizminin iktidarını hazırladığı uyarısını yapıyordu; ve Mann, ekonomi ağalarının artık Weimar Cumhuriyeti'ni nasyonal sosyalizminin içine sürüklediklerini yazıyordu.

16 Aralık 1931'de SPD parti komitesi, bağımsız sendikaların eyalet yönetim komiteleri, İşçi Beden ve Spor Derneği'nin ve Reich Bayrağı'nın yönetimleri faşizme karşı mücadele için bir "Demirden Cephe" kurdular. Oysa bu, sosyal demokratların önderliğindeki örgütlerin sadece daha sıkı birleşmesiydi; gerçi mücadele komitelerine sahipti ama, nasıl mücadele edileceğine dair somut düşünceleri yoktu. Sosyal demokrat önderlik bu kararla, üyelerin eylem ve birlik isteğini karşılıyor, ama aynı zamanda komünistlere karşı sınırı da koruyordu. "Demirden Cephe", birçok sosyal demokrat, sporcu işçi ve Reich Bayrağı üyesi üzerinde de, artık eyleme geçileceğine dair verilmiş bir söz etkisi yarattı; oysa sadece söz vermekle kalındı. Eyleme kendilerinin geçmesi gerekiyordu; ve bu, faşist saldırıların

baskısı altında artık sıkça gerçekleşiyordu.

Zincirin ana halkası Birleşik Cephe

Ancak yıl sonunda, Thaelmann'ın eskiden kaygıyla gördüğü tablo bir kez daha gerçekleşti: Yeni olağanüstü kararnameye karşı, kayda değer büyük eylemlerin örgütlenmesi başarılamadı. Yanı sıra, işçi hareketinin ve tüm emekçi halkın açık bir faşist diktatörlüğün kurulmasıyla gafil avlanma tehlikesi hâlâ varlığını sürdürüyordu. Bu durumun değiştirilmesi, ve parti içinde ve politikasında başlatılan değişikliklerin tavizsiz sürdürülerek tüm partinin davası haline getirilmesi söz konusuydu. Ernst Thaelmann bu iş için, titizlikle hazırladığı -Wilhelm Pieck ve kardeş partilerden de yoldaşlar ile görüş alışverişi yürüterek- Merkez Komitesi'nin bir dahaki toplantısından yararlandı.

Toplantı, 20-23 Şubat 1932'de Millet Meclisi binasında, fraksiyon oturumu görüntüsü altında gerçekleştirildi. Merkez Komitesi'nin organlarından, bölge yönetimlerinden ve kitle örgütlerinden yönetici önderler, bu toplantıya dahil edildiler. Ernst Thaelmann'ın yaptığı konuşmada, partinin mücadele deneyimleri, yeni ihtiyaçlar ayrıntılarıyla ve özeleştirel olarak incelendi. Tartışan 45 konuşmacının arasında bulunan politbüro ve sekretarya üyeleri Franz Dahlem, Fritz Heckert ve Walter Ulbricht; Thaelmann'ın, siyasi güç dengesini artık işçi sınıfının ve bütün antifaşistlerin lehine çevirerek değiştirmenin yol ve yöntemlerini arayan çabalarını destekliyorlardı.

Ekonomik ve politik durumu değerlendirirken Ernst Thaelmann, faşistleştirmenin, Merkez Komitesi'nin Ocak 1931'deki toplantısından beri, bir yıl içerisinde olağanüstü keskinleştiği sonucuna vardı. Güçleri olası bir Hitler hükümetine karşı, daha ileride bir nihai savaş için saklamak gibi düşünceler olağanüstü tehlikeliydi. Sorun, daha çok "faşistleştirmenin her tür keskinleşmesine, burjuvazinin açık faşist diktatörlüğüne doğru atılan her tür adıma karşı mücadele" edilmesi gerektiği şeklindeydi. Yoksa büyük burjuva gericiliği, diktatörlüğünü açık faşizme daha kolay dönüştürme rahatlığını kazanır ve dolayısıyla kitleleri Hitler ve Hindenburg'a karşı seferber etmek daha da zorlaşırdı. Ernst Thaelmann, Nazi partisine karşı mücadelenin çok daha enerjik yürütülmesini istedi. Özellikle nasyonal sosyalist söylemler daha etkili şekilde çürütülmeli ve kitle savunması daha güçlü ve yaygın örgütlenmeliydi.

Kitlelerin gücünün nasıl daha etkili bir şekilde kullanılabileceği üzerine düşünceler, "devrimci birleşik cephe politikasının Almanya'daki proleter politikanın ana halkasını oluşturduğu" saptamasına varıyordu. Ernst Thaelmann, bütün komünistlerden, bunun tam bilincine varmalarını ve pratik faaliyetlerini tümüyle birleşik cephe mücadelesine adamalarını istedi. Şimdilik birleşik cephe politikasının kavranışı "bizde, parti genelindeki teorik benimsenişine göre, olması gerekenden çok daha az gelişmiştir." Bu zayıflık, enerjik ve planlı olarak aşılmalıydı.

Merkez Komitesi'nin 1932 Şubat toplantısında benimsenen birbiriyle yakından ilişkili dört ana nokta, Thaelmann'ın böylesine inatla izlediği çizgi bakımından önemli bir ilerlemeye işaret eder. Bu dört ana nokta başlıca olarak şunları açıklar: Birincisi, faşistleştirme politikası aşamalı olarak değerlendirilerek politik mücadele, en tehlikeli düşman olarak Hitler faşizmine karşı daha çok yoğunlaştırıldı. İkincisi, toplantı, Neumann türü radikal söylemleri reddetti ve Thaelmann'ın teoriyleriyle sade bir biçimde temellendirilen ve gerçeklerin soğukkanlı değerlendirilmesine dayanan, sistematik pratik faaliyet çizgisini olumladı. Üçüncüsü, bütün partiyi, sendikalarda ve fabrikalarda, işsizler ve diğer emekçi gruplar arasında daha kararlı eylemlere, çarpışmalar örgütlemeye, etkili pratik faaliyet yürütmeye yöneltiyordu. Ve dördüncüsü, her şeyden önce işçi sınıfının eylem birliğinin, antifaşist kitle hareketinin anahtarı olarak reddedilemez önemini açıklığa kavuşturdu. Bütün bunlar Birleşik Cephe politikasının özü ve yeni yöntemleri üzerine kafa yorulmasını teşvik etti.

Toplantı, parti önderliğini ve yöneticilerini, hatta tüm komünistleri, bu yönde ortak çaba sarf etmek açısından etkinleştirdi, ve faaliyetin yankılarının hissedilir biçimde artmasına yol açtı. Ernst Thaelmann'ın otoritesi büyüyor ve onunla aynı yolda yürüyen başarılı yoldaşların kolektivitesi güçleniyordu. KPD, iç koşulları benimsetmeyi, ve giderek politik güç dengesinin gelişiminde bir dönüşümü zorlamayı başardı. Parti'nin gösterdiği yolun önünde duran güçlükler, ve düşmanının gücü hakkında Ernst Thaelmann, Merkez Komitesi önünde verdiği raporda şüphe bırakmadı: "Yürüdüğümüz yol, kolay katedilebilecek bir yol değildir yoldaşlar. Görevlerimiz gayet çetin ve güçtür. Baş düşmanımız, karşıdevrimci bir burjuvazidir. Ki o, dünya devriminin başlangıcı olan Şubat 1917'den itibaren, son on dört on beş senelik süreç boyunca büyük tecrübe kazanmış, iktidar yöntemlerini olağanüstü geliştirmiştir."[26]

Ernest Thaelmann, John Schehr, Walter Ulbricht, Franz Dahlem ve diğer MK üyeleri, Berlinli işçilerin faşizme karşı düzenledikleri yürüyüş sırasında, Karl Liebknecht binasının önünde. 25 Ocak 1933

İŞÇİ SINIFININ VE BÜTÜN EMEKÇİLERİN DAHA GENİŞ BİR ANTİFAŞİST MÜCADELE CEPHESİ İÇİN
(Şubat 1932-Ocak 1933)

Başkanlık seçimlerinde ikinci kez işçi sınıfının adayı

Merkez Komitesi toplantısının hemen ardından, Reich Başkanlığı seçim çalışmaları şubat sonunda başladı. Seçimin ilk turu, 13 Mart 1932'de yapılacak; çoğunluk sağlanamadığı takdirde ise, 10 Nisan'da ikinci tura geçilecekti. Parti, Ernst Thaelmann'ı ikinci kez aday olarak göstermişti. Ona verilecek her oy; tehdit eden faşizmi protesto etmek; iş, ekmek ve demokratik haklar için mücadeleye seferber olmak anlamına gelecekti. Ernst Thaelmann, bir seçim konuşmasında "KPD neden kendi adayını çıkarmaktadır?" sorusunu sordu. "Burjuvazinin karşısına, kendi sınıf adaylığını koymaktadır. Fakat, Reich Başkanlığı seçimlerinde çoğunluğu kazanacağımız ve ardından olağanüstü kararnamelerle sosyalizmi getireceğimiz biçiminde yanılsamaların doğmasına izin vermiyoruz ... Siyasi tercih, sandıkların içinden değil, tersine, parlamento dışı mücadelenin içinden çıkacaktır ... Şunu da demiyoruz: Thaelmann'ı seçerseniz, ekmek ve özgürlüğe sahip olacaksınız. Biz daha çok şunu diyoruz: Ekmek ve özgürlüğü kendiniz, mücadele ederek kazanmalısınız. Ama yanı sıra, komünistlere verilecek oyların, mücadele andı anlamına geldiğini vurguluyoruz. Milyonlar, 13 Mart ve 10 Nisan'da oyunu proletaryânın adayına verdiği takdirde; bu, işçi sınıfına bugünkü ve gelecekteki devrimci görevlerini yerine getirmesi için yeni bir cesaret verecektir."(1)

Reich Başbakanı Brüning, Millet Meclisi'nde, Nazilerden sosyal demokratlara kadar bir çoğunluk sağlayarak, bir anayasa değişikliği yapmak suretiyle, seçimin yapılmasını engellemek ve faşistleştirmeyi aksatmaksızın sürdürebilmek için Hindenburg'un görev süresini uzatmayı sağlamaya çalıştı. Fakat Hitler ve Hugenberg bunu reddetti. Nazi önderi ocak ayı sonlarında Düsseldorf'ta yüzlerce tekelci kapitalist önünde konuştu. Nazi çetelerini, işçi hareketinin bastırılması için iç savaş ordusu olarak önerdi. Dinleyicilerinin alkışları altında, ana noktalarını, büyük sermayenin dolaysız diktatörlüğü; tüm demokratik hakların gaspı; "beyaz ırkın", köleleştirilmiş koloni halklar üzerindeki dünya egemenliği; Sovyetler Birliği'nin yok edilmesi ve dünyada Alman emperyalizminin üstünlüğü üzerine düzenleme ve düşünceler oluşturan geniş yelpazeli bir program geliştirdi. Braunschweig Eyalet Hükümeti, resmi olarak Alman vatandaşı olmayan Hitler'i, Alman vatandaşlığını elde edebilmesi ve Reich Başkanlığı'na adaylığını koyabilmesi için, memur olarak atadı. Alman milliyetçileri taktiksel nedenlerle, birinci tur için kendi içlerinden başka bir aday, "Çelik Miğfer"in İkinci Başkanı Duesterberg'i gösterdiler. Brüning bir komite yoluyla; bu defa Merkez Parti'nin, Bavyera Halk Partisi'nin (1925'te Hindenburg karşıtları) ve de küçük burjuva partilerin savunduğu Hindenburg'un, yeniden seçilmesine çalışıyordu. SPD önderliği de seçmenlerine; imzası her bir olağanüstü kararnameye yasal güç katan, mareşal ve aşırı gerici Junker Hindenburg'a oy verme çağrısı yapma talihsiz kararını aldığında, Hindenburg'un yeniden seçilmesi garanti altına alındı. SPD yöneticileri, sosyal demokrat, hatta burjuva demokrat bir aday çıkararak, aralarında Brüning partilerinin seçmen kitlesi de olmak üzere, Reich başkanının Hitler olmasını istemeyen herkesi, faşistleştirmeye karşı milyonlarca oy için kazanabilme şansını kullanmayı tercih etmedi.

Böylece, SPD'nin üye ve seçmenleri somut olarak faşistleştirme yanlılarına yarayacak biçimde oy kullanmak durumunda bırakıldılar. Bir sosyal demokrata gönülden oy verecek burjuva pasifist ve demokrat Carl von Ossiętzky, bu durum karşısında dehşet ve kızgınlığını şöyle dile getirmiştir: "Bugünkü durumda sarsıcı şey şudur: Faşizm zafer kazanmıyor, diğerleri ona uyum sağlıyor. Brüning, Hitler'e uyum sağlamaya çalışıyor; sosyal demokratlar Brüning'e uyumlanıyorlar. Faşizm, her şart altında konuyu, seviyeyi belirliyor ... Sol politika, nerede bir adam sol mücadele içerisinde kavgaya durmuşsa gücü oraya vermektir. Bir tek Thaelmann vardır, diğer her şey, az.ya da çok dereceli gericiliktir. Bu durum seçimi koylaylaştırmaktadır. Sosyal demokratlar diyorlar ki: 'Hindenburg demek, faşizme karşı mücadele demektir.' Beyler, bu bilgeliğe nasıl eriştiniz?!"(2)

Sosyal demokrat önderliğin kararı; onun, açık bir faşist diktatörlüğün yerleştirilmesinin bundan sonraki adımları karşısında, ne tür bir tavır alacağını sezdiriyordu; o zaman da aktif bir direnişe karar veremeyecektir. En azından gericiliği yöneten güçler, bu tutumu böyle değerlendiriyordu. Bu adım, kendi önderliklerince geri adım atmak durumunda bırakılmış ve Hindenburg'un yeniden seçilmesinin önceden görülebilir sonuçları üzerine aldatılmış sosyal demokrat örgütlerin üyelerinin büyük bir bölümünü felce uğrattı. Yanı sıra bu, KPD içinde sosyal demokrasiyle yeni bir ilişki kurma çabasını da güçleştiriyordu. "Ancak Hindenburg aracılığıyla Hitler geri püskürtülebilir" sloganının kafa karıştırıcı etkisi, kendini aynı anda gösterdi; sosyal demokratlar ile komünistler arasındaki uçurumun daha da derinleşmesine neden oldu. Sosyal demokrasinin seçim ajitasyonunda Hindenburg'un Hitler diktatörlüğünün yolunu hazırlamakta olduğu gerçeği, KPD'nin Thaelmann'ın adaylığı dolayısıyla Hitler'in bir seçim zaferini olanaklı kıldığı yalanı ile örtbas ediliyordu. KPD, SPD önderliğinin bu politikasına cephe almak zorundaydı. Thaelmann'ın seçim çalışmalarını "Birleşik Cephe politikasının son derece cesaretli bir uygulanması ile birleştirmek"(3) düşüncesini, var olan koşullarda yerine getirmek oldukça güçtü.

Ernst Thaelmann, bu seçim mücadelesinde tüm gücünü, insanları şu sözlerle ifade ettiği gerçek üzerine aydınlatmak için harekete geçiriyordu: "Hindenburg'u seçen, Hitler'e yardım edecektir. Hitleri seçen, savaşı seçecektir!"(4) Bu anlayışı, onun en uzak görüşlü Alman politikacısı olduğunu gösteriyordu, ve bu korkunç öngörünün doğruluğunun benimsenmesi, Thaelmann'a özel bir etkinlik kazandırıyordu. Birinci seçim turu öncesinde, öncelikle, Batı ve Güney Almanya'nın büyük şehirlerine gitti. Thaelmann'ın mitinglerine ilgi o kadar yoğundu ki, KPD'nin kiraladığı büyük salonlara insanlar sığamıyordu. Kendini seçmenlere tanıttığı benzer etkinliklerin, daha birçok yerde düzenlemesi zorunluluk haline geliyordu.

Thaelmann'ın ilk seçim toplantısı, 26 Şubat'ta Dortmund Westfalen Spor Solonu'nda yapıldı. Bundan başka, daha dört toplantının düzenlenmesi gerekti. Şubat'ın 28'inde Essen kentinde, 29'unda Düsseldorf'da, 3 Mart'ta Frankfurt (Main)'ta konuştu. Frankfurt (Main)'taki spor salonunda 20 bin dinleyici önüne, ardından sirkte ve halkevinde yine binler önüne çıktı. Son etkinlik, ancak gece yarısına doğru sona erdi. Bu ve sonraki günlerde gerçekleşen diğer tüm toplantılardaki atmosfer, -7 Mart'ta Mannheim'da, 9 Mart'ta Stuttgart ve Münih'de- milyonlarca işçinin Thaelmann'a duyduğu güvenle, KPD ile birlikte faşizme karşı mücadele etme isteğiyle dolup taştığını gösteriyordu. Ernst Thaelmann, Moskova'da bulunan Wilhelm Pieck'e "seçim mücadelesinin her yerde parlak" geçtiğini yazıyordu: "Özellikle Güney Almanya'da, hayatımda hiç yaşamadığım kadar muazzam ve coşkulu bir hava vardı."(5)

10 Mart günü Berlin Spor Sarayı'nda konuştu. Başkentte en azından 13 paralel etkinliğin düzenlenmesi zorunluydu. Ertesi gün Hamburg'da da aynı tablo yaşandı: 65 bin insan Ernst Thaelmann'ı dinlemek istiyordu; sadece 15 bini girebildi. Geri kalanlar başka mekanlarda toplandı.

Ernst Thaelmann nesnel ve keskin bir dil kullanıyor, ve bu seçim mücadelesindeki belirleyici cepheyi açıkça gösteriyordu. Bu, üç rakip adayın hep birlikte gerici kampta yer almasıydı. Onlara emekçilerin yaşamsal sorunları hakkındaki bakış açılarını sorulmasını önerdi: "Burjuvazinin bu üç adayı, kapitalizmi nasıl değerlendirmektedir? Faşizm sorunu hakkındaki bakış açıları nedir? Üçü birden emperyalist savaşa nasıl bakmaktadır?" Ve bu can alıcı soruların yanıtlarını kendisi veriyordu: "Kapitalist sistemin savunulması, faşist gericiliğin güçlendirilmesi, olağanüstü kararnameler politikasının sürdürülmesi ve emperyalist savaş(!) -açlığın, faşizmin ve savaşın bu adaylarının... programı budur!" Halkın açlık ve sefaletten çıkarak, gerçekten barışa, özgürlüğe ve refaha gidebilmesinin yolunu, ancak komünistler gösterebilir. KPD'nin sunduğu alternatifin gerçekliğini gösteren, somut ve canlı bir kanıt vardır: "Krizlerin yaşanmadığı, işsizliğin, faşizmin, savaş kışkırtıcılığının, baskı ve sömürünün olmadığı Sovyetler Birliği'ndeki sosyalist kalkınma." Ancak komünistlerin gösterdiği yol, çetin bir yoldur. Kapitalist krizlerden, faşist tehlikelerden, gelecekte olası bir emperyalist savaştan kurtuluş yolunu emekçi halkın mücadelesi açacaktır. Bu, sıkı bir eylem birliği ve komünist partinin önderliği ile mümkün olacaktır: "Komünistlerin dümende ve iktidarda olduğu yere çevirin gözlerinizi! Orada neler başarabileceğimizi gösterdik!"[6]

Büyük halk önderi, emekçilerin değişik kesimlerinin dolaysız çıkarlarını savunuyordu; onları işsizliğe, açlığa ve konut sorununa karşı mücadeleye çağırıyor; antifaşistleri faşistlerin terör çetelerine karşı milis oluşturmak için birleşmeye davet ediyordu. Rakiplerinin şovenist kışkırtmalarını eleştiriyor ve kârını güvence altına almak uğruna milyonları, açlıktan ölüme, çaresizliğe ve ümitsizliğe mahkum eden Alman ve uluslararası tekelci sermayeyi teşhir ediyordu. Thaelmann, faşizme doğru bir yönelimin temsilcileri hakkında propaganda amacıyla yapılan şaşırtma manevralarını, aldatıcı vaatleri ve yalanları boşa çıkarıyordu. Uzak görüşlü bir proleter politikacı olarak, kapitalizmin toplumsal krizinden tarihsel kurtuluşun yolunu gösteriyordu.

Bu seçim mücadelesinde Ernst Thaelmann'ın ismini taşıyan programın, emekçi kitlelere tanıtılması birçok güçlükle karşılaştı. Komünist aday ve yoldaşları, özellikle faşistlerin devasa maddi harcamalarla yaydıkları yalan ve aldatmacalarla cebelleşmek zorunda kaldılar. Bir yandan da polisin KPD'ye yönelik baskılarına, ve faşist saldırılara karşı mücadele edilmesi gerekiyordu. Gazeteler ve toplantılar yasaklandı; bildiri ve afişlere el konuldu; bazı gösterilerde slogan atılması yasaklandı. SA çeteleri; afiş asan, propaganda yapan, gazete satan, toplantılara katılan komünistlere saldırıyorlardı; orda burda seçim bürolarını kontrol etmeye dahi başlamışlardı.

Buna rağmen, 13 Mart 1932'de yaklaşık beş milyon antifaşist, Thaelmann'a oy verdi. Ruhr Bölgesi'nin bazı büyük şehirlerinde olduğu gibi Büyük Berlin seçim bölgesinde de, seçmenler, Thaelmann'a Hitler'den daha çok oy verdi. Wedding'de, Thaelmann'a Hitler'den üç kat daha fazla oy atılmıştı; Friedrichshain'da ise iki kat daha fazla. Fakat Thaelmann'ın gözünde, bu seçim sonucunun esas gerçeği; 32 milyondan fazla seçmenin faşist demagojiye kapılmaları, ya da, Hindenburg'a verilecek oylarla faşizm tehlikesine karşı bir şeylerin yapılabileceğine hâlâ inanmalarıydı. Sonuçta, nedenleri ne olursa olsun, İşçi sınıfının adayının beş milyon oyunun karşısında, "burjuvazinin gerici-milliyetçi kanadının üç temsilcisi" için altı kat daha fazla oy kullanıldığı kabul edilmeliydi. Ancak o zaman, "komünist partinin önderliğindeki devrimci sınıf cephesinin önünde yığılan güçlüklerin" (7) farkına varılabilirdi. Ernst Thaelmann, 25 Mart'ta yapılan bir partili işçiler konferansında, birinci seçim turunun dersleri üzerine konuştu ve bunları parti önderliğinde de detaylı bir şekilde açıkladı. Öncelikle üç sonuç çıkarıyordu. Şunlar: Birincisi, "yığınlar kendi mücadele deneylerinden öğrenirler" gerçeği, her yerde kendisini açıkça göstermiş, ve yığınları ikna edebilmenin en etkili yollarından birisinin onların deneylerine başvurmak olduğu bir kez daha kanıtlanmıştı. Öyleyse kitle eylemleri örgütlenmeliydi. İkincisi, parti, Birleşik

Cephe politikasından sapmaya asla izin vermemeliydi. Ve üçüncüsü, parti, Hitler faşistlerine çok daha açık ve etkili olarak hücum etmeliydi: "Nazi partisine karşı politikayı ne kadar daha aktif ve somut yürütürsek, sosyal demokrat işçileri de, Almanya'da faşizme karşı gerçekten ciddi mücadele eden tek parti olduğumuza o kadar fazla ikna ederiz."[8]

Gerçi 13 Mart'ta, bir gün önce Nazi gazetelerinde yayınlanan "Hitler yarın Reich başkanı olacak!"[9] fodul ilanının kof bir iddia olduğu ortaya çıkmıştı. Ancak, Nazi adayı için atılan 11,3 milyon oy, 1930 yılındaki oylarının ikiye katlandığının göstergesiydi. Thaelmann'ın düşüncesine göre, Nazi partisinin kitleler üzerindeki etkisinin artışını durdurmanın yol ve yöntemleri, artık bulunmak zorundaydı. Bu nedenle, bütün görüşmelerinde olduğu gibi ikinci seçim turunda yaptığı konuşmalarında ve sonrasında da, -hepsi de 24 Nisan'da yapılan Prusya, Bavyera, Württemberg ve Anhalt'taki Eyalet Meclisleri seçimlerinde ve de Hamburg'daki yeni Belediye Meclisi seçimlerinde- tüm dikkatini, Nazilere karşı polemik yürütmeye ve de parlamento dışı kitle eylemlerini harekete geçirmeye verdi. Faşistlerin kazanması halinde, savaş tehlikesinin olağanüstü artacağı gerçeğinin kanıtlanmasına özellikle ağırlık veriyordu.

Ernst Thaelmann kendini, KPD'nin daha çok güçlüklerle karşı karşıya olduğu yerlerde görevlendiriyordu. Buralar, Nazilerin güçlü etkiler yarattığı seçim çevreleri; özellikle saldırgan bir tutum takındıkları Chemnitz-Zwickau, Silezya ve Doğu Prusya; veya emekçiler arasında Hindenburg hakkındaki yanılsamanın özellikle yaygınlık kazandığı yerlerdi. Sadece seçim gününden bir önceki hafta boyunca mitinglerin yapılmasına izin veriliyordu; bu da KPD'yi fazlasıyla güç duruma düşürüyordu. Çünkü KPD, ne Hindenburg partileri gibi radyo yayınına sahipti ne de Nazi lideri gibi bir Lufthansa (Almanya'nın en büyük havayolu şirketi -çev.) özel aracına. Thaelmann, Nisan'ın 3'ünde Chemnitz'de, 5'inde Breslau'da, 6'sında Königsberg'de konuştu. Bu günlerde komünistler, Almanya'nın birçok şehrinde "emperyalist savaşa karşı mücadele adayı Ernst Thaelmann" için toplantılar düzenliyordu. Bu savaş karşıtı etkinliklerde konuşmacılar, yeni dünya savaşının Uzakdoğu'da Japonya'nın Çin'e saldırısıyla şimdiden başladığına ve Alman silah tekellerinin her iki tarafa silah sevkiyatı yaparak kâr sağladıklarına işaret ederek kitleleri uyarıyorlardı. 7, 8 ve 9 Nisan'da Ernst Thaelmann Halle, Köln ve Leipzig'de oyların Hitler ya da Hindenburg'a verilmesi yanılgısının yaşamsal tehlikeli sonuçlarına karşı uyarıyordu: "Yeni dünya savaşı her zamankinden daha yakındır ... Hindenburg ve Hitler ardında beliren 'Nasyonal Almanya', yeni savaşın Almanya'sıdır; Sovyetler Birliği'ne karşı savaşın ... Hindenburg'u veya Hitler'i seçen, Alman silah endüstrisine ve Alman burjuvazisinin savaş politikasına oy vermiş olacaktır!" Konuşmalarında dolaysız olarak, iki savaş adayından biri tarafından kandırılmış olan emekçi seçmenini muhatap alıyordu: "Biz işçilerin, ortak sınıf ve yaşam çıkarları yok mudur? Ailelerimiz, kadınlarımız, gençliğimiz, çocuklarımız günbegün olağanüstü kararnameler politikasıyla en rezil sefalete itilmiyorlar mı? Burjuvazi ve onun yardımcıları tarafından aynı ölçüde ezilmiyor muyuz?"(10) Eylem birliği, işte bu yüzden ânın emridir.

Mücadele isteğine sahip olan tüm örgütlerle birlikte

Beklendiği gibi Hindenburg, 10 Nisan'da yeniden seçildi. Seçilmesinin hemen ardından, Nazi partisinin ekonomik ve politik yönetimi ve hükümet işlerinin bir Hitler hükümetine direkt teslim edilmesi için, Hjalmar Schacht ile birlikte, can verici olarak tekelci kapitalistlerden oluşan bir çevre oluşturuldu. 13 Nisan'da faşist SA ve SS örgütlerini göstermelik olarak fesheden bir kararname çıktı. İki gün sonra, Hindenburg, Reich Savunma ve Reich İçişleri Bakanı General Groener'den, "başka partilere bağlı ... benzer tipteki örgütlerin" de feshedilmesini istedi.(11) Bunun anlamı şuydu: Reich Bayrağı'nın da yasaklanması. (Ki onu, Reich başkanlığına seçen Reich Bayrağı'nın üyeleriydi.) Ernst Thaelmann, aynı gün Hamburg'da yaptığı bir konuşmasında (Eyalet Meclisleri seçimlerine ilişkin 13 Nisan'da Berlin'de, 15'inde Hamburg'da, 19'unda Hannover'de, 21'inde Magdeburg'da ve 22'sinde Nürnberg'de konuştu) SA yasağını, gericiliğin sahtekarca bir manevrası olarak deşifre etti. Yanı sıra bu yasakla, SPD ve hükümet partilerine Eyalet Meclisleri seçimleri için, Hitler faşizmine karşı bir başarı elde edilmiş olduğu argümanı sağlanmak istenmişti; Nazilere ise böylece, denetim altında bir parti görüntüsü verilmiş oldu. Thaelmann, "tüm öngörülere dayanarak, bu SA 'yasağı'nın ardından, gelecek haftalarda ve aylarda sınıf mücadelesinin devrimci örgütlerinin de yasaklanacağını" hesaba katmak gerektiğine işaret etti. "Bu akşamki 'Hamburglu Yabancılar Gazetesi' kamuoyuna Reich Bayrağı yönetiminin, Reich Bayrağı koruma gruplarını kendi iradesiyle feshetmek istediğini duyuruyor... Reich Bayrağı işçileri; bunun anlamı, sizin Reich Bayrağı koruma gruplarınızın ömrünün hemen hemen kalmadığı ve yakın zamanda komünistlerde de yasaklara başlanacağıdır. Fakat SA Bölükleri bundan sonra da devrimci işçilere karşı cinayetler düzenlemeye devam edeceklerdir." Thaelmann şöyle uyarıyordu: "Biz, fabrikadaki sosyal demokrat işçilere, Stempelstelle'deki (İşsizlerin işsizlik belgelerini her ay damgalatıp işsizlik parası aldıkları yer -çev.) işsizlere, memurlara, sadece KPD ile ortak mücadelede, kızıl savunma gruplarıyla Nazi terörünün alt edilebileceğini söylüyoruz."[(12)]

Bir Reich Bayrağı yasağı gerçekleşmedi: Çünkü böyle bir yasak, Hindenburg seçmeni emekçilerin, aldatılmış olduklarını erkenden fark etmelerine neden olacaktı. Buna rağmen, birçok sosyal demokratın aklı başına geldi. Buna, Eyalet Meclisleri seçimlerinin de epeyce katkısı oldu. Nazilere rağbet her yerde, özellikle de Prusya'da, fraksiyonların güç dengesini önemli oranda değiştirdi. Burada, Bayern'de ve Württemberg'de Hitler partisi, KPD ile SPD'nin toplamından daha fazla oy aldı. Prusya Braun-Severing Hükümeti, parlamenter çoğunluğunu kaybetti.

Bu bakımdan 1932 İlkbaharı seçimlerinde, faşizm tehlikesi eskisinden çok daha büyüktü; aynı anda ise, daha Hindenburg'un yeniden seçilmesinden birkaç hafta sonra seçmenlerinin birçoğuna aşılanmış olan, faşizme karşı bir koruyucuya oy verdikleri şeklindeki yanılsama, dağılmaya başlamıştı. Ernst Thaelmann'ın partisi, Birleşik Cephe'nin politikasının ana halkasını oluşturduğu şeklindeki MK-Şubat toplantısı kararını hayata geçirmek için yeni çabalar yürütmeye başladı.

Daha bu yeni adımlardan ilki, bugüne kadarki Birleşik Cephe politikası hakkındaki düşüncelerin çok ötesine düştü. Ernst Thaelmann, 25 Nisan'da Sekretarya ve 28'inde Politbüro önünde, işçi sınıfının büyük bölüklerinin henüz, sosyal demokrat önderliğinin politikası nedeniyle, antifaşist mücadeleden uzak tutulduğunu, ve KPD'nin bu faşist dalgayı tek başına kırabilme durumunda olmadığını saptadı. Bu yüzden eylem birliği önündeki sağ kanat sosyal demokrat yönetiminin direnişinin kırılması kaçınılmaz bir gereklilikti. 25 Nisan'da KPD Merkez Komitesi ve Devrimci Sendikal Muhalefeti (RGO) Reich Komitesi tarafından, bütün Almanya işçilerine bu düşüncelere dayanan ortak bir çağrı açıklandı. Bu çağrının özet cümlesi şuydu: "İşçilerin örgütlendiği bütün örgütlerle ve ücret ve yardımların düşürülmesine karşı gerçek mücadeleyi yürütmek isteyen her örgütle, birlikte mücadele etmeye hazırız."[13]

KPD bu çağrıyla; 1929'da mayıs göstericilerinin sosyal demokrat yönetimli polis tarafından vurulmalarına ve SPD yönetimlerinin, bağımsız sendikaların ve diğer kitle örgütlerinin ve de Prusya hükümetinde olduğu gibi sağcı yöneticilerin düşmanca tutumuna rağmen; salt üyeleriyle sınırlı kalmayarak ilk kez yeniden sosyal demokrat örgütlere yönelmiş oldu. KPD, fabrikalarda ya da nerede olanaklıysa orada, ortak işçi toplantıları düzenlemeyi ve komünist, sosyal demokrat, Hıristiyan ve partisiz işçilerden mücadele komiteleri seçmeyi, eylemler kararlaştırmayı önerdi. Bu, faşistleştirmeyi birlikte durdurmak için herkese yapılmış açık ve önkoşulsuz bir teklifti.

Ernst Thaelmann bu yeni adımı, Parti bölge örgütlerine yönelik bir genelgede, 1 Mayıs'a ilişkin bir makalede ve Berlin'de yapılan mayıs gösterisinde izah etti. Komünistler, tüm parti faaliyetlerini "Birleşik Cephe politikasına göre ayarlamakla"(14), "Tüm Parti'de gerçek bir pratik dönüşüm" yaratmakla ve bunu yaparken çağrıda geliştirilen önerileri, hayata geçirmek için bir rehber olarak kullanmakla görevlendirildi: Bu, başka örgütlerle ilişki kurulması, ortak toplantıların düzenlenmesi, ortak mücadele organlarının oluşturulması, ortak taleplerin sunulması içindi.

25 Nisan 1932'de yapılan çağrı, önceki yıllarda eylem birliği için yapılan çağrılara nazaran daha verimli bir zemin buldu. Sendika grupları onaylarını verdi, çeşitli yerlerde yapılan açık toplantılarda komünistler ve sosyal demokratlar konuşuyor, bazı yerlerde ortak savunma organları oluşuyordu. Bunlar, bu yönde yürümeye devam edilmesini, cesaretlendiren örneklerdi. Parti, henüz çağrının açıklanmasından on dört gün sonra, Birleşik Cephe politikasında başarıların elde edilmeye başlandığını saptadı. Sol burjuva demokratlar da KPD'nin teklifini, Alman halkının faşizmden kurtuluşu için büyük bir şans olarak değerlendirdiler. "Dünya Sahnesi" dergisi, çağrının önemli cümlelerini aynen bastı; Carl von Ossietzky buna, şöyle bir yorum ekledi: "İki büyük partinin yakınlaşması için olanaklar hiçbir zaman bu kadar uygun olmamıştı; ama bu ihtiyaç, kendini hiçbir zaman bundan daha diktatörce ifade etmemişti."(16)

Ernst Thaelmann mayıs ayı ortalarında yapılan bir KEYK Prezidiyumu toplantısından, Almanya'nın özgül durumu içerisinde Leninist Birleşik Cephe politikasının uygulanmasına ilişkin yeni düşünceleri, kardeş partilerinden deneyimli işçi önderleri ile tartışmak için faydalandı. 19 Mayıs'ta sunduğu raporunda Almanya'daki durumu ayrıntılı olarak anlattı ve KPD'nin, en küçük demokratik hakkı, her demokratik düzenlemeyi savunabilmesi için hareketlilik, büyük çaba ve kararlılık göstermesini gerektiren emperyalist gericiliğin taktiği hakkında bilgi verdi. Yeniden esas meselenin, eylemde önderlik olduğunu vurguladı. Tek başına ajitasyon, faşizmi durdurmak, tekelci sermayenin saldırısına karşılık vermek ve Nazilerin demagojisini etkisizleştirmek için yeterli değildi.

Belirleyici görev, Birleşik Cephe politikasını gerçekten ikna edici şekilde yürütmektir ve bunun başarılması için komünistlerin şimdiye kadar olduğundan daha ileri gitmeleri, politikalarını yeniden gözden geçirmeleri, kendi ideolojik çekincelerini aşmaları, darlaştırıcı formülleri bir kenara bırakmaları gerekliydi. En azından Thaelmann'ın saptamalarının anlamı buydu: "Herkesle birlikte, başka anlayışta olan işçilerle de, bir mücadele birliği yaratamazsak, devrimci yönelimimizin tümü, ... tüm stratejimiz işe yaramaz hale gelecektir." Onun, "Bütün faaliyetimizdeki yöntemlerimizin; gelişmelere, aldatma manevraları ile sınıf düşmanımızın zorla kabul ettirdiği yeni şartlara hâlâ uygun olup olmadığının denetlenmesi" talebi bunu hedefliyordu. Bunu şu soruyla kastediyordu: "Parti için, talepleri kabul ettirme mücadelesini yürütmek isteyen örgütlerle birlikte mücadele etmemiz gerektiğini ifade eden düşüncenin somutlaştırılması doğrultusunda bir adım atabilmesi için, hangi olanaklar vardır?"(17)

Ernst Thaelmann'ın anlayışı, KEYK'in Prezidiyum toplantısında destek gördü. Tartışmada birleşik cephe politikasının uygulanmasında belli bir şemacılığın aşılması ve parti yayınlarında daima herkesçe anlaşılabilir bir ifade tarzı kullanılması tavsiyelerinde bulunuldu. Komintern KPD'ye, Heinz Neumann'ın sekterizme olan eğilimleri ve fraksiyoncu çalışmaları nedeniyle ortaya çıkan engelleri aşmasında, yardım etti. Neumann, Komintern bünyesinde görevlendirildi; KPD'ye, Sekretaryasını yeniden şekillendirme önerisi yapıldı.

Merkez Komitesi, 24 Mayıs 1932'de yaptığı toplantısında, Thaelmann'ın partinin stratejik yönetimini daraltma önerisini benimsedi ve Sekretarya üyeleri olarak Ernst Thaelmann, John Schehr ve Hermann Remmele'yi; aday üye olarak da Wilhelm Ulbricht ile Walter Pieck'i atadı. Böylelikle Ernst Thaelmann'ın yanına, -Heinz Neumann'ın bazı arkadaşlarının fraksiyoncu çalışmalarını sanki yokmuş gibi gösteren ve ekim ayında Sekretarya'dan çıkarılan Hermann Remmele dışında- artık, izlenen rotayı tutarlı olarak gerçekleştiren geniş parti deneyimine sahip yöneticiler geldi. Politbüro'ya da atanan John Schehr, Aşağı Saksonya Bölge Sekreteri olarak kitle mücadelesinde ve eylem birliğini yaratma mücadelesi içerisinde büyük bir deney birikimi elde etmişti. Walter Ulbricht, iki yılı aşkın bir süredir, partinin en büyük örgütü olan, Berlin Bölgesi örgütünü yönetiyordu. Wilhelm Pieck, (Ernst Thaelmann, tartışmada ondan büyük destek görmüştü) parti faaliyetini yapıcı kitle faaliyetine yoğunlaştırmak için, bundan böyle Parti aygıtının denetimini üstlendi.

Antifaşist eylem!

Merkez Komitesi toplantısında Ernst Thaelmann, komünistler ile sosyal demokratlar arasındaki uçurumu kaldırmak ve büyük bir kitle hareketiyle, partinin etki alanının çok dışına taşarak faşistleştirmeye karşı mücadeleye daha fazla etkinlik kazandırmak için yapılması gerekenler üzerine düşüncelerini açıkladı. "Faşizme karşı devrimci kitle mücadelesi için proleter birleşik cephenin oluşturulması, Hitler faşizminin iktidar ortaklığına giden yolunu tıkayabilmek için zorunlu bir gereklilik haline gelmiştir"[18] diye vurguluyordu. Bunun için, diğer tabakalardan çok daha fazla antifaşist unsurun kucaklanması; çalışanlar ve memurlar, emekçi köylüler ve şehirlerin orta tabakalarından gelenler arasındaki faaliyette yeni yöntemlerin denenmesi de gerekliydi. Bu toplantıda Ernst Thaelmann, faşizme karşı direniş için kitle mücadelesinin ve KPD'nin yeni politikasının adını da buldu. Bu politikanın birçok fikirle biçimlendirilmesine katkıda bulunulmasını istedi. Thaelmann şöyle açıklıyordu: "Bugün sorunumuz, MK'nın bildiği yöntemlerin yanında; büyük, Almanya için yeni, özel bir faaliyet ile ortaya çıkmayı ne derecede başaracağımızdır. Bu sorunu henüz ayrıntılarıyla inceleyemedik; fakat partimizin ve RGO'nun Almanya'da büyük antifaşist bir faaliyet yürütmekle sorumlu olduğunu ima ediyorum. Bu, hangi biçimleri ve olanakları içermelidir? Merkez Komitesi'ndeki her yoldaş bu konu üzerine düşünmelidir... " (19)

Merkez Komitesi'nin 25 Mayıs'ta yaptığı ve 26 Mayıs'ta yayınladığı çağrı ile, kamuoyuna, yeni şiar ilan edildi. Bütün işçiler ve bütün antifaşistler tek bir ortak amaç için birlikte tavır almaya çağrılıyordu: "Antifaşist eylem; Almanya'nın faşistleştirilmesini durdurmak için; Almanya'da açık faşist diktatörlüğü kurmak isteyen Hitler faşizminin kanlı planını bozmak için; işçi sınıfının ve onun önderlik ettiği şehir ve köylerdeki milyonlarca emekçiyi harekete geçirmelidir!" Sosyal demokratlardan, sendikacılardan, Reich Bayrağı üyelerinden, Hıristiyan işçilerden; örgütlerinde ve derneklerinde faşistlere karşı mücadeleyi komünistler ile birlikte yürütmeleri istendi. Ortak faaliyet, birçoğunu beraberinde sürükleyecekti: "Sosyal demokrat, bağımsız sendika üyesi, Hıristiyan ve Reich Bayrağı üyesi işçilerin kitleleri, komünistler ile birlikte kızıl birleşik cepheyi kurdukları gün; bugün henüz uzak duran milyonlar; dağınık, örgütsüz, partisiz milyonlarca işçi, genç işçi ve kadın işçi; açlığa, faşizme ve emperyalist savaşa karşı kitle mücadelesine katılacak ve işçi sınıfının mücadele cephesini yenilemez kılacaktır."(20)

Antifaşist eylemlilik sürecinin ilan edilmesinin vesilesi, daha Ernst Thaelmann'ın yaptığı öneriler Merkez Komitesi üyelerine sunulmadan önce, Prusya Eyalet Meclisi'nde, Nazi milletvekillerinin, komünist fraksiyona 25 Mayıs'ta düzenledikleri saldırı oldu. Faşist haydutlar, tam Wilhelm Pieck onları işçi katili olarak nitelediği sırada, sokak terörlerini parlamentoya taşırdılar. Alman eyaletlerinin en büyüğünde, iktidarı ele geçirmelerini imkansız kılan güçlü bir komünist fraksiyonunun Eyalet Meclisi'ndeki varlığından duydukları öfkeyle, etraflarına saldırmaya başladılar.

Prusya Eyalet Meclisi'nde izlenecek taktiği Ernst Thaelmann, artık Wilhelm Pieck'in önderliğindeki KPD fraksiyonu ile 23 Mayıs'ta görüştü. Hedef olarak, faşistlere iktidar yolunu kapatmayı koymuştu. Bu amaçla KPD fraksiyonu, SPD'nin fraksiyonlarına ve Merkez partisine de, bu iki partinin milletvekillerinden oluşacak bir Eyalet Meclisi Başkanlığı'nın oluşturulması için oylama yapılmasını önerdi. Fakat Merkez partisi bunu reddetti ve parlamento başkanlığına bir Nazi'nin seçilmesini destekledi. 3 Haziran'da KPD fraksiyonu, Nazilerin ve Alman milliyetçilerinin, seçim sistemini faşist bir eyalet hükümetinin oluşturulmasını sağlayacak biçimde değiştirmek isteyen önerilerini oy çoğunluğu ile engelledi. 6 Haziran'da komünistler, sosyal demokrat "Vorwärts"in ve Merkez'in gazetesi "Kölnische Volkszeitung"un yayınlanma yasağının kaldırılmasını talep etti. KPD bu şekilde, faşizmi engellemenin bütün olanaklarını kullanma ve bu uğurda sosyal demokrat partiyle ve burjuva partilerile de birlikte çalışma kararlılığını ortaya koyuyordu.

Ernst Thaelmann, bu politikayı tüm parti işçilerine mal etmek için çok çaba harcadı. Bölge yönetimleri antifaşist faaliyetin niteliği üzerine telefonla bilgilendiriliyordu. Faaliyetin olabildiğince hızla örgütlenmesini Thaelmann, MK'nın bölge sorumlularıyla, kitle örgütlerinde KPD fraksiyonu sorumlularıyla ve "Kızıl Bayrak"ın redaktörleriyle tartıştı. Büyük Berlin'in parti işçilerinin bir konferansında ve Wasserkante Bölge Örgütü'nün aktif partilileri önünde de, bu konudan bahsetti. Bir komisyon uygun yöntemler geliştirmekle görevlendirildi. Deneyimli propagandist ve örgütçü Ernst Schneller'e, bu komisyonun sorumluluğu verildi. 28 Mayıs'ta Ernst Thaelmann MK üyelerine yazdığı bir mektupta, antifaşist eylem çağrısını ve partiyi bu çağrıyla aynı zamanda Eyalet Meclisi'ndeki Nazi provokasyonuna yanıt vermesine sevk eden nedenlerini açıklıyordu. Naziler bu kadar ileri gitmeye devam ederlerse, işçi sınıfı içinde olası moral bozukluklarının doğması ve bazı antifaşistlerin, Nazilerin bireysel terörlerine aynı yöntemle karşılık verme provokasyonuna gelmeleri engellenmeliydi: "Öncelikle, tüm gücümüzle ve olayları en küçük bir tempo kaybı olmadan antifaşist kitle mücadelenin yükseltilmesine yönelik kullanmamız gerekir."(21) Şimdi söz konusu olan, yeni şiar altında güçlü bir birleşik cephe hareketini geliştirmekti.

Bu yeni inisiyatifin KPD'nin eline geçmesinin hemen ardından, faşist tehlike dramatik bir şekilde artış gösterdi. 30 Mayıs'ta Reich Başbakanı Brüning, Hindenburg tarafından istifa etmeye zorlandı. Thaelmann, ertesi gün Hamburg'daki aktif partililerin önünde ağır sanayinin bazı kesimlerini, büyük toprak sahiplerini ve Reich Silahlı Kuvvetleri generallerini hükümet değişikliğinin itici kuvveti olarak niteliyordu. Yeni, daha gerici bir hükümet, Nazilerin ve Alman milliyetçilerinin, yeni seçimlerde şiddetli bir şovenist kışkırtmayla çoğunluğu elde edebilmesi için mutlaka Millet Meclisi'ni feshedecekti. Söz konusu olan, "çizgimizin doğruluğunu kanıtlayan ve 'ehveni şer' politikasının iflasını açığa çıkaran son dönemlerdeki olayları, bütün önemiyle ve gerçekten popüler bir kitle ajitasyonuyla, sosyal demokrat işçi kitlesinin bilincine vardırmaktır"(22)

Franz von Papen, yeni Reich başbakanı olarak, 1 Haziran 1932'de atandı. Parlamento milletvekili bile olmayan, aşırı gerici görüşlere sahip, burjuva çevrelerde dahi, maceracı biri olarak nitelenen bir adam. Thaelmann'ın öngördüğü gibi, Millet Meclisi bir kez daha toplanamadan, feshedildi. Sosyal hakların olağanüstü kararnamelerle budanması, Brüning'in uygulamalarını gölgede bırakacak şekilde sürdürülüyordu. SA ve SS yasağı kaldırıldı; bazı eyaletlerin itirazı üzerine, Papen Hükümeti, oralarda da işçi hareketine karşı faşist iç savaş kampanyalarına engel olan tüm geçerli düzenlemeleri kaldırdı.

Parti'nin bölge sekreterleriyle ve parti gazetelerinin redaksiyon sorumlularıyla 8 Haziran'da yapılan bir toplantıda, Thaelmann, Birleşik Cephe politikasının gelişimi bakımından da büyük önem taşıyan bir saptamada bulunur: "İlkbahardan Brüning Hükümeti'nin düşürüldüğü tarihe kadar, sosyal demokratlar Brüning Reich kabinesinin koalisyon partisiydi, şimdi ise nasyonal sosyalist parti, koalisyon partisi oluyor." Egemen sınıf "Almanya'da henüz açık faşist diktatörlüğünü kurmamışken" zora dayanmaktaydı. Nazi partisi ise bunun yolunu hazırlamaktaydı. Bu parti, esas görev olarak "işçi sınıfını ezmeyi, ve elbette sadece devrimci örgütleri değil, sosyal demokratların elinde tuttuğu ADGB gibi araçları paramparça etmeyi" (23) görüyordu. Thaelmann bu bağlamda ADGB Başkanı Leipart'ın bir zamanlar ettiği, hiçbir hükümet sendikaların eyleminin karşısında dayanamaz sözünü hatırlattı. Şimdi bunu hatırlamanın ve bir genel grevi göz önünde tutmanın zamanı olduğunu söyledi.

Ernst Thaelmann, faşist tehlikeye karşı mücadelenin strateji ve taktiği üzerine düşüncelerini haziran sonunda "İnternationale"de yayınlanan makalesinde daha ayrıntılı olarak geliştirdi. İşçi sınıfı şimdi, kendisini "Almanya'da faşist diktatörlüğü doğrudan doğruya hazırlayan ve kurmak isteyen bir hükümet karşısında görmektedir" diye yazıyordu. Bugüne kadar faşist güçler saldırılarını, işçi sınıfı mücadele gücünü artırabildiğinden daha büyük bir hızla yaygınlaştırabilmişti; "çünkü kitleleri beraberinde sürükleyecek çap ve boyutta kitle eylemleri ve grevler gerçekleşmemişti." Thaelmann, hem gericiliğin güçlerinin ve olanaklarının daha fazla oluşunu, hem de bunlardan dolayı işçi hareketi için oluşan zorlukları ve sosyal demokrat önderliğin bölücü pratiği nedeniyle hareketin zayıflatılmasını da hesaba katıyordu. Fakat her şeyden önce, komünist partinin sorumluluğunu ve politik becerisini sorguluyordu. Birleşik Cephe politikasının, geniş kitleleri harekete geçirmenin bir aracı haline getirilmesi, henüz yeterince başarılamamıştı. "Fakat faşizmi yenmemiz buna bağlıdır." Parti faaliyeti hâlâ fazlasıyla ajitasyon ve propagandaya dayanmaktaydı; oysa yapılması gereken; grevler ve ekonomik talepler için başka eylemler ile Nazi terörüne karşı kitlelerin kendini savunmasını, yani her biri tek başına büyük politik mücadelelere varan ve faşizmin gelişimini durdurabilecek her türden eylemi kapsayacak bir eylemler dalgası örgütlemekti. "KPD, net bir hedefle mücadeleye atılmıştır ve çizgisinde evrilip çevrilecek hiçbir şey yoktur" diye açıklıyordu Thaelmann:

"Papen'lere, Schleicher'lere ve Hitler'e karşı tüm gücümüzle mücadele ediyoruz. Çünkü, onlar faşist diktatörlüğü kurmak istiyorlar.

Çünkü onlar proletaryayı bastırmak, kanlı ve teröristçe ezmek ve daha çok sömürmek istiyorlar. Kısacası; çünkü onlar şimdiye kadarki dayanılmaz durumu daha da dayanılmaz hale getirmek istiyorlar. İşçi sınıfının bütün haklarının her kırıntısını, burjuvazinin bir zamanlar işçilere vermek zorunda kaldığı en küçük tavizi dahi Papen'lere, Schleicher'lere ve Hitler'e karşı tüm gücümüzle savunacağız."(24)

Bu makale yayınlandığı sırada, antifaşist eylem politikasının ilk başarıları da alınmaya başlandı. Birçok yerde birlik komiteleri oluşturuluyordu. SA üzerindeki yasağın kaldırılmasını protesto eden gösteriler yapılıyordu. Nazi çetelerini işçi mahallelerinden kovmayı, tanınmış antifaşistlerin canlarını korumayı ve işçi örgütlerinin bürolarının güvenliğini sağlamayı görev edinen, antifaşist halk savunma birlikleri oluşturuluyordu. Harekete katılmış birlik komitelerinden ve savunma birliklerinden delegeler, yerel işçi örgütlerinden üyeler, antifaşist kongreler düzenliyordu. Bunların ilki, 12 Haziran'da, Darmstadt'ta toplandı. Kongrenin 1550 delegesi, aynı gün Ernst Thaelmann ile birlikte bir gösteriye katıldı. Komünistler ile sosyal demokratlar, faşist provokatörlere karşı, gittikçe daha sık omuz omuza veriyordu. Reich Bayrağı'ndan ve Faşizme Karşı Mücadele Birliği'nden gruplar, Nazi saldırılarına karşı korunmada birbirlerine yardım ediyorlardı. Düsseldorf'ta, Reich Bayrağı işçileri ve komünistler, KPD parti binasını birlikte savundular ve Berlin'de Faşizme Karşı Mücadele Birliği, "Vorwaerts" binasındaki Reich Bayrağı üyelerinin olası faşist saldırılara karşı tuttukları nöbetlerine destek verdi.

Fakat SPD parti yönetimi, 28 Haziran'da, sosyal demokratların Birleşik Cephe tartışmaları yapmalarını ve bu doğrultuda anlaşmalara varmalarını yasakladı. Reich Bayrağı gazetesi, komünistlere cephe aldı. Demirden Cephe'nin mücadele yönetimlerine bağlı örgütlerin üyelerine, Nazi gösterileri sırasında sokaklardan uzak kalmaları, hatta "pikniğe gitmeleri" için çağrıda bulunmak gibi tuhaf bir taktik geliştirdi. Böylece -Dessau'da, Hagenow'da ve başka şehirlerde olduğu gibi· SA'lar hiçbir engele takılmadan, işçileri öldürebilecek ve sendika binalarını talan edebilecekti.

Birçok sosyal demokrat işçi, elle tutulabilecek kadar yakında olan tehlikenin karşısında yönetimin direktiflerine uymadı. Şimdiden, faşistlerin ele geçirdiği siyasi polisin haziran sonlarında verdiği durum raporları, ülkenin her yanında antifaşist bir birleşik cephenin kurulmaya başlandığı ve gittikçe daha çok sosyal demokratın komünistler ile yan yana Nazilere karşı durduklarını saptamak zorunda kalıyordu. Ruhr Bölgesi şehirlerinde, Halle'de, Berlin'de ve başka yerlerde, SA çeteleri yenilgilere uğruyordu.

8 Temmuz'da çeşitli eyaletlerden, çoğu, uzun zamandır SPD'nin, Reich Bayrağı'nın ya da sendikaların yönetimlerinde olan yirmi sosyal demokrat, Karl Liebknecht Binası'na geldi. Ernst Thaelmann ile faşistlere karşı ortak mücadele hakkında görüşmek, KPD'nin antifaşist faaliyet ile neyi amaçladığını öğrenmek ve KPD politikasını ilk elden tanımak istiyorlardı. Ernst Thaelmann'ın sık sık sorduğu karşı sorularla bölerek, beş saatlik bir görüşmeyle ayrıntılı olarak yanıtladığı 21 soru hazırlamışlardı. Bu görüşmeye John Scher ve zaman zaman da Wilhelm Pieck de katıldı. Yaşanan gerçekler karşısında -faşistlerin bıçaklı ve silahlı saldırıları sonucu her gün işçiler öldürülüyor, Naziler Marksizmin kökünü kazımak istediklerini saklamıyordu- komünistlerin Birleşik Cephe'ye çağrılarında samimi olduklarından şüphe duyulamayacağını anlatıyordu Thaelmann. Antifaşist eylemlilik süreci, partilerüstü bir kitle hareketi olarak düşünülmüştü. Sorun aynı ise, "Almanya'da faşist diktatörlüğün kurulması nasıl önlenebilir?"[25] ise; başka, şu anda ikinci derecede kalan sorunlar üzerine hiçbir fikir ayrılığı engel durmamalıdır.

KPD Merkez Komitesi binasında yapılan görüşme, sınıf kardeşleri arasında yapılan açık sözlü bir sohbetti. Sosyal demokratlar Thaelmann'ın anlattıklarını "her anlayıştaki işçilerin mücadele cephesinin kuruluşunun temeli"[26] olarak nitelediler ve onu ilan etmeyi önerdiler. Bu ifadeden, sosyal demokrat önderliğin eylem birliğini ısrarla reddedişinin ve onun faşist tehlike karşısındaki geri çekilişinin ne kadar büyük bir engel oluşturduğu da ortaya çıkıyordu. Ernst Thaelmann, komünistlerin bu zararlı politikayı teşhir etmekten vazgeçemeyeceğini açıklıyordu; aksi halde, geç kalınmış olacak; KPD, işçileri bu tutumun tehlikeli sonuçları hakkında kandırmaya yardım etmiş olacaktı. Buna karşılık, sosyal demokratlar da, komünistlerin sosyal demokrat örgütlere ilişkin eleştirel tutumlarının, birçok arkadaşlarının komünist öneri ve argümanlara kulaklarını tıkamalarına yol açtığını belirttiler.

Bu görüşmeden iki gün sonra, 10 Temmuz günü, Reich'ın her yanından birçok delegenin de katıldığı Berlin Antifaşist Eylem Kongresi toplandı. Ernst Thaelmann "Antifaşist Eylem Ne İstiyor?" başlığı altında bir konuşma yaptı ve bir kez daha meselenin, işçi sınıfının özgürlük ve haklarını kurtarmak, demokratik kazanımlarını korumak, işçi örgütlerinin varlığını ve hatta antifaşistlerin salt canlarını korumak için ortak eylemin yaratılmasından; ne daha azından -ve ne de daha çoğundan- ibaret olduğunu açıklıyordu. Bu ortak eylemliliğin ne kadar acil olduğunu, o pazar günü Almanya'nın birçok bölgesinde meydana gelen olaylar gösteriyordu: 17 insan faşist saldırılar sonucu hayatını kaybetti; 10'u, aldıkları ağır yaralar sonucu kısa süre sonra öldü.

Ernst Thaelmann, takip eden günlerde şehir şehir dolaşarak direniş mücadelesine hız kazandırmaya çalıştı. 12 Temmuz'da Wuppertal'da konuştu. Naziler bir gün sonra burada, parlak bir konuşmacıları olan Goebbels ile büyük bir gösteri düzenlemeyi planlıyorlardı. Ernst Thaelmann, Temmuz'un 15'inde, bir Nazinin hükümet başında olduğu Braunschweig'da; 17'sinde Nazilerin özellikle yüzsüzce hareket ettikleri Silezya bölgesindeki Hindenburg'da; 19'unda Dresden'de konuştu. Leipzig ve Münih'de de konuşmaları ilan edilmişti.

Wuppertal mitinginde, öğleden sonraya kadar yağan aralıksız yağmura karşın 60-70 bin insan, Sonnborn Stadı'nda toplandı. Thaelmann, eşi görülmemiş bir coşkuyla karşılandı. Konuşması üzerine yapılan tartışmalar, işçi semtlerinde gecenin geç saatlerine kadar sürdü. Ertesi gün çarpışmaya hazır işçi kitleleri tüm yürüyüş güzergahını bloke ederek, SA'nın ilan edilen yürüyüşünü engelledi. Ara yollardan ve polis refakatinde sadece birkaç bin faşist ve konuşmacıları stadyuma varabildi. Goebbels; Dortmund, Düsseldorf, Hagen, Mönchen-Gladbach, Oberhausen'da da sokakların işçilerin denetiminde olduğunu; SA ve SS'lerin üniformalarıyla sokağa çıkmaya cesaret edemediklerini itiraf etmek zorunda kaldı. Antifaşist eylem birliği, kendinde nasıl bir güç barındırdığını gösteriyordu. Ernst Thaelmann, Braunschweig konuşmasında, SPD ve ADGB'nin yönetimleri, örgütlerinin kapsadığı 4 milyon sendikacıyı ve 900 bin SPD üyesini genel greve çağırmaya karar verebilselerdi, daha ne kadar çok şeyin yapılabileceğine işaret ediyordu. "Biz komünistler, gerici Papen rejimine karşı yapılacak böyle bir genel grevi her an, bütün araç ve olanaklarımızla desteklemeye hazırız"[(27)] teminatını veriyordu.

Hep birlikte darbeci faşist hükümete karşı!

Güçlü antifaşist kitle eylemleri ve antifaşist savunma birliklerinin şiddetli karşı koyuşları, Papen Hükümeti'nin ve Nazi önderliğinin kahverengi çetelerinin yarattıkları zorba sokak terörüyle faşistleştirmeye karşı işçi sınıfının direnişini kırmaya çalışma niyetlerini boşa çıkarıyordu. SA'nın uğradığı bozgunlar ne kadar artıyorsa, faşizme eğilim duyan tüm güçler de devlet gücünü daha acımasızca kullanma çağrısını o kadar yükseltiyordu. 20 Temmuz 1932'de Hindenburg'un gerici kararnameleriyle Reich başbakanı, Prusya Eyaleti'ne Reich Komiseri olarak atandı ve eyalet hükümetini görevden alma yetkisiyle donatıldı. Berlin ve Brandenburg illeri için, Reich silahlı kuvvetlerinin eline zor kullanma yetkisi verildi; anayasal temel haklar devreden çıkarıldı. Papen, Başbakan Otto Braun'u, İçişleri Bakanı Carl Severing'i -ikisi de sosyal demokrattı-, Prusya eyalet illerinin diğer tüm bakanlarını; daha doğrusu SPD'ye, Merkez'e ve eski demokrat partiye bağlı bakanları -Gustav Noske dışında-, polis müdürlerini ve diğer memurları da görevlerinden aldı. Gericilik bu uygulama için cesaret buldu; çünkü SPD ve bağımsız sendikaların direnişiyle karşı karşıya kalmak gibi bir sorunları yoktu. SPD yönetimi bir hükümet darbesinin yapılacağına dair birkaç gün öncesinden güvenilir istihbaratlar alması üzerine, üyelerini sakinleştirmek amacıyla geçmişte Kapp Darbesi'ne karşı yapılan genel grevi andıran; ama aynı zamanda kendini şu anda bir genel grev ilan etme durumunda bırakmayacağı güvencesini de içeren bir açıklama yayınladı. Hindenburg ve Papen, 17 Temmuz'da SA'nın Schleswig-Holstein'dan yola çıkarak, sakinlerinin karşı direnişe geçtiği Prusya'nın Altona şehrinin işçi semtlerine doğru kışkırtıcı yürüyüşünü kendilerine hükümet darbesi için bahane yaptılar. Bu "Altona kanlı pazarı"nda polisler ve Naziler, 10 işçiyi ve 4 kadını vurarak öldürdüler.

Hükümet darbesi, tüm gücüyle, önderliğinin Prusya hükümetindeki pozisyonlarını hep faşizme karşı direnme noktası olarak lanse eden sosyal demokrasiye isabet etti. Oysa sosyal demokrat bakan ve memurlar, daima olağanüstü kararnameleri uygulamaya koyuyorlardı. Fakat KPD, darbenin asıl amacının Prusya polisini Reich hükümetine tabi kılmak; tüm egemenliği açık gericiliğin elinin altına toplamak; ve faşist diktatörlüğün kurulmasının karşısına olası bir engelin dikilmesine mani olmak olduğunu anlamıştı. Rote Fahne: "Söz konusu olan işçi sınıfının özgürlüğüdür"(28) diye yazıyordu.

Ernst Thaelmann, darbenin yapılacağını, bir gece önceden Leipzig'de öğrendi. Olayın hükümet darbesi olarak teşhir edilmesini ve olağanüstü kararname açıklanır açıklanmaz genel grev çağrısıyla yanıt verilmesini, ve de sosyal demokrasiye ve sendikalara bu direniş mücadelesini birlikte yürütmek önerisinin yapılmasını salık verdi. Başkenti tutan Reich silahlı kuvvetlerinin eline düşmemek için, öğleden önce Postdam'a, ve oradan parti önderliğinin Berlin'deki illegal buluşma noktasına gitti. Çalışma arkadaşlarıyla birlikte yeni çağrılar kaleme aldı; kuryelerle bölge yönetimlerine bilgiler ulaştırdı; yasaklanan "Rote Fahne"nin yerine illegal gazetelerin yayınlanmasını örgütledi; Berlin fabrikalarına, oradaki işçileri greve götürmeleri için görevliler yolladı.

Burada ve diğer şehirlerde, sosyal demokrat ve bağımsız sendikalarda örgütlü işçiler ve fabrika işçi temsilcileri kurulları örgüt yönetimlerinin genel grev çağrısını yapmalarını bekliyordu. Fakat yapmadılar. "Vorwärts"in özel eki ve sendikal mercilerin bildirileri bu eylemi reddettiler; komünistlerin genel grev çağrısını provokasyon olarak değerlendirdiler. Braun, Severing ve Berlin polis müdürü Grezsinski, karşı koymaksızın görevlerini teslim ettiler. Hayal kırıklığına uğrayan sosyal demokratlar, devrilen hükümetin devlet mahkemesine başvuracağı ve ayrıca gelecek seçimlerde Papen'e bir ders verilebileceği ile avutulmaya çalışılıyordu; yani, artık gerçekleşmiş bu iktidar değişiminden sonra kesinlikle bir şey değiştiremeyecek olan adımlarla.

Bu teslimiyet, faşizmi hâlâ önleyebilme olanaklarını kesin bir biçimde azaltıyordu. Faşistleştirmeyi yürüten güçleri mağlubiyete uğratmak için büyük bir fırsat, eller arasından kayıp gitti. Gericiliğin elindeki egemenlik yoğunlaşıyordu. İşçi sınıfının bazı kesimleri demoralize edildi. Faşizme yol hazırlayanlar; sağ kanat sosyal demokrat liderlerinin, büyük örgütlerini besbelli ki mücadeleye katma isteğinde ve de yeteneğinde olmadıklarını, ve giderek daha çok işçinin eylem birliğine ve KPD'nin mücadele politikasına yönelmesine karşın, güçlü örgütsel etkileriyle kitle eylemlerine engel olmaya ise pekala muktedir olduklarını görüyordu. Papen, sosyal demokrat önderliğin teslimiyetinden şüphe edilecek bir şey kalmayınca, 20 Temmuz akşamı radyoda yaptığı bir konuşmada şu açıklamayı yapar: "Reich hükümeti doğru bulduğu yolda, yolunu şaşırmadan ilerlemeye devam edecektir."[(29)]

Ve bu yol, KPD'nin öğrendiği gibi, KPD'nin ve devrimci sendikaların yasaklanması, önderlerinin tutuklanması tasarılarını içeriyordu. Papen ve Reich silahlı kuvvetleri ile Nazi önderleri arasında da bu konu üzerine görüşmeler yapıldı. Bu günler boyunca, partinin illegale geçmek zorunda kalması durumunda, parti faaliyetinin kesintiye uğramamasını; yeni mücadelelere hazırlanmasını; ve parti yönetiminin 20 Temmuz'dan gerekli sonuçları çıkarmasını sağlamak, Thaelmann'ın tüm enerjisini en etkin tarzda kullanmasını gerektiriyordu.

Önündeki mitingleri iptal etmek zorunda kaldı; ancak 27 Temmuz'da -Essen ve Dortmund'da- büyük mitinglere çıktı. Ağır sanayicilerin, işçi sınıfına karşı mücadele etmede, Papen uygulamalarının desteklenmesinde ve Nazilerin teşvik edilmesinde hemfikir olduklarını söylüyor, ve uyarıyordu: "Biz işçiler de, ister Hıristiyan, ister sosyal demokrat, partisiz ya da komünist olalım, faşizme karşı mücadelede etle tırnak gibi birbirimize kenetlenmeliyiz." Thaelmann, durumu olağanüstü ciddi olarak değerlendiriyordu: "20 Temmuz, Prusya ve Almanya'nın politikasında tarihsel bir dönüm noktasıdır. Hükümet darbesiyle ve Prusya devlet kademelerine aşırı gericilerin getirilmesiyle, faşizmin proletaryaya ve öncüsü komünist partisine karşı geniş bir saldırı başlatılmıştır. Bu nedenle KPD, asla geri adım atmayacaktır ve işçi sınıfı asla geri adım atmamalıdır."[(30)]

22 Temmuz'da hükümet darbesi nedeniyle katılamadığı Münih'deki antifaşist mitinge gönderdiği mektupta şöyle yazıyordu: "Sosyal demokrasi, proleter safları bölüp parçaladığı sırada; biz, sizleri, emekçilerin birliği için toplanmaya, faşist egemenliğe karşı ve nasyonal sosyalist cinayetler vebasına karşı en soğukkanlı ve kararlı tavrı almaya çağırıyoruz."[(31)] Sosyal demokrat önderliğin mücadele etmeden geri çekilmesinin ve komünist genel grev çağrısını dağıtanların, Reich silahlı kuvvetlerine ihbar edilmesini istemesinin yarattığı hayal kırıklığına rağmen bu mektup, SPD ve ADGB önderliklerinin tutumlarını eleştiren, başka tek bir kelime içermiyordu. Thaelmann, hâlâ Birleşik Cepheye götürebilecek bir yol varsa, onu mutlaka açık tutmak istiyordu. Buna karşılık darbeci hükümete ve faşist planlara karşı protestosunu daha da keskinleştiriyor, kitle mücadelesine daha da ısrarla işaret ediyordu.

Seçim öncesi günlerde Ernst Thaelmann, Berlin Neuköllner Stadyumu'nda, Hamburg'da Lübeckertor Meydanı'nda ve daha birkaç küçük Kuzey Almanya şehrinde konuştu. 31 Temmuz oy sayımının sonuçları, KPD'nin etkisinin ne kadar arttığını gösteriyordu: Thaelmann'ın partisine yaklaşık 5.4 milyon oy verilmişti -yüzde 14.6; yani mart ayındaki seçimlerden yarım milyon daha fazla. Ancak en önemlisi, Nazi partisinin, ilkbahar seçimlerinden sonra kendisine seçmen kazandıramadığıydı. Kitleler arasındaki etkisi durmuştu. Bu öncelikle, açıkça SA'nın terör ve ajitasyon eylemlerinde şimdi genellikle direnişlerle karşılaşması ve sıkça saldırılarından zararlı çıkması gerçeğinin bir sonucuydu. Nazilerin oy avına çıktıklarında kullandıkları demagoji ve yıldırma yöntemi etkisini kaybetmişti. Birçok kişi, artık faşistlere karşı çıkmaya cesaret eden bir gücün var olduğunu hissediyor ve antifaşist eylem birliğinin yarattığı şansı kavramaya başlıyordu.

Ernst Thaelmann, 3 Ağustos'ta bölge sekreterleriyle yapılan bir görüşmede şu sonucu çıkarır: "Almanya'da yaklaşık iki ay önce hayata geçirdiğimiz antifaşist eylem, kuşkusuz yeni ve daha küçük başarıların anahtarı ve de kitleler arasında partinin otoritesini ve önderlik rolünü güçlendirmek için önemli bir manivela durumundadır." (32) Fakat faşizme karşı gösteriler, yerel birlik komitelerinin etkisi ve kitle savunmasının direnişçi mücadelesi ne kadar önemli olsa da, tek başına bunlarla henüz, 20 Temmuz'un da gösterdiği gibi, faşist diktatörlüğün kuruluşu engellenemezdi. Bunun için, antifaşist faaliyet politikası yeni bir basamağa çıkarılmalıydı: "Ve antifaşist faaliyetin bu yeni, bu ikinci, bu daha yüksek aşaması, onu politik kitle grevine hazır hale getirmek için fabrikaların fethedilmesine yöneltmelidir."(33) vurgusunu, "Enternasyonal"in ağustos sayısı için yazdığı makalede yapıyordu. KPD'nin Birleşik Cephe politikasının hayata geçirilmesi konusunda nihayet başarı kaydettiğini yazıyordu. Fakat Parti, Leninizmi hakim kılmada, Leninist mücadele partisi olarak gelişiminde, şimdi bir adım ilerlemeliydi. KPD, işçi sınıfının belirleyici kesimi olan büyük fabrika işçilerinin, sosyal demokrat partinin önderliğinin hareketsiz durmaları çağrısına değil, Parti'nin yaptığı mücadele çağrısına uymasını sağlamak zorundaydı. Bu, yalnızca ajitasyon ile sağlanabilecek bir şey değildi ve dışarıdan değil, ancak, fabrikalarda etkili politik faaliyetin yürütülmesiyle ve hedef bilinçli günlük sendikal faaliyet ile sağlanabilirdi.

Bu, o dönemde, artık her on parti üyesinden sadece birisinin fabrikalarda çalışıyor olmasından dolayı çok güç bir işti. Ernst Thaelmann bu nedenle, haziranda, komünistlerin ve devrimci işçilerin kategorik olarak sendika faaliyetini kendi safları, RGO ve zaten yaşam koşulları olmayan "kızıl birlikler"le sınırlamamalarını istemişti. Mutlaka, bağımsız ve Hıristiyan sendikalarda da etkin olmak ve üyelerin illa RGO'ya geçmelerini sağlamak hedefiyle de hareket etmemek. ADGB'nin milyonları kapsayan derneklerinin oluşturduğu güce tekrar tekrar işaret etmesi, onun açısından, meselenin bu derneklerin üylerinin gönüllü isteğiyle mücadeleye katılmaları olduğunu gösteriyordu. Ernst Thaelmann'ın bakış açısından hareketle MK Sekretaryası, ağustos ortalarında antifaşist faaliyete bağlı "fabrika mücadele haftaları" düzenlemeye karar verdi. Bölge yönetimleri de, parti örgütlerinin faaliyetini, özellikle fabrika ve sendikalarda, hızla güçlendirmeye yönelttiler.

Ağustos ayı içinde gerici güçler her şeyiyle antifaşist kitle mücadelesini frenlemeye çalıştılar. "Rote Fahne" ve KPD'nin başka gazeteleri, haftalar boyunca yasaklandı; genel bir protesto yasağı ilan edildi; ve bu yasaklar, sürelerinin bitiminin hemen ardından yeniden devreye sokuldu. Faşistlere karşı direniş eylemlerini durdurmak için özel mahkemeler kuruldu ve ağır cezaların verileceği tehditleri savruldu. İşçi semtlerine saldırma cesaretini giderek seyrekleşerek gösterilebilen Naziler, bunun yerine, geceleri alçakça cinayetler örgütlemeye başladılar. Daha çok polis desteği istiyorlar, çetelerine ateşli silah kullanma hakkının verilmesini ve tüm komünist ve sosyal demokrat yöneticilerin toplama kamplarına gönderilmesini talep ediyorlardı. Hindenburg, Papen, General Schleicher ve Hitler arasında, Nazi liderlerinin hükümet içine alınmasını tartışan görüşmeler yapıldı.

Hükümet ve faşistler, Millet Meclisi'nin açılışında, 30 Ağustos'ta kadın komünist Clara Zetkin'in en yaşlı milletvekili olarak, halkın yaşam haklarının bir bütün olarak korunması, hükümetin devrilmesi ve faşizmin yok edilmesi için şiddetli bir uyarı konuşması yapmasına engel olamadılar.

Ernst Thaelmann Millet Meclisi oturumuna, ve son aylarda hazırlıklarına katıldığı ve delegesi seçildiği, Amsterdam'da ağustos sonlarında düzenlenen savaş karşıtı kongreye katılmadı. KEYK'in XII. Plenum'u için Moskova'ya gitmişti. 27 Ağustos'ta açılış konuşmasını yaptı, 29 Ağustos'ta iki ana raporundan birini sundu. 14 Eylül'de bitiş konuşmasını ve Almanya'daki durum üzerine bir konuşma yaptı.

Yorumları mücadelenin daha keskinleşeceği, önlerindeki sınıf çatışmalarının bugüne kadar olandan daha büyük kayıplar verdireceği öngörüleriyle biçimlenmişti. İşçi sınıfının ve komünist partisinin gücüne güven, olası yenilgileri moral çöküntüler geçirmeksizin atlatmak için her zamankinden daha büyük bir zorunluluk durumundaydı. Thaelmann, hızla olgunlaşan devrimci bir durumun varlığı tespitini yapan ve bu devrimci durumun önündeki baş engelin, sağ kanat sosyal demokrat önderler ve onların politikaları olduğunu belirleyen anlayışı eleştirdi. Kendi görüşüne göre, faşizmin gelişimi Almanya'da öyle bir dereceye varmış ve öyle bir hal almıştır ki, bunlar VI. Dünya Kongre'sinde faşizm üzerine yapılan görüşmelerde bile sezilememiştir.

Bu nedenle KPD'nin dersler çıkarabileceği, çeşitli partilerin deneyimleriyle yakından ilgilenmiştir. Özellikle Birleşik Cephe politikasının yöntemlerini, fabrika işçilerinin pratik faaliyetini ve mücadelelerin örgütlenmesi zorunluluğunu inceliyordu. Basitleştirilmiş talepler ve yanlış tarihsel örneklemelere karşı durarak, 3 Ağustos'ta KPD bölge sekreterleri önünde, daha önce yaptığı bir değinmeyi, yeniden tekrarladı: "1918-1919'da bildirilerle grevlerin kopmasına neden olabiliyorduk, fakat bugün bildirilerle grev başlatmayı istemek ... artık bunun zamanı geçmiştir."(34)

Nazilerin milyonlarca emekçiyi yanıltan şovenist kışkırtmasının ne kadar karşılık bulduğunu kavratmak, onun için büyük önem taşıyordu. Epeyce bir süreden beri, konuşmalarında buna hep yeniden işaret ediyordu. KEYK'in XII. Plenumunda, şovenizmi, gericiliğin ve faşizmin başlıca ideolojik silahı olarak niteliyordu. Kardeş partilerle yapılacak ortak eylemlerle, şovenist kışkırtmanın karşısına, proleter enternasyonalizmi propagandası ile çıkmayı önerdi.

Ernst Thaelmann, Plenum'dan Berlin'e döndüğü sırada, burada bir grev mücadelesi yaşanıyordu. Birçok fabrikadan işçiler, yeni radikal bir ücret kesintisine karşı direnişe geçmişlerdi. 4 ve 5 Eylül'de açıklanan olağanüstü bir kararname ile, temel sendikal haklardan biri olan toplu iş sözleşmesinin işçilerin elinden alınması hedeflendi. Bu amaca paralel olarak; yeni işçi alımlarında ve üretimin tehlikeye girmesi gibi durumlarda, işverenlere, önceden yapılan toplu iş sözleşmelerini iptal etme ve ücretlerde yüzde 20, hatta yüzde 50 oranlarına varan kesintiler yapma yetkisi verildi. Böylece işverenler daha da güçlendirilmiş oluyordu. Çoğunlukla kısmi iş bırakmalar ve kısmen de uyarı grevleri biçiminde gerçekleşen işçi eylemleri; işverenleri, ücret kesintilerini geri çekmeye zorladı. Takip eden haftalar boyunca süren ve büyük oranda devrimci sendikalar ve seçilmiş grev komiteleri tarafından yürütülen bu mücadeleler sayesinde, olağanüstü kararnamelerin etkisiz kılınması ve Papen'in toplu iş sözleşmelerine yönelik yaptığı saldırının püskürtülmesi başarıldı. KPD'nin fabrikalarda politik faaliyeti güçlendirme yönelimi, sonuçlarını vermeye başlamıştı.

Bu arada, yeni bir seçim mücadelesi başlamıştı. Millet Meclisi, daha ilk faaliyet oturumunda, 12 Eylül'de feshedilmişti. Son iki buçuk yıllık gelişmelerden sonra, başbakanlık diktatörlüğünün parlamentoyu mutlaka kapatacağından şüphe duymayan KPD, daha oturum başlar başlamaz, başka şeylerin tartışılmasına geçilmeksizin, hükümet hakkında verdiği güvensizlik önergelerinin oylanmasını istedi. KDP bu tutumuyla şunu amaçlıyordu: Eğer, başta Naziler olmak üzere burjuva partileri, hükümeti koruyup ve bu önergeyi reddederlerse, komünistler bu durumda, onların maskelerini bütün seçmenlerin önünde indireceklerdi. Yok eğer önergeleri kabul ederlerse; bu durumda onlar, pratik olarak, hükümet kliğinin ve onun ardındaki tekelci sermayenin karşısına geçmiş olacaklardı ki; böyle bir durumda da komünistler onları, egemenlik sisteminin, halk düşmanı olduğunu açıklamaya zorlayacaklardı. Her iki durumda da burjuvazi ve hükümet, moral bozucu bir şamarı, suratının ortasına yemiş olacaktı. Satranç hamlesi başarılı olmuştu: Daha Papen aceleyle fesih belgesini çekmecesinden çıkaramadan, Papen hükümetine 42'ye karşı 512 oy ile güvensizlik bildirildi. Gericiliğin kampında yeni görüş ayrılıkları doğdu ve her zamankinden daha açık olarak, Almanya'nın, halk önünde hemen kimsenin savunmaya cesaret edemediği bir biçimde ve hangi güçlerce yönetildiği gözler önüne serildi.

15 Ekim'den 18 Ekim'e kadar süren KPD III. Parti Konferansı, son aylardaki mücadele deneyimlerini değerlendirdi. Daha önce, 15 Ekim'de, Merkez Komitesi toplanmıştı. Ernst Thaelmann her iki toplantıda da konuştu. Durumun her zamankinden daha ciddi olduğu yönünde değerlendirmeler yaptı: "Almanya'da gerçekleştirilen faşistleştirmenin olağanüstü hızlı temposunu, burjuvazinin açık faşist diktatörlük için çabalarını görmek zorundayız. Ve ... tüm parti üyelerine bügünkü durumun büyük ciddiyetini kavratmaya çalışmalıyız." Parti, politikasında; önce Birleşik Cephe politikasının hayata geçirilmesinde, özellikle faşist teröre karşı antifaşist kitle mücadelesi alanında, sonra da grev dalgasının başlaması ile önemli başarılar kaydedilmiş olmasına rağmen, faşist diktatörlüğü engelleme çabasını bugün dahi bir an bile olsun hafifletmemelidir. Parti, böylece, güç dengesini giderek değiştirebilecek manivelayı kendi eline almış bu-

lunuyordu: "Ortak saldırımızın Papen Hükümeti'nin politikasının önüne önemli engeller koyduğunu ve burjuvazinin kendi programını uygulamasını henüz engelleyememesine rağmen görülür şekilde zorladığını ... görmek zorundayız. Saldırımızın, Nazi hareketinde bir durgunluk yarattığını ve hatta onu geriletmeye başladığını da görmemiz gerekiyor."(35)

Thaelmann, öncelikle büyük burjuvaziyi can alıcı yerinden vurabilme olanağını kanıtlayan son grevler üzerine konuşuyordu. Franz Dahlem ve parti önderliğinin başka üyeleriyle, birçok delege -Konferansa grev bölgelerinden taze deneyimlerle gelen büyük sayıda komünistler de katıldı- ekonomik mücadeleler ve sendikal sorunlar üzerine yapılan tartışmalara katıldılar. Parti Konferansı, komünistlerin sendika politikasını, bağımsız sendikalar ve Hıristiyan derneklerin üyeleri arasındaki faaliyet üzerine yoğunlaştırma yönelimini açıkça ortaya koydu.

III. Parti Konferansı'nda Heinz Neumann'ın temsil ettiği sekter görüş ve pratiği üzerine yapılan tartışmalara, kesin bir son verildi. Parti Konferansı, oy birliğiyle antifaşist eylem politikasına karakteristik bir biçimde yansıyan ve Ernst Thaelmann tarafından temsil edilen politik çizgiyi benimsedi. Ruhr Bölgesi bölge örgütü delegasyonunun önerisi üzerine, KPD'nin başında olan Ernst Thaelmann'ın, olağanüstü katkılarını da değerlendiren bir karar alındı: "Parti Konferansı ... tüm parti üyelerinin ve onun ötesinde Almanya devrimci işçi kitlesinin, Ernst Thaelmann yoldaş önderliğindeki KPD Merkez Komitesine derin bağlılığını ve sarsılmaz güvenini dile getirir. Parti tarihimiz, onun bir Bolşevik mücadele partisi haline gelişinin, Thaelmann yoldaşın kesintisiz olarak yürüttüğü teorik ve pratik faaliyete sıkı sıkıya bağlıdır."(36)

Hitler Diktatörlüğünü engellemek!

Parti Konferansı'ndan sonra, Thaelmann önderliğindeki MK Sekretaryası, konferans sonuçlarının tüm parti organlarına, devrimci kitle örgütlerine ve proleter kamuoyuna iletilmesini organize etti. Sekretarya, değiştirilmiş biçimiyle faaliyetini sürdürüyordu. Çıkarılan Hermann Remmele'nin yerine, Merkez Komitesi tarafından, Walter Ulbricht seçildi. Sekretarya artık, Ernst Thaelmann, John Scher ve Walter Ulbricht'den oluşuyodu. Berlin-Brandenburg parti bölge örgütünün yönetimini Wilhelm Florin üstlendi. Wilhelm Florin böylece, aynı zamanda Wilhelm Pieck'in yanında sekretarya adayı haline geldi.

Yeni Millet Meclisi seçimleri mücadelesinde Ernst Thaelmann, ekimin son haftası boyunca Essen, Dortmund ve Münih'de konuşmalar yaptı. KPD'nin ve Fransa Komünist Partisi'nin Versailles diktasına ve ülke egemen sınıflarının buna dayanan şovenist kışkırtmalarına karşı ortak bir bildirisini; yanı sıra bu iki partinin, kendi parlamentolarına, anlaşmayı kaldırmak, savaş hazırlığı için belirlenmiş harcamaları kesmek ve boşalan bu araçları sosyal ve politik amaçlar için kullanmak üzere önerilerini açıkladı. Ernst Thaelmann bu seçim mücadelesinde; Almanya'da faşizmin zaferinin; savaş tehlikesini, Sovyetler Birliği'nin ve Almanya'nın doğu ve batı komşularının tehdit edilmesini olağanüstü artırmakta oluşu gerçeğini göz önünde bulundurarak; özellikle de Alman emperyalizminin misilleme kışkırtmasıyla, Nazilerin şovenist savaş programıyla ve dünya emperyalizminin silahlanma politikasıyla hesaplaşmayı öne çıkardı.

Ernst Thaelmann, Münih mitinginin hemen ardından -burada Bavyera köylüleriyle de görüşerek köylülerin sorularını ayrıntılı bir şekilde yanıtladı- acil olarak Paris'e gitti. Fransız makamları, Alman komünistlerinin liderine vize vermemişlerdi; o, buna rağmen varmak istediği yere ulaştı. 31 Ekim'de zengin geleneksel özelliklere sahip olan Salle Bullier'de coşkuyla selamlanarak Paris komünistlerinin devrimci mitinglerinde konuştu. Konuşmalarında, "Alman ve Fransız işçilerinin proleter enternasyonalizmini, kırılmaz dayanışmasını ve sıkı, kardeşçe, yoldaşça bağlılığını kanıtlamak için"[37] geldiğini söyledi. Maurice Thorez ve Marcel Cachin ile de görüşme fırsatını buldu. Fransız komünistleri, konaklamasını polis ajanlarına karşı güvenliğe aldılar ve onu sınıra kadar geçirdiler.

Thaelmann'ın Fransa'nın başkentinde mitinge çıkışı, emekçilerin sınır tanımaz mücadeleci birliklerinin başarılı bir göstergesi oldu. 1 Kasım akşamında Fransız işçilerinin ve FKP'nin selamlarını, Berlin Spor Salonu'nda yapılan KPD'nin seçim mitingine katılanlara iletti. Thaelmann'ın her iki gösteri toplantısında yaptığı konuşmaları, Paris gösterisinde Thorez'in yaptığı açıklamalar, iki partinin ortak deklarasyonu ve parlamento teklifleri ideolojik mücadelede güçlü silahlar olarak kullanıldı. "Paris-Berlin" eylemi, KPD'nin seçim faaliyetinin önemli bir unsurunu oluşturdu.

Kasım başında Papen'in olağanüstü kararnamelerine karşı iş bırakma dalgası, Berlin ulaşım işçilerinin greviyle doruk noktasına ulaştı. Metrolar, otobüsler, tramvaylar günlerce garajlarında beklediler. Grev, başkentteki yaşamın gerçek yüzünü ortaya sermişti. Papen kudurmuştu; bu, onun hükümeti için ağır bir yenilgiydi. Grevin şiddeti o kadar güçlüydü ki, Nazi önderleri kendi yandaşlarına, greve katılma izni vermek durumunda kaldı. Bu ise, onları hükümetle yeniden karşı karşıya bıraktı ve egemen sınıfların bazı kesimleri içerisinde saygınlıklarının zedelenmesine yol açtı. Bu mücadeleler ancak günler sonra, kitlesel tutuklamalara başvuran polisin estirdiği terör ve uyguladığı örgütlü grev kırıcılıkla bastırılabildi.

Berlin ulaşım kurumlarında hâlâ greve devam edilirken, 6 Kasım'da Millet Meclisi seçimleri yapıldı. KPD, tüm oyların yaklaşık %17'sini aldı. 6 milyon seçmen, III. Parti Konferansı'nın kararlarında geçen "KPD'nin ve Marksist-Leninist önderliğin geniş kitlelerin güvenini" kazandığı ifadesini Ernst Thaelmann'ın partisine oy vererek kanıtlamıştı. Nazi partisi,. iki milyon seçmenini kaybetti. Seçim sonucu, politik güç dengesinde bir dönüşüme girildiğinin sinyalini veriyordu.

Bu tür yenilgilerin karşısında gericilik, kendini manevralar yapma zorunluluğunda hissediyordu. Papen Hükümeti, 17 Kasım'da çekilmek zorunda kaldı. Büyük sanayiciler, bankalar ve tekel sözcüleri, Hindenburg'dan, daha fazla seçmen partisinden kopmadan, Hitler'i Reich başbakanlığına atamasını istediler. Egemen sınıfın başka güçleri ise, şu anda bir Nazi hükümetini oluşturmanın, olası daha da şiddetli karşı eylemleri provoke edeceğinden korkuyordu. Kitle hareketini bastırmak, KPD'yi etkisiz kılmak ve faşist bir hükümetin bileşiminin pazarlığını yapabilmek için, zaman kazanmak istiyorlardı. 3 Aralık'ta Reich Silahlı Kuvvetler Bakanı General Kurt von Schleicher, aynı zamanda Reich Başbakanlığı görevine atandı.

SPD ve ADGB'nin önderliklerinin seçimlerden çıkardıkları garip sonuçlar, SPD'yi yeniden önemli oranda oy kaybına uğrattı. 10 Kasım'da, parti komitesi, yaptığı bir toplantıda, çok sayıda SPD taraftarının giderek daha canlı bir şekilde dile getirdikleri Birleşik Cepheye katılma isteğini olanaklar ölçüsünde önleme hedefi doğrultusunda kararlar aldı. Sosyal demokrat gazeteler, Nazi partisinin, büyük burjuvazinin gözünde iflas ettiği yanılsamalı görüşünü yayıyorlardı. SPD ve ADGB'nin yönetimindeki kişiler, generalbaşbakana işbirliği teklif ettiler. Millet Meclisi fraksiyonu, bir dahaki Meclis toplantısında Schleicher Hükümeti'ne karşı, komünist bir güvensizlik önergesinin incelemeye alınmasını engelleme kararını aldı. Ve şimdi, parlamentonun "normal" çalışma dönemlerinin geri geldiği yanılsamalı görüşünü yayıyorlardı. Tüm bunlar da gericiliğin işine geliyordu.

KPD ise, kitle eylemlerini yaygınlaştırmak için yeni çalışmalara girdi. Ernst Thaelmann, 15 Kasım'da, Prieros'da Komünist Gençlik Birliği Merkez Komitesi'ne; Birlik'in gençlik arasında daha etkin olmasına yardımcı olmak amacıyla hitap etti. KJVD, uzun bir dönem boyunca Neumanncı sekter anlayışları ısrarla savunan ve yapıcı bir gençlik faaliyetinin yerine, radikal sloganlar koyan yöneticilerin etkisinden uzak olan yeni bir yönetim seçmeyi başarmıştı. Thaelmann genç komünistlere, eğer kendilerini tüm emekçi gençliği, liseli gençliği ve üniversiteli gençliği kucaklayacak bir kitle örgütü olarak görürlerse; eğer değişik gençlik gruplarının taleplerine sahip çıkabilen bir faaliyet yürütürlerse; eğer onların dilinden konuşur ve onların bilinç düzeyine hitap ederlerse, ancak o zaman görevlerini tam anlamıyla yerine getirmiş olacaklarını anlatıyordu. İşsizler ordusuna katılmak için okullardan mezun olan, hayattan beklentilerinde hayal kırıklığına uğrayan, ideallerinin bu toplum içerisinde görmezlikten gelindiğini gören gençlik arasında, bir mayalanma yaşandığına dikkat çekiyordu. Birlik, bu gençleri "sosyalist özgürlük mücadelesinin büyük düşüncesi" için çoşturmalıydı. Onları, Nazilerin demagojisine terk etmemeliydi: "Fakat nasyonal sosyalizmin, gençliğin bir kısmını tutmayı başardığını da" görmek zorundaydı.

Thaelmann, Gençlik Birliği'nin parti çalışmasını kopya etmemesi gerektiğini söylüyordu. Gençlik içindeki çalışmada, arkadaşlık ve romantizm, spor ve eğlence, boş vakit maceraları büyük bir rol oynamalıydı. Her şeyden önce ise, gençlik faaliyetinin komünistlerce büyük bir sorumlulukla yürütülmesi gereğini şöyle açıklıyordu Ernst Thaelmann: "Çünkü; bir yandan, yeni yetişen neslin bütününü faşizmden ve ikinci bir dünya savaşında tekelci kapitalizmin soygun ve kâr çıkarlarına kurban edilmelerinden korumak gerekiyor; ve öte yandan sosyalist kurtuluş mücadelesinin gençlik olmaksızın zafere götürülemeyeceğini anlamak gerekiyor: Gençliğin katılmadığı bir devrim, ancak yarım bir devrimdir."(38)

Prieros'taki KJVD oturumunun ardından gelen hafta sonunda (19 ve 20 Kasım'da) Ernst Thaelmann, en büyük bölge örgütü olan, Berlin-Brandenburg-Lausitz-Grenzmark bölgesi parti örgütünün kongresine katıldı. Bir tartışmada kitle hareketine yeni bir içerik kazandırma gerekliliğinden; özellikle işsizleri sosyal talepler için, hatta salt yaşamda kalma hakkı için, yürütülen mücadeleye daha güçlü bir biçimde katma gerekliliğinden bahsetti. Her yerde, çeşitli biçimlerde işsizler eylemliliklerinin ve evsizler gösterilerinin örgütlenmesini; belediye temsilcilerine delegasyonlar gönderilmesini; kış yardımlarının talep edilmesini; gıda ve kömür depolarının açılmasını istemeyi önerdi. Thaelmann'ın önerileri, KPD'nin antifaşist eyleme bağlı Reich işsizler komiteleri ve Reich birlik komitelerinin yürüttüğü bir "Açlıktan ve Donarak Ölmekten Kurtuluş" kampanyasının temellerini oluşturuyordu. Proleter dayanışma önerdiği önlemleri dayatarak, birçok yerde yakacak ve gıda maddesi, giysi ve ayakkabı verilmesini; ek yardımların ödenmesini ve ısınma evlerinin oluşturulmasını elde etti.

KPD'nin Berlin ve takip eden bölge parti kongreleri büyük önem kazanıyordu; çünkü buralarda binlerce parti işçisi 1932 yılında denenen birçok yeni metotların tecrübelerini değerlendiriyordu. Bu deney-tecrübe aktarımları, partinin birlik ve beraberliğini sağlamlaştırmaya ve kadrolarını önlerindeki çok daha çetin mücadelelere hazırlamaya katkıda bulunuyordu. Ernst Thaelmann, 4 Aralık'ta, Wasserkante bölgesi parti kongresinde konuştu. Ruhr Bölgesi'ninki, 10 Aralık'ta, daha başlar başlamaz polis tarafından dağıtıldı. Toplantı, gecikmeli olarak, ancak Ocak 1933'te yapılabildi. Diğer bölge kongreleri de polis saldırılarına maruz kalmıştı. Bavyera polisi, Kuzey Bavyera'da yapılan toplantıyı, ikinci gününe başlarken dağıttı.

Ernst Thaelmann, Hamburg'da yaptığı konuşmasında, Schleicher Hükümeti'ni, Hitler hükümetine yol hazırlaması nedeniyle, bir yer tutma kabinesi olarak nitelendiriyordu. Emekçilerin protesto eylemlerinin "sosyal aldatma manevralarıyla" yatıştırılmaya çalışılacağını söylüyordu. Gerçekten de Schleicher, çeşitli olağanüstü kararnamelerin bazı hükümlerini kaldırdı. Thaelmann, sosyal demokrat politikacı ve yazarların, (başbakanın manevralarına yarayan) faşist tehlikenin azaldığı biçimindeki yanılsamalı iddialarına karşı, sert bir tutum aldı.

Ernst Thaelmann, 8 Ocak'taki Ruhr Bölgesi parti kongresinde olduğu gibi, burada da büyüyen savaş tehlikesinin alarm veren belirtileri hakkında konuştu: Reich Ordusu generallerinin temsilcisi, Alman hükümet şefi olmuştu bile; Versailles Antlaşması'na imza atan güçler (Fransa, İngiltere, İtalya ve ABD), Almanya'ya silahlanma bağlamında eşit haklar tanıdı; Krupp tekeli, Cenevre'de, silahsızlanma konferasına katılan Alman delegasyonuna bir "danışmanlık" bürosunu açık tutuyordu; ve bir Hitler hükümetinin, politika anlayışı "savaş" kelimesi ile tanımlanabilecek türden başbakana sahip bir hükümetin oluşturulması bekleniyordu. Ernst Thaelmann bu nedenle, yılbaşı sıralarında yapılan, Avrupa'nın birçok ülkesinden komünist partilerin katılacağı uluslararası bir konferansın hazırlıklarına da, özellikle hız verdi. Bu konferansta, proletarya enternasyonalizminin propagandasını yapmak, barışın savunulmasını güçlendirmek ve partilerin işbirliğini artırmak kararları alındı. 1923 Ruhr İşgali'nin 10. yıldönümüne ilişkin yazdığı makalede, enternasyonal dayanışmanın değerini anlattı.

KPD, şimdiye kadar alınanlardan daha farklı ve katı şiddet önlemleriyle karşı karşıya kalacağını hesaba katmak zorundaydı. Reich başbakanı, aralık ayı ortalarında bir radyo konuşması sırasında; komünistleri, çekmecesinde hazır duran bir olağanüstü yasayla tehdit ediyordu. Polisin saldırıları çoğaldı. John Scher, parlamenter dokunulmazlığı olmasına rağmen tutuklandı. 1932 yılı sonunda MK Sekretaryası, "Güçleşen koşullar altında, faaliyetimizin güvenliği ve sürekliliği için, zaman geçirilmeksizin her türlü önlem alınacaktır!" [39] emrini vermek zorunda kaldı.

1933 yılının ilk günlerinde, Köln'de; tekelci burjuvazinin emrinde çalışan, Alman ve Birleşik Devletler tekelci sermayeleri arasındaki bağlantı adamı, banker von Schröder'in evinde, bir Hitler hükümetinin oluşturulması kararı alındı. Papen, bu hükümette başbakan vekili olarak, Reich başbakanını atamak ve usulen yapılması gereken son ayarlamaları yerine getirmek görevini üstlendi.

Naziler, 22 Ocak'ta yapılmak üzere, büyük bir provokasyon planı yaptılar: Berlin Bülow Meydanı'ndaki KPD MK binasının önünde bir SA yürüyüşü yapmak. Nazi önderliği böylece, tekelci burjuvazinin ona duyduğu güvene teşekkür ediyordu. Böylece, son yerel Millet Meclisi seçimlerinin göstermiş olduğu; Nazi demagojisinin etkisinin silikleştiği imajını ortadan kaldıracaktı. Fakat gericilik aynı zamanda, bundan da fazlasını bekliyordu: Berlinli antifaşistler; SA, SS ve Hitler Gençliği'nin yürüyüşünün karşısında direnişe geçecek ve Nazi çetelerini püskürtmeyi deneyecek olurlarsa; SA birliklerini güvenlik zincirleri ve panzerlerle koruyan ve Karl Liebknecht Binası'nı işgal edecek olan polis ile çatışmak durumunda kalacaktı. O zaman, polisin ve Reich Ordusu'nun silahlı gücüyle KPD'yi parçalamak ve faşizmin en tutarlı düşmanını, daha Nazi hükümeti kurulmadan önce fiziksel olarak yok etmek için bahane yaratılmış olacaktı.

Planları suya düştü. Berlin'de bir protesto fırtınası koptu; ama kimse zora dayalı çatışmalara girmek için provoke edilmeye izin vermedi. Çok sayıdaki protesto gösterilerine katılanların arasında birçok sosyal demokrat ve Reich Bayrağı taraftarı işçi de vardı; göstericiler, faşistlere karşı büyük bir soğukkanlılık göstermek suretiyle onları cezalandırıyordu. Nazi partisi yandaşları, sokağa çıkmaya cesaret edemeyip SA'yı yalnız bıraktılar. Ernst Thaelmann, Nazi provokasyonunun dersleri üzerine yazdığı bir makalede "kitlelerin üstün disiplinini" övüyordu. Buna rağmen, bunun, faşist bir hükümet darbesi provası olduğu uyarısını yapıyordu. Gösterilere katılan sosyal demokrat sınıf kardeşlerinin "dürüst, mücadeleci, görkemli dayanışmasını" öne çıkarıp ekliyordu: "Komünist partisi, üye ve taraftarlarını; her fabrikada, Stempelstelle'de, her sendikada ve diğer tüm kitle örgütlerinde, ... her şeyden önce gençlik arasında; sosyal demokrat, Hıristiyan, örgütsüz ve diğer tüm sınıf kardeşleriyle birlikte, kardeşçe bir ilişki içerisinde sınıf düşmanına karşı mücadele birliğini kurmakla görevlendirmektedir." Fakat ideolojik faaliyet, diye vurguluyordu, aynı zamanda, Nazi partisinin işçi taraftarları arasında da yürütülmelidir: "Kitleleri sabırlı bilinçlendirme çalışması içerisinde; finans kapitalinin, tekel krallarının, büyük toprak sahiplerinin, subayların ve prenslerin Hitler partisinin gerçek rolünü göstermeliyiz."(40)

25 Ocak'ta KPD, SA'nın provokasyonuna, Berlinli antifaşistlerin

Karl Liebknecht Binası'nın önünde yaptığı bir gösteriyle yanıt verdi. 130 bin emekçi, dondurucu soğukta, Ernst Thaelmann ve KPD önderliğinin diğer üyelerinin, kendilerini selamladığı tribünün önünden geçti. Gösteri, faşizme karşı mücadeleyi hiçbir şart altında bırakmama kararlılığını gösteriyor; egemen sınıf, önlerine ne kadar engel çıkarırsa çıkarsın, bu şehrin, bu ülkenin bir gün mutlaka burada yürüyenlere ait olacağına dair, proleter özgüveni ve sağlam ümidi yansıtıyordu.

Reich Başkanı Hindenburg, üç gün sonra, tekelci burjuvazinin ondan beklediği gibi, Hitler'i başbakan olarak atama yolunu açmak için, Schleicher Hükümeti'ni çekilmeye zorladı. "Rote Fahne" bu olaydan şöyle bir sonuca vardı: "Komünist parti ve RGO, Alman proletaryasının gelecekteki kaderi için önümüzdeki gelişmelerin bilincinde olarak, daha geçen yılın 20 Temmuzu'nda yaptığı Birleşik Cephe önerisini, daha büyük bir ısrarla tekrarlar."[(41)] Ancak sadece tek tük sosyal demokrat önderler, olayları hâlâ dönüştürebilecek yetenekte olan, bir ve tek şansın, işçi sınıfının eylem birliği olduğunu kavrayabildi.

Dünya Thaelmann için mücadelede.

ZAFER MUTLAKA BİZİM OLACAK (1933-1944)

Faşist Diktatörlüğe Karşı Ortak Mücadele İçin!

Hitler, 30 Ocak 1933'te, Reich Başkanı Hindenburg tarafından başbakanlığa atandı. KPD buna hemen tepki gösterdi. Thaelmann adına, SPD yönetimine birlikte genel grev çağrısı yapılması önerisi iletildi. Aynı zamanda bildiri olarak da dağıtılan çağrıda yeni hükümetin yapısı ve hedefleri de ortaya konuluyordu. Bu, "... açık faşist diktatörlüğün yeni bakanlar kurulu, emekçilere ve Alman işçi sınıfına karşı yalıpmış en canice, en açık bir savaş ilanıdır! ... Ücretlerin arsızca talanı; kahverengi ölüm vebasının sınırsız terörü; işçi sınıfının var olan az buçuk haklarının, kırıntılarının dahi ayaklar altına alınması ve emperyalist şavaş doğrultusunda son sürat bir yönelim. İşte bunların hapsi en kısa sürede bizi bekliyor."(1)

Ama şimdi bile, Alman işçi sınıfının, hatta bütün Alman halkının en büyük tehlikeyle karşı karşıya oldukları bu saatte bile, SPD ve sendikaların önderleri, üyelerini Alman tekelci burjuvazisinin en gerici çevresinin bu açık diktatörlüğüne karşı mücadeleye çağırmayı reddettiler.

KPD, gittikçe keskinleşen faşist terörün daha da zorbalaştığı koşullara karşın, faşizme karşı mücadelesini sürdürdü ve en kararlı antifaşist güç olduğunu kanıtladı. Faşist rejime karşı, sadece o, gerçek bir alternatif koydu. Cesurca, kayıplar verme pahasına ve dize gelmeden bütün saldırılara göğüs gerdi.

Ernst Thaelmann 30 Ocak'tan sonraki ilk haftalarda, öncelikle parti ve kitleler içiresinde Hitler Hükümeti'nin niteliği, hedefleri ve yönelimleri hakkında tam açıklık sağlama çabasındaydı. Faşist diktatörlüğün ciddiye alınmamasına karşı uyarıyor ve parti çalışmasını yeni mücadele koşullarına uyarlamaya çalışıyordu. Öncelikle de işçilerin ve diğer emekçilerin ortak cephesinin yaratılması çabalarını artırdı. Bu, özellikle de Berlin'in güneydoğsunda bulunan Niederhelm'e bağlı Ziegenhals Spor Salonunu'nda yapılan illegal Merkez Komitesi toplantısında berraklaştı.

7 Şubat'ta, Ernst Thaelmann yaklaşık 40 kişinin katıldığı bu toplantıda, MK üyelerine ve diğer yönetici kadrolara seslendi. O, özellikle Hitler Hükümeti'nin kurulmasından sonra ortaya çıkan iyice keskinleşen durumu ve gelecekteki çatışmaların zorluğunu hiçbir yanlış anlamaya yer vermeyecek biçimde ortaya koydu. Hitler-Hugenberg-Papen'in bakanlar kurulunu, açık faşist diktatörlük olarak niteledi. KPD Başkanı, faşizme karşı kitle mücadelesini örgütlediği ve burjuvazinin faşizm yönelimini etkileyeci bir biçimde engellemeye, faşistleri durdurmaya çalıştığı ve hatta yer yer de geriye püskütttüğü halde, Parti'nin neden Almanya tekelci burjuvazisinin en gerici, en saldırgan kesimlerinin faşist diktatörlüğünün kurulmasını engelleyemediğini inceliyordu. Eğer bu başarılamadıysa bunun nedeni, Parti'nin oldukça güçlü bir rakiple karşı karşıya olması ve düşmanın ancak işçi sınıfının birleşik cephesiyle alt edilebileceği açık olduğu halde, sağcı SPD, ADBG ve Hıristiyan sendika önderlerinin geriye çark etmeleri yüzünden bu birliğin kurulamamasıydı. Özeleştirel bir biçimde, kitle çalışması içerisindeki eksikliklerin, KPD'nin açık antifaşist hedeflerini tam olarak gerçekleştirmesinin önünde engeller oluşturduğunu ortaya koydu.

Ernst Thaelmann ateşli bir şekilde, işçi sınıfının eylem birliğinin kurulması çağrısını yapıyordu. Köylüler, küçük üreticiler ve tarım işçileri de kazanmalıydılar. Özellikle de gençliğin Hitler rejimine karşı seferber edilmesi zorunluydu. Antifaşist eylemin deneyimleri ve bu deneyimlerin daha da geliştirilmesi temelinde, geniş bir antifaşist cephe yaratılmalıydı. Faşist diktatörlük, ancak bu şekilde yıkılabilirdi. Partinin tüm güçleri bu doğrultuda yoğunlaştırılmalıydı.

O, en acil görev olarak Hitler rejiminin yıkılmasını görüyordu. Ernst Thaelmann bunu şöyle ortaya koyuyordu: Fakat, KPD bu görevini, "faşist diktatörlüğü yıkmayı başarabilse bile, bu ille de yüzde yüz olarak proleter devrimin zaferiyle doğrudan bağlantılı olacağını söyleyemeyiz."

Parti Başkanı'nın düşüncelerinde temel aldığı olgu şuydu ki, faşizmin içinde kök saldığı emperyalizm, sonunda ancak proleter devrimi ile yıkılabilirdi. Burada onun aynı zamanda faşist diktatörlüğü reddeden, ama henüz işçi sınıfının politik iktidarının kurulması için mücadele etmeye hazır olmayanları da mücadeleye kazanmak için, nasıl yollar aradığı da kendisini gösteriyordu. Böylece, daha ileriye dönük stratejik-taktik düşünceler için çıkış noktaları kazanılmış oluyordu.

Şimdi gerekli olan, faşist diktatörlüğe karşı zincirleme kitle eylemlerinin düzenlenebilmesini sağlamak, direnişin ve mücadelenin her biçimini geliştirmekti. Parti, aynı zamanda da 5 Mart'ta yapılacak olan Meclis seçimleri için seçim kampanyasını sürdürmeli, bunun için en güçlü eylemleri düzenlemeliydi. "Biz, kitleler önünde Hitler hükümetinin gerçek yüzünü; faşist terörün, kapitalist doymazlığın ve emperyalist savaşın; kapitalistlerin ve büyük toprak sahiplerinin hükümeti olduğunu açığa çıkarmalıyız ... Biz, sosyal demokrat işçilerin faşist diktatörlüğe karşı verilen ortak eylemlere ve mücadelelere katılmaları için mücadeleyi de en üst boyutlara çıkartmalıyız."

Ernst Thaelmann, açıklamalarının sonunda, esas görevlerini tekrar etkileyici sözcüklerle şöyle özetliyordu: "Faşist terörün tüm saldırılarına karşın, Parti'nin güvenliği ve devamlılılğı için çelikten bir atılım!

"Tüm güçlerin kitlesel direnişler, kitlesel eylemler ve kitlesel mücadelenin her biçiminin geliştirilmesi çizgisinde yoğunlaştırılması: Faşist diktatörlüğe karşı yürüyüşler, grevler, kitlesel grevler, genel grev!

"Atılgan bir girişimle, üst düzeylerde bir mücadele seferberliği için birlik cephesi politikası! ...

"Kitle inisiyatifinin, öz eylemliliğimizin ve en alt birim ve organlarımızın iş yapabilme yeteneklerinin en üst düzeye çıkarılması!"[(2)]

Bugünlerde Politbüro ve Sekretarya üyeleri sık sık, önceden hazırlıkları yapılan gizli buluşma yerlerinde bir araya geldiler. Görüşmelerin odak noktasını işçi sınıfının faşizme karşı birlik cephesinin oluşturulması, SA'nın terörüne karşı kitlesel özsavunmanın nasıl yaratılabileceği ve partinin illegaliteye geçebilmesi için nelerin yapılabileceği gibi sorular oluşturuyordu. Gerçi sonuncusuna uzun zamandan beri hazırlanılmıştı; ancak bunun hayata geçirilmesi oldukça zordu. KPD bir kitle partisiydi. Bölge, alt bölge, işyeri ve yerel birimlerin yöneticileri biliniyordu. Ve KPD illegaliteye geçişi, Meclis seçimleriyle aynı dönemde gerçekleştirmek zorundaydı. Ernst Thaelmann ülkede kalarak, partinin mücadelesini doğrudan yönlendirmek istiyordu.

Ernst Thaelmann bu arada Bulgar komünisti ve KEYK'in Batı Avrupa bürosu sorumlusu Georgi Dimitrov, Fransa Komünist Partisi'nin önder kadrolarından Jacques Duclos ve FKP Genel Sekreteri Julian Lenski ile de buluştu. Proletaryanın uluslararası antifaşist mücadelesi üzerine görüş alışverişinde bulundular; faşizme karşı gizlilik koşullarında verilen mücadele üzerine, karşılıklı deneyimlerini aktardılar.

Politbüronun 15 Şubat'ta yapılan toplantısında, Ernst Thaelmann, birlik cephesinin oluşturulabilmesi için, partinin ve kitle örgütlerinin tüm güçlerini seferber etmeleri gerektiğini yineledi. İleri Parti yöneticileri, bölgelerinde ve Ernst Thaelmann da Hamburg'da partinin politikası üzerine bilgiler verdi. Bu arada burada, karısını ve kızını bir kez daha ziyaret etme olanağını da buldu.

Faşistler öncelikle KPD'ye karşı terörlerini artırırlarken, ve mücadele koşulları daha da zorlaşırken, KPD üyeleri Ziegenhals'da partinin girdiği yönelimin hayata geçirilebilmesi için var güçleriyle uğraşıyorlardı. Birçok şehirde antifaşist mitingler ve grevler yapıldı; komünistler, sosyal demokratlar ve sendikaların ortak eylemleri de gerçekleşti. Ancak SPD ve ADGB yöneticileri, KPD ile birlikte mücadele etmeyi yine reddediyorlardı. KPD'nin eylem birliği çağrıları ise, daha da büyük bir ısrarla yapılıyordu. Bu çağrıların en etkileyicisi, herhalde Ernst Thaelmann'ın sosyal demokrat ve Hıristiyan işçilere ve Reich Bayrağı yanlılarına yönelik olarak 27 Şubat'ta "Saechsische Arbeiter-Zeitung" (Saksonya İşçi Gazetesi)'da yayınlanan "Hançer, tabanca ve bombalarla işçilerin üzerine saldıran alçak faşist katiller, hangi kimliği taşıdığınıza bakmıyorlar. Bu yüzden, herhangi bir partinin üyesi olmak da bütün antifaşistler için özgürlük mücadelesine katılmanın önünde engel oluşturmamalıdır!" Ernst Thaelmann işçi sınıfının temel deneyimlerini yeniden özetliyordu: "Eğer biz, elleriyle bütün değerleri yaratan işçiler, kadın işçiler ve işçi gençlik omuz omuza verirsek, eğer biz birlikte mücadele edersek; kırların miyonlarca köylüsünü, şehirlerdeki milyonlarca hizmetliyi, memuru, orta tabakadan insanı da yanımıza alarak, hepsini antifaşist özgürlük mücadelesinin ortak cephesine katabiliriz."(3)

Faşist Alman emperyalizmine karşı başarılı bir mücadelenin belirleyici önkoşulları; KPD'nin gücü, her şeye özverili bir şekilde hazır oluşu, ve tek tek her komünistin cesaretiydi. Ernst Thaelmann etkileyici sözleriyle yoldaşlarına sesleniyor; her Parti üyesinden "bütün gücünü ve enerjisini, evet, gerekirse yaşamını sosyalist özgürlük savaşının hizmetine, antifaşist eylemin hizmetine sunması" çağrısını yapıyordu ... "Kitlelerin en önünde sosyal kazanımların kırıntılarını, çok küçük de olsa demokratik özgürlükerin kırıntılarını savunun; SPD ve ADGB önderlerinin, antifaşistlerin birlikleri önüne kurdukları engel ve barikatları parçalayın! ... Reich Bayrağı yandaşlarının ve

SPD'li arkadaşlarımızın ellerini tutun, onların bedenleri ve kendi bedenlerinizle çelikten bir barikat örün ve faşizme karşı sosyalist özgürlük mücadelesi için bir hücum ordusu oluşturun!"(4)

Faşistler, 27 Şubat 1933 akşamı gerçekleştirdileri Reichstag Yangını provokasyonu ile, özellikle de komünistleri, ama aynı zamanda da sosyal demokratları ve burjuva demokratlarını da kapsayan yeni, büyük bir tutuklama ve terör dalgası için gerekli sinyali verdiler. KPD'ye karşı azgın ve dehşet verici bir propaganda sahnelenmeye başlandı; komünistlerin parlamento binasını yakarak yağmalama, halka karşı terör eylemleri uygulaması ve özel mülkiyete karşı bir ayaklanma için sinyal verdikleri şeklindeki uydurma iddialar yayıldı. Bu kampanyanın amacı, komünitlerin gaddarca bir takibe alınmaları için önkoşulları hazırlamak; KPD'ye karşı kin ve nefrete dayalı bir hava yaratma; sosyal demokratlarla diğer antifaşistleri sindirmek ve komünistlerle birlikte mücadelelelerinin önüne geçmek; Nazileri de uluslararası gericiliğe komünistlere karşı en güvenilir öncü olarak sunmaktı. 3 Mart günü Ernst Thaelmann da tutuklandı ve Berlin Emniyet Müdürlüğü'nde tek kişilik bir hücreye konuldu. Parti yönetimi, seçim günü olan 5 Mart için Thaelmann'ın yurtdışına çıkmasını karalaştırmıştı. Kaldığı yer, Nazi muhbirlerince ortaya çıkarılmıştı.

Ernst Thaelmann'ın tutuklanması; Parti, emekçi Alman halkı ve aynı zamanda da uluslararası işçi hareketi için çok ağır bir darbe oldu. Parti, en zor anında, başkanından edilmişti. Wilhelm Pieck, KPD'nin 1935 Brüksel Konferansı'nda, bununla "sadece Parti'nin gerçek anlamdaki önderinin değil, aynı zamanda Komünist Enternasyonal ile Alman partisinin ortaklaşa belirledikleri çizgi ve onun Almanya'daki somut uygulamasında Politbüro'nun en önemli gücünün de alındığını" açıklıyordu "İşçi sınıfı içerisinde sahip olduğu otoritenin kaynağı, onun kitle politikasının özünü, örneği çok az görülebilecek bir şekilde kavramış ve politik yöneliminin yanında, Parti'nin önünde duran sorunlar için de olağanüstü derecede duyarlı algılama gücüne sahip olmasında yatıyordu."(5)

Fakat, Ernst Thaelmann ve birçok başka komünistin zindana kapatılması, KPD'nin faşist rejime karşı mücadelesini sekteye uğratamadı. Thaelmann'ın inşa ettiği parti; en ağır koşullar altında da mücadele edebileceğini kanıtlıyordu.

Faşizmin zindanlarında

Ernst Thaelmann'ın tutuklanmasının ertesi günü, KPD Merkez Komitesi'nin yaptığı çağrıda şöyle deniliyordu: "Komünist partisine karşı yapılan bu saldırı; antifaşist özgürlük mücadelesinin yürekli, hedefini bilen önderi, işçilerin mücadeleci birlik cephesinin lideri, yoldaşımız Ernst Thaelmann'ın tutuklanması, bütün emekçilere indirilmiş bir darbedir." Merkez Komitesi, Ernst Thaelmann ve zindanlara doldurulmuş diğer tüm antifaşistlerin kurtarılması için, herkesi mücadeleye çağırıyordu. "Rote Fahne" gazetesinin Mart 1933 ortalarında yasadışı olarak yayınlanan sayısında, Alman işçilerine faşizme karşı mücadelede parti ayrımı yapılmaksızın mücadele etme çağrısı yapıldı. "Bu konuda sosyal demokrat, Hıristiyan ve partisiz işçi, komünist sınıf kardeşleriyle omuz omuza vermelidir... Bütün fabrika ve maden ocaklarında, kart basılan her yerde ve tüm işçi yerleşim bölgelerinde, tüm köylerde sizin kitlesel talebiniz tıpkı tehdit edici bir siren sesi gibi her yerde çınlamalıdır: Thaelmann Yoldaşa Özgürlük! Zindanlara Doldurulmuş Tüm Özgürlük Savaşçıları Serbest Bırakılsın! Kahrolsun Faşist Terör İktidarı! "(7)

5 Mart günü, faşist teröre ve partinin takibat altında olmasına karşın, 4,8 milyonun üzerinde seçmen, oylarını KPD'ye vererek, faşizme karşı direnişte kararlılık gösterdiklerini ve KPD'ye olan bağlılıklarını ortaya koyuyorlardı. Ernst Thaelmann da, yeniden Meclis'e milletvekili olarak seçildi. Komünistler ve sosyal demokratlar beraberce oyların yüzde 30,6'sını alırken, Naziler bekledikleri çoğunluğu sağlayamadılar. Bunun üzerine, özel bir yetki yasasını çıkartabilmek için KPD'nin 81 Meclis sandalyesini feshettiler; bazı SPD ve

KPD milletvekillerini tutuklattılar.

Rosa Thaelmann, eşinin tutuklandığı haberini seçim pazarı aldı. İlk kez 8 Mart günü, karısına yazabilmesi için Ernst Thaelmann'a izin verildi. Kısa bir süre sonra da KPD önderliğinin özel görevlileri Rosa ile ilişkiye geçtiler; onun üzerinden partinin başkanıyla bağlantıyı sağlamak istiyorlardı. Rosa'ya önce Thaelmann'la görüşme izini verilmedi. Thaelmann tarafından görevlendirilen avukatlar, Ernst Hegewisch ve Kurt Rosenfeld, tutukluluğunun ilk dönemlerinde kendisine destek oldular. Ama, bizzat kendileri de faşizme karşı oldukları için takibata uğradıklarından, Thaelmann'ın savunmasını üstlenmediler. Yeni avukatların bulunabilmesi de, uzun zaman aldı.

Ernst Thaelmann'ın kararlılığı ve devrimci tavrı, karısına yazdığı mektubunda da kendisini gösteriyordu: "Her kim ki bir düşünce uğruna, büyük ve zorlu bir düşünce uğruna, mücadele ediyorsa, o, bu mücadele içerisinde çekebileceği tüm acılara karşı sakin, bilinçli ve her dürüst devrimcide olması gereken o en büyük enerjiyle dayanmasını bilmek zorundadır."(8) Ama, Almanya ve dünyadaki gelişmeler üzerine haber eksikliği, canını sıkıyordu. Bu yüzden gazeteleri alabilmek için baskı yapıyor; Rosa'nın gönderdiği tüm gazetelerin gerçekten kendisine ulaşıp ulaşmadığını özenle izliyordu.

Mektuplarında, düşüncelerini özgürce açıklamasına izin verilmemişti. Buna karşın, o, mektuplarını -olabildiğince- düşüncelerini ortaya koyabilmek için kullanıyordu. Bu yüzden bazı mektupları dışarıya çıkarılmadı, bazılarının da kimi yerleri okunamayacak duruma getirildi. Bazen şifreleri tamamen çözülememiş mektuplar alıcısına ulaşabiliyordu. Babasına şunları yazıştı: "Göreceğiz, bugün milyonlarca insanın içinde bulunduğu zafer sarhoşlğu daha iyi bir yaşam ve başka bir gelecek verebilecek mi... Biz biliyoruz ki... milyonlarca insana... iş, ekmek ve özgürlük verebilir, ama kapitalizm tarafından değil."(9) Onun kavganın zorluğu ve emekçi halkın davasının en sonunda zafere ulaşacağına olan inancı, 1 Mayıs 1933'te babasına yazdığı mektupta çizmeye çalıştığı şu tablolarda da kendisini ortaya koyuyordu: "Bugünkü gibi, anılmaya değer tarihsel anılarıyla zengin bir günde sana, Rosa'ma, İrma ve tüm tanıdıklarıma devrimci selamlarımı gönderiyorum. Bir özgürlük savaşçısı için, daha nice binlerce insanla birlikte, böyle bir günde özgürlüğünden yoksun bırakılmış olmak, onun için, ne bir alçaklık ne de onursuzluktur. Nasıl ki bazen güneş, kendisini çepeçevre sarmış olan karanlık bulutlardan kurtarmak için zorlu bir mücadele verir ve sonunda ışınlarıyla karanlığı deler geçerse, işte hak ve gerçek de, durmaksızın ilerleyerek ve bendlerini yıkarak bunu en sonunda başaracaktır."[10]

Kısa bir süre sonra, Ernst Thaelmann, kısa da olsa güvenilir bilgiler aldı. Parti önderliğinin gizli mektupları küçük paketler içerisinde, sigaraların arasına saklanmış ya da purolara tütün yapraklarıyla birlikte sarılmış olarak eline geçmeye başladı. Mayıs 1933 başlarından itibaren kendisini ziyaret etmesine izin verilen karısı da, KPD önderliğinin koşullara özgü -gizlilikle hazırlanmış- mektuplarını getiriyor ya da haberleri konuşmalarının arasına ustaca sıkıştırıyordu. Thaelmann da aynı şekilde gizli mektup ulaştırmayı ve politik konular hakkındaki düşüncelerini karısıyla, kızı ve avukatlarıyla görüşmelerinde ya da onların yanındayken gardiyanların provokatif sataşmalarına verdiği yanıtlarında açıklamayı başarmıştı. Berlin Emniyet Müdürlüğü'nde tutuklu olduğundan beri, parti önderliği ile, Rosa Thaelmann ve avukatları, daha sonraları ise kızı İrma üzerinden özel kuryelerle sağlanmış ilişkisi vardı. Ernst Thaelmann'ın özel kuryelerle iletilen notları, mektuplarındaki temel düşünceleri ve onun kuryelerince şifreleri çözülen bilgileri, genellikle, çoğu kez iki gün sonra Parti önderliğinin ve Komintern'in eline geçmiş oluyordu.

Zindana atılmış olan Parti önderi, bu ilişkiler aracılığıyla, KPD önderliğine uluslararası politika ve sınıf mücadelesinin belirleyici birçok sorunu hakkındaki düşüncelerini iletti; kendisi de Parti'nin politik temel sorunlara bakışı hakkında bilgilendirildi, düşünceleri alındı: "Ne hapishane duvarları ne de kelepçeler, Partinin Politbürosu ve Ernst Thaelmann arasındaki ilişkiyi ve görüş birliğini engelleyemedi" diyen Franz Dahlem, sonra da şuna işaret ediyordu: "Ernst Thaelmann'la Parti önderliği arasında işçi sınıfının devrimci birliğinin sağlanması temel sorununda ve tüm antifaşist güçlerin faşizme karşı mücadelesine yönelik politikada, tam bir düşünce birliği vardı."(11)

Ernst Thaelmann 23 Mayıs günü, Berlin-Moabit gözetim Hapishanesi'ne götürüldü. Burada da sıkı bir şekilde çevresiden tecrit edildi. Etrafında bulunan "özellikle tehlikeli" tutsakların hücreleri boşaltıldı; günde üç saat süren avlu voltalarına yalnız başına çıkıyordu. Faşistler, bu tek kişilik hücre zulmü ve yıpratıcı, ardı arkası gelmeyen sorgularla Ernst Thaelmann'ı itiraflarda bulunması ve yoldaşları üzerine bilgiler vermesi için zorluyorlardı. Bütün bunlar bir sonuç vermeyince, Ernst Thaelmann 9 Ocak 1934 günü Printz-Albrecht Caddesi'ndeki "kötü ünlü" Gestapo Karargahı'na götürüldü. Burada üç kez yumruklarla, kırbaç darbeleriyle ve tekmelerle saatlerce ve bayılıncaya kadar, vahşice dövüldü. Ama o asla çözülmedi, hiç boyun eğmedi, hep ama hep direndi. Bu cesur tavrı, onu, antifaşist mücadelenin sembolü haline getirdi; yoldaşlarına güven verdi ve nihai zafere olan inançlarını pekiştirdi.

Ernst Thaelmann'a Özgürlük!

Ernst Thaelmann faşistlerin sürekli baskısına, tutsaklığın ağır fiziksel ve psikolojik yıpratıcı etkilerine karşı direnme gücünü, özellikle de kararlı sınıfsal bakış açısından alıyordu. Karısının ve kızının ziyaretleri, mektupları, partiyle kurulan gizli ilişki, dünya edebiyatının değerli yapıtları ve yine kendisinin çelikten disiplini en büyük yardımcılarıydı. Başta karısı ve kızı aracılığıyla, kendisine iletilen, enternasyonal dayanışmanın sayısız örneği de kararlılığını artırıyordu.

KPD, kendi başkanının ve on binin üzerindeki diğer tutuklu antifaşistin serbest bıraktırılması amacıyla girişimlerin koordinesi için özel kararlar aldı. KEYK, 1 Nisan 1933 günü, Ernst Thaelmann'ın kurtarılması için mücadelenin nasıl yürütülmesi gerktiğinin ayrıntılarının yer aldığı bir karar aldı. Komünist Enternasyonal ve KPD'nin önderliğinde, Ernst Thaelmann ve zindalara doldurulmuş diğer Hitler karşıtları için, tüm yerküreyi kapsayan bir dayanışma kampanyası geliştirildi.

Bu kampanyayla neyin amaçlandığını Georgi Dimitrov sonraları şu cümlerle özetliyordu: "Her Alman, Hitler'in yanında mı yoksa Thaelmann'ın yanında mı olmak istediğini belirlemek zorundadır. Kim ki tarafsız kalmak istiyorsa, o, bu tavrıyla istese de istemese de gerçekten Hitler'e hizmet edecektir. Kim ki, Thaelmann'ın kurtarılması için parmağını bile kıpırdatmıyorsa, o, istese de istemese de Alman egemenlerinin vahşetlerine ortak olmuş olacaktır."[(12)] Ve Wilhelm Pieck şunları yazıyordu: "Thaelmann'ın kurtarılması için verilen mücadele, proletaryanın uluslararası birlik cephesinin bir meydan savaşıdır; barışsever tüm insanların faşizme ve savaşa karşı bir meydan savaşı."[(13)]

Tüm dünyadan; Sovyet Sosyalist Cumhuriyetleri Birliği'nden, Amerika'dan ve Çekoslovakya'dan, Japonya'dan ve Polonya'dan, Arjantin'den ve Hollanda'dan ve de faşist Almanya'dan "Ernst Thaelmann'a Özgürlük!" haykırışları yankılanıyordu. Kapitalist ülkelerdeki mücadele biçimleri, oldukça çeşitliydi. Protesto mitingleri, yürüyüşler ve grevler, yasal ve yasadışı gazetelerde çıkan yazılar, bildiriler, afişler; evlere, duvarlara, ve fabrika bacalarına yazılan sloganlar; Thaelmann'a ve faşist adalet kurumlarına gönderilen posta kartları, mektuplar ve telgraflar; Alman büyükelçiliklerine gönderilen sayısız dilekçeler ve hiç susmayan telefonlar...

Almanya'nın birçok şehrinde, Thaelmann'ın tutuklanmasından hemen sonra, KPD'nin başkanına özgürlük istemlerini içeren bildiriler ve yasadışı duvar gazeteleri yayınlanmaya başladı. KPD'nin 1 Mayıs 1933 eylemlerinin merkezini de Thaelmann'a özgürlük; antifaşist eylemi oluşturuyordu. Nisan ve mayıs aylarında da onun serbest bırakılmasına yönelik birçok kısa grev ve yürüyüşler örgütlendi. Doğum gününde Almanya içinden ve yurtdışıdan çuvallar dolusu kutlama selamları ve paketler geldi. Kutlamaların çok az bir bölümü kendisine verildi. Ancak karısı ziyaretine geldiğinde, sayısız dayanışma örneklerinin haberlerini alabildi.

Thaelmann'ın kurtarılması için verilen mücadele, ilk başlarda Reichstag Yangını davalılarının, Georgi Dimitrov ve arkadaşlarının, kurtarılması için verilen mücadeleyi içeriyordu. KEYK'in teşvikleriyle, "Meclis yangınının ardında yatanların açığa çıkarılması için kurulan Araştırma Komisyonunca", Dimitroff, Thaelmann ve zindanlardaki diğer antifaşistler için bir Enternasyonal Kurtarma Komitesi kurulması önerildi. Bu komite, Ocak 1934'te kuruldu ve başkanlığını da Fransız yazarları Andre Gide ve Andre Malraux üstlendiler.

Georgi Dimitrov ve birlikte yargılandığı diğer Bulgarların kurtarılması, uluslararası dayanışma hareketinin büyük bir başarısıydı. Hareket bundan büyük güç aldı. 1934'te Sovyetler Birliği'nin ısrarlı girişimleri sonucu, ilk sosyalist ülkeye gidişi sağlandıktan sonra, Dimitrov, zindanlara doldurulmuş antifaşistler için dünya çapındaki mücadelenin daha da üst boyutlara çıkarılması gerektiğini açıklıyordu: "Ben şuna inanıyorum ki, Ernst Thaelmann'ın kurtarılması için verilen mücadele sorunu ... faşizme karşı mücadele etmek isteyen herkes için bir onur sorunudur."[(14)] Bir kadın gazetecinin tutuklular arasında herhangi bir arkadaşıyla karşılaşıp, karşılaşmadığı sorusuna, Dimitrov şu yanıtı veriyordu: "Evet, geçen yılın mart ayında Ernst Thaelmann'la karşılaştım. Kendisi çok samimi arkadaşımdır. Ben onu, uluslararası devrimci hareketin en berrak düşünen önderlerinden biri olarak görüyorum. Sonra, onunla Moabit Hapishanesi'nde iki kez daha karşılaştım. ... cesareti bir parçacık bile olsun kırılmamıştı."[(15)]

Ernst Thaelmann'la dayanışma hareketinin en güçlüsü, Sovyetler Birliği'ndeydi. İşçiler, kolhoz köylüleri, Sovyet ülkesinin her tarafından kültür emekçileri 1933'ün Mart ayından beri, Ernst Thaelmann'ın tutuklanmasını protesto eden yazılar yazıp; "Faşizmin Kurbanlarıyla Dayanışma Fonu"na bağışta bulunuyorlardı. Sovyet emekçileri bu protestolarını, çoğu kez üretim hedeflerini aşmakla birleştiriyorlardı. İlk Sosyalist devletin, barış ve demokrasinin uluslararası en güçlü siperinin güçlendirilmesine yönelik bu tür sorumlu davranışlar, ve aynı zamanda Sovyet temsilcilikleri için yapılan yeni seçimler, Ernst Thaelmann'ın özgürlüğü için ve tutuklu Alman antifaşistleriyle dayanışmayı güçlendirmek için kullanıldı. Ernst Thaelmann birçok şehir ve köy sovyetinin onur üyeliğine seçildi.

Sovyet Devleti'nin en yüksek önder gücü, Sovyetler Birliği Komünist Partisi (Bolşevik)'in XVII. Kongresi, sovyet insanlarını Almanya'nın devrimci işçilerinin önderiyle dayanışmalarını en çarpıcı bir şekilde dile getirdi. Merkez Komitesi'nin çalışma raporunun tartışılması sırasında, Sovyetler Birliği Komünist Partisi (Bolşevik) Merkez Komitesi Genel Sekreteri J. V. Stalin, Alman faşizminin kanlı terörünü ve savaş hazırlıklarını mahkum edip ve Sovyetler Birliği işçi sınıfı ile kapitalist ülkelerdeki işçilerin kardeşçe birliğini vurguladıktan sonra, 28 Ocak 1934'te, KPD'yi selamlama mesajı okundu. Delegeler bunu, korkunç bir alkış tufanı ve bir türlü sonu gelmek bilmeyen " Ernst Thaelmann'a Şan Olsun!" sloganlarıyla yanıtladılar.

Sovyetler Birliği 1. Yazarlar Kongresi 1 Eylül 1934 tarihinde, yine olağanüstü bir sevgi gösterisi ile Ernst Thaelmann'a selam telgrafı çekilmesini kabul etti. Telgrafta şöyle deniliyordu: "Ernst Thaelmann, arkadaşımız, elini sıkıyoruz. Cesaretinden dolayı, yüreklerimiz sana hayranlık dolu. Seni bir kardeşimiz olarak seviyoruz. Sana söz veriyoruz ki, dünyanın her yanındaki işçi ve aydınların daha da güçlenerek yükselen korosundan çıkan talepleri için her şeyi yapacağız: Thaelmann'a Özgürlük!"(16)

Ernst Thaelmann için dayanışma hareketinin merkezlerinden biri de Fransa oldu. Hareket, oradaki halk cephesi içerisinde büyük bir desteğe sahipti. Onbinlerce broşür, üzerinde Thaelmann fotoğrafı olan posta kartları, toplam tirajı 150 bini bulan dergiler, 260 bin bildiri, bunlara ek olarak afişlemeler ve kuşlamalar yapıldı, bültenler yayınlandı. Büyük Fransız yazarı Henri Barbusse şöyle diyordu: "Ernst Thaelmann'ı, tıpkı bir meydan savaşı gibi kazanmalıyız!" (17)

Çekoslovakya'da da çok çeşitli dayanışma eylemleri yapıldı. Üzerinde Thaelmann'ın fotoğrafı olan ve onun serbest bırakılması isteğini içeren onbinlerce kartpostal Berlin'e postalandı. Toplanan paralar, Thaelmannn'ın kurtarılması için sürdürülen mücadelede kullanılması için KPD'ye verildi.

Bir sabah, ABD'nin New York şehrindeki bir heykelin tepesinde, üzerinde: "Ernst Thaelmann'ı Kurtarın!" yazısı olan büyük bir kızıl bayrak dalgalanıyordu. Amsterdam'ın su kanallarında, üzerlerinde taşıdıkları büyük afişlerde: "Thaelmann'a ve tüm Alman antifaşistlerine özgürlük!" yazan sandallar yüzüyordu. Londra'daki bir sinemada, gösterilen film birdenbire kesildi. Perdede: "Thaelmann'ı Faşist Cellatlardan Kurtarın!" yazısı göründü.

Komintern'in şimdiye kadarki, Ernst Thaelmann'ın kurtarılması için birlikte cephe eylemleri yapılması önerileri reddedilmiş olmasına karşın; KEYK, tüm komünist partilerine, sosyal demokrasinin, sendikaların ve diğer örgütlerin özellikle de bölge ve yerel yönetimlerine gidilmesi ve Ernst Thaelmann'ın ve diğer antifaşist savaşçıların serbest bırakılması için, bir kitle hareketi yaratılması çağrısını yapıyordu. KEYK Politik Komisyonu, Mart 1935'te, Ernst Thaelmann'ın kurtarılması mücadelesinin nasıl daha da güçlendirilebileceğini görüştü. Nazi terörüyle, özellikle de Ernst Thaelmann'a yönelik olanlarla ilgilenmeleri için bir uluslararası Hukuki Soruşturma Komisyonu kurulmasını önerdi. Çeşitli ülkelerden milletvekilleri ve değişik savaşlara katılmış kişilerden oluşan delegasyonlar, Almanya'daki resmi dairelerde yapılan görüşmelerde ve kabul toplantılarında Thaelmann ve diğerlerinin durumlarını gündeme getirmeye ve mümkün olduğunca Thaelmann'a ulaşmaya çalışacaklardı. Özellikle İngiltere'den gelen ve savaş gazilerinden oluşan bir delegasyon, birçok olanağı kullanarak, Ernst Thaelmann ve diğer antifaşistlerle ilgili açıktan sorular sormayı başardılar.

Parti, birçok kez Ernst Thaelmann'ın kurtarılmasını örgütlemeye çalıştı. Bu, faşistlerin onu çok sıkı bir gözetimde tutmalarından ötürü oldukça zordu. Daha emniyet müdürlüğündeyken kaçırma hazırlıkları oldukça ilerlemişti. Bu plan, birdenbire başka bir hapishaneye gönderilmesi yüzünden suya düşmüştü. 1934'te yeniden ve bu kez çok özenle bir kurtarma planı hazırlanmıştı. Ancak bu kez de çok kötü bir tesadüf sonucu, nöbetçiler, Thaelmann'ın kaçışına yardımcı olması için kazanılan gardiyandan şüphelendiler; gardiyan önce başka yere sürüldü, sonra da tutuklandı. Böylece kurtarma girişimi de suya düşmüş oldu. Diğer kurtarma çabaları da başarısızlıkla sonuçlandı ve örgütleyicileri Gestapo'nun tutuklama harekatlarının kurbanları oldular.

"Savunmayı karşı atakla birleştirmek"

Zindandaki parti başkanı, kendisine karşı planlanan mahkemeyi, faşist rejimle hesaplaşmanın esas alanı olarak görüyordu. Bu hesaplaşmaya kendisini çok sıkı bir şekilde hazırlıyordu: "Ben burada Alman işçi sınıfının temsilcisi olarak durmaktayım... Savunmayı karşı atakla birleştirmek ..., esnek, hareketli ama hiçbir zaman çift anlamlı değil ... Mahkeme önünde kanıtlayacağım: Benim ve bizim kavgamız yüz kere haklıdır... Dava için iyi önerilerim var ve iyice formumdayım."(18)

Ernst Thaelmann için en önemli olan şey, kişi olarak kendisini savunmamaktı: O, mahkemede faşizmin niteliğini ortaya koymak, vahşetini yargılamak ve atak bir şekilde Parti'nin ve dünya komünist hareketinin politikasını ve hedeflerini temsil etmek istiyordu. O aynı zamanda, mahkeme önüne çıkarılmasını kullanarak, KPD'ye ve tüm antifaşistlere faşist Alman emperyalizmine karşı mücadele konusunda işaretler vermek istiyordu.

Thaelmann'ın, yargılanması sırasındaki savunmasının temel çizgisi üzerine geniş bilgileri, onun 1934 yılında Reichs Mahkemesi soruşturma hakimine verdiği ilk yazısında görüyoruz. Şubat 1933'te hükümeti devirmek için KPD'nin bizzat şiddet kullanma hazırlıkları yaptığı iddialarını Ernst Thaelmann kesinlikle reddediyordu: "Bir devrimi yukarıdan aşağıya yapmak mümkün değildir; devrim halkın eseri olmak zorundadır." Şubat 1933'te devrimci bir kriz yoktu. "Biz, Hitler Hükümeti'nin geriye çekilmesinin, ancak işçilerin birleşik savunmasıyla mümkün olabileceğini düşünüyorduk ... Tüm eylemlerde olduğu gibi, Papen'e karşı mücadele ve propagandada da, bizim için belirleyici olan, sosyal demokrat işçileri ve taraftarları kazanmaya çalışmaktı. Yani *kesinlikle*, Hitler Hükümeti'nin bir 'Parti eylemiyle' zor kullanarak yıkılmasından değil, tersine, bizim işçi kitlelerini kazanmaya yönelik politikamızın kararlı bir şekilde sürdürülmesinden söz edilinebilir. Partinin en acil-temel görevi, köylüler ve diğer emekçilerle birlikte bir birlik cephesinin oluşturulması, saldırganca ilerleyen nasyonal sosyalizmin püskürtülmesi için, işçilerin çoğunluğunun kazanılmasıydı."[(19)] Devrimin objektif koşulları ve sübjektif faktör, yan partinin rolüne ilişkin diyalektik yaklaşım, ikinci yazıda daha da belirginleşmektedir. Durumun değerlendirilmesindeki sübjektivizme ve Marksist-Leninist partinin önder rolünün ve tarihsel inisiyatifinin inkar edilmesine aynı şekilde karşı çıkarak, diyordu ki, KPD'nin politikası "objektif koşullara -bunlara biz sübjektif olarak yardım ediyoruz-" ve vurgulayarak ekliyordu, devrimin koşulları "onun devrimdeki önder rolünü kısıtlamaz, ama komünist partiden bağımsızdır."[(20)]

Ama, Ernst Thaelmann sadece sınıf düşmanlarının suçlamalarını reddetmekle kalmadı. Açık ve kesin bir biçimde KPD'nin hedeflerini savundu: "Parti, berrak bir programla mücadele ediyor. Biz iktidarın -burjuvazinin iflasından sonra- sonuna kadar halkın çıkarları için kullanılması amacıyla, işçi ve köylülerin eline geçmesini istiyoruz. Bu iktidar, kapitalizmin kökünü kazımaya; bankaları, büyük endüstriyi, fabrikaları, birikmiş eşya stoklarını, taşınabilir malları, vs. kamulaştırmaya ve toplumun ortak malı olmasını sağlamaya hizmet edecektir; ki bununla koşulsuz olarak işçilerin, köylülerin ve diğer emekçilerin hizmetine sunulabilsinler. Partinin önündeki mücadele yöntemlerine ilişkin görüşlerini de duru bir şekilde ortaya koyuyordu: "Merkezi ve temel görev, diğer emekçilerle birlik içinde işçilerin çoğunluğunu kazanmaktır. Bu zorlu görev başarılmadan, tarihsel perspektif olarak şanlı proleter devrimi hedefi başarılamaz ... Bizim mücadelemiz yazılı ve sözlü ajitasyon ve propagandamızla, parlamenter ve parlamento dışı faaliyetlerimizle, mitinglerle, yürüyüşlerle, grevlerle, kitle hareketleri ve kitlesel mücadelelerle işçilerin ve emekçi halkın milyonlarca kitlesini kazanmaya çalıştığımız politik bir mücadeledir."[(21)] Bu sözleri, KPD başkanının, zindandayken bile, işçi sınıfının ve diğer emekçilerin çıkarlarını tavizsizce savunduğunu kanıtlıyor.

Macar komünisti Béla Kun başkanlığındaki Komintern'e bağlı 'Ernst Thaelmann'ı Destekleme Özel Komisyonu', Mayıs 1935'te, harıl harıl Ernst Thaelmann'ın mahkemedeki savunmasını hazırlamakla meşguldü. Tanınmış Alman komünisti, hukukçu Felix Halle başkanlığında, Sovyet bilim adamlarının ve devlet kurumlarının da yardımıyla gerekli materyaller toparlandı. Thaelmann'ın savunma avukatı Hamburglu Erich Wandschneider tarafından istenen belgeler, diğerlerinin yanı sıra SBKP(B)-Merkez Komitesi'ne bağlı Marx-Engels-Lenin Enstitüsü tarafından sağlandı. Diğer bir savunmacı, Berlinli Avukat Fritz Ludwig, savunma için gereksinim duyduğu kitapları, gazeteleri ve dergileri SSCB-Berlin Büyükelçiliği'nden alıyordu. Wilhelm Pieck, Ernst Thaelmann'a kuryeler ve Rosa aracılığıyla iletilen uzunca bir mektupta, taktiksel davranışları hakkında da bilgiler veriyordu. Bu bilgiler gizlilik nedeniyle, bir Alman mühendisinin bir arkadaşına yazdığı Yunanistan'da yaşanan bir davanın uydurulmuş hikayesi biçiminde kamufle edilerek iletildi. Ernst Thaelmann, burada geliştirilen çizgiyle tamamen aynı düşüncedeydi. Bu çizgi, kendisinin, soruşturma hakimi karşısında şimdiye kadarki tavırları ve yine kendi dava hazırlıklarıyla çakışıyordu.

İddianame, nihayet, Mart 1935'te, Ernst Thaelmann'ın eline geçti. Avukat Ludwig, tüm riskleri göze alarak, iddianameyi, Temmuz 1935'te, 24 saatliğine, Ernst Thaelmann'ı savunmayı kabul eden, fakat sonraları adli makamlarca reddedilecek olan ve takibata uğrayan, Alman milliyetçisi bir avukat olan Friedrich Roetter'e verdi. Roetter, Avukat Helmut Külz ile birlikte iddianamenin hemen bir ikinci nüshasını düzenledi. Genç komünist iki kız, iddianameyi çoğalttı. Friedrich Roetter Almanya'dan kaçışı sırasında iddianameyi de birlikte götürerek, içeriği üzerine dünya kamuoyunu bilgilendirdi. Bu eylemiyle ve çeşitli ülkelerin şehirlerinde Ernst Thaelmann'ın ve diğer tutsakların serbest bırakılması doğrultusunda yaptığı konuşmalarıyla savunmasını sürdürdü. İddianamenin başka nüshalarının da yurtdışına çıkarılması sağlanabilmişti. Bu, KEYK bünyesindeki komisyonu, Ernst Thaelmann'ı mahkeme hazırlıklarında desteklemesi noktasında oldukça rahatlatmıştı.

Nazilerin, onu Almanya'nın düşmanıymış gibi gösterme, halkı ve sınıfının karşısına çıkarma, enternasyonalizmini ve Sovyetler Birliği ile olan dostluğunu karalama gibi çabalarına karşın Ernst Thaelmann; mahkemede, devrimci bir işçi olarak emekçi Alman halkının barışçı ve sosyalist geleceği ve onların emperyalist ve faşist can düşmanlarına karşı bütün gücüyle mücadele ettiği için, Hitler faşistlerinin kendisini yok etmeye çalıştıklarını ortaya koymak istiyordu. Bu yüzden de kendi yaşamını ve mücadelesini ayrıntılarıyla anlatmak ve bunu yaparken de kendisi için çok önemli olan sosyalizm ile emperyalizm arasındaki temel farkı gözler önüne sermek istediğinden, yaşadığı iki şeyi de anlatmak istiyordu: Emperyalist Dünya Savaşı'nı ve sosyalizmin ülkesine yaptığı ilk gezinin anılarını.

Dava için hazrladığı planın önemli yanlarından birini, faşizmi sorgulamak oluşturuyordu. Notlarında şöyle yazmıştı: "Hitler Politikası Sorunu Üzerine; burada sermayenin rolü üzerine kesinlikle hiçbir ödün vermeyeceğim."[(22)] Faşizmi, tekelci burjuvazinin açık diktatörlüğü olarak nitelemek istiyordu. Weimar Anayasası, komünistlerce değil, büyük tekellerin emriyle Hindenburg, Papen ve Hitler tarafından feshedilmişti. Papen'in 1932 Hükümet darbesi, Reichstag'ın devreden çıkarılması, komünist milletvekilliklerinin gaspı, olağanüstü kararnamelerden Reich başkanlığı görevinin Hitler'e devredilmesine kadar her şey, onlar tarafından yapılmıştı. Nazilerin sözümona ulusal devrimi, tekelci sermayenin terörist iktidarının kurulmasından başka bir şey değildi.

Ernst Thaelmann'ın davaya hazırlanması hiç de kolay olmadı. Partinin bazı materyalleri dışında -ki bunlar dava hazırlıkları için verilen kendi makaleleri ve konuşmalarından bazılarıydı-, elindeki olanaklar sadece, çok sınırlı kaynaklara sahip olan hapishane kütüphanesi ve faşist basın organlarıydı. Bunların çoğu da -kendisine verilmeden önce- kesilmek suretiyle sansüre uğratılmıştı. Notları yine de, derin Marksist-Leninist birikimini ve yine zengin mücadele deneyimlerini yansıtan önemli görüşler içeriyordu. Emperyalizmin ve faşizmin niteliği ve politikası üzerine araştırmaları da bunu göstermekteydi.

Ernst Thaelmann, emperyalizmin Almanya'daki gelişimini, emperyalist devletler arasındaki çelişkileri inceliyor ve bunların olağanüstü keskinleşmelerinin altını çiziyordu. Bu karşıtlıklar, yeni bir dünya savaşı ve Sovyetler Birliği'ne karşı emperyalist bir saldırı tehlikelerini içinde barındırıyordu. Şubat 1934'de karısına yazdığı bir mektupta, bu konuda şöyle diyordu: "Bir dünya savaşı sorunu, yarın yine güncel olabilir, ya da yeniden gündeme getirilebilir. Bugün de Almanya'nın geleceği ile ilgili büyük ve zor kararlarla karşı karşıyayız. Buna açık bir yanıt vermemi bilinen ... zor engelliyor"[(23)]

Faşist iktidar sahipleri boğazları yırtılırcasına, barıştan taraf çığlıklar attıkları bir dönemde, Ernst Thaelmann, onların gerçekte dünyayı ele geçirmek için yeni bir atılıma yöneldiklerini kanıtlıyordu. O, daha çok silahlanmanın, daha çok güvenlik getireceği iddialarını çürütüyordu. Emperyalist politikacıların çoğu, savaş tehlikesini "kaçınılmaz bir şey olarak görüyorlar ve düşündükleri tek şey, genel silahlanma, silahlanmada rekabettir; ki bu geçmişte de savaşları önlemek şöyle dursun, tersine, çıkmaları için vesile olmuştur."

Emperyalist devlet adamlarının barış sahtekarlıklarına karşı şu tespiti yapıyordu: Barışın gerçek yuvası Sovyetler Birliği'dir ve Almanya'daki tek kararlı barış partisi de KPD'dir. Savaş karşıtı politikayı, üstüne basa basa, partinin genel politikasının önemli bir parçası olarak niteliyordu. Partinin, emperyalizme, militarist silahlanmaya karşı ve barış için mücadelesi, onun, içinde savaş tehlikesini barındıran kapitalist sisteme karşı temel tavrından kaynaklanıyordu. Bu yüzden KPD'nin politikası ve halkın çıkarları birbiriyle uyum içindeydi: "Halk barış istiyor, savaş değil."(24) Ernst Thaelmann, Nazilerin barış demagojilerini noktası noktasına teşhir ediyordu. Faşist Alman emperyalizmi, esas savaş kışkırtıcısıydı. O, dünya egemenliğinde daha büyük bir paya sahip olma çabasında, diğer emperyalist güçlerin direnişiyle karşılaşacaktı. Thaelmann bununla, Hitler faşistlerinin canice politikalarını ve dünya egemenliğine soyunmuş Alman tekelci burjuvazisini kamuoyu önünde teşhir etmeyi hedefliyordu.

Emperyalizmin, ve özel olarak da onun faşist varyasyonunun, iddianamesine karşı, Ernst Thaelmann, sosyalist toplum gerçeğini gözler önüne sermek istiyordu. O, sadece sosyalizmin, gerçekten insancıl bir toplumsal düzen olduğunu; sadece onun, insanlığa mutlu ve barışçı bir gelecek perspektifini sunduğunu; kişiliğin özgürce geliştirilmesi olanağını sağladığını inanılır bir biçimde ortaya koyuyordu. Çünkü sosyalizm, iktidarı işçi sınıfının ve diğer emekçilerin eline verir, insanın insan tarafından sömürüsünü yok eder.

Thaelmann, sosyalizm üzerine geliştirdiği düşüncelerini, Sovyetler Birliği'nin yaşayan örneğinden alıyordu. Atılgan bir şekilde Sovyet ülkesinin karalanmasına karşı çıkıyordu. Rus harikasının, ancak kapitalizmin devrimci bir biçimde alaşağı edilmesiyle yaratılabildiğini; Sovyetler Birliği'ni, işsizliğin olmadığı, tersine, sürekli bir şekilde artan sanayileşmenin yaratıldığı bir ülke durumuna getirdiğini vurguluyordu. Karısına yazdığı bir mektupta şöyle diyordu: "İşçiler sadece, kapitalizmi alaşağı etme gücüne sahip olduklarını göstermediler; onlar aynı zamanda bunun meyvelerini de toplamanın, bilimi inşa etmenin, tüm emekçilerin özgür ve mutlu bir yaşam sürdürebilmelerinin o muhteşem olanaklarını da sağlama; yeni, sosyalist bir kültür geliştirme ve sınıfsız toplumu kurmak için de yaratıcı yeteneklere sahip olduklarını kanıtladılar"[(25)]

Ernst Thaelmann, emekçi halk, kapitalizmden kurtulmak istiyorsa; bunun ancak burjuvazinin egemenliğinin yıkılması ve proletarya diktatörlüğünün kurulmasıyla mümkün olacağından hiçbir zaman şüphe duymadı. Onun için, sosyalist devlet iktidarı, sosyalizmin gerçekleştirilebilmesinin vazgeçilmez önkoşulu, sosyalist toplumun inşaasının da temel aracıydı. Thaelmann, proleter devlet iktidarının değişik işlevlerini de inceliyordu. Özellikle de, iktidarın halk kitlelerinin karşısında, yabancı bir şey olarak değil, tersine, işçi sınıfının ve onun müttefiklerinin kendilerini bu iktidarın içinde buldukları değişik biçimler altında, doğrudan devletin ve ekonominin yönetiminde yer aldıkları gerçek demokrasi olarak, bu devletin yeni karakterini vurguluyordu.

Thaelmann, "Bilim adamları, aydınlar ve emekçi köylülerle birlik içerisindeki işçi sınıfının zaferi" ile emekçilerin yaratıcılığının daha da gelişeceğini açıklıyordu. Ancak işçi-köylü iktidarı, toplumsal inşaanın merkezi yönetimini "proleter demokrasisi içerisindeki yaratıcı kitle çalışmasıyla, sovyetler ve kitle örgütleri içerisinde yaşama geçirerek ve aşağıdan ve de yukarıdan sürekli kontrol ederek ve yöneterek ..." bütünleştirebilirdi. "Elbetteki, hepsi Bolşevik partisinin önderliğinde olmak kaydıyla".

Marksist-Leninist partinin önderlik rolü olmaksızın, sosyalizmi inşa etmek, Thaelmann için düşünülemezdi. Ama parti, onun da belirttiği gibi, sınıfın ve halk kitlelerinin dışında olan bir kurum değildi. Partinin sloganlarını kabul edip, onunla birlikte bunları pratiğe uygulamakla, partinin önderliği de kabul edilmiş oluyordu. Önderlik konumu partiye, "işçiler, memurlar ve emekçi köylüler tarafından veriliyordu ... Çünkü, kitlelerin kendileri partiyle birlikte hareket ediyor, deneyimleriyle partinin politikasını birlikte ortaya koyuyorlardı." Böylece Thaelmann, sözde parti diktatörlüğü gevezeliklerine de karşı çıkıyordu.

Ernst Thaelmann açıklamalarıyla, proletarya diktatörlüğünün demokrasiyi kaldırdığı şeklindeki iftiralara da karşı çıkıyordu. O, kapitalizmdeki sözde özgürlüğe düzülen methiyelere karşı, proleter özgürlük kavramını öne çıkarıyordu: "Biz soruyu programımızla soruyoruz: Hangi şeyden özgür olmak? Ne için özgür olmak? Burjuvaziye, büyük toprak sahiplerine ve onların yardakçılarına değil; şehir ve kırların tüm emekçilerine, emekçi köylülere ve işçilere özgürlük! İşçilere ve tüm emekçi Alman halkına basın, koalisyon ve toplantı özgürlüğü! Kapitalist sömürüye karşı kurtuluş mücadelesi verme özgürlüğü! Yani sermayeden ve onun her türlü kurumunun zincirlerinden özgür olmak; ücretli kölelikten özgür olmak ...; sosyalizm için, şehir ve kır emekçileri arasındaki çelişkilerin yok edilmesi için özgürlük; kadın için özel kölelik yerine özgürlük, eşit haklar ve gerçek anlamda eşitlik; özgürlük -ama sınırsız, engelsiz, keyfi dizginsizlik değil- proleter sınıfının görevleriyle belirlenmiş özgürlük!" Thaelmann düşüncelerini toparlıyordu: "Sınıf çıkarlarıyla birleşen her 'özgürlük' talebi, zorunlu olarak ezici bir çoğunluğun ya da azınlığın özgürlüğünü tehdit edecek ve kısıtlayacaktır. Yani biz, özgürlüğün de tüm politik kavramlar gibi sınıfsal bir içerik taşıdığına inanıyoruz."

Ernst Thaelmann, Hitler faşistlerinin nasyonal sosyalizmini, temelleri bakımından ve inandırıcı bir biçimde eleştiriyordu. Çok da uygun bir biçimde; sosyal acılar içindeki emekçi kitleleri, gericiliğin yuvasına sokmaya çalıştığı için, onu "küçük burjuva arka kapı" olarak adlandırıyordu. Ernst Thaelmann, ulusal sorunun Marksist-Leninist sınıf karakterinden yola çıkıyordu. Şöyle yazıyordu: "Biz komünistler halkımızı ve ülkemizi seviyoruz. İşte bu yüzdendir ki, kapitalistlerin ücretli köleliğinden, faşist diktatörlükten, toplama kamplarından ve baskıdan kurtulmak istiyoruz."(27) "Biz özgür ve sosyalist bir Almanya için mücadele ediyoruz ... Biz, ulusal sorunu, -sosyal kurtuluşla birbirine sıkı sıkıya bağlı olan- enternasyonalizmin karşısında durmayan, tersine, onunla sıkıca örülmüş bir şekilde kabul ediyoruz."(28)

Dava hazırlıklarında, Ernst Thaelmann, tekrar tekrar sosyalizm ile barış arasındaki ilişkiyle uğraşıyor ve Sovyetler Birliği'nin en güçlü barış gücü, emperyalist savaş tehlikelerine karşı halkların umudu olduğunu belirtiyordu. Sovyetler Birliği'nin emperyalist bir saldırganlığa karşı savunulması, bütün ilerici insanların ve özellikle de kapitalist ülkelerin işçilerinin sorunuydu. Sovyetler Birliği'ne yani barışın yuvasına karşı bir savaş, emperyalistlerin kıskacındaki diğer tüm savaşlardan daha gericiydi. Ernst Thaelmann bununla, Hitler rejiminin özellikle de Sovyetler Birliği'ni hedefleyen savaş politikası hakkında uyarıda bulunmak istiyordu. Barışın güvenceye alınması, halk kitlelerinin emperyalist savaşa karşı mücadelesine ve Sovyetler Birliği'nin her açıdan güçlendirilmesine bağlıydı.

Ve o, üzerine basarak, Sovyetler Birliği ile dostluğun yaşamsal bir öneme sahip olduğunu vurguluyordu. Bizim için "Almanya'nın gerçek kurtuluşu çıkarlarımızla -ki, Sovyetler Birliği ile müttefikliğinde güvencesini bulmaktadır- insanlığın gelişmesinin çıkarları; Sovyetler Birliği'nin işçilerinin ve köylülerinin çıkarları, kazanımları ve devletiyle tamamen uygunluk arz etmektedir. Burada sorun, devlet hukku ile ilgili bir sorun değil, çıkarların tamamen eşit yönde olmasıdır." Faşistlerin iddialarının tersine, Alman halkı ile Sovyetler Birliği halkları arasında karşıtlıklar yoktur. "Sovyetler Birliği'nin savunulması, Alman işçilerinin ve emekçilerinin öz çıkarlarının savunulmasıdır ... Sovyetler Birliği'nin bütün siyaseti, kendisini, barışın siyaseti olarak göstermektedir."(29) Sovyetler Birliği'ne kesin bağlılık Ernst Thaelmann için, uzun tutsaklık yıllarında da, işçi sınıfının ve proleter enternasyonalizminin davasına bağlılığın kriteri olarak kalmıştır.

Ama dava, hâlâ başlamamıştı. İki buçuk yıllık tutukluluğuna karşın, Ernst Thaelmann dimdikti. Davasının sonunda kazanacağına olan inancı, gücünün en güçlü kaynağıydı ve öyle de kaldı. Kendisi için çok zor olan böylesi bir zamanda şöyle yazıyordu: "Uğrunda karşılaşılan zorluklar ve çekilen acılar ne kadar büyük olursa olsun, zaferin bizim olacağı kesindir!"(30)

"Mektupların yazgımı daha da kolaylaştırıyor"

Sert ve tek düze geçiyordu Ernst Thaelmann'ın hapishane günleri. Onun için en zor olan da, her zaman politik mücadelenin ortasında olmaya alışmış biri olarak, yalıtılmış ve yıllarca işsiz bırakılmış olmaktı. Uzun tutukluluk dönemi, sağlığını da bozmuştu. Bu yüzden halsiz olduğu günler de oluyordu. Ama o, bu yükü taşıyacak gücü kendisinde buluyordu. Karısının ve kızının yazdığı mektuplar da kendisine yardım ediyordu.

27 Aralık 1933 tarihli mektubunda şunları okuyoruz: "Benim sevgili Rosa'm! 10.12. tarihli mektubunu aldım ve onu en güzel duygularımla okudum. Cümlelerin bana Siemssen Caddesi'nde birlikte yaşadığımız o mutlu ve o kadar da zor saatleri anımsatıyor. Yazgımızın bu ve belki en zor sınavı da, tıpkı şimdiye kadarki yaşamımızda olduğu gibi, bundan sonra da bizi yine birlikte bulsun ve birbirimize bağlasın."(31) Zindana atılmış Thaelmann'ın özlemi, doğaya olan sevgisi ve duyarlı gözlemleriyle çevresinden edindiği izlenimleri, karısına yazdığı Eylül 1934'teki mektubunda yer alan şu cümlelerinde dilleniyor: "Güneşte ve açık havada birazcık seninle birlikte olabilmek! Burada doğanın ve manzaranın insanlar için ne kadar değerli olduğunu öğreniyor insan. Hiç kimse için manzara; her gün ancak yarım saat volta atmasına izin verilen, toprağın doğaya sunduğu her şeyi, hapishane avlusunda aramak zorunda olan bir tutsağın bulduğu büyüklükten daha büyük değildir: Otlar arasındaki yolunu şaşırmış birkaç çiçek; çevredeki tek tük ağaçlardan yavaş yavaş dökülmeye başlayan, renkleri sarıdan kahverengiye çalan yapraklar;

tutsakların sağa sola serpiştirdikleri ekmek kırıntılarını didikleyen serçeler; henüz tamamlanmamış yuvalarını savunan çalışkan karıncalar; belki de bir bodrum penceresine ağını ören bir örümcek. Doğa, hapishane duvarları arasına o kadar sıkışmış da olsa; hava, yağmur, güneş ve rüzgar, sadece yarım saatliğine de olsa, tadı çıkarılması gereken bir manzara gibi gelir hapishane avlusundaki tutsağa."

Ernst Thaelmann'ın faşist zindanlardan yazdığı mektuplar, onun gergin politik çalışma yıllarında pek göze çarpmamış ya da eldeki yapıtlarına pek yansımamış olan özelliklerini gün ışığına çıkıyor: Karısına, kızına ve ülkesine olan coşkun sevgisini; dünya edebiyatına olan derin ilgisini ve doğaya olan duygusal bağlılığını.

Thaelmann, kızının yaşamının, faşist rejim koşullarında kolay olmadığını biliyordu. Sadece mektuplarıyla sevgisini anlatabiliyor ve ona yaşamında ve politik mücadelesinde güç verecek öğütler verebiliyordu. Kızı İrma'nın 15. doğum gününde, ona şunları yazıyordu: "Çocukluğunun unutulmaz saatlerinin anıları hep gözümün önüne gelir. Bunlar, memleketimizin uzaklarından bana doğru süzülüp gelen canlı resimlerdir. Seninle ve cesur annenle birlikte yaşayabildiğimiz mutluluk dolu ve de acı saatleri düşünürüm. Belleğimde kalmış olan, ender de olsa, Borsteler Moor'daki ve hasır otları ve sazlıklarda saklanarak kanatlarını suya çırpan yaban ördekleriyle Alster kıyılarındaki gezintilerimiz... 1934'te, şimdi, on beş yaşındasın ve hiçbir zaman geriye gelmeyecek olan, etkileyici bir çocukluk ve gençlik dönemini geride bıraktın. Tam da sen, yaşamının bir dönüm noktasında bulunuyorsun ve hiçbir zaman unutmamalısın ki, aklın gizli gücü çoğu kez, insan, okulu yaşamla değiştirdiği zaman ortaya çıkar... İnsan çabasının en yüksek hedefi erdemli bir karakterdir. Bu, insanın en değerli hazinesidir ve her insan ancak bununla gerçek değerine sahip olur. Goethe bir keresinde diyordu ki, 'bir karakter dünyanın akımında oluşur.' Bu doğrudur! Öyle bir zamanda yaşıyoruz ki, orada, sadece mücadele eden insanın geçerliliği var." (33)

Bir başka mektubunda kızına şu öğüdü veriyor: "Genç yaşamının adımları sana, hazır olan hiçbir şey sunmayacaktır; emek vermen, düşünmen, becerikli ve dayanıklı olman gerekecektir. Çalışmadan ve emeksiz başarı yok! Önce ekip, sonra biçmek! Pratik çaba ve yaratmak senin yaşam okulunun en iyi ustasıdır ... Alman ozanı Walther von der Vogelweide'nin akıllı bir sözünü anımsıyorum: 'Arslanı kim yenebilir? Devi kim yenebilir? Kim şunu ya da bunu aşabilir? Bunu ancak kendisini yenebilen başarabilir.' İnsanın başarı vaat eden eğitiminin en önemli temeli, karakteridir. Ozanın biri şöyle demiş: 'Bir düzine sarsak ateşte çıra gibi sağa sola savrulmaktansa, tek bir alevde yanmak daha iyidir...' Yazgı kavga istiyor; bundan kaçanı ve yaşamı bir oyunmuş gibi gören her çıkışı cezalandırır ... Yaşamın dayattığı en büyük ödevler bile, sadece emek ve çalışkanlıkla çözülemez, bu emeği zorunlu hale getiren bir istek de olmak zorundadır."

Ernst Thaelmann, kızına, tiyatroya giderek, Shakespeare'in yapıtlarını nasıl daha iyi özümleyebileceği üzerine önerilerde de bulunuyordu: "İnsan; yaşamını, çevresindeki insanları, birer yabancı olarak onların ve de aynı zamanda kendi yaşamını izleme dürtüsüyle tiyatroya gitmelidir ... Shakespeare'in insanları ortaya koyarak gösterdiği gerçeklik olgusu; karakter, tutku ve yazgının birbirleriyle olan büyük ilişkilerini gösterir. Shakespeare'in dramaları yaşamın aynasıdır. Onlar bizi teselli etmiyor; ama bizi insansal var olma üzerine, Avrupa edebiyatının hemen hiçbir ürününde olmadığı kadar aydınlatıyor."(34)

Ernst Thaelmann'ın Rosa'ya yazdığı 20 Mayıs 1935 tarihli yazısına uzun tecrit tutsaklığının ağır etkileri, ama güçlülüğü ve tarihsel iyimserliği de anlamlı bir biçimde yansıyor: "Yine bu bir sayfa kağıt, artık gerçekliği ile yavaş yavaş yitmeye başlayan dış dünya ile aramızda bir köprü oluşturuyor. İnsanüstü bir cesaretle, sık sık zihnimi tazelemem için gösterdiğin çabalarına, hayranım. Bu, soğuk ve duygudan yoksun olmayan bir insan için gerçek bir moral kaynağı ve mutluluktur. Mektupların, durumumu daha da kolaylaştırıyor. Ve sen bununla bana, sandığından da fazla huzur ve güç veriyorsun. Bazen duvarlar sanki yüzüme esnediklerinde hangi çaresiz körelmişliğin hücremde beni çevrelediğini, bazen içimin nasıl daraldığını, şanslısın ki anlayamazsın ... Biz tuskaklar; sevinci ve üzüntüyü, acıyı ve alçaklığı hissediyoruz ... Bir ziyaretçi, mutlu bir haber, basından öğrenilen herhangi bir dünya olayı; özellikle de sevgili, değerli memleketten gelen bir mektup ya da bir kart, insanı mutlu eder. Geleceğe olan umutlar; davaya olan güven ve inancı büyütür. Başa gelenler ağır olabilir; ona karşı zihinsel direniş gösteremeyen bir insanı, ruhsal olarak tüketebilir; başka sonuçlar da doğurabilir; onu bocalatabilir ve ümitsizliğe düşürebilir. Ama ben gerçeğin zaferine inanıyorum ve bu inanç, beni, başarmam gereken sınavlar için ayakta tutuyor."[35]

Faşizme karşı mücadele tüm dünya işçilerinin birliğini gerektirir

Ernst Thaelmann'ın dava için hazırlık yaptığı süre içerisinde, dünyada ve özellikle de uluslararası işçi hareketinde büyük değişimler ortaya çıktı. En önemlisi Sovyet Sosyalist Cumhuriyetler Birliği'ndeki muazzam gelişmeydi. Burada sosyalizm zafere ulaşmıştı. Sovyetler Birliği, SBKP(B) önderliğindeki Sovyet işçi ve köylülerinin sayesinde, giderek uluslararası durumu etkileyen büyük bir sosyalist güce dönüşmüştü. Diğer taraftan faşist Almanya açık silahlanmaya yönelmişti. Batılı emperyalist güçler, bu silahlanmanın, sonunda nasıl olsa Sovyetler Birliği'ne yöneleceği umuduna bağlanmışlardı.

Almanya'daki gelişmeler ve özellikle de Nazilerin tüm işçi hareketini dağıtma, tüm demokratları takibata alma çabaları; komünistlerin, işçi hareketini, tüm diğer demokratik güçlerle birleştirmeleri için yeni koşullar yaratmıştı. Avusturya'da işçiler Şubat 1934'te, dincifaşist diktatörlüğüne karşı başkaldırmışlardı. Yine şubatta, Fransa'da, FKP önderliğinde birlikte harekete eden işçi sınıfı, faşist bir darbeyi yerle bir etmişlerdi. Şimdi orada, komünistlerden, sosyalistlerden ve burjuva-demokratlardan oluşan bir antifaşist birlik ve halk cephesi oluşuyordu. İspanya'da 1934-1935'te faşist tehlikeye karşı, İşçi Birlik Cephesi'nin temelleri oluşmuştu. Faşist İtalya'da Komünist Partisi, Sosyalist Parti ile bir anlaşma yapmayı başarmıştı.

Almanya Komünist Partisi, illegaliteye geçiş sürecini tamamlamıştı. Faşist terör, büyük kurbanlar verdirmişti. Birçok komünist; John Schehr, Ernst Futzt, Fritz Schulze, Franz Stenzer gibi partinin önderleri, aynı zamanda da Ernst Thaelmann'ın uzun yıllar birlikte dövüştüğü mücadele yoldaşları; ve yine sosyal demokratlar, sendikacılar, burjuva demokratları öldürülmüşlerdi. Onbinlercesi cezaevlerine ve toplama kamplarına doldurulmuşlar ya da yurt dışına çıkmak zorunda kalmışlardı. Tüm bunlara karşın KPD, direnmiş ve devrimci birliğini koruyabilmişti. Faşistler tarafından darbe vurulanların yerine yeni yönetici organlar geçmiş, parti örgütleri kendilerini yeniden düzenlemişlerdi. Bu yeni parti örgütlerinde, sanki Ernst Thaelmann partinin başındaymış gibi davranan, yetkinleşmiş politik kadrolar vardı. KPD, merkezi olarak yönetilen, Almanya'da birlik içerisinde örgütlenmiş antifaşist tek güç, faşist diktatörlüğe karşı tutarlı bir mücadele veren tek partiydi. Burjuva Hitler karşıtları, aydınlar, Hıristiyan işçiler, sendikacılar, sosyal demokratlar ve diğer antifaşistler; KPD'nin illegal örgütleri çeperinde toparlanmaya başlamışlardı. 1935'te, Komintern'in VII. Kongresi'nde Franz Dahlem: "Sadece partimiz, böylesine tarihsel bir işlevi yerine getirebilecek yetenektedir" diyecekti "Çünkü, onun başında yıllardan beri Ernst Thaelmann gibi bir Bolşevik vardı."[36]

Almanya'da faşist diktatörlüğün kurulması; bir yandan Alman işçi hareketinin yenilgisi ve diğer yandan da Birlik ve Halk Cephesi'nin başarıları; Komintern'de ve tüm diğer komünist partilerde köklü tartışmalara yol açmıştı. Öncelikle tartışılan, Almanya'daki faşist rejimin nasıl yıkılabileceği, diğer ülkelerde faşizmin zaferinin nasıl önlenebileceği ve yeni bir dünya savaşı tehlikesini geriye püskürtmek için neler yapılması gerektiğiydi. Komünist Enternasyonal'in VII. Kongresi'nde bunlar üzerine görüşmeler yapılacaktı. Kongre için çok boyutlu ön hazırlıklar yapılmıştı. Temel düşüncelerin bazıları, gizli yollardan görüş bildirmesi için Ernst Thaelmann'a iletilmişti.

Ernst Thaelmann da, görüşmeler için kendi önerilerini iletebilmişti. İlettiği yanıtında, faşist diktatörlüğün kurulmasıyla ortaya çıkan yeni durumun ve bunun işçi hareketi üzerindeki etkilerinin analizini yapıyordu. O da Birlik Cephesi için, şimdi yeni koşulların ortaya çıktığı sonucuna varıyordu. Birlik Cephesi üzerine şunları söylüyordu: "İşçi sınıfının birlik ve beraberlik çağrıları, VII. Kongre'nin bu sorunlara özel bir ilgi göstermesini gerektiriyor... Faşizme karşı mücadele; birlikte mücadeleyi, mücadeleci dayanışmayı ve işçi sınıfının tek tek ülkelerde ve tüm dünyada birliğini gerektirir." Sosyal demokrat işçilerin mücadeleye kazanılması çabaları artırılmalıydı. Kongrede işçi sınıfının birlik cephesini oluşturabilmek için, yeni girişimlerde bulunulmasının zorunlu olup olmadığı tartışılmalıydı. Üzerine basarak şunu vurguluyordu: "Bizim için uygun olan hiçbir fırsatı kaçırmamalıyız ve bunun için gerekli, akla gelebilecek her olanağı değerlendirmek ve kullanmak zorundayız..." Ernst Thaelmann devamla, politik tutsakların serbest bırakılmaları için sürdürülen kampanyaya hız verilmesini öneriyordu. Burada özellikle "sınıf kardeşlerimiz, sosyal demokrat işçiler ve yöneticiler içinde cesurca çaba gösterilmesinin gerekliliği ve görevi de" vurgulanmalıydı. "Onlar özellikle Avusturya'da ve de Almanya'da (bazı istisnalar hariç) kendilerini dürüst sınıf savaşçıları olarak gösterdiler. Çile ve mücadele yoldaşlarımız olarak bizim saflarımızdadırlar ve bizim bir parçamızdırlar. Bu özel vurgu, tüm dünyadaki sosyal demokrat işçiler üzerindeki otoritemizi güçlendirir ve işçilerin faşizme ve savaş tehlikesine karşı mücadelede devrimci birlik isteklerini güçlendirir, ve onları birlik cephesi için kazanmamızı kolaylaştırır."

Her zaman olduğu gibi, Ernst Thaelmann'ı burada da, komünistlerin kitlelere daha iyi ulaşabilmeleri için ne yapmaları gerektiği sorunu ilgilendiriyordu. Komünist politika ancak, eğer anlaşılır bir şekilde ortaya konulabilirse etkili olabilirdi. Kuru karar stili, kimseyi coşturamazdı. Bu yüzden "halkın dili, daha çok işçi dostu" bir dil kullanılmalıydı. "Dildeki soyutluk, artık kesinlikle terk edilmek zorundaydı." Argümanlarımız ortamın gerçekliğine uymalı ve faşist demagojiyi de dikate almalı; ve de "sağlam dünya görüşümüzü hiçbir şekilde yaralamayacak biçimde" daha çok ulusal, ulusal vurgulu olmak zorundaydı. Bildirilerde hiç çekinilmeden "emekçi halktan, gelecek sosyalizmin ulusundan, ulusal taleplerden vs. söz edilmeli. Biz halkın ne olduğunu da söylemeliyiz: İşçiler, hizmetliler, memurlar, köylüler ve orta tabaka; ama finans ve banka soyguncularıyla soylular ve toprak ağaları değil"[(37)]

1935'in Yazı'nda toplanan Komintern'in VII. Kongresi, uluslararası proletaryanın son yıllarda edindiği yeni deneyimleri titizlikle inceledi. Bu, Komünist Enternasyonal'in strateji ve taktiğinin, yeni koşullara uygun olarak geliştirilmesini ve artık eskimiş görüşlerin aşılmasını da olanaklı kılıyordu. Thaelmann'ın; tüm gücü, işçi sınıfının eylem birliğine ve geniş antifaşist bir halk cephesi oluşturmaya vermeye ve barış için kararlı bir şekilde mücadele etmeye ilişkin belirlediği görevler; kongreye, komünist partilere ve tüm faşist diktatörlük karşıtlarına; barış, demokrasi ve toplumsal ilerleme için mücadele eden bütün güçlere, net bir yönelim gösterdi. Ernst Thaelmann, yeniden Komünist Enternasyonal Yürütme Komitesi'ne seçildi. Georgi Dimitrov, KEYK Genel Sekreteri oldu.

Kongre sırasında da, Ernst Thaelmann'ı Kurtarma Kampanyası'nın ne şekilde sürdürüleceği üzerine yoğun görüşmeler yapıldı. 15 Ağustos'ta Klement Gottwald'ın başkanlığı altında; Kun Komisyonu, bu kampanyada özellikle sorumluluk taşıyan partilerin temsilcileri, Enternasyonal Kızıl Yardım görevlileri, Uluslararası Thaelmann'ı

Kurtarma Komitesi ve de Savaş ve Faşizme Karşı Dünya Komitesi ile Kızıl Sendikalar Enternasyonal'i toplandı. Bu toplantı sonucunda KEYK Sekretaryası, "Yoldaş Ernst Thaelmann'ı Kurtarma Kampanyası'na İlişkin Karar"ı çıkardı. Bu kararda, faşizmin, Thaelmann'a karşı davasıyla "tüm uluslararası işçi hareketine, barışın ve ilerlemenin tüm güçlerine" bir darbe vurmak istediğine işaret ediliyordu. Bu nedenle, "komünist partiler, Ernst Thaelmann'ı Kurtarma Kampanyası'nı, en geniş birlik ve halk cephesi temelinde yaymak ve sürekli olarak yükseltmek" için tüm güçlerini seferber etmeliydi. Bütün komünist partilere, "Thaelmann'ın ve bütün antifaşist tutukluların serbest bırakılması mücadelesini birlikte yürütmek için"[38] ya doğrudan ya da Thaelmann Komiteleri gibi parti üstü organlar aracılığıyla; bir yandan, tüm sosyal demokrat partilere; cumhuriyetçi, Protestan, Katolik, pasifist vb. örgüt ve derneklere; öte yandan da, tek tek tanınmış kişiliklere gidilmesi çağrısı yapılıyordu.

KPD'nin Ekim 1935'te gerçekleştirdiği Brüksel Konferansı, VII. Dünya Kongresi'nin kararlarına dayanarak Alman komünistlerin mücadeleleri için somut görevler koydu. KPD Konferansı'nın, Ernst Thaelmann'a gönderdiği mesajında şöyle deniyordu: "Senin direngenliğin ve kararlılığın; senin, kitleleri anlama ve onlarla aynı dili konuşma yeteneğin; senin tüm emekçi halk kesimlerine ilişkin sorunlara olan tükenmez ilgin ... proleter birleşik cepheyi ve antifaşist halk cephesini yaratma mücadelemize ışık tutuyor!"[39]

Wilhelm Pieck, ekonomik dünya krizinin başladığı andan itibaren KPD'nin, mücadelesini analiz etti ve Parti'nin temel çizgisinin; emperyalizme ve faşizme karşı tutarlı bir mücadele çizgisinin doğru olduğunu saptadı. Parti örgütlerinin Hitler Almanyası'nda yürüttükleri kahramanca mücadelesini selamladı: "Yoldaş Thaelmann'ın önderliğinde yetiştirdiğimiz kadrolara gururla bakabiliriz. Yoldaşlarımız sadece kararlı, soğukkanlı ve fedakar değillerdir; aynı zamanda, illegal koşullar altında ajitasyonda sürekli olarak yeni yöntemler geliştirenler ve hem Partimizin paramparça edilememesinde hem de Bolşevik mücadele ruhunun dumura uğratılamamasında çok büyük payı olanlar da yine onlardır."(40) İlerideki mücadeleler için dersler çıkarmak amacıyla, Pieck, şimdiye kadarki parti çalışmasının eksiklik ve zayıflıklarını da ortaya koyuyordu. Ayrıntılı bir şekilde Birlik ve Halk Cephesi siyasetlerini gerekçelendirdi. Konferans, KPD'nin önündeki stratejik hedef olarak, faşist diktatörlüğün yıkılmasını ve bir Birlik ya da Halk Cephesi hükümetinin kurulmasını belirliyordu. Böylece KPD, faşizme karşı mücadele içinde ve onun yıkılmasından sonra sınanmış bir çizgi geliştiriyordu.

Komintern ve KPD, Ernst Thaelmann'ı bu iki önemli toplantının sonuçları hakkında bilgilendirdi. Böylece o, belirleyici tüm uyarılarının dikkate alınmış olduğunu öğrendi. Thaelmann, toplantıların kararlarını sevinçle karşıladı. Halk Cephesi siyasetini tamamen onayladığını, karısına yazdığı şu cümleler de gösteriyorlar: "Fransa'daki gelişmeler üzerine (Halk Cephesi siyasetinden söz ediliyor -yaz.) Alman gazetelerinin haberleri ne kadar çarpıtıcı ve karalayıcı olursa olsun, Alman halkı bundan çok şey öğrenebilir."(41)

"Onun adını tüm dünya tanıyor"

VII. Dünya Kongresi, Ernst Thaelmann için uluslararası dayanışma hareketine yeni bir canlılık kattı. Faşist adalet mekanizmasının iddianamesini dünya kamuoyu önünde alçakça bir komplo olarak teşhir etmek için, 30 Kasım - 1 Aralık 1935 tarihleri arasında, Paris'te bir Uluslararası Hukukçular Kongresi toplandı. 15 ülkeden değişik dünya görüşlerine sahip 300 hukukçu ve diğer başka bilim adamları, ve değişik kamu temsilcileri katıldılar kongreye. Diğerlerinin yanında İsveç'ten Georg Branting, Almanya'dan Rudolf Breitscheidt ve Fransız Bakan Pierre Cot, başkanlık divanına dahildiler. Tanınmış İngiliz Labour-siyasetçisi Harold Laski, raporunda diyordu ki; "Burada sorun, sadece Thaelmann ya da tek bir insan değildir. Eğer Thaelmann öldürülürse, öldürülen sadece Thaelmann değil, uygar Avrupa'daki adalet düşüncesi olacaktır. Almanya'da olanlar, tüm haklara ve uygarlığa yapılmış bir saldırıdır"(42) Ellerinde Thaelmann hakkındaki iddianame de olan hukukçuların kongresi, davayı tutarsız olarak niteliyor ve Ernst Thaelmann'ın ve tüm diğer nasyonal sosyalist rejim karşıtlarının serbest bırakılmalarını talep ediyordu.

Thaelmann'ın kurtarılması için dünya çapında yürütülen etkinlikler, 1936'da, onun 50. doğum yılı nedeniyle, doruk noktasına ulaşacaktı. KPD önderliği şubat ve martta bu mücadelenin nasıl daha da güçlendirilebileceğini görüştü. Binlerce Alman antifaşisti, komünisti, sosyal demokratı ve burjuva demokratı; Ernst Thaelmann'a gönderdikleri kartlar, mektuplar, telgraflar ve illegal gazeteler ile bildirilerde yazdıklarıyla, onunla dayanışma duygularını belirtiyorlardı. Komünist Enternasyonal adına Georgi Dimitrov şunları yazmıştı: "Sen, dostumuz, Komünist Enternasyonal'in en değerli önderlerinden birisin; biliyorsun ki, yalnız değilsin, dünyanın bütün ülkelerindeki emekçiler seninle birlikte mücadele ediyorlar ... Yaşamını adadığın o büyük dava, zafere ulaşacak ve zafer şarkıları mutlaka söylenecektir..."(43) KPD Merkez Komitesi'nin mesajında da: "Almanya ve tüm dünya biliyor ki, Ernst Thaelmann'ın okulunda inatçı cesaretleriyle, kendi yaşamlarını hiçe sayarak dünyanın katil diktatörlüğü ile savaşan kadınlar ve erkekler yetiştiler. Bu yiğit insanlar kırılabilirler ama asla bükülemezler. Çünkü, onların hepsinin yüreklerinde Thaelmann'ın sarsılmaz inancı yaşıyor."(44) deniliyordu.

Moskova'da, ani ölümünden birkaç saat önce, 6 Nisan günü, Fritz Heckert, Ernst Thaelmann'ın yakındaki doğum günü üzerine konuşmuştu. 16 Nisan'da sendika binasının genel toplantı salonunda yapılan kutlama toplantısının konuşmacısı Wilhelm Pieck'ti. Pieck'in "Thaelmann'a Özgürlük!" adlı çalışması Moskova'da 40.000 adet basılarak yayımlandı.

Emekçiler, Sovyet ülkesinin her yerinde, Thaelmann'ın 50. doğum günü nedeniyle, önlerine, sosyalist halk ekonomisinde daha yüksek üretim; dünyadaki en önemli antifaşist güç; barışın, demokrasinin ve sosyalizmin uluslararası kalesi Sovyetler Birliği'ni daha da güçlendirme görevlerini koydular. Komsomol'un 10. Birlik Kongresi'nin mesajında şöyle deniliyodu: "Değerli Thaelmann yoldaş, sizin adınızı, ülkemizdeki her genç tanıyor. Siz bizim için cesaret, korkusuzluk, fedakarlık ve proleter dünya devrimi davasına bağlılık timsalisiniz.(45)

Enternasyonal dayanışmanın etkileyici dökümanlarından birisi, kendi halkı on yıldır vahşi dikatörlük altında yaşayan Portekiz'de, 1936 Martı'nda, ortaya çıktı. Peniche Kalesi zindanına doldurulan komünistler elleriyle yazarak çoğalttıkları cezaevi gazetesinin "Ernst Thaelmann" adını verdikleri bir özel sayısını çıkarıyor; bunu Alman proletaryası ve önderine adıyor ve yazılarında da faşist Alman hükümetinin terörünü protesto ediyorlardı.

1936 İlkbaharı'nda, İspanya'da Halk Cephesi zafer kazanmıştı. Temmuzda faşistler Halk Cephesi Cumhuriyeti'ne karşı darbe yaptılar. Faşistler, Alman ve İtalyan faşizmi tarafından desteklenmişlerdi. Hemen dünyanın her tarafından antifaşistler ve demokratlar yardıma koştular; aralarında 5 bin civarında Alman komünisti, sosyal demokratı ve diğer antifaşistleri de vardı. 1936 Ağustosu'nda Alman antifaşistleri tarafından oluşturulan Centuria, kendisine "Thaelmann" adını koymuştu. Bu birlik, ağır ve çok kayıpların verildiği çarpışmalarda kendisini kanıtlamıştı. Daha sonraları bu birliğin hayatta kalanları, Enternasyonal Tugay'ın "Ernst Thaelmann Taburu"na dahil edildiler. Çıkardıkları ilk siper gazetelerinin birinde şunları okuyoruz: "Bizim formasyonumuz Alman Halk Cephesi'nin bir mücadele birliğidir ... Bizi birbirimize bağlayan büyük hedef, faşizmin başını ezmektir...

"Bu yüzden de bayrağımızda, hangi partiden olursak olalım, hepimiz için devrimci sağlamlığın, hedefin açıklığının ve sarsılmaz cesaretin simgesi olan Ernst Thaelmann'ın adını gururla taşıyoruz."(46)

Uluslararası düşünce dünyasının temsilcileri de, KPD'nin zindandaki önderiyle dayanışmalarını dile getiriyorlardı. Heinrich Mann, "Tutsak Ernst Thaelmann çok güçlü, kendisini yok etmek isteyen ama buna cesaret edemeyen eziyetçilerinden de güçlü. Thaelmann, sağlıklı düşüncesi ve yumruklarıyla gerçek bir işçi ... Onun adını tüm dünya tanıyor."(47) diyordu. "Thaelmann" diyordu Martin Andersen Nexö, üzerine basarak "Bugün yeryüzündeki en popüler adamlardan biri; milyonlarca insan onu, yüreklerinin derinliklerinde taşıyorlar. Ve haklılar da. Ernst Thaelmann, hem geleceğin Almanyası'nı hem de bir bütün olarak gelecek dünyayı simgeleyen ender insanlardan biridir."(48)

Zindana selam gönderenlerin arasında Johannes R. Becher, Maksim Gorki, Romain Rolland, Erih Weinert, Arnold Zweig ve ... daha niceleri vardı.

16 Nisan'da, Moabit Hapishanesi'nin müdür odasına kızıl güllerden oluşan büyük bir buket verilmişti. Üzerine iliştirilen kutlama kartında şunlar yazılıydı: "Kızıl Berlin, önderini selamlıyor!" Bu hapishaneye Nisan 1936'da Ernst Thaelmann için çuvallar, sepetler dolusu kart, mektup ve telgraf gelmişti. Sadece Amerika Birleşik Devletleri'nde 100 bin posta kartının gönderilmesi örgütlenmişti. Çekoslovakya'da 50 bin Thaelmann kartı satılmıştı. 9 Nisan'a kadar üzerlerinde 100 bin imza olan 20 bin kart Berlin'e gönderilmişti. Gestapo, 23 Nisan'da bile hâlâ "Thaelmann için yine yaklaşık 2 bin yabancı posta..." diye kayıtlara not düşüyordu ve 29 Nisan'da "Yurtdışından 300 civarında mektup ve kart"(49) Gestapo raporlarına neredeyse yıl sonuna kadar benzer notlar düşülmüştü. Postayla gelenler arasında Fransız belediyelerinin Onur Vatandaşlığı Belgeleri de vardı. 100'ün üzerinde Belediye Meclisi, Thaelmann'ı onur vatandaşlığına seçmiş ve belgelerinin birer örneğini Thaelmann'a ve Paris'teki Alman Büyükelçiliği'ne göndermişlerdi.

Ernst Thaelmann, antifaşist mücadelenin sembolü olmuştu. Enternasyonal dayanışma, Ernst Thaelmann'a bu zor yıllar boyunca güç ve güven vermiş, yaşamını kurtarmaya yardım etmişti. Aynı zamanda da -tam da Thaelmann'ın istediği gibi- faşizme karşı uluslararası mücadele cephesinin oluşmasına katkıda bulunmuştu. Onun özgürlüğü için, dünyanın her tarafından komünistler, sosyal demokratlar, sendikacılar, Hıristiyanlar ve burjuva entelektüelleri, değişik sosyal konumdan ve değişik dünya görüşlerine sahip insanlar, faşizme ve savaşa karşı, ortak bir barış ve demokrasi mücadelesi için birleşmişlerdi.

"Davaya sarsılmaz bağlılığı korumak"

15 Kasım günü cezaevi müdürlüğünde Ernst Thaelmann'a resmi bir yazı tebliğ edildi. Yazıda şöyle deniliyordu: "Sanık Ernst Thaelmann tutukluluk halinin sürmesinden muaf tutulacaktır -tutuklama emrinin sadece firar şüphesi nedeniyle yürürlükte kalması koşuluyla-." Daha bir gün önce, kendisinin "kamu güvenliğinin çıkarları açısından yeni bir karara kadar tutuklanmasını"[(50)] içeren bildirimin yapıldığı bir mektup almıştı.

Ernst Thaelmann artık kesin olarak "adaletin" değil, Gestapo'nun sorumluluk alanındaydı. Yine de geçici olarak Berlin-Moabit Hapishanesi'nde tutuklu kaldı. Bu dökümanlar, planlanan davadan vazgeçildiği anlamına geliyordu. Alman faşistleri bu davayla kendilerini yeni bir uluslararası rezaletin beklediğini biliyorlardı. Reichstag Yangını Davası yenilgisinden sonra, Ernst Thaelmann'ın açık savunmasından korkuyorlardı. Sadece dış ülkelerden bin gazeteci, dava için önceden başvuruda bulunmuştu.

Ernst Thaelmann, dünya kamuoyu önünde faşist rejimi tartışmak; onun halk düşmanı özünü; faşist Alman emperyalizminin yeni bir dünya savaşı rotasını açığa çıkarmak; ayrıca, partisinin hedeflerini ve politikasını açıklayabilmek için duruşmayı sabırsızlıkla beklemişti. Davadan vazgeçilmesi, zindandaki parti başkanını can evinden vurmuştu. 1935-1936 yılbaşında karısına şunları yazıyordu: "Kendi ağır yazgımdan ötürü hissettiğim, acıların ve ağrıların ağır bastığı geçici anlar oluyor." Ama Ernst Thaelmann böylesi anların kendisi üzerinde egemenlik kurmalarına izin vermeyecekti ve Rosa'ya şunu iletiyordu: "Özgücüme güven, bende yeniden egemen olmaya başladı."[51]

Bu sıralarda Ernst Thaelmann'ın gözetimi ve tutukluluk koşulları daha da ağırlaştırıldı. Gardiyanların ziyaret saatleri sırasındaki keyfi tavırları ve provokasyonları da arttı. Ama Thaelmann, faşist memurların söyledikleri hiçbir şeyin altında kalmadı. Thaelmann Kuryesi'nin 9 Eylül 1936 tarihli raporunda, Gestapo memurunun bir konuşma sırasında provokatif bir şekilde, "Eğer bugünkü Almanya'yı görebilseydiniz, siz bile, daha iyi olduğunu söylemek zorunda kalırdınız. İkide bir kışkırtıcılık yapanlar, sadece komünistlerdir" demesine, Thaelmann çekinmeden şu yanıtı veriyordu: "Ben bir şeyi anlayamıyorum, o da, sizin komünistlerden neden böylesine korktuğunuz. Eğer Almanya gerçekten daha iyi olduysa, peki siz neden işçilerden korkuyorsunuz? Çünkü, sizin komünistlerin kışkırtıcılığı ve karıştırıcılığı dediğiniz şey, gerçekte sadece kendilerine yardım edilmemiş olan kitlelerin hoşnutsuzluğudur."[52]

Rosa Thaelmann'ın kalbi, 1937'de kötüleşti. Buna karşın, kocasıyla bağını yine de korudu. Parti yönetiminin kuryesi bilgi veriyordu: "Rosa, hiç şüphesiz ki çok kahraman ve enerjik bir kadındır. Ama son dört yıldır, özellikle ruhsal açıdan, içinde yaşamak zorunda bırakıldığı doğal olmayan yaşam koşulları onda hiçbir iz bırakmadan geçmedi."[53] Artık 17 yaşında olan kızı İrma, Ernst Thaelmann ile parti kuryesi arasındaki ilişkiye daha sıkı bir şekilde dahil edilmişti.

Karısına olan yürekten sevgisi ve bağlılığı, Thaelmann'ın Mart 1937'de Rosa'nın doğum günü için yazdığı mektubunda dile geliyor: "Sen ve ben, kederlerimizi ve mutluluklarımızı her zaman paylaşmaya eskiden beri alışkınız. Evliliğimizin öyküsü Wilhelm Dönemi'nde başlayıp, Dünya Savaşı'nı ve bütün bir Weimar Dönemi'ni yaşadı; şimdi de son dönemini, bizim şimdiye kadarki en ağır yazgı sürecimizi yaşıyor ... Bizim yaşamımız, sadece içimizdeki ruhsal zenginliklerimizden oluşmuyor, o aynı zamanda yaşadığımız yılların değişik dönemlerinde kendimize mal ettiğimiz, önemli deneyimlerle de doludur. Ancak biz bu zengin deneyimleri, bu paha biçilmez hazineleri, halkın yaşamından ve yaratcılığından kopuk olarak özümsemedik. Tersine, emekçi halkın günlük yaşamının ortasında ... İşte bu yaşamımız, bizi karakter olarak da sağlamlaştırdı; sevgiyle ve sadakatle birbirimize bağladı ve bu sağlam evlilik birliğimizi yarattı. Bizde en doğal şey olan, kadının erkeğin mücadele yoldaşı olduğu bir evlilikte, insan, yazgının her türlü zorluğuna karşı gerçekten üstündür. Çünkü böyle bir mutluluğu yaşamış ve hatta sadece tanımış olmak bile, insan için çok şeydir."(54)

Bu, Ernst Thaelmann'ın karısına gönderebildiği son mektubuydu. Gestapo, 1937 İlkbaharı'nda, yakınlarına yazdığı tüm mektuplarına el koyuyor ve bundan sonra mektuplarının sadece polis karakolunda, Rosa tarafından okunabileceğini belirtiyordu. Ernst Thaelmann bu yüzden, Rosa'ya da danıştıktan sonra mektuplaşmayı kesti; mektuplarını karısına yazıyordu; Gestapo için değil, diye açıklıyordu memurlara.

Başarısızlıkla sonuçlanan kurtarma girişimi ve Thaelmann'ın Gestapo tarafından tahmin edilen parti ile bağı, faşist rejimin 13 Ağustos 1937'de Thaelmann'ın, firar girişimlerine karşı daha güvenceli olarak bilinen Hannover'deki hapishaneye sevk edilmesine yol açtı. Gönderildiği yer, gizli tutulmaya çalışılmıştı; ama Rosa Thaelmann, yerini öğrendi ve onu artık Hannover'de ziyaret ediyordu. Ve böylece Ernst Thaelmann'ın parti ile bağı da yeniden kurulmuş oldu.

Faşist Alman emperyalizmi, savaş hazırlıklarını gittikçe daha da tırmandırıyordu. Avusturya'nın militarist işgali ve Mart 1938'de zorla Alman imparatorluğuna bağlanmasıyla ilk açık saldırganlık, savaşa gerek kalmadan başarılmıştı. İrma'nın, babasını ziyaret ettiği bir gün, nöbetçi memurlardan biri sevinçle Avusturya'nın kurtarılmasından söz ettiğinde, Ernst Thaelmann ona şu yanıtı veriyordu: "Siz, onları daha da köleleştireceksiniz; tpkı tüm Alman halkını köleleştirdiğiniz gibi. Her demokratik hakkı ve duyguyu ayaklarınızın altında çiğniyorsunuz; Alman kapitalizmi için soygun seferleri yapıyorsunuz; Balkan halklarını, Çekoslovakya'yı ve Avusturya'yı savaş arabalarınıza koşmak istiyorsunuz." Memur, Hitler'in barış ve sosyalizmden yana olduğunu iddia ediyordu. Thaelmann bunu şöyle yanıtladı: "Sosyalizm barıştır, savaş değil. Sosyalizm halkların isteklerine karşı başka ülkelere saldırılmasına, ulusunun özgürlüğü için mücadele eden insanların toplama kamplarına doldurulmasına, insan kitlelerinin katledilmesine karşıdır. Bu özgürlük müdür? Bu sosyalizm midir?"(55)

Yayılmacılığının bir sonraki adımı olarak, Thaelmann'ın önceden tahmin ettiği gibi, faşist Almanya, Çekoslovakya'ya saldırma ve burada önce 'Sudentenland' diye adlandırılan bölgeyi ilhak etme hazırlıkları yapıyordu. Batılı emperyalist güçler, gelişmeleri sadece doğuya karşı bir cepheleşme, Sovyetler Birliği'ne karşı bir savaşın hazırlığı olarak görüyor ve faşist Alman emperyalizmini bu yolunda daha da zorlayabilmeyi umuyorlardı. Bu yüzden, İngiltere ve Fransa'nın temsilcileri, 29 Eylül 1938'de, iki ülkenin, ve Çekoslovakya ile olan karşılıklı müttefiklik görevlerine ihanet ediyor, Çek sınırları için her türlü bağlayıcı garantiyi reddediyor ve Münih Antlaşması'nda 'Sudetenland'ın Hitler Almanyası'nca ilhakını onaylıyorlardı.

Ernst Thaelmann bu anlaşma hakkındaki düşüncelerini ayrıca kaleme alıp, kendisini ziyareti sırasında gizlice karısına vermeyi başarmıştı. Bu döküman da, Ernst Thaelmann'ın uluslararası politikayı muazzam olarak tanıdığını göstermektedir. O, emperyalist dış politikanın esaslı bir analizini yapıyor ve bu anlaşmaya ve onun sonuçlarına karşı mücadele için önemli ipuçları veriyordu. Eğer Çekoslovakya'daki gelişmeler nedeniyle Almanya ile bir savaş çıksaydı, bu savaşın, faşist iktidarın sonu anlamına gelebileceğini ortaya koyuyordu. Sadece İtalyan faşizminin yardımları ve İngiliz ve Fransız hükümetlerinin tutumları sayesinde, Hitler tehlikeli oyununu başarıyla oynayabilmişti. Emperyalizmin bu temsilcilerinin barış sahtekarlıklarını ortaya seriyor ve Münih Antlaşması'nın faşist İtalya ve Almanya devletlerini güçlendirdiğini açıklıyordu. Şimdiki en önemli görev "Barış için propaganda ve mücadele"(56) idi. Cezaevinin yıpratıcı koşullarında yapılan bu saptama, KPD ve Komintren'in saptamalarıyla uyum içerisindeydi. Ernst Thaelmann, bu konuda da bilgilendirildi.

Faşist Alman emperyalizminin dünyayı yeniden fethetme çabaları yoğunlaşırken, Ocak 1939'un sonu ile Şubat başlarında KPD'nin Bern Konferansı toplanıyordu. Konferans, olası bir savaşın engellenebilmesi için partinin neler yapması gerektiğini, eğer bu başarılamazsa, böyle bir savaşın en kısa bir sürede sona erdirilebilmesi için hangi yoldan yürüneceğini tartışıyordu. Wilhelm Pieck, konferansın ana raporunda, mücadelenin sadece Hitler'e karşı değil, aynı zamanda tekelci burjuvaziye karşı da -ki, Hitler onların çıkarlarının temsilcisiydi- yürütülmesi gerektiğini vurguluyordu. Sadece bu küçük tabakanın savaştan çıkarı vardı. Onların maceracı fetih politikaları, Alman halkının ulusal çıkarlarıyla kesinlikle uyuşmamaktaydı.

Ernst Thaelmann tarafından uzun zamandan beri dikkat çekilen, komünistlerin kendi ulusları ve halklarının kaderleri konusundaki sorumlulukları üzerine düşünceleri de, konferansın yönelimine -yeni koşullara uygun olarak- katkıda bulundu.

Bern Konferansı, işçi sınıfının birleşik cephesinin oluşturulmasının ve tüm Hitler karşıtlarının antifaşist bir halk cephesinde birliğinin sağlanmasının, en acil görev olduğunu onayladı. Faşist diktatörlüğün yıkılmasından sonraki hedef de, yeni bir demokratik cumhuriyetin kurulması şeklinde belirlendi. Yeni, antifaşist demokratik Almanya'nın programı da, temel düşünceleri itibariyle Ernst Thaelmann'ın zindanda hazırladığına uygundu. Onun notlarından, gelecekteki Almanya'nın sosyalist Sovyetler Birliği ile sıkı sıkıya bağlı, barışın bir ülkesi; içerisinde işçi sınıfının, emekçi köylülük ve diğer demokratik güçlerle birliğine dayanarak, ama öncü rolünü oynayarak bir Almanya yaratılması gerektiğini okuyoruz. KPD bu konferansta aynı zamanda, Alman işçi sınıfının birleşik bir devrimci partisinin yaratılmasının zorunluluğunu da vurguluyordu.

1939'da, savaş, tehditlerle kapıya dayanmıştı. Barış güçlerinin tüm çabaları, faşist savaş kundakçılarının meşalelerini ellerinden koparıp almaya yetmemişti. Sovyetler Birliği'nin faşist saldırgana karşı kolektif bir sistem oluşturma çabaları da, Batılı emperyalistlerin Hitler Almanyası'na karışmama tutumları yüzünden başarısızlıkla sonuçlanmıştı. Sovyet Sosyalist Cumhuriyetler Birliği'ni, faşist saldırgan karşısında yalnız kalma tehlikesi tehdit ediyordu. Bu yalnızlıktan kurtulabilmek için Sovyetler Birliği, Ağustos 1939'da Almanya ile Saldırmazlık Paktı imzalamayı kabul etti. Bu, Sovyetler'e, halklarının bir süre daha barış içinde yaşamaları ve bu arada da savunma gücünü daha da sağlamlaştırma olanağını sağlamıştı. Ernst Thaelmann, Rosa aracılığıyla; KPD önderliğinin, Saldırmazlık Paktı'nı, barış için önemli bir adım olarak değerlendirdiğini ve Hitler Hükümeti'ni anlaşmanın koşullarına uymaya zorlamak için, gereken her şeyin yapılması yolunda çağrı yaptığını öğrenmişti. O, bazı komünistlerin Sovyetler Birliği'nin adımının doğruluğu konusunda şüpheler taşıdıklarını da öğrenmişti. Bu anlaşma hakkında birçok kez düşünce belirtti. Anlaşmayı onaylıyor ve Sovyet devletinin, "Sovyet halklarının çıkarları ve devrimci hareketin yararına"(57) olan bu adımı atmak zorunda olduğunu vurguluyordu. İngiltere ile Fransa'nın Sovyetler Birliği ile birlikte hareket etmesinin başarılamaması, özellikle de İngiliz hükümetinin suçuydu. Ernst Thaelmann, her politik olayda uluslararası proletaryanın çıkarlarından, faşizme ve emperyalizme karşı mücadelenin gereksinimlerinden hareket eden örnek bir Marksist-Leninist politikacı ve gerçek bir proleter enternasyonalisti olduğunu kanıtlıyordu.

Faşist Alman emperyalizmi, 1 Eylül 1939'da Polonya'ya saldırmakla, dünya egemenliği için vahşi bir savaşı zincirlerinden boşaltarak, halklara ve aynı zamanda da Alman halkına, anlatılması zor acılar yaşatacaktı.

Ernst Thaelmann, İkinci Dünya Savaşı'nın başladığını Hannover'de öğrendi. 1941 Yazı'nda, onu yüreğinden vuran, Sovyetler Birliği'ne yapılan sinsi saldırı haberini de, yine burada duydu. Her şeye karşın, Thaelmann, Hitler faşizminin sosyalist Sovyet devletinin gücü karşısında parçalanacağına yürekten inanıyordu. Kızı, Sovyetler Birliği'ne saldırıdan kısa bir süre sonra babasına yaptığı bir ziyareti anımsıyor. Güvenlik görevlisi mutlak zaferden emin bir biçimde "Ruslara kaşı bir yıldırım savaşı veriyoruz. Birkaç gün içinde Moskova'dayız" deyince, Ernst Thaelmann ona şu yanıtı veriyor: "Stalin, Hitler'in boynunu kıracak!" ve devam ediyor: "Faşist ordular Sovyetler Birliği'nde sonlarını bulacaklar... Bütün Sovyet halkı, Sovyet ülkesi kurtarılıncaya dek savaşacaktır... Sizin yıldırım savaşınız Sovyetler Birliği'nde toptan imhanızla sonuçlanacak. Sovyet işçisini tanısaydınız, kapitalizmden kurtulmuş bir halkın nasıl yaşadığını bilseydiniz eğer, böyle böbürlenmezdiniz. Sovyet halkının, Sovyetler Birliği'nde yaşayan her insanın yitireceği çok şey var; çünkü bütün ülke halkındır... Bunun karşısında Alman halkının neyi var? Hapishaneler, toplama kampları. Savaştan çıkarı olan birkaç kişi halkımıza hükmetme gayretindeler."(58) Ernst Thaelmann, Sovyet ülkesinin gerçeğinde somutlaşan sosyalist toplumun özü hakkındaki derin birikimiyle, ilk işçi-köylü devletinin faşist Alman emperyalizmi karşısında mutlaka zafere ulaşacağına olan inancını hiçbir zaman yitirmedi. Bu inanç, onun bundan sonraki ağır cezaevi koşullarına dayanmasını da kolaylaştırdı.

Anglo-Amerikan birliklerinin Almanya'ya karşı artan hava saldırıları -bu arada Hannover'deki cezaevine de birkaç kez bomba isabet etmişti- faşistlere, Thaelmann'ı yeniden başka bir yere sevk etmeyi düşündürdü. Onları ilgilendiren tutsaklarının yaşamı değildi elbette. Daha çok, onun, daha önce birçoklarının başardığı gibi, bir bombardımanı firar için kullanmasından korkuyorlardı. Ağustos 1943'te, Ernst Thaelmann, Bautzen Cezaevi'ne nakledildi. 1943'te bu cezaevine başgardiyan olarak atanan birinin ifadeleri de, Thaelmann'ın on bir yıl tek kişilik hücre tutsaklığına karşın, çözülmediğini onaylıyordu: "Bedensel olarak, tutsak olduğu uzun yıllar onda iz bırakmamazlık etmemişti; ama bunun dışında dinç, sağlıklı ve enerji doluydu... Savaşın Nisan-Mayıs 1945'te biteceğini daha 1944 İlkbaharı'na doğru bir değerlendirmeyle tahmin etmişti."(59)

Ernst Thaelmann'ın karısı ve kızı ile bağı olan bir komünist, önüne çıkan ilk fırsattan yararlanarak, faşist ordudan kaçıp Sovyet ordusuna katılmıştı. Orada anlatıyordu: "Thaelmann'ın morali çok iyi." Rosa ona şunu anlatmıştı: "Thaelmann, Sovyetler Birliği'nin faşist Almanya'ya karşı mutlaka zafer kazanacağından bir dakika için bile olsun şüphe duymamıştı... Yine Thaelmann, Alman işçi sınıfının, dünya proletaryasının güvenini bir gün yeniden kazanacağına olan derin güvenini açıklıyordu."(60)

Thaelmann'ın bir tutuklu arkadaşına yazdığı, aynı zamanda eldeki en son örnek olma niteliği taşıyan mektupta, Almanya'da da sosyalizmin, birgün mutlaka zafer kazanacağına olan inanç, yine aynı sarsılmaz güvenle dile getiriliyor. Büyük bir gururla şunları yazıyor: "Benim yaşamım ve eylemlerim tek bir şeyi tanıyordu ve tanıyor: Emekçi Alman halkı için ruhumu ve bilgilerimi, deneyimlerimi ve yeteneklerimi, evet her şeyimi, bütün benliğimi Alman geleceğinin en güzeline, Alman ulusunun, yeni halkların baharındaki, mutlaka zafere ulaşacak olan sosyalist özgürlük mücadelesi için seferber etmek!.. Yaşamımızın öyküsü ağırdır, işte tam da bu yüzden sağlam karakterli insanlara gereksinim vardır... Çünkü, devrimin neferi olmak demek: İnancımıza sarsılmaz bağlılık! Öyle bir bağlılık ki, yaşam ve ölüm sırasında kendisini sınayabilmeli; aynı zamanda mutlak güvenilirlik, umudunu yitirmemek, kavga cesareti ve hangi koşullarda olunursa olunsun tuttuğunu koparabilecek güçte olmak demektir."

Tarihsel gelişimin yasalarına uygun, uluslararası komünist hareketin gücüne olan sarsılmaz güveniyle, Ernst Thaelmann, mektubunu gelecekten emin bir şekilde, şöyle bitiriyordu: "Sadık ve inançta sağlam, karakterde güçlü ve eylemde zafere inançlı olmak! İşte bu şekilde ve sadece bu şekilde kendi yazgımızı belirleyebiliriz ve bize verilen büyük misyon için çetin devrimci görevlerimizi başarabiliriz ve gerçekten sosyalizmin zaferi için katkıda bulunabiliriz."[61]

Ancak Ernst Thaelmann, bütün yaşamı boyunca geçekleşmesi için uğruna mücadele ettiği davasının, zafere ulaştığını göremedi. Hitler'in bizzat verdiği emirle 18 Ağustos 1944'te Buchenwald Toplama Kampı'nın krematoryumuna götürülerek, orada alçakça kurşunlandı. Nazi rejimi bu cinayeti sakladı; Ernst Thaelmann'ın bir bomba saldırısında öldüğü yalanını yaydı. Ama gerçek ortaya çıktı.

Birçok ülkede komünistler ve sosyal demokratlar, sendikacılar ve Hıristiyanlar, burjuva entelektüelleri ve diğer demokratlar Ernst Thaelmann'ın katledilmesini protesto ettiler. 17 Eylül 1944'te "Pravda"da (Gerçek) Thaelmann'ın yaşamını ve mücadelesini anlatan bir yazı yayınlandı. Sonunda şöyle deniliyordu: "Thaelmann, Sovyetler Birliği'nin zaferine inanıyordu, Hitler'in yok edileceğine inanıyordu.

"Faşist cellatların Almanya Komünist Partisi'nin önderini katlettiklerini unutmayacağız! Ernst Thaelmann'ın ölümü hepimizi, Alman antifaşistlerini bir kez daha mücadeleye, Alman halkının ve tüm insanlığın düşmanı olan Hitler faşizminin yok edilebilmesi için acımasız bir mücadeleye çağırıyor.

"Ackermann, Arendsee, Becher, Weinert, Gaertner, Hoernle, Dengel, Koenen, Lindau, Mahle, Niederkirchner, Pieck, Sobottka, Ulbricht, Schwab."[62]

Hamburg Belediye Meclisi' nin KPD temsilcileri, Ernst Thaelmann ve Ernst Henning (sağdan ikinci) Bergedorf da yapılan bir yürüyüşün başında.

Ernst Thaelmann'ın faşistler tarafından katledildiği Buchenwald Toplama Kampı'na ait krematoryum, bugün ulusal bir uyarı anıtıdır.

DİPNOTLAR

Bir işçi sosyal demokrat oluyor (1886-1917)

1 Ernst Thaelmann: KPD Üyeliğine Kadar Özgeçmişim. İşçi Hareketi Tarihine İlişkin Yazılar 1/1975, S. 91.
2 Aynı yerde.
3 Aynı yerde, S. 89.
4 Aynı yerde, S. 90.
5 Aynı yerde, S. 90/91.
6 Aynı yerde, S. 91/92.
7 SED-MK Marksizm-Leninizm Enstitüsü (IML, ZPA), NL 3/18.
8 Ernst Thaelmann: ... Özgeçmişim. S. 95.
9 Aynı yerde, S. 96.
10 Aynı yerde, S. 98.
11 Alman Nakliye İşçileri Derneği. 8. Genel Kurulu Tutanağı. 9-14 Haziran 1912'de "Deutscher Kaiser" Lokali, Breslau. "İhtiyari Yardım Derneği" Genel Toplantısı Tutanağı. 12 Haziran 1912, Berlin 1912, S. 86.
12 Ernst Thaelmann: ... Özgeçmişim. S. 100.
13 Thaelmann'ın Eşi Ve Kızı Anlatıyor. Taegliche Rundschau (Berlin), 1 Mayıs 1951.
14 V. I. Lenin. Eserler, Cilt 21, S. 143
15 Alman İşçi Sınıfı Hareketi Tarihine İlişkin Dökümanlar Ve Belgeler, Cilt IV, Berlin 1967, S. 464.
16 Aynı Yerde, S. 462.
17 Ernst Thaelmann: 10 Yılda KPD. Tarih ve Politika. 1925-1933 Makaleler ve Konuşmalar, Berlin, S. 119/120.
18 Alman Nakliye İşçileri Derneği (Alman Trafik Birliği). 11. Genel Kurulu görüşmeleriyle ilgili tutanak. Berlin sendika binası, Engelufer 24/25, 2-18 Eylül 1922, Berlin 1922, S. 224.
19 Hamburger Volkszeitung (HVZ), 5 Ağustos 1924.
20 IML, ZPA, NL 3/19

KPD'ye giden yol
(1917-1920)

1 Ernst Thaelmann: 7 Kasım - Dünya Tarihinin Yeni Bir Dönemi. Tarih ve Politika, S. 123.
2 IML, ZPA, NL 3/2.
3 Aynı yerde, NL 3/9.
4 Aynı yerde, NL 3/2.
5 Karl Liebknecht: Bağımsız Sosyalist Bir Cumhuriyet İçin. Toplu Konuşma ve Yazılar, Cilt IX, Berlin 1968, S. 595.
6 HVZ, 16, 18 ve 24 Aralık 1918.
7 Rudolf Lindau: "Ji möt no ünnen gohn!". Almanya'nın Ölümsüz Evladı. Ernst Thaelmann Anıları, Berlin 1961, S. 43/44.
8 HVZ, 26 Mart 1919.
9 Hamburger Echo, 6 Nisan 1919. - HVZ, 7 Nisan 1919.
10 Ernst Thaelmann: 10 Yılda KPD. Tarih ve Politika, S. 123.
11 HVZ, 7 Haziran 1919.
12 HVZ, 16 Mayıs 1919.
13 Alman Nakliye İşçileri Derneği 10. Genel Kurulu Tutanağı. Stuttgart "Halk Müzesi" Langerstrasse 46, 22-27 Haziran 1919, Berlin 1919, S. 83.
14 HVZ, 5 Ağustos 1919.
15 Aynı yerde, 18 Temmuz 1919.
16 Aynı yerde, 22 Temmuz 1919.
17 Hamburger Echo, 27 Ekim 1919, akşam baskısı.
18 HVZ, 4 Kasım 1919.
19 Alıntı: Evgenija Satulla: V sem'e Érnsta Tel'mana, Moskova 1964, S. 17.
20 HVZ, 24 Kasım 1919.
21 HVZ, 17 Ocak 1919.
22 1920 Yılında Yapılan Hamburg Belediye Meclisi Toplantıları Üzerine Raporlar, S. 311.
23 HVZ, 17 Mart 1920.
24 Neue Hamburger Zeitung, 16 Mart 1920, akşam baskısı.
25 Friedrich Dettmann: O Sosyalizm İçin Her Tür Fedakarlığa Hazırdı. Almanya'nın Ölümsüz Evladı, S. 48.
26 Gustav Gundelach: Hamburg'da Ernst Thaelmann İle Beraber Almanya'nın Ölümsüz Evladı, S. 57
27 USPD (Sol) ve KPD'nin (Spartaküs Birliği) Birlik Kongresi

Görüşmeleri Üzerine. Berlin 1921, S. 323.

28 Alman İşçi Sınıfı Hareketinin Tarihine İlişkin Dökümanlar ve Belgeler, Cilt. VII, Şubat 1919 - Aralık 1923, 1. Yarım Cilt, Şubat 1919 - Aralık 1921, S. 372.

Bir komünistin olgunlaşma yılları (1921-1923)

1 1921 Yılı Hamburg Belediye Meclisi Toplantılarına İlişkin Steno Raporları, S. 275.

2 HVZ, 7 Şubat 1921.

3 1921 Yılı Hamburg Belediye Meclisi Toplantılarına İlişkin Steno Raporları, S. 589.

4 V. I. Lenin: Komünist Enternasyonali III. Kongresi İçin Taktik Üzerine Tezlere İlişkin Notlar. G. J. Zinovyev'e Mektup. Eserler, Ek Cilt. Ekim 1917- Mart 1923, S. 328.

5 Komünist Enternasyonali III. Dünya Kongresi Tezler ve Kararlar (Moskova, 22 Haziran - 12 Temmuz 1921), Hamburg 1921, S. 29.

6 V. I. Lenin: Komünist Enternasyonalin Taktiklerinin Savunma Konuşması, 1 Temmuz. Eserler, Cilt 31, S. 497/498, 499/500.

7 III. Dünya Kongresinin Tezleri ve Kararları, S. 35.

8 Aynı yerde, S. 51

9 Ernst Thaelmann: Genişletilmiş Yürütme ve Partimizdeki Durum Politik Sekreterler ve Redaktörler Konferansı'nda Konuşma, 16 ve 17 Nisan 1926. Die Rote Fahne, 23 Nisan 1926.

10 V. I. Lenin: Alman Komünistlerine Mektup. Eserler, Cilt 32, S. 438.

11 Almanya Komünist Partisi 2. [7.] Kongre Görüşmeleri Hakkında Rapor (Komünist Enternasyonali Seksiyonu). Jena 22-26 Ağustos 1921, Berlin 2922, S. 252.

12 IML, ZPA, EA 1050.

13 Ernst Thaelmann: 29 Aralık 1920'de, yeni bir Hamburg Anayasa Taslağı hakkında Hamburg Belediye Meclisi'nde konuşma. İktidarSorununa İlişkin. Konuşmalar, Makaleler ve Mektuplar 1920-1935, S. 46.

14 Ernst Thaelmann: 20 Mart 1921'de Hamburg Belediye Meclisi'nde, 1921 Yılı Devlet Bütçesi görüşmesi sırasında yapılan konuşmadan. Aynı yerde, S. 54.

15 IML, ZPA, I/2/705/2.

16 Ernst Thaelmann: 7 Temmuz 1922 Hamburg Belediye Meclisi'nde monarşist ve militarist entrikalara karşı tedbir alınmasına ilişkin verilen teklifler hakkında konuşma. İktidar Sorununa İlişkin, S.92.

17 1922 Yılı Hamburg Belediye Meclisi Toplantılarına İlişkin Steno Raporları, S. 983.

18 Ernst Thaelmann: Hamburg Belediye Meclisi, 20 Aralık 1922'de yapılan 1923 yılı Bütçe görüşmesi sırasındaki konuşmadan. İktidar Sorununa İlişkin, S. 116, 118/119.

19 Ernst Thaelmann: İleri, güçlendirilmiş antiemperyalist kitle saldırışında Kızıl Kurtuluş Ordusu'na. Poincaré tarafından Ruhr Bölgesi işgalinin 10. yıldönümüne ilişkin. Die Rote Fahne, 11 Ocak 1933.

20 Aynı yerde.

21 HVZ, 17 Ocak 1923.

22 Aynı yerde, 23 Ocak 1923.

23 Alman İşçi Sınıfı Hareketi Tarihine İlişkin Dökümanlar Ve Belgeler, Cilt VII, Şubat 1919 , Aralık 1923, 2. Yarım Cilt, Ocak 1922 - Aralık 1923, Berlin 1966, S. 233.

24 Ernst Thaelmann: Birleşik Cephe ve İşçi Hükümeti. İktidar Sorununa İlişkin, S. 121.

25 HVZ, 27 Temmuz 1923.

26 Ernst Thaelmann: Hamburg Ayaklanmasının Dersleri. Tarih ve Politika, S. 28.

27 Aynı yerde.

28 HVZ, 23 Ekim 1924.

29 Ernst Thaelmann: Hamburg Ayaklanmasının Dersleri. Tarih ve Politika, S. 35.

Güçlü, disiplinli bir parti için
(1923-1925)

1 Ernst Thaelmann Wjatka Eyaleti emekçilerine mektup yazmıştır. İşçi Hareketi Tarihine İlişkin Yazılar, 1970, H. 6, S. 951.

2 7-10 Nisan 1924 Frankfurt'ta, Almanya Komünist Partisi (Komünist Enternasyonal seksiyonu) IX. Kongresi Görüşmeleri Üzerine Rapor, Berlin 1924, S. 268.

3 Ernst Thaelmann: 4 Haziran 1924'te Millet Meclisi'nde, komünist

milletvekilleri hakkındaki tutuklama emrinin kaldırılması tartışması sırasında konuşma. İktidar Sorununa İlişkin, S. 127, 128.
4 Millet Meclisi Görüşmeleri. 1924'te II. Seçim Turu, Cilt 381, S. 9235.
5 Tutanak. Komünist Enternasyonalin Beşinci Kongresi, Cilt 1, Hamburg, S. 267, 271.
6 Komünist Enternasyonalin V. Dünya Kongresinin Tezleri ve Kararları, Moskova 17 Haziran - 8 Temmuz 1924, Hamburg 1924, S. 31.
7 Kızıl Sendikalar Enternasyonali Üçüncü Kongre Tutanakları. Moskova'da 8-21 Temmuz 1924'te toplandı, Berlin, S. 22.
8 Millet Meclisi Görüşmeleri. 1924'teki II. Seçim Turu, Cilt 381, S. 1028.
9 Aynı yerde, S. 1035.
10 Ernst Thaelmann: Parti ve Kızıl Cephe Savaşçıları Birliği. Enternasyonal, 1925, Özel Sayı, S. 54.
11 Die Rote Fahne, 22 Ocak 1925.
12 Die Rote Fahne, 29 Mart 1925.
13 Berger İşçilerinin Sesi (Solingen), 23 Mart 1925.
14 IML- ZPA, St. 2/119.
15 Die Rote Fahne, 25 Nisan 1925.
16 Irma Thaelmann: Babama İlişkin Anılar, Berlin 1974, S. 18.
17 Ernst Thaelmann: 10. Parti Kongresi Üzerine. Politbüro Adına. Die Internationale, 1925, Özel Sayı, S. 4.
18 Almanya Komünist Partisi (Komünist Enternasyonal Seksiyonu) 10. Kongre Görüşmeleri Üzerine Rapor, 12-17 Temmuz 1925'te Berlin'de yapıldı, Berlin 1926, S. 519, 530, 531/532, 543, 636/637.

Partinin başında
(1925-1927)

1 Ernst Thaelmann: On birinci Uluslararası Gençlik Günü'ne İlişkin. İki Ciltte Seçme Yazı ve Konuşmalar, Cilt 1, Frankfurt a. M. 1976, S. 61.
2 Ernst Thaelmann: İşçi Delegasyonlarının Önemi. Aynı yerde, S. 67.
3 Ernst Thaelmann: Hamburg Ayaklanmasının Dersleri. Tarih ve Politika, S. 37, 43.
4 IML, ZPA I/2/1/30.
5 Millet Meclisi Görüşmeleri. 1924 III. Seçim Turu, Cilt 388.

Stenografik Raporlar (20 Kasım 1925'teki 121. Oturum'dan, 15 Şubat 1926'daki 161. Oturum'a kadar), Berlin 1926, S. 4515, 4514, 4515; 4522.

6 Die Rote Fahne, 24 Mart 1926.
7 HVZ, 2 Ekim 1926.
8 Aynı yerde, 8 Ekim 1926.
9 Die Rote Fahne, 4 Aralık 1927.
10 Ernst Thaelmann: Proleter Enternasyonalizmi Üzerine, Konuşmalar ve Makaleler, Leipzig 1977, S. 37.
11 Almanya Komünist Partisi (Komünist Enternasyonal seksiyonu) XI. Kongre Görüşmeleri Üzerine Rapor, Essen'de 2-7 Mart 1927'de yapıldı, Berlin 1927, S. 44.
12 Ernst Thaelmann: Proleter Enternasyonalizmi Üzerine, S. 54.
13 V. I. Lenin: Emperyalizm ve Sosyalizmin Bölünmesi. Eserler, Cilt 23, S. 103.
14 KPD'nin XI. Kongresi Görüşmeleri Üzerine Rapor, S. 56, 219, 63, 160/161.

Alman tekelci sermayesi ve onun savaş politikası (1927-1929)

1 Die Rote Fahne, 1927, Sayı: 7.
2 Sınıf mücadelesi, 21 Mart 1927.
3 Die Rote Fahne, 23 Mart 1927.
4 KPD'nin XI. Kongresi Görüşmeleri Üzerine Rapor, S. 43.
5 Die Junge Garde (Berlin), 1927, Sayı: 15.
6 Die Rote Fahne, 8 Haziran 1927.
7 Alman İşçi Sınıfı Hareketi Tarihine İlişkin Dökümanlar Ve Belgeler, Cilt VIII, Ocak 1924 - Ekim 1929, Berlin 1975, S. 584.
8 IML, ZPA I 2/1/58.
9 IML, ZPA I 2/708/4.
10 HVZ, 4 Ekim 1927.
11 Ernst Thaelmann: 20 Ocak 1928'de Millet Meclisi'nde Reich bütçe planı görüşmeleri sırasında yapılan konuşma. İktidar Sorununa İlişkin, S. 185, 206, 211.
12 Ruhr-Echo, 12 Nisan 1928
13 Die Rote Fahne, 30 Mayıs 1928.
14 IML, ZPA, I 2/1/61.
15 Tutanak. Komünist Enternasyonalin Altıncı Dünya Kongresi.

Moskova, 17 Temmuz - 1 Eylül 1928, Birinci Cilt, Hamburg-Berli (1928), S. 309, 301, 305, 316.
16 Tutanak. Altıncı Dünya Kongresi, Üçüncü Cilt, Hamburg-Berlin (1928), S. 596.
17 Die Rote Fahne, 1 Ocak 1929.
18 Ernst Thaelmann: 9 Kasım 1918 - Alman Devriminin Doğuş Anı. Tarih ve Politika, S. 104.
19 Ernst Thaelmann: 10 Yılda KPD. Aynı yerde, S. 125, 126.
20 Ernst Thaelmann: Emperyalist Savaşa Karşı "Die Rote Fahne"! Aynı yerde, S. 116.
21 IML, ZPA, I 2/1/71.
22 Almanya Komünist Partisi (Komünist Enternasyonal seksiyonu) 12. Kongre Görüşme Tutanakları, Berlin-Wedding, 9-16 Haziran 1929'da yapıldı. Berlin, S. 93.

Faşistleştirme politikasına karşı mücadelede (Mayıs 1929 - Eylül 1930)

1 "İşçiler Bize Gelin!", Berlin (1929).
2 Neue Zeitung (Münih), 8 Haziran 1929.
3 Almanya Komünist Partisi 12. Kongre Görüşmelerine İlişkin Tutanak, S. 67, 79, 100, 100/101, 97/98.
4 Leningradskaja Pravda, 28 Temmuz 1929. Alıntı: Oleg Weizmann: Ernst Thaelmann Leningrad'da, (Halle 1966), S. 33.
5 Die Rote Fahne, 27 Ekim 1929.
6 HVZ, 22 Ekim 1929.
7 Aynı yerde, 28 Ekim 1929
8 Die Rote Fahne, 27 Ekim 1929.
9 IML, ZPA I 3/19/800.
10 Aynı yerde, I 2/1/74.
11 Almanya Devrimci Sendikalar Muhalefeti 1. Reich Kongresi Tutanakları, Berlin 1930, S. 11, 15.
12 Die Rote Fahne, 24 Aralık 1929.
13 Ernst Thaelmann: İktidar Sorununa İlişkin, S. 234.
14 Ernst Thaelmann: İşçi Sınıfının Çoğunluğunu Kazanmak, (Berlin 1930), S. 36, 18.
15 HVZ, 17 Mayıs 1930.
16 Ernst Thaelmann: İşçi Sınıfının Çoğunluğunu Kazanmak, S. 37.
17 Die Rote Fahne, 27 Mayıs 1930.

18 Aynı yerde, 18 Haziran 1930.
19 Almanya Komünist Parti Tarihi Üzerine. 1914-1946 Yıllarının Belge ve Dökümanlarından Bir Seçki, Berlin 1955, S. 265, 266.
20 Ernst Thaelmann:Almanya'da Kapitalizmin Krizi, Devrimci Kitle Çalışmamızın Deneyimleri ve Yeni Yöntemleri. İki Ciltte Seçme Konuşma ve Yazılar, Cilt 1, Frankfurt a. M. 1976, S. 236, 237.
21 Die Rote Fahne, 19 Temmuz 1930.
22 Ernst Thaelmann: Tarih ve Politika, S. 148.
23 SED Tarihi Üzerine Belgeler, Cilt 1, 1847-1945, Berlin 1981, S. 250/251.
24 Ernst Thaelmann: Seçim Zaferimiz ve Partimizin En Acil Mücadele Görevleri. İki Ciltte Seçme Konuşma ve Yazılar, Cilt 1, S. 265.
25 Die Rote Fahne, 12 Eylül 1930.
26 Die Rote Fahne, 14 Eylül 1930.

Faşist tehlikeye karşı devrimci bir kitle politikası için mücadelede (Eylül 1930 - Şubat 1932)

1 Ernst Thaelmann: Seçim Zaferimiz ve Partimizin En Acil Mücadele Görevleri. İki Ciltte Seçme Konuşma ve Yazılar, Cilt 1, S. 268, 269, 270, 276.
2 Die Rote Fahne, 12 Aralık 1930. - Ernst Thaelmann: Almanya'da Halk Devrimi (KPD-MK'nın 12 ve 16 Ocak 1931'de yaptığı Genel Toplantı'da Konuşma). İki Ciltte Seçme Konuşma ve Yazılar, Cilt 2, Frankfurt a. M. 1977, S. 61. ve Aynı yerde, S. 369.
3 Die Rote Fahne, 12 Aralık 1930.
4 Vorwaerts (Berlin), 7 Aralık 1930.
5 Ernst Thaelmann: Almanya'da Halk Devrimi. İki Ciltte Seçme Konuşma ve Yazılar, Cilt 2, . 61, 63. - IML, ZPA, I 2/1/78.
6 HVZ, 23 Ocak 1931.
7 Ernst Thaelmann: Almanya'da Halk Devrimi, (Berlin), 1931, S. 36, 35, 25.
8 IML, ZPA, I 2/5/22.
9 Neue Arbeiter-Zeitung (Hannover), 1 Mart 1931.
10 Alıntı: Zeitschrift für Geschtswissenschaft, Sayı: 4/1967, S. 65.
11 IML, ZPA, Nl 3/3.
12 Die Rote Fahne, 5 Nisan 1931.
13 Ernst Thaelmann: Almanya'da Durum ve Almanya Komünist

Partisi'nin Görevleri (Hamburg-Berlin 1931), S. 34.
14 Ernst Thaelmann: Komintern'in Bayrağı Altında İleri, (Berlin-Düsseldorf 1931), S. 36, 13.
15 IML, ZPA, NL 3/7.
16 Ernst Thaelmann: Felaket veya Sosyalizm? (Berlin 1931), S. 8, 23.
17 Ernst Thaelmann: Mücadele Konuşmaları ve Makaleleri, (Berlin 1932), S. 53.
18 IML, ZPA (Moskova), Fond 526, ed. chr. 86.
19 Ernst Thaelmann: Sovyet Almanyası İçin Kızıl Hamburg (Hamburg 1931), S. 25/26.
20 Die Rote Fahne, 13 Kasım 1931.
21 Die Rote Fahne, 29 Kasım 1931.
22 Ernst Thaelmann: Alman Burjuvazisinin Önder Partisi: Merkez. "Die Internationale", Sayı: 1/1932, S. 26.
23 Ernst Thaelmann: Teorik ve Pratik Çalışmamızdaki Bazı Hatalar ve Bunların Aşılmasının Yolu. İki Ciltte Seçme Konuşma ve Yazılar, Cilt 2, S. 127.
24 IML, ZPA, 3/1/327.
25 Die Rote Fahne, 29 Kasım 1931.
26 Ernst Thaelmann: Devrimci Çözüm ve KPD. İki Ciltte Seçme Konuşma ve Yazılar, Cilt 2, S. 156, 181, 182.

İşçi sınıfı ve bütün emekçiler için daha geniş bir antifaşist mücadele cephesi (Şubat 1932-Ocak 1933)

1 Ernst Thaelmann: 3 Mart 1932'de Frankfurt a. M'de Konuşma. İktidar Sorununa İlişkin, S. 347/348.
2 Carl von Ossietzky: Yazılar II, Berlin-Weimar 1966, S.40/41.
3 IML, ZPA, I 2/5/9.
4 Bu sloganın iki temel unsuru, Ernst Thaelmann'ın çoğu seçim konuşmalarında ve birçok yazısında genellikle ayrı, kelimesi kelimesine ya da eşanlamlı olarak kullanılıyordu.
5 IML, ZPA, 3/1/327.
6 Ernst Thaelmann: Tarih ve Politika, S. 178, 182, 172/173, 173.
7 Ernst Thaelmann: Başbakanlık ve Prusya seçim kampanyasında Parti'nin görevleri. Birinci Seçim Turunun Dersleri, (Berlin), S. 5/6.
8 25-27 Mart 1932'de yapılan KPD Saksonya Bölgesi Bölge Kongresi Tutanakları, (Leipzig 1932), S. 66.

9 Saldırı (Berlin), 12 Mart 1932.
10 Ernst Thaelmann: Son Çağrı!/İktidar Sorununa İlişkin, S. 368/369, 367.
11 1930-1932 Krizinde Politika ve Ekonomi. Brüning Dönemine İlişkin Kaynaklar, Düsseldorf (1980), S. 1383.
12 HVZ, 16/17 Nisan 1932.
13 Antifaşist Eylem. Mayıs 1932 - Ocak 1933 Dökümantasyon ve Kronoloji. Yay. haz. Heinz Karl ve Erika Kücklich ..., Berlin 1965, S. 7.
14 IML, ZPA, 3/1/314.
15 IML, ZPA, 3/19/317.
16 Carl von Ossietzky: Yazılar I, Berlin-Weimar 1966, S. 353.
17 IML, ZPA (Moskova), Fond 495, opis 2, ed. chr. 160.
18 Die Rote Fahne, 27 Mayıs 1932.
19 Ernst Thaelmann: [KPD-MK'nın 24 Mayıs 1932'de yapılan Genel Toplantı konuşmasından], İki Ciltte Seçme Konuşma ve Yazılar, Cilt 2, S. 191.
20 SED Tarihine İlişkin Belgeler, Cilt 1, S. 272, 273.
21 Antifaşist Eylem, S. 45.
22 HVZ, 3 Haziran 1932.
23 Antifaşist Eylem, S. 83, 84.
24 Ernst Thaelmann: Faşizme Karşı Mücadelede Strateji ve Taktiğimiz Üzerine. İki Ciltte Seçme Konuşma ve Yazılar, Cilt 2, S. 217, 210, 211, 231.
25 Ernst Thaelmann: Kızıl Birleşik Cepheyi Nasıl Yaratacağız? Aynı yerde, S. 243.
26 Kızıl Birleşik Cepheyi Nasıl Yaratacağız? Thaelmann'ın SPD İşçilerinin 21 Sorusuna Yanıtı, Berlin 1932, S. 24.
27 Neue Arbeiter-Zeitung (Hannover), 17 Temmuz 1932.
28 Die Rote Fahne, 20 Temmuz 1932.
29 20 Temmuz 1932 Olayları Yıldönümüne İlişkin ve Bağımsız Prusya Eyaleti'nin Reich'a karşı yaptığı Anayasa Tartışmaları hakkında. Prusya Devlet Şûrası, Matbuat 1932/33, Sayı: 313, Sütun 24.
30 Ruhr Echo (Essen), 29 Temmuz 1932.
31 Neue Zeitung (Münih), 23 Temmuz 1932.
32 IML, ZPA, 1/52.
33 Ernst Thaelmann: KPD'nin Bolşevikleştirilmesinin Yeni Bir Dönemi. İki Ciltte Seçme Konuşma ve Yazılar, Cilt 2, S. 267.

34 IML, ZPA, 1/52.
35 IML, ZPA, I 2/1/86. - Ernst Thaelmann: KPD 3. Konferansı'nda verilen Roporun Sonuç Konuşması. İki Ciltte Seçme Konuşma ve Yazılar, Cilt 2, S. 298.
36 Almanya Komünist Parti Tarihine İlişkin. 1914-1946 Yılları Döküman ve Belgeleri Arasından Bir Seçki, S. 337.
37 Ernst Thaelmann: Emperyalist Savaşa Karşısavaş! Versailles'e Hayır! Tarih ve Politika, S. 202/203.
38 Ernst Thaelmann: Faşizme ve Emperyalist Savaşa Karşı Mücadelede İşçi Gençlik, (Berlin, 1932), S. 6. - IML, ZPA, 65/1/974.
39 IML, ZPA, I 2/5/23.
40 Ernst Thaelmann: Karl Liebknecht Binası Önünde Nazi Provokasyonu ve Bazı Dersler. İki Ciltte Seçme Konuşma ve Yazılar, Cilt 2, S. 339, 341, 342, 343.
41 Die Rote Fahne, 29 Ocak 1933

Zafer mutlaka bizim olacak
(1933-1944)

1 Antifaşist Eylem, S. 354.
2 Ernst Thaelmann: 7 Şubat 1933'te, KPD-MK'nın Niederlehme'de, Ziegenhals Spor Salonu'nda (Königs Wusterhausen'in ilçesi) yapılan illegal toplantıda konuşmadan. Tarih ve Politika, S. 214, 225/226, 235/236.
3 Saksonya İşçi Gazetesi, 27 Şubat 1933.
4 Ernst Thaelmann: Tüm Komünistlere Çağrı, 1933 Şubat, İktidar Sorununa İlişkin, S. 439.
5 Wilhelm Pieck: Hitler Diktatörlüğünün Yıkılması İçin Birleşik Mücadelenin Yolu. KPD Brüksel Konferansı'nda konuşma, 4 Ekim 1935. Seçme Konuşmalar ve Yazılar, Cilt V, S. 241.
6 IML, ZPA, St. 10/137.
7 Die Rote Fahne, Mart ortaları 1933.
8 Ernst Thaelmann: Cezaevinden Yakınlarına Mektuplar, Berlin 1965, S. 20/21.
9 Aynı yerde, S. 23.
10 Aynı yerde, S. 31.
11 Franz Dahlem: Cezaevindeki Ernst Thaelmann. Almanya'nın Ölümsüz Evladı, S. 425, 425/426.

12 Georgi Dimitrov: Ernst Thaelmann'ı Serbest Bırakın! Üç Ciltte Seçme Yazılar, Cilt 3, Berlin 1958, S. 58/59.
13 Wilhelm Pieck: Önsöz. Tüm Dünya Thaelmann İçin Mücadelede. Yay. haz. Uluslararası Thaelmann'ı ve Bütün Tutsak Antifaşitleri Kurtarma Komitesi, Paris (1936), S. 2.
14 Georgi Dimitrov: Thaelmann'ın Kurtarılması Dünya Proletaryasının Onur Meselesidir. Seçme Yazılar, Cilt 2, S. 458.
15 Dimitrov Anlatıyor. İki Konuşma. Aynı yerde, S. 477/478.
16 Tribunal. Sömürüye, Faşizme, Hukuk terörüne karşı Emekçiler'in yayın organı, 1934 Eylül sonu.
17 Germain Gautier'den Alıntı: Kitle kampanyasından Kitle eylemine. Rundschau, 1934, Sayı: 35, S. 1341.
18 IML, ZPA, NL 3/13.
19 Ernst Thaelmann: Reich mahkemesinin sorgu hakimine yazılan 6 Mayıs 1934 tarihli mektup. İktidar Sorununa İlişkin, S. 442, 443, 444.
20 Ernst Thaelmann: "Almanya'da Komünist Darbe Çalışmaları" anma yazısına ilişkin Reich mahkemesinin sorgu hakimine yazılan mektup, 1934. İktidar Sorununa İlişkin, S. 452, 449/450.
21 Aynı yerde, S. 448, 449.
22 IML, ZPA, NL 3/13.
23 Ernst Thaelmann: Cezaevinden Mektuplar, S. 86.
24 IML, ZPA, NL 3/9.
25 Ernst Thaelmann: Cezaevinden Mektuplar, S. 78.
26 IML, ZPA, NL 3/9.
27 IML, ZPA, NL 3/13.
28 IML, ZPA, NL 3/9.
29 Aynı yerde.
30 Aynı yerde.
31 Ernst Thaelmann: Cezaevinden Mektuplar, S. 39
32 Aynı yerde, S. 50.
33 Aynı yerde, S. 64.
34 Aynı yerde, S. 58, 60/61.
35 Aynı yerde, S. 100/101.
36 Komünist Enternasyonalin VII. Kongresi. Kısaltılmış Stenografik Tutanak, Moskova 1939, S. 80.
37 IML, ZPA, NL 3/11.
38 Aynı yerde, I 6/3/376

39 Aynı yerde, I 1/113/31.
40 Wilhelm Pieck: Hitler Diktatörlüğünün Yıkılması İçin Birleşik Mücadelenin Yolu. Seçme Konuşma ve Yazılar, Cilt V, S. 240.
41 Rosa Thaelmann: Zindanda Dahi Halk İle İç İçe. Almanya'nın Ölümsüz Evladı, S. 468.
42 [Harold] Laski: Uluslararası Hukukçular Konferansı'nda Konuşma. Rundschau, 1935, Sayı: 76 (Özel sayı: Hitler Terörüne Karşı! Thaelmann'ın ve Alman Faşizminin Tüm Kurbanları İçin!), S. 2916.
43 Georgi Dimitrov: [Ernst Thaelmann'ı Selamlama Mesajı] Barış ve Özgürlük Savaşçısına. Ernst Thaelmann, Moskova (1936), S. 9.
44 Thaelmann'a Selam. Die Internationale, 1936, Sayı: 2/3, S. 1/2.
45 Leninist Komünist Gençlik Birliği'nin Selamı. Barış ve Özgürlük Savaşçısına, S. 111.
46 Pasameros: İspanya Halkının Ulusal-Devrimci Mücadelesinde Alman Antifaşistleri, Berlin 1970, S. 60.
47 Heinrich Mann: Kahraman Thaelmann. Önsöz Yerine. Barış ve Özgürlük Savaşçısına, S. 5/6.
48 Martin Anderson Nexö: Geleceği Taşıyan Bir Proleter. Aynı yerde, S. 42.
49 IML, ZPA, St. 3/686.
50 Ernst Thaelmann: Cezaevinden Mektuplar, S. 173, 174.
51 Aynı yerde, S. 130/131.
52 IML, ZPA, NL 3/12.
53 Thaelmann'ın kuryesi Walter Trautzsch'un Raporu. 1965, Sayı: 5, S. 865.
54 Ernst Thaelmann: Cezaevinden Mektuplar, S. 167/168.
55 Irma Thaelmann: Babama İlişkin Anılar, S. 106
56 IML, ZPA, NL 3/12.
57 Aynı yerde, Nl 3/16.
58 Irma Thaelmann: Babama İlişkin Anılar, S. 107/108.
59 IML, ZPA, NL 3/76.
60 IML, ZPA, NL 3/34.
61 IML, ZPA, NL 3/18.
62 Pamjati Ernsta Tel'mana. Pravda, 17 Eylül 1944.

Ateşi Çalmak

1

ognyana
serebryakova

EVRENSEL BASIM YAYIN

LENİN ve RUS DEVRİMİ

Christopher Hill

EVRENSEL BASIM YAYIN

İKİNCİ BASKI